Atilla Vuran
Nina Harbers

KOMMUNIZIEREN HEISST SCHEITERN

Emotionale Aufnahmebereitschaft und Berechtigung

Die Schlüssel zur Kommunikation der Zukunft

Bibliografische Information der Deutschen Nationalbibliothek
Die Deutsche Nationalbibliothek verzeichnet diese Publikation in der Deutschen Nationalbibliografie; detaillierte bibliografische Informationen sind im Internet über http://dnb.d-nb.de abrufbar.

ISBN 978-3-7664-9946-2
Im Vertrieb von: Jünger Medien Verlag + Burckhardthaus-Laetare GmbH, Offenbach

Überarbeitung der Geschichten: Alexander Natter, Wendelstein
Lektorat: Anja Hilgarth, Herzogenaurach
Umschlaggestaltung: Martin Zech Design, Bremen, www.martinzech.de
Comics: Ralf Alex Fichtner, Schwarzenberg
Foto Buchumschlag: DNY59 / istock
Autorenfotos: Foto Danner e.K., Jestetten
Satz und Layout: ZeroSoft, Timisoara
Druck und Bindung: Salzland Druck, Staßfurt

3. Auflage 2020
www.kommunizieren-heisst-scheitern.de

Inhalt

1 EINLEITUNG

Sicher kennen Sie Situationen wie diese: Sie versuchen Ihren Partner schon seit Jahren in einem spezifischen Thema (Politik, Ernährung, Kindererziehung, Sport oder was auch immer) von Ihrer Meinung zu überzeugen – leider ohne Erfolg. Er liefert stets Gegenargumente oder hört Ihnen womöglich gar nicht mehr zu. Resigniert haben Sie mittlerweile vielleicht aufgehört, mit ihm darüber zu diskutieren, und das Thema für sich abgehakt. Nach einem Männerwochenende mit Studienkollegen kommt Ihr Partner jedoch nach Hause und ist plötzlich Ihrer Meinung. Sein bester Freund aus Studienzeiten hat das geschafft, was Ihnen in vielen Jahren nicht gelungen ist – nämlich Ihren Partner zu überzeugen. Was ist passiert? Warum hat Ihr Partner nun plötzlich seine Meinung zu dem Thema geändert? Ganz einfach: Sie hatten keine Aufnahmebereitschaft und Berechtigung von Ihrem Partner, der Studienfreund jedoch schon.

Aufnahmebereitschaft bedeutet, dass Ihr (Gesprächs-)Partner z. B. einer Idee, einem Inhalt oder einem Argument nicht nur rational zustimmt, sondern auch emotional so davon durchdrungen ist, dass er aufnimmt, annimmt und ggf. nachhaltig etwas umsetzt oder verändert. Mit Berechtigung ist gemeint, dass Ihnen der (Gesprächs-)Partner die Erlaubnis gibt, ihm etwas zu sagen, er Sie also als kompetent zu einem spezifischen Thema anerkennt. Dies kann mit der Fachkompetenz im Thema, dem (hierarchischen) Status, dem Ruf oder den grundsätzlichen Fähigkeiten und Erfahrungen zu tun haben.

Aufnahmebereitschaft begleitet Sie tagtäglich – bewusst und unbewusst – in Gesprächen, Meetings oder Vorträgen. Auch am Beispiel dieses Buches können die Themen Berechtigung und Aufnahmebereitschaft aufgezeigt werden: Dass Sie das Buch in der Hand haben und begonnen haben zu lesen, bedeutet – provokant gesprochen – noch gar nichts. Es heißt vielleicht, dass Sie dem Inhalt ein gewisses Interesse entgegenbringen. Es bedeutet aber weder, dass Sie emotional aufnahmebereit für den Inhalt sind, also nachhaltig von dem vermittelten Wissen etwas anwenden oder umsetzen werden. Noch bedeutet es, dass Sie uns die Berechtigung geben, also uns

z. B. die entsprechende Kompetenz zusprechen, Ihnen zu den Themen Kommunikation und Führung etwas aufzuzeigen oder zu vermitteln.

Wenn eine gewisse Aufnahmebereitschaft oder Berechtigung Ihrerseits bereits vorhanden sein sollte, würde uns das freuen. Wir gehen aber erst einmal nicht davon aus und werden im Verlauf des Buches daran arbeiten, diese von Ihnen zu bekommen. Wird uns das immer und an jeder Stelle gelingen? Nein! Wir werden Ihre Aufnahmebereitschaft garantiert zwischendurch auch einmal verlieren. Denn: Kommunizieren heißt scheitern!

Die Anzahl an besuchten Kommunikationsseminaren und gelesener Bücher zum Thema Kommunikation hat in den letzten Jahren enorm zugenommen. Interessanterweise werden die Missverständnisse (oder zumindest das Bewusstsein dafür) zwischen Menschen trotzdem eher mehr als weniger (1)[1]. Haben Sie sich schon einmal gefragt, warum? Ein wesentlicher Faktor ist, dass sowohl in Büchern als auch Seminaren hauptsächlich Wissen und Techniken vermittelt werden. Denken Sie z. B. an Modelle, wie das 4-Ohren-Modell nach Schulz von Thun, das Sender-Empfänger-Modell nach Jakobson und Bühler, die Axiome nach Paul Watzlawick oder die Techniken des Neurolinguistischen Programmierens. All diese Modelle haben durchaus ihre Berechtigung und ihre Kenntnis ist oft hilfreich für die Kommunikation. Viel Wissen und eine hohe rhetorische Kompetenz können aber auch dazu beitragen, einen zu starken Fokus auf den Inhalt zu legen, der selbstverständlich auch, aber nicht ausschließlich, wichtig ist. Entscheidender Punkt, ob Kommunikation gelingt oder scheitert, ist nicht der Inhalt oder die Anwendung des passenden Modells oder der richtigen Technik, sondern das Bewusstsein über die emotionale Aufnahmebereitschaft und die Berechtigung, die Ihnen Ihr Gesprächspartner entgegenbringt.

Sie können sich den Inhalt eines Gesprächs wie die Oberfläche eines Teichs vorstellen. Wenn Sie bei einem Mittagsspaziergang an einem schönen Sonnentag auf einen Teich zugehen, sehen Sie erst nur die Oberfläche, welche die Sonne und das Blau des Himmels intensiv hell und glänzend widerspiegelt. Die hochstehende grelle Sonne lässt die Wasseroberfläche so erscheinen, als würde sie von innen heraus leuchten. Dadurch können Sie zunächst den Grund nicht sehen, denn das Licht, das aus der Tiefe kommt, ist im Verhältnis dazu zu schwach. Erst wenn Sie ganz nahe

---

1 Die Ziffern in Klammern verweisen jeweils auf die zugehörige Ziffer im Literaturverzeichnis am Ende des Buches.

sind und Ihre Aufmerksamkeit bewusst darauf lenken, können Sie den Grund wahrnehmen. Springen Sie nun hinein, wird die Intensität an der Oberfläche weniger, weil Sie die glatte Oberfläche mit Kräuselungen und Wellen versehen haben. Tauchen Sie dann auch noch unter, ist die Intensität komplett weg. Je tiefer Sie tauchen, desto ruhiger wird es. Am Anfang können Sie vielleicht noch überhaupt nichts sehen. Erst nach und nach nehmen Sie Dinge in der Tiefe wahr.

Wir möchten in diesem Buch nicht mit Ihnen auf die Oberfläche schauen, also Ihnen Informationen liefern und universelle Techniken bieten, mit denen Sie jede Art von Kommunikation inhaltlich erfolgreich meistern können. Wir möchten mit Ihnen in den Teich springen und Sie dabei unterstützen, dort in der Tiefe andere Menschen bewusst wahrzunehmen.

„Ich habe gelernt, das, was ich sehe, auch wahrzunehmen.“
(Sherlock Holmes)

Der weltberühmte Sherlock Holmes antwortete auf die Frage, was das Geheimnis seines Erfolges sei, folgendermaßen: „Ich habe gelernt, das, was ich sehe, auch wahrzunehmen.“ Und genau darum soll es auch in diesem Buch gehen: um das bewusste Wahrnehmen von emotionaler Aufnahmebereitschaft. Dafür möchten wir Sie dabei unterstützen, Ihre Aufmerksamkeit in den folgenden drei Dimensionen zu erhöhen:

- auf einen Punkt,
- nach außen oder auf andere,
- nach innen.

Zum Thema „Aufmerksamkeit“ gibt es auf der nächsten Seite einen kleinen Exkurs.

Zusätzlich soll Ihnen dieses Buch die Prinzipien emotionaler Aufnahmebereitschaft aufzeigen und dadurch Ihre intuitive und bewusste Einschätzung von Gesprächssituationen noch präziser machen. Es soll Ihnen für Interaktionen mit anderen Personen Wahlmöglichkeiten geben. Wahlmöglichkeiten bedeutet, dass Sie – abhängig vom Kontext, der Situation und dem jeweiligen Gesprächspartner – unterschiedliche kommunikative Kompetenzen nutzen können. Je mehr Wahlmöglichkeiten Sie haben, desto höher wird Ihre Flexibilität und desto größer wird Ihre Wirkung im Umgang mit anderen Menschen.

EXKURS: „AUFMERKSAMKEIT“

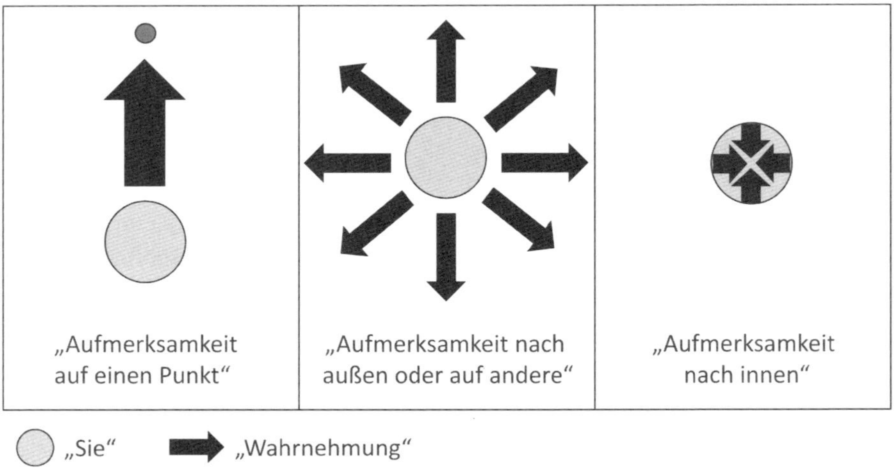

Das menschliche Bewusstsein hat eine eingeschränkte Verarbeitungskapazität, kann also nicht unendlich viele Reize gleichzeitig verarbeiten. Daher muss es selektieren, was gerade mit Aufmerksamkeit bedacht werden muss. Manche Reize ziehen die Aufmerksamkeit automatisch auf sich (z. B. ein Blitz, ein lautes Geräusch, ...), auf andere kann die Aufmerksamkeit bewusst gelenkt werden. Diese willentliche Fokussierung der Aufmerksamkeit auf etwas wird als Konzentration bezeichnet.

Beim Lesen anspruchsvoller Inhalte liegt Ihre volle Konzentration zielgerichtet auf dieser Tätigkeit (auf einem Punkt), wenn Sie ein Meeting moderieren oder eine fremde Stadt erkunden, ist Ihre Konzentration als breite Wahrnehmung auf die Umwelt beziehungsweise Ihre Zuhörer gerichtet (nach außen oder auf andere), wenn Sie bewusst auf Ihren Atem achten, ist Ihre Konzentration nach innen gerichtet. Alle drei Formen von Konzentration sind wichtig. Die Kunst besteht darin, alle zielgerichtet und bewusst anzuwenden (adaptiert und erweitert nach (2)).

1.1 Wofür wir dieses Buch geschrieben haben

Um Ihnen aufzuzeigen, welche persönlichen Erlebnisse und Erfahrungen unsere Aufmerksamkeit für die Themen „emotionale Aufnahmebereitschaft“ und „Berechtigung“ geprägt haben, möchten wir Sie dazu einladen, uns etwas besser kennenzulernen:

Atilla Vuran:

„Ich danke Ihnen für Ihre Aufmerksamkeit!“, sagte ich zum Schluss meines Vortrags, und dann gab es für mich nur noch eins: Weg von diesem Rednerpult! Nicht dass sie noch Tomaten oder Eier nach mir werfen. Ich war fix und fertig. Im wahrsten Sinne des Wortes. Beinahe wäre ich auch noch über diesen Kabelwust am Boden gestolpert. Das hätte gerade noch gefehlt, wäre allerdings ein würdiger Abgang für diese gerade zu Ende gegangene mittlere Katastrophe gewesen. Die gut gekleideten Zuhörer, mehrheitlich Männer, hatten wohl eine gute Kinderstube genossen, denn sie applaudierten. Zwar sehr spärlich, aber immerhin. Buh-Rufe wären auch in Ordnung gewesen, doch diese Blamage ersparten sie mir. Ich sah zu, dass ich rauskam aus dem Saal, und erst als ich im Vorraum saß, merkte ich, dass sowohl mein Unterhemd als auch mein blaues Hemd tropfnass geschwitzt waren. „Das war wirklich eine grandiose Leistung, Atilla“, dachte ich. „An Peinlichkeit nicht zu überbieten.“ Ich saß da wie ein Boxer, der nicht nur seinen Kampf verloren hatte, sondern vom Gegner auch noch windelweich geprügelt worden war. Spätestens jetzt wusste ich, wie es sich anfühlt, wenn man scheitert!

Dabei hatte doch alles recht gut angefangen. Ein Kollege hatte mich damals, ich war noch recht jung, gebeten, aus Krankheitsgründen für ihn einzuspringen. Sehr kurzfristig zwar, aber ich fühlte mich fit in der Thematik und war geschmeichelt, dass man mir diesen wichtigen Vortrag zutraute - auch wenn ich bislang vor solch einem Publikum noch nie referiert hatte. Noch bevor ich richtig überlegt hatte, hörte ich mich zu meiner eigenen Überraschung spontan sagen: „Klar, mach dir keine Gedanken, kurier dich aus, ich übernehme das!“

Als ich jedoch am nächsten Morgen aufs Podium stieg, bekam ich erhebliches „Muffensausen“. Da saßen eine Menge Hochkaräter, gestandene und sehr erfolgreiche Manager, vor mir und schauten mich erwartungsvoll an. Klar, ich hatte mich die halbe Nacht lang vorbereitet, aber diese Situation war für mich neu. Ich legte mich voll ins Zeug und begann meinen Vortrag. Es dauerte keine fünf Minuten und mein persönliches „Waterloo“ nahm seinen Lauf. Die Zuhörer hingen nicht an meinen Lippen, so wie ich das erhofft hatte. Keine erwartungsvolle Stille im Saal. Im Gegenteil, es wurde unruhig. In der Schule würde man sagen, es wurde ‚geschwätzt'. Einige schauten überall hin, nur nicht zu mir. Andere blätterten gelangweilt in Unterlagen herum. Die Leute gaben mir keinerlei Berechtigung und waren auch nicht aufnahmebereit. Das merkte ich und mir wurde immer mulmiger zumute.

„Könnten Sie mir das bitte einmal erklären?", fragte einer der hochrangigen Manager mit einem Zwischenruf und schweifte dann fast bis Adam und Eva ins Detail ab.

„Würden Sie sich bitte etwas kürzer fassen und zum Kern Ihrer Frage kommen?", antwortete ich höflich, aber dieser Typ ließ sich dadurch keineswegs beeinflussen und philosophierte weiter. Anderen Zuhörern schien das alles irgendwie egal zu sein. Jetzt wurde ich erst recht unsicher. Mein Puls erhöhte sich. Ich wusste nicht, wie ich mich verhalten sollte, und ich hatte Angst, den Typen einfach abzuklemmen. Sie kennen sicher solche Momente, in denen man sich selbst à la Raumschiff Enterprise einfach wegbeamen möchte. Irgendwie brachte ich meinen Vortrag dann zu Ende und... na ja, den Rest habe ich eingangs schon beschrieben.

Was war geschehen? Was hatte ich falsch gemacht? Sehr lange habe ich mein Tun analysiert. Mein Vortrag war sachlich und inhaltlich richtig gewesen. Ja sogar fast perfekt. Stichhaltig und gut durchdacht. Aber mir war es nicht gelungen, meine Zuhörer zu erreichen. Sie lehnten mich ab, und versagten mir Berechtigung und Aufnahmebereitschaft. So ging es dann auch weiter: Über eine lange Zeit hatte ich immer wieder mit solchen Situationen zu kämpfen, ja sogar mit Ablehnung. Ich wusste einfach nicht, wie ich Aufnahmebereitschaft herstellen konnte. Genau das ist nämlich die Quintessenz der Kommunikation. Nicht nur im Beruf, sondern auch in anderen Bereichen des Lebens: in der Partnerschaft zum Beispiel, in der Erziehung oder im Umgang mit den eigenen Eltern. Jemand hört dir zwar zu, im besten Fall stimmt er dir auch zu und ... macht dann doch was ganz anderes. Kennen Sie das?

Komisch war auch, dass mir früher, als ich noch als Geschäftsführer tätig war, die Mitarbeiter aufgrund meiner Position zwar zuhörten, die Dinge, die wir vereinbart hatten, aber trotzdem nicht umsetzten. Die Sache mit der Kommunikation klappte also damals genauso wenig, nur war mir das nicht bewusst. Ich erkannte, dass ich in Sachen „Aufnahmebereitschaft herbeiführen" limitiert war. Und das beschäftigte mich. Das wollte ich ändern! Aus diesem Grund suchte ich mir Vorbilder und beobachtete Redner, von denen ich wusste, dass sie es mühelos schaffen, andere in ihren Bann zu ziehen. Ich saß bei ihnen im Publikum und erlebte fasziniert, wie es sofort still wurde im Saal, wenn sie ihren Vortrag begannen. Alle hörten ihnen zu. Diese

Menschen stehen sogar sofort im Mittelpunkt, sobald sie nur einen Raum betreten. „Wie machen die das nur?“, fragte ich mich. Nicht nur einmal, sondern immer und immer wieder!

Für mich wurde das zu einer Herausforderung. Ich wollte das auch können, wollte herausfinden, wie man es schafft, dass die Leute einem die „Berechtigung“ geben und wie man „Aufnahmebereitschaft“ bei ihnen erreichen kann. Das wurde für mich zu einer Art Lebensaufgabe. Über Jahre hinweg studierte ich Menschen, las viel, sprach mit Psychologen genauso wie mit erfolgreichen Kommunikationsprofis und lernte, was es zu lernen gab. Mit der Zeit wurde die Nebelbank klarer und ich entdeckte die „emotionalen Techniken“, die erfolgreiche Menschen in der Kommunikation anwenden. Dann lernte ich Dr. Nina Harbers kennen, die sich auch mit diesem Thema beschäftigte. Sie hatte zwar einen anderen Ansatz als ich, aber wir konnten uns gegenseitig optimal ergänzen. Und so haben wir zusammen über viele Jahre hinweg ein effizientes Konzept entwickelt und in diesem Buch zusammengefasst.

Sie halten also keinen wissenschaftlichen Wälzer à la „So werden Sie jeden erreichen …“ in Händen, sondern einen effizienten Leitfaden zweier Praktiker für die tägliche Praxis. Das Buch soll Sie anregen, Ihr kommunikatives Verhalten zu überdenken und an Gespräche neu heranzugehen – immer mit dem Ziel, wirkungsvoller zu kommunizieren. ***Damit Sie am Scheitern nicht scheitern!***

Ihr
Atilla Vuran

Dr. Nina Harbers:

Möchten Sie wissen, wie eine kleine, zierliche und für manche zerbrechlich wirkende Blondine, die gerne mal als ruhig und zurückhaltend eingestuft wird, dazu kommt, ein Buch über Kommunikation zu schreiben? Das ist eine berechtigte Frage und die Antwort darauf ist eigentlich ganz einfach: Mir erging es eventuell genauso wie Ihnen. Sie haben sich dieses Buch vielleicht gekauft, weil Sie sich in Sachen ‚Kommunikation' und ‚Menschenführung' weiterbilden möchten. Weil Sie für das, was Sie anderen mitteilen wollen, uneingeschränkte Aufmerksamkeit wollen und brauchen. Diese aber nicht (immer) oder nicht ausreichend bekommen. Bei mir war das ganz ähnlich.

Ich wuchs als Einzelkind in einer kleinen Gemeinde im Chiemgau auf. Dort stieß meine Entscheidung, nach dem Abitur ein technisches Studium aufzunehmen, auf ziemliche Verwunderung. Wie kommt so ein Mädchen dazu, Ingenieurin zu werden? Das passte nicht ins Bild. Auch im Studium wurde mir schnell klar, dass mein Aussehen nicht gerade förderlich dabei ist, fachlich ernst genommen zu werden – sei es von den Kommilitonen oder auch Professoren. So wie ich gestrickt bin, demotivierte mich diese Erkenntnis jedoch keinesfalls, sondern führte eher zu einer „Euch werde ich es schon zeigen"-Einstellung, sodass ich zielstrebig und ehrgeizig mein Studium durchlief und es mit sehr guten Noten abschloss. Hilfreich waren dabei sicherlich auch meine Disziplin, Strukturiertheit und klare Faktenorientierung.

In der anschließenden Promotion war es ähnlich. Gerade weil mir mein Erscheinungsbild manchmal im Weg stand, reichte es mir nicht, etwas nur gut zu machen, es musste immer perfekt sein. Dies spiegelte sich in einer hohen Detailorientierung und extremen Erwartungen an mich selbst wider. Kompetenz hieß für mich immer: Auf der fachlichen und sachlichen Ebene zu 100 Prozent alles zu beherrschen. Und das Fachwissen war nach meiner Überzeugung die alles entscheidende Grundlage für den Erfolg. Diese Einstellung hat sich auch immer wieder bewährt. Zumindest während des Studiums und der Promotion.

Umdenken musste ich allerdings im anschließenden Berufsleben. Sie wissen ja, in der Praxis sieht vieles ganz anders aus. Meine erste Anstellung in der Industrie fand ich bei einem Unternehmen der Medizintechnik. Dort wurde mir die Leitung eines Teams übertragen. Ziemlich schnell merkte ich, dass mein umfangreiches Fachwissen nicht ausreichte, um mit Menschen erfolgreich zu kommunizieren. Die meist deutlich älteren Kollegen und Mitarbeiter hörten mir irgendwie nicht zu. Obwohl ich sachlich und fachlich alles beherrschte, erreichte ich viele Leute nicht. Einige ließen sich von mir einfach nicht führen, gaben mir keine Berechtigung und waren nicht aufnahmebereit. Da wurde mir zum ersten Mal bewusst, dass Fachwissen allein nicht ausreicht, um als Führungskraft erfolgreich zu sein. Und da habe ich eine Schwäche von mir erkannt: Ich bin eher der intellektuelle Typ, weniger der emotionale.

Logische Konsequenz für mich war, mich auf dem Gebiet der Menschenführung weiterzubilden – also im Prinzip weiteres Fachwissen aufzubauen, lediglich in einem anderen Themengebiet. Ich versuchte alles aufzunehmen, was es zu lernen gab, machte u. a. einen MBA und diverse Kommunikations- und Coaching-Ausbildungen. Doch das half mir alles nicht recht weiter. Eines Tages besuchte ich ein Führungskräfte-Seminar an der Universität. Atilla Vuran hieß der Referent, der meiner beruflichen Karriere die entscheidende Wende bringen sollte. Er redete von Berechtigung, Aufnahmebereitschaft und vielen anderen Dingen, die für mich damals böhmische Dörfer waren. Doch das Verblüffende seines Vortrags war: Er konnte die Gruppe führen. Die Leute, unter denen einige hochrangige Wissenschaftler und Professoren waren, saßen da und lauschten wie gebannt seinen Worten. Sie waren mehr als nur aufnahmebereit und gaben ihm genau die Berechtigung, die er brauchte, um sie emotional zu erreichen. Dabei machte er rhetorisch einige Fehler und ich konnte nicht einmal den mir sonst so wichtigen berühmten roten Faden in seinem Vortrag erkennen. Wie schafft er es, dass die Leute ihm trotzdem die Berechtigung geben? Wie stellt er das an? Diese Fragen beschäftigten mich und so beschloss ich, mich von Atilla Vuran hierzu coachen zu lassen.

Bei den ersten Telefonaten, die wir führten, stellte ich wieder verblüfft fest: Ich hörte ihm zu und er schaffte es, dass ich aufnahmebereit war. Aber irgendwie war alles, was er vortrug, für mich nicht griffig. Ich erkannte nicht, wohin er wollte. Für mich, die überzeugte Strukturfanatikerin, fehlte ein Konzept. Erst nach mehreren Telefonaten kam ich langsam dahinter, dass bei Atilla Vuran doch ein roter Faden da war. Also hatte er ein Konzept, wenngleich es nicht auf den ersten Blick erkennbar war. Und da kam mir eine der wichtigsten Erkenntnisse meiner Karriere: Das beste Fachwissen und die perfekteste Struktur nützen herzlich wenig, wenn ich es nicht richtig vermitteln kann! Das „Wie" ist genauso wichtig wie das „Was"! Das Entscheidende bei der Führung sind „Aufnahmebereitschaft" und „Berechtigung". Perfekt strukturiertes Fachwissen ist zweitrangig, wenn ich es nicht schaffe, dass die Leute mir zuhören und es aufnehmen. Und ich erkannte: Man kann alles optimieren! Kombiniert man eine gut durchdachte Struktur mit einer emotionalen Präsentation, dann bekommt man ein extrem wirkungsvolles Konzept. Für den zweiten Teil steht ganz klar Atilla Vuran. Der erste Teil ist ein Part, den ich übernehmen kann. Ich setzte mich mit ihm zusammen und diskutierte viel mit ihm. Nicht nur einmal! Nein, über viele Jahre. Wir stellten uns Fragen wie „Was ist es denn genau, was Menschen zu Aufnahmebereitschaft und Berechtigung führt?". Und mit der Zeit suchten wir nicht mehr, sondern entwickelten dieses wirkungsvolle Konzept.

Dieses Konzept halten Sie nun in Ihren Händen. Es soll Sie mit der notwendigen Theorie u. a. aus der Psychologie, der Neurobiologie und der Kommunikationswissenschaft dabei unterstützen, das Thema „emotionale Aufnahmebereitschaft" zu verstehen. Diese Theorie ist dabei so anschaulich und verständlich wie möglich gestaltet, ohne eine zu starke Vereinfachung vorzunehmen. Neben dem theoretischen Verständnis soll Sie das Buch aber vor allem befähigen, die Inhalte in der alltäglichen Praxis anwenden zu können. Ich wünsche Ihnen viel Spaß beim Lesen und viel Erfolg auf Ihrem Weg zu einer (noch) wirkungsvolleren Kommunikation.

Ihre
Nina Harbers

* * *

Wie Sie sicher anhand der Geschichten festgestellt haben, beschäftigt uns das Thema emotionale Aufnahmebereitschaft schon seit vielen Jahren – zunächst in der Praxis durch unsere unzähligen Erfahrungen in Beruf, Seminaren und Coachings und später auch in der dahinterliegenden Theorie.

Wir stellten uns immer wieder die Fragen: Woran liegt es, dass Menschen manche Situationen ohne Mühe meistern oder den Gesprächspartner wirkungsvoll führen können? Woran liegt es, dass es in anderen Situationen oftmals trotz großer Anstrengungen zum Scheitern der Kommunikation kommt und der andere die Berechtigung oder Aufnahmebereitschaft entzieht?

Im Rahmen unserer Trainings stellte sich auch die Frage: Warum liefern wir in manchen Teilnehmergruppen herausragende Ergebnisse und in anderen nicht, obwohl die gleichen Inhalte von denselben Trainern gelehrt wurden? Uns wurde klar, dass die Vermittlung von Inhalten nur dann wirkungsvoll ist, wenn die Berechtigung und emotionale Aufnahmebereitschaft da sind.

Wir stellten fest, dass das Thema „emotionale Aufnahmebereitschaft" trotz seiner großen Relevanz für die Kommunikation in dieser Form bisher in der

Literatur nicht umfassend beschrieben wurde. Mit diesem Buch wollen wir Sie dabei unterstützen, die Mechanismen hinter dem Schaffen von emotionaler Aufnahmebereitschaft zu verstehen, sich bewusst zu werden, was Ihnen bereits gut gelingt, und darauf aufbauend Ihre Wahrnehmung und Fähigkeit zum Aufbau von emotionaler Aufnahmebereitschaft weiter zu verbessern.

Das vorliegende Buch ist relevant für jeden, der mit Menschen zu tun hat – egal ob geschäftlich oder privat. Für jeden, der seine Gesprächspartner besser verstehen und seine zwischenmenschlichen Beziehungen wirkungsvoller gestalten will. Das Buch wurde auch für Menschen geschrieben, die sich selbst etwas besser kennenlernen wollen.

Bestimmt werden Sie durch das Buch das ein oder andere Neue erfahren, das Ihnen in der Zukunft eine wirkungsvollere Kommunikation ermöglicht. Vieles wird Ihnen aber bestimmt schon vor der Lektüre dieses Buches bekannt gewesen sein, manches haben Sie vielleicht geahnt oder es war nur in Vergessenheit geraten. Hier werden Sie an dem Altbekannten, dem tagtäglich Erlebten, vielleicht neue Facetten bemerken, die Mechanismen der Kommunikation, die bisher im Halbdunkel verborgen waren, in einem neuen Licht sehen.

„Die Grenzen meiner Sprache bedeuten die Grenzen meiner Welt.“
(Ludwig Wittgenstein)

„Die Grenzen meiner Sprache bedeuten die Grenzen meiner Welt“, hat der Philosoph Ludwig Wittgenstein einmal gesagt. Beginnen Sie damit, sich mit dem Thema „emotionale Aufnahmebereitschaft“ zu beschäftigen, eignen Sie sich sozusagen eine Art neue Sprache an und es wird sich Ihnen eine völlig neue Welt mit teilweise unerwarteten Wahrnehmungsmöglichkeiten eröffnen.

Dieses Buch kann zu einer beachtlichen Verbesserung Ihrer Kommunikationsfähigkeit sowie Ihrer Fähigkeit, emotionale Aufnahmebereitschaft herzustellen, führen. Doch ist es keine Wunderbehandlung – also keine simple Lösung für ein komplexes Problem. Sicher wäre es schön, durch einmalige Lektüre des Buches einem Menschen durch die Augen tief in die Seele blicken zu können und in jeder Situation zu wissen, was der Gesprächspartner braucht, um aufnahmebereit zu sein. Dies zu versprechen wäre allerdings unseriös.

Auch wenn das Buch Ihnen dabei helfen kann, wirkungsvolle Resultate in Ihrem Leben zu erzielen, setzt es für die erfolgreiche Anwendung von Ihrer Seite ein bestimmtes Maß an Anstrengung und Übung voraus. Im Gehirn eines Menschen kann nämlich nur etwas bewusst verarbeitet werden, wenn dies mit etwas assoziiert werden kann, das bereits als Wissen und Erfahrung im Gehirn vorhanden ist (3). Wie schnell Sie die Inhalte also bewusst umsetzen können, hängt von zwei Faktoren ab: davon, wie viel Wissen und Erfahrung Sie bereits besitzen, sowie von Ihrer Bereitschaft, Wissen und Erfahrung aufzubauen.

Auch wird es Ihnen – selbst nach intensivem Training der Inhalte – nicht in jeder Situation gelingen, die emotionale Aufnahmebereitschaft beim Gegenüber herzustellen. Es gibt Konstellationen, da können Sie machen, was Sie wollen, und die Aufnahmebereitschaft wird einfach nicht da sein. Denken Sie z. B. an Kinder in der Pubertät …

Kommunizieren heißt scheitern!

Bevor Sie nun aber richtig loslegen, ist uns noch Folgendes wichtig:

Jeder Mensch – Sie genauso wie wir – nutzt seine kommunikativen Fähigkeiten, um andere Menschen zu beeinflussen. Jede Führung, jede Erziehung, jede Bildung wird durch Beeinflussungs- und Kommunikationsfertigkeiten geprägt. Hier gibt es interessanterweise einen Widerspruch: Niemand ist interessiert daran, Methoden oder Fertigkeiten zu lernen, die nicht effektiv sind. Viele effektive Fertigkeiten werden andererseits aber verurteilt und als Manipulation etikettiert.

Wir geben Ihnen mit diesem Buch Inhalte an die Hand, mithilfe derer Sie wirkungsvoller kommunizieren können. Damit werden Sie andere Menschen gezielt erreichen und auch beeinflussen. Kommunikation ist eine Schleife. Ihr Verhalten beeinflusst Ihren Gesprächspartner und das Verhalten Ihres Gesprächspartners beeinflusst Sie. Das war so, bevor Sie dieses Buch gelesen haben, und wird auch hinterher so sein. Unterschied wird aber sein, dass Sie sich der Wirkung, die Sie hervorrufen, bewusst sind.

Egal, welchen Inhalt dieses Buches Sie einsetzen wollen, reflektieren Sie bitte immer, ob Sie damit die Grenze von der Beeinflussung zur Manipulation überschreiten.

Manipulation heißt, jemanden dazu bringen, etwas zu tun,
- ... ohne dass derjenige es selbst merkt,
- ... ohne dass er dessen Sinn versteht,
- ... das seinen eigenen Interessen zuwiderlaufen kann,
- ... sodass es Abhängigkeiten schafft.

Das Endziel von Manipulation ist Abhängigkeit bzw. Fremdsteuerung und Täuschung. Menschen, die manipulieren, wollen rücksichtslos die eigenen Bedürfnisse befriedigen.

Beeinflussung hingegen bedeutet, jemanden von etwas zu überzeugen. Dies geschieht dabei offen, nachvollziehbar und transparent. Die Beeinflussung basiert also auf Ehrlichkeit und will den Beeinflussten zur Unabhängigkeit führen (adaptiert nach (4)).

Mit den in diesem Buch dargestellten Inhalten können Sie beides – beeinflussen und manipulieren. Nutzen wir Geld als Metapher: Sie können mit Geld Krankenhäuser bauen, die eigene Familie ernähren oder Ihre Träume verwirklichen. Mit Geld können Sie aber auch Kriege finanzieren, es ruft Neid hervor und verdirbt manchmal sprichwörtlich „den Charakter". Geld selbst besteht dabei nur aus geprägten Metallstücken oder bedruckten Scheinen aus Papier, die weder gut noch schlecht sind. Und genauso verhält es sich mit den Inhalten dieses Buches, es liegt in Ihrer Verantwortung, was Sie damit machen. Wir haben dieses Buch geschrieben, um wirkungsvoll zu beeinflussen, nicht, um zu manipulieren.

BITTE BEACHTEN SIE

- Bei der Beschreibung sämtlicher Inhalte sind stets Personen männlichen und weiblichen Geschlechts gleichermaßen gemeint. Aus Gründen der einfacheren Lesbarkeit wird jedoch oftmals nur die männliche Form verwendet (z. B. „der Gesprächspartner").
- Nicht alle Inhalte des Buches sind wissenschaftlich belegt, manches beruht auch auf eigenen Beobachtungen und jahrelanger Erfahrung.

1.2 Wie das Buch aufgebaut ist und wie Sie damit arbeiten können

Untersuchungen haben gezeigt, dass der Durchschnitt aller Menschen ein Buch nur bis Seite 21 liest (5). Äußerst schlechte Voraussetzungen also für unser Buch, bei dem Sie auf Seite 21 gerade mal eine erste Grundidee zur emotionalen Aufnahmebereitschaft bekommen haben. Selbst wenn Sie sich die Zeit nehmen, das gesamte Buch zu lesen, werden bestimmt nicht alle Inhalte im gleichen Maße Ihr Interesse wecken.

Wir gehen davon aus, dass Sie Zeit nicht im Übermaß besitzen, und wünschen uns, dass Sie die für Sie relevanten Inhalte möglichst schnell kennenlernen und in der Praxis anwenden können. Deshalb ist unser Vorschlag zum effektiven Arbeiten mit diesem Buch, zunächst das Kapitel 2 zu lesen, um sich einen allgemeinen Überblick zur Thematik der emotionalen Aufnahmebereitschaft zu verschaffen. Was ist emotionale Aufnahmebereitschaft überhaupt genau, was trägt alles dazu bei und wie können Sie sie im Alltag erkennen? In diesem Kapitel geht es darum, Ihre kommunikative Wahrnehmung zu schulen, damit Sie (noch) differenzierter beobachten, wie sich emotionale Aufnahmebereitschaft als Basis einer gelingenden Kommunikation zeigt und was dazu führt, dass Kommunikation so oft scheitert. Zusätzlich werden Sie verschiedene Aspekte kennenlernen, wie Sie **allgemein** Ihre Fähigkeit, emotionale Aufnahmebereitschaft herzustellen, steigern können. Die einzelnen Unterkapitel des Kapitels 2.2 „Was trägt alles zur emotionalen Aufnahmebereitschaft bei?" sind zur besseren Orientierung immer wie folgt gegliedert:

Fakten
Hier finden Sie das notwendige Wissen, zugehörige Zahlen, Daten und Fakten sowie ggf. den wissenschaftlichen Hintergrund. Es wird beschrieben, WAS dazu führt, ob Menschen die emotionale Aufnahmebereitschaft bekommen oder nicht.

Anwendung
Nach den Fakten und Hintergründen zeigen wir Ihnen auf, WIE und WANN Sie die beschriebenen Inhalte in der Praxis einsetzen können, um emotionale Aufnahmebereitschaft herzustellen. Hier finden Sie auch Verweise zum zugehörigen Arbeitshandbuch „Kommunizieren heißt scheitern", wo zusätzliche Umsetzungsübungen beschrieben werden.

Das Wichtigste in Kürze
Hier sind die wichtigsten Punkte des Kapitels für Sie zusammengefasst, die Sie jederzeit zur Wiederholung und Auffrischung lesen und durchgehen können.

Vertiefende Literatur
Am Ende eines jeden Kapitels finden Sie Vorschläge für vertiefende Literatur zum jeweiligen Thema.

Nachdem Sie sich mit **Kapitel 2** entsprechende Grundlagen angeeignet haben, blättern Sie bitte anschließend durch das Kapitel 3 (oder lesen jeweils die Geschichte am Anfang der Unterkapitel) und markieren sich die Überschriften, die bei Ihnen Interesse auslösen. Lesen Sie dann erst einmal nur diese Kapitel. Es wird sich schnell herauskristallisieren, welche Aspekte für Sie am wichtigsten sind, um die Wirkung Ihrer Kommunikation zu verbessern.

Im **Kapitel 3** werden verschiedene sogenannte „Filter" beschrieben, die einen Einfluss auf die emotionale Aufnahmebereitschaft eines spezifischen Gesprächspartners haben können. Hier erfahren Sie, was Sie **speziell auf Ihren jeweiligen Gesprächspartner zugeschnitten** beim Herstellen von emotionaler Aufnahmebereitschaft beachten sollten. Die aufgeführten Aspekte haben dabei keinen Anspruch auf Vollständigkeit oder auf Endgültigkeit – dem sollten Sie jedoch den praktischen Nutzen gegenüberstellen.

Die Unterkapitel des Kapitels 3 sind jeweils aus dem Blickwinkel „Aufnahmebereitschaft von anderen gegenüber mir" geschrieben (vgl. Kapitel 2.1). Sie können die Inhalte aber jederzeit auch aus dem Blickwinkel „von mir anderen gegenüber" betrachten.

Die Unterkapitel sind wie die des Kapitels 2.2 gegliedert. Zusätzlich finden Sie zum Einstieg jeweils noch eine **Beispielgeschichte**, damit Sie sich mit dem Thema besser identifizieren können. Sie soll außerdem Ihre emotionale Aufnahmebereitschaft für das Kapitel herstellen. Bei den Geschichten handelt es sich um eigene, persönliche Erlebnisse und wahre Geschichten aus unserem Coachingalltag. Aus Vertraulichkeitsgründen wurden hier die Namen der Beteiligten geändert. Am Ende jedes Unterkapitels finden Sie in Kapitel 3 außerdem einige Beispiele für **kapitelspezifische Besonderheiten** bei der „Anwendung in der digitalen Kommunikation". Die **allge-**

meinen Besonderheiten, welche es zu beachten gilt, sind in Kapitel 5 beschrieben.

In **Kapitel 4** finden Sie eine Zusammenfassung, welche Ihnen anhand eines Leitfadens dabei helfen soll, die Fülle an Informationen schnell und einfach in der Praxis anwenden zu können.

Kapitel 5 beschäftigt sich mit den **allgemeinen Besonderheiten** zum Herstellen von emotionaler Aufnahmebereitschaft bei der Anwendung in der digitalen Kommunikation.

Kapitel 6 enthält schließlich das Schlusswort.

Am Ende des Buches finden Sie ein **Glossar,** ein **Stichwortverzeichnis** sowie das **Literaturverzeichnis** mit den Einzelnachweisen.

Sobald Sie die für Sie besonders relevanten Unterkapitel des Kapitels 3 identifiziert haben, können Sie diese immer wieder durch Verwendung von „Das Wichtigste in Kürze" vertiefen und die Inhalte mithilfe des zugehörigen Arbeitshandbuches in Ihren Alltag übertragen. So können Sie Schritt für Schritt nicht wirkungsvolle Kommunikationsgewohnheiten verändern und bei den für Sie relevanten Inhalten die Stufe der „Unbewussten Kompetenz" erreichen. Dies ist der Zustand, in dem Sie wahrscheinlich mittlerweile Auto fahren. Sie müssen nicht mehr darüber nachdenken und können parallel zum Fahren auf die Landschaft achten oder ein Gespräch mit Ihrem Beifahrer führen. Dies war aber höchstwahrscheinlich nicht immer so. Denken Sie nur mal an Ihre ersten Fahrstunden ...

EXKURS: KOMPETENZSTUFEN (erweitert nach (6))

- **Unbewusste Inkompetenz:**
  Sie wissen oder können etwas nicht, wissen aber nicht, dass Sie dies nicht wissen oder können.

  Beispiele:
  Wenn Sie noch nie ein Auto gesehen haben, haben Sie keine Vorstellung davon, wie es sein könnte, eines zu fahren.
  Bevor Sie dieses Buch gelesen haben, kannten Sie vielleicht den Begriff „Somatische Marker" überhaupt nicht.

- **Bewusste Inkompetenz**
  Sie wissen, dass Sie etwas nicht wissen oder können. Diese Stufe ist unangenehm, Sie lernen in dieser Stufe aber am meisten.

  Beispiele:
  Sie lassen beim Autofahren die Gänge schleifen, würgen den Motor ab oder schaffen es nicht, rückwärts einzuparken.
  Durch die Lektüre des Buches lernen Sie den Begriff „Somatische Marker" kennen. Dabei wird Ihnen bewusst, dass Sie noch nicht wissen, wie Sie diese zum Herstellen von emotionaler Aufnahmebereitschaft einsetzen können.

- **Bewusste Kompetenz**
  Sie wissen oder können etwas, müssen sich aber noch bewusst darauf konzentrieren.

  Beispiele:
  Sie können ein Auto fahren, aber es erfordert noch Ihre komplette Konzentration.
  Sie wissen, wie Sie „Somatische Marker" zum Herstellen von Aufnahmebereitschaft einsetzen können, müssen sich aber im Gespräch bewusst darauf konzentrieren.

- **Unbewusste Kompetenz**
  Sie wissen und können etwas, ohne bewusst darüber nachdenken zu müssen. Einzelaspekte haben sich zu Mustern und Gewohnheiten zusammengefügt.

  Beispiele:
  Sie überlegen sich zwar vielleicht noch bewusst, wo Sie mit dem Auto hinfahren wollen, den Rest erledigt aber Ihre unbewusste Kompetenz. Ihre Aufmerksamkeit ist während der Fahrt frei für andere Dinge, wie Radio hören oder ein Gespräch mit dem Beifahrer führen.
  Sie wenden „Somatische Marker" (und auch andere im Buch beschriebene Inhalte) unbewusst an, um emotionale Aufnahmebereitschaft herzustellen. Ihre Aufmerksamkeit ist frei, sodass Sie sich zusätzlich voll und ganz auf den Inhalt konzentrieren können.

> *„Der Beginn einer Gewohnheit ist wie ein unsichtbarer Faden. Aber jedes Mal, wenn wir die Verhaltensweise wiederholen, stärken wir den Strang, fügen ihm ein weiteres Fädchen hinzu, bis er zu einem dicken Kabel wird, das uns – unser Denken und Handeln – unabänderlich fesselt."*
> *(Orison Swett Marden)*

Ihre Kommunikationsgewohnheiten haben sich in der Regel meist unbewusst im Laufe Ihres Lebens entwickelt. Sie haben Spuren in Ihrem Gehirn hinterlassen. Ihre starken (positiven und negativen) Gewohnheiten sind metaphorisch im neuronalen Netzwerk Ihres Gehirns als breite Trampelpfade angelegt. Eine Veränderung erfolgt nur, wenn Sie diese alten Pfade verlassen und ganz gezielt neue Wege gehen. Dies ist möglich, da das menschliche Gehirn über die Fähigkeit verfügt, sich das ganze Leben lang entsprechend seiner Benutzung und Beanspruchung zu verändern und anzupassen (sogenannte Neuroplastizität). Dafür müssen Sie aber durch Training erst neue Trampelpfade zwischen den Gehirnzellen anlegen, die für die Aktivierung und Durchführung des Verhaltens verantwortlich sind. Zu Beginn ist es wie beim ersten Durchschreiten einer Wiese, die Fußspuren sind noch kaum erkennbar. Mit jedem weiteren Betreten, also jeder Wiederholung der neuen Verhaltensweise, wird der Pfad immer tiefer und stabiler. Ein Kommunikationsverhalten, das Sie anfangs noch bewusst steuern (Zustand der bewussten Kompetenz) wird durch Wiederholung nach und nach zu einer Gewohnheit (Zustand der unbewussten Kompetenz).

In diesem Buch wollen wir uns auf 1:1- Gespräche fokussieren. Diese können dabei sowohl persönlich, am Telefon als auch über die Nutzung digitaler Medien (Beachten Sie hier bitte die Besonderheiten, die in Kapitel 5 beschrieben sind!) stattfinden.

Persönliches 1:1-Gespräch

1:1-Gespräch am Telefon

1:1-Gespräch mittels digitaler Medien

Viele Aspekte lassen sich leicht auf Gruppengespräche (in Meetings, Workshops, ...) übertragen. Jedoch wirken hier zusätzlich gruppendynamische Prozesse, welche die emotionale Aufnahmebereitschaft der Teilnehmer beeinflussen. Diese gruppendynamischen Prozesse werden in diesem Buch nicht behandelt.

Gruppengespräch

2 EMOTIONALE AUFNAHME-BEREITSCHAFT – ALLGEMEIN

In diesem Kapitel geht es darum zu verstehen, was emotionale Aufnahmebereitschaft ist, wie Sie sie erkennen können und was alles dazu beiträgt. Dabei lernen Sie allgemeine Ansatzpunkte kennen, wie Sie Ihre Wahrnehmung der emotionalen Aufnahmebereitschaft verbessern und Ihre Fähigkeiten zum Herstellen emotionaler Aufnahmebereitschaft grundsätzlich trainieren können – unabhängig vom jeweiligen Gesprächspartner.

2.1 Was ist emotionale Aufnahmebereitschaft?

Aufnahmebereitschaft kann laut Duden auch mit folgenden Worten beschrieben werden: Offenheit, Aufgeschlossenheit, Empfänglichkeit, Unvoreingenommenheit, Zugänglichkeit (7). Die emotionale Aufnahmebereitschaft, welche wir in diesem Buch beschreiben, geht aber noch ein Stück weiter. Dabei geht es nicht nur um ein rationales Zustimmen, sondern um ein emotionales Durchdrungensein eines Menschen, von z. B. einem Thema. Dies kann u. a. dazu beitragen, dass dieser von etwas überzeugt ist, tiefer versteht, effektiver lernt, wirkungsvoller Entscheidungen trifft, zum Handeln angeregt wird und sich führen lässt.

Warum dabei die Emotion so wichtig ist, verdeutlicht nachfolgendes Beispiel: Angenommen, Sie wohnen in einer Studenten-WG und die Hitze des Hochsommers macht das Lernen schier unmöglich. Sie möchten sich daher gerne vom gemeinsamen WG-Budget eine Klimaanlage zulegen. Welche Strategie würden Sie anwenden, um Ihren Mitbewohner von einem bestimmten Modell zu überzeugen? Würden Sie ihm

- möglichst viele sachliche Argumente des Modells (Maximalleistung, Energie-Effizienzklasse, Geräuschpegel, Ausstattungsmerkmale, ...) oder
- ein Foto, auf dem eine Gruppe sympathischer Leute rund um das Klimaanlagen-Modell sitzt und eine entspannte Party feiert,

präsentieren?

Angenommen Sie möchten zusätzlich zur Klimaanlage eine neue Biermarke in die WG einführen. Wie würden Sie Ihren Mitbewohner hier überzeugen? Würden Sie ihm

- möglichst viele sachliche Argumente (Alkoholgehalt, Flaschengröße, Öffnungsmechanismus, ...) oder
- ein Foto, auf dem eine Gruppe sympathischer Leute mit der neuen Biermarke eine entspannte Party feiert,

präsentieren?

Wahrscheinlich würden Sie die Klimaanlage Ihrem Mitbewohner eher mit sachlichen Argumenten und die Biermarke eher mit dem Foto – also mit Emotionen – verkaufen.

> *„Rationale Argumente bringen Menschen zum Zuhören und Nachdenken, Emotionen bringen Menschen hingegen zum Handeln.“*
> *(Atilla Vuran)*

Doch wovon hängt es ab, was besser funktioniert? Hat ein Gegenstand eher Funktionalität und Gebrauchswert (z. B. Staubsauger, Waschmaschine, Heizungsthermostate, ...), achten Menschen eher auf sachliche Argumente und entscheiden eher rational. Bei so ziemlich allem anderen (Arbeitgeber, Liebespartner, ...) entscheiden Menschen eher emotional (oder zumindest unter Beteiligung der Emotion), da es dabei unter anderem um die eigene „soziale Identität“ geht (8). Das steht im krassen Gegensatz dazu, wie Menschen Tag für Tag versuchen, andere von etwas zu überzeugen – durch Argumente. Dies bringt vielleicht Menschen zum Zuhören und Nachdenken, schafft aber keine emotionale Aufnahmebereitschaft und lässt Menschen nicht in eine gewünschte Richtung handeln. Rationale Argumente bringen das Gegenüber zum Zuhören und Nachdenken, Emotionen bringen es hingegen zum Handeln.

Vor allem wenn Intellekt und Emotion im Widerspruch stehen, siegt meist die Emotion, wie nachfolgendes Beispiel zeigt:

Rudi ist erfolgreicher Unternehmensberater, viel unterwegs und isst dementsprechend häufig außer Haus – z. B. am Flughafen oder am Bahnhof. Sie können sich vorstellen, dass er oftmals nicht besonders gesund isst, sondern eher zu einer schnellen Pizza oder Currywurst greift. Da Rudi durch seine Ernährungsgewohnheiten ziemlich an Gewicht zugelegt hat, hat er sich vor ein paar Monaten vorgenommen, sich ausgewogener und gesünder zu ernähren. An einem Wochenende verspürt Rudi am Sonntagnachmittag ein leichtes Hungergefühl. Er hat relativ spät gefrühstückt und deshalb das Mittagessen ausfallen lassen. Rudi geht also in die Küche und öffnet den Kühlschrank. Da er sich ja gesünder ernähren will, findet er jede Menge Obst darin. Sein Intellekt sagt: „Nimm dir einen Apfel", seine Emotion sagt „Schau mal, was sonst noch so da ist". Gezielt öffnet er die Süßigkeiten-Schublade und findet seine Lieblingsschokolade der Sorte Nuss-Nougat. Der Intellekt sagt: „Nein, du willst dich doch gesund ernähren, nimm den Apfel." Die Emotion sagt „Nuss-Nougat-Schokolade!" ... „Apfel!" ... „Schokolade!" ... Wer gewinnt? Sie ahnen es, die Emotion siegt meist über den Intellekt.

Wenn Sie verinnerlichen, dass es beim Überzeugen eines anderen Menschen in den meisten Fällen nicht um Argumente, sondern um Gefühle geht, können Sie erfolgreicher die emotionale Aufnahmebereitschaft herstellen und die Einstellung anderer Menschen ändern. Deren Verhalten ist das Ergebnis psychischer Prozesse, die in ihrem Inneren ablaufen, es wird maßgeblich von ihren Gefühlen bestimmt.

Als Metapher kann die emotionale Aufnahmebereitschaft eines Menschen wie eine Brücke, welche aus einer Vielzahl verschiedener Bretter besteht, angesehen werden. Diese Brücke ist je nach Kontext und Gesprächspartner unterschiedlich stark ausgebaut und sicher. Ist die volle Aufnahmebereitschaft da, sind als Bausubstanz stabile, tragende Bretter eingesetzt, welche ein bequemes und schnelles Überschreiten möglich machen.

Ist nur geringe Aufnahmebereitschaft und verbleibende Skepsis da, ist es zwar möglich, die Brücke zu überschreiten, doch es ist sehr anstrengend, denn es sind Lücken da, die es zu überspringen gilt, und einige Bretter sind womöglich morsch.

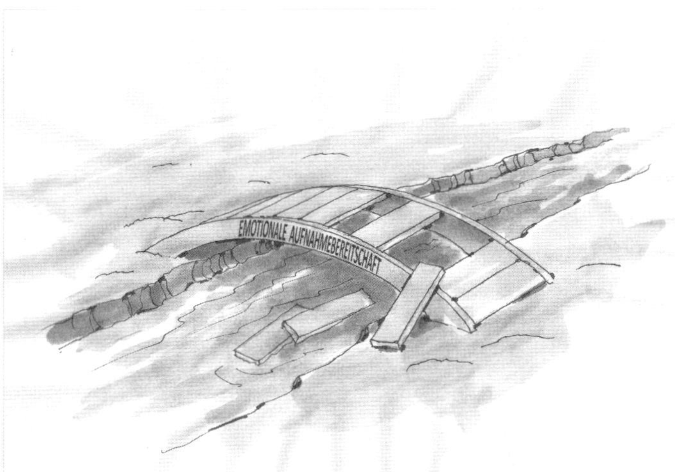

Bei nicht vorhandener emotionaler Aufnahmebereitschaft ist die Brücke schließlich so zerstört oder gar nicht erst errichtet, dass ein Überschreiten unmöglich wird.

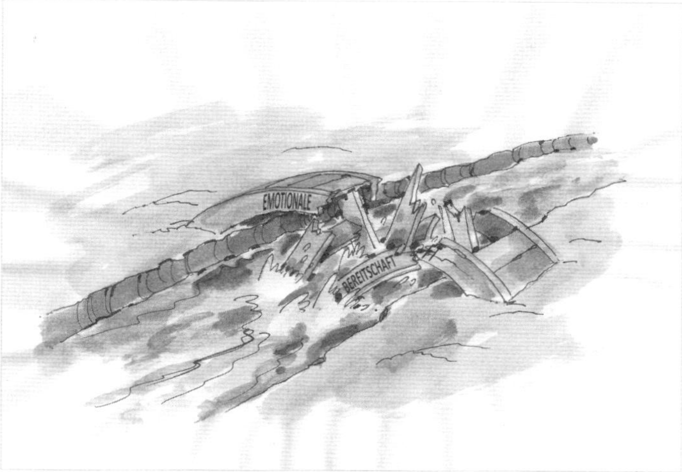

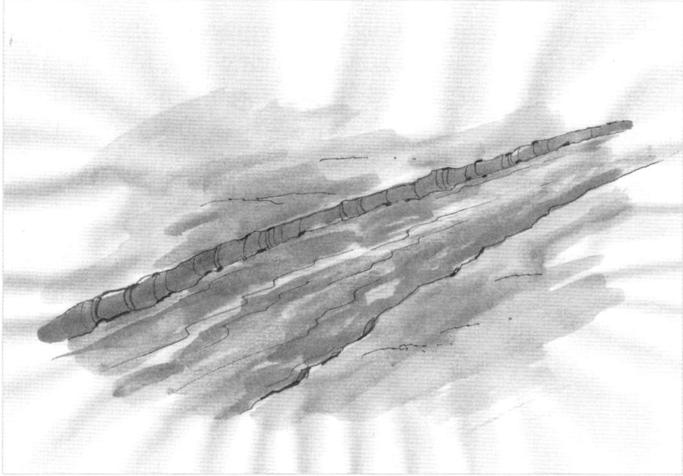

BITTE BEACHTEN SIE

Selbst wenn emotionale Aufnahmebereitschaft vorhanden ist, also eine stabile Brücke steht, bedeutet dies nicht, dass dies unwiderruflich und auf Dauer so ist. Aufgrund von Witterungseinflüssen (z. B. Wählen eines falschen Zeitpunkts) kann die Brücke brüchig werden oder sogar einstürzen. Es ist also wichtig, die Brücke instand zu halten, bzw. es kann sogar nötig sein, die Brücke erneut zu errichten.

Das Thema emotionale Aufnahmebereitschaft kann aus drei verschiedenen Blickwinkeln betrachtet werden (der Kreis stellt Sie selbst dar):

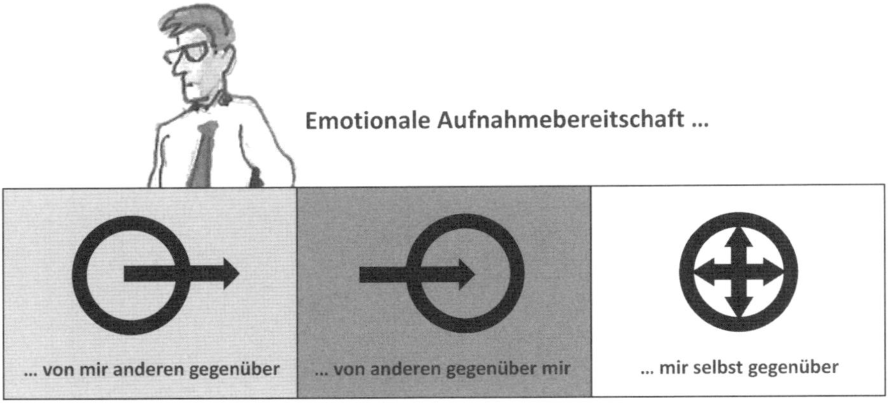

Die erste Ebene ist der Blickwinkel von Ihnen zu anderen („... von mir anderen gegenüber"). Also, wann sind Sie jemandem oder etwas gegenüber emotional aufnahmebereit? Hier geht es in erster Linie um das Verstehen der eigenen Persönlichkeit: Wann lassen Sie es zu, dass jemand eine Brücke der emotionalen Aufnahmebereitschaft zu Ihnen baut? Welche Faktoren – also Bretter – sind dafür nötig? Welche Bretter sollten vermieden werden, weil sie z. B. morsch sind? Wie sorgen Sie dafür, dass der andere weiß, was Sie brauchen und welche Bretter er verbauen soll?

Zusätzlich geht es – im Rahmen Ihrer eigenen Selbstführung – darum, selbst zum Bau der Brücke beizutragen.

Auf der zweiten Ebene erfolgt die Betrachtung der emotionalen Aufnahmebereitschaft von anderen gegenüber Ihnen („... von anderen mir gegenüber“). Hier geht es um das Verstehen anderer sowie die Anwendung in Gesprächen: Wie können Sie eine Brücke der emotionalen Aufnahmebereitschaft zu jemand anderem bauen? Welche Aspekte spielen beim jeweiligen Menschen eine Rolle, also welche Bretter sollten Sie verwenden, um eine stabile Brücke zu erhalten und den anderen darüberführen zu können? Was können Sie an Ihrer Kommunikation ggf. verändern, damit der andere aufnahmebereit wird und seinen Teil zum Bau der Brücke beiträgt?

Die beiden ersten Ebenen sind insofern eng miteinander verknüpft, als Menschen tendenziell denken, dass das, was sie selbst brauchen würden, um aufnahmebereit zu sein, auch das ist, was andere brauchen. D. h., dass Menschen aus ihrer Natürlichkeit heraus andere oftmals dann erreichen, wenn sie ihnen in relevanten Faktoren ähnlich sind. Gibt es bedeutende Unterschiede, kann es zum Entzug von Aufnahmebereitschaft oder sogar zu Konflikten kommen. Dies hängt allerdings immer im starken Maße davon ab, ob und wie die beiden Gesprächspartner mit den Unterschieden umgehen können.

In der Brücken-Metapher gesprochen bedeutet dies, dass bei beiden Gesprächspartnern zwar der Wunsch nach Aufnahmebereitschaft vorhanden sein kann und beide auch beginnen, eine Brücke zu bauen, dass aufgrund ihrer unterschiedlichen Persönlichkeitsstruktur die beiden Brückenteile aber aneinander vorbeilaufen können und so dennoch keine Aufnahmebereitschaft entsteht.

„Um emotionale Aufnahmebereitschaft bei anderen herzustellen, müssen Sie sich zunächst selbst kennen und verstehen."
(Nina Harbers)

Das Kennen und Verstehen der eigenen Persönlichkeit im Hinblick auf das Thema emotionale Aufnahmebereitschaft, gekoppelt mit dem Interesse am anderen, bildet somit auch eine Voraussetzung, um andere Menschen in die Aufnahmebereitschaft zu führen. Nur so ist es möglich, wahrzunehmen, welche Unterschiede es gibt und was verändert werden sollte.

In der dritten Ebene geht es darum, wann und wie Sie sich selbst gegenüber aufnahmebereit sind („… mir selbst gegenüber“). Dies ist wichtig im Rahmen Ihrer Selbstführung, um z. B. selbst gesteckte Ziele zu erreichen, aber auch im Gespräch mit anderen. Sind Sie sich selbst gegenüber nicht aufnahmebereit oder entziehen Sie sich selbst die Berechtigung, merkt dies der Gesprächspartner meist instinktiv anhand Ihrer Körpersprache, Ihrer Aussagen oder subtiler Verhaltensweisen, die Sie zeigen. Oftmals entzieht Ihnen dieser dadurch auch seine Aufnahmebereitschaft. Um in der Metapher zu bleiben: Welchen Brettern der Brücke zu Ihnen selbst sollten Sie besondere Beachtung schenken, welche sind morsch, sollten gepflegt oder repariert werden?

Die Tatsache, dass sich jemand selbst die Berechtigung gibt und sich selbst gegenüber aufnahmebereit ist, bildet eine wichtige Voraussetzung dafür, dass dies auch andere tun. Menschen spüren instinktiv, wenn dies nicht so ist (vgl. Kapitel „Selbstvertrauen“).

Aus Kapitel 3 haben wir diese dritte Ebene aufgrund der Komplexität ausgeschlossen, da dies den Rahmen sprengen würde.

2.2 Was trägt alles zur emotionalen Aufnahmebereitschaft bei?

Wie bereits beschrieben, hat jeder Mensch eine kontextabhängige individuelle Brücke der emotionalen Aufnahmebereitschaft. Diese besteht aus einer Vielzahl verschiedener Bretter, welche in Summe über die Stabilität der Brücke entscheiden. Als Bretter der Brücke sind in unserem Buch Faktoren gemeint, welche die emotionale Aufnahmebereitschaft Ihres Gesprächspartners beeinflussen. Je nach Person nehmen die einzelnen Faktoren dabei einen unterschiedlich hohen Stellenwert im Hinblick auf die Stabilität der Brücke ein. So gibt es Bretter, ohne die die Brücke einstürzen würde, und Bretter, die lediglich kleinere Lücken auffüllen und auf die sogar verzichtet werden könnte. Durch die richtige Auswahl und korrekte Anordnung der Bretter wird die Brücke stabil und ein bequemes und schnelles Überschreiten ist möglich.

In einem 1:1-Gespräch bauen Ihr Gesprächspartner und Sie selbst an der Brücke. Einige Bretter bringt der Gesprächspartner bereits mit oder wählt und verbaut sie während des Gesprächs, andere sind durch Ort und Lage der Brücke (Kontext) schon vordefiniert, den Rest wählen und ordnen Sie an – im Rahmen Ihrer Möglichkeiten.

Dabei gilt es herauszufinden, auf welche Art und Weise dies am besten geschieht, um eine möglichst stabile Brücke zu erhalten.

Faktoren für die Wahl Ihrer Bretter

Ein tiefes Interesse am anderen sowie das empathische Identifizieren von Bedürfnissen bildet die Grundvoraussetzung für das erfolgreiche Bauen der Brücke, also das Herstellen von emotionaler Aufnahmebereitschaft. Die von Ihrer Seite dafür notwendige emotionale Intelligenz (die Fähigkeit, eigene und fremde Gefühle richtig wahrzunehmen, zu verstehen und zu beeinflussen) lässt sich in drei Hauptelemente unterteilen: in Emotionsmanagement, Empathie und kommunikative Kompetenz. Das *Emotionsmanagement* bezieht sich auf Sie selbst; es bedeutet, dass Sie mit den eigenen Gefühlen wirkungsvoll umgehen können sollten. Dazu tragen u. a. Ihr Selbstvertrauen und der Selbstwert, mit dem Sie ins Gespräch gehen, die innere Haltung, die Sie mitbringen, und die Aufmerksamkeit, die Sie dem Gesprächspartner zuteilwerden lassen, bei. *Empathie* überquert die

Brücke und ist die Fähigkeit und Bereitschaft, Empfindungen, Gedanken, Emotionen, Motive und Persönlichkeitsmerkmale einer anderen Person zu erkennen und zu verstehen. Durch das wirkungsvolle Zusammenspiel von Emotionsmanagement und Empathie entfaltet sich schließlich die persönliche *kommunikative Kompetenz*. Um hier noch wirkungsvoller zu werden, ist an der einen oder anderen Stelle sicher Training notwendig. Ideen dazu bekommen Sie in den Kapiteln 2.2.1-2.2.3 sowie im Kapitel 3.

Ihre Empathie und kommunikative Kompetenz passieren auf dem Weg über die Brücke der Aufnahmebereitschaft zu Ihrem Gesprächspartner jedoch immer mehrere Hürden – die sogenannten *kognitiven Verzerrungen* und *Wahrnehmungsfilter* von Ihnen und Ihrem Gesprächspartner. Kognitive Verzerrungen sind systematische fehlerhafte Abweichungen von der Rationalität beim Wahrnehmen, Erinnern, Denken und Urteilen. Diese Verzerrungen laufen automatisch ab, sind uns also meist nicht bewusst und tragen dennoch ihren Teil zur Definition der Bretter bei. Interessanterweise haben diese gar nichts mit dem Gespräch selbst zu tun, verzerrtes Denken ist sozusagen ein Standardmodus unseres Verstandes (vgl. Kapitel „Kognitive Verzerrungen"). Die unterschiedlichen Wahrnehmungsfilter sorgen dafür, dass jeweils nur bestimmte Teile der realen Welt hindurchgelassen werden und sich jeder sozusagen seine eigene Wirklichkeit schafft. Kognitive Verzerrungen und Wahrnehmungsfilter können z. B. beeinflussen, wie Sie und Ihr Gesprächspartner sich gegenseitig wahrnehmen.

Neben den eben beschriebenen Brettern der Brücke zur emotionalen Aufnahmebereitschaft, die Sie selbst legen, werden andere Bretter der Brücke durch das kontextabhängige *Emotionsmanagement Ihres Gesprächspartners* definiert. Dieses schließt dessen Vertrauen in Sie, seine innere Haltung sowie seine Aufmerksamkeit im Gespräch ein. Diese Faktoren sind kaum von außen direkt veränderbar, aber durch Ihre kommunikative Kompetenz beeinflussbar! So bringt metaphorisch gesprochen Ihr Gesprächspartner z. B. zwar seine spezifischen, durch seine Persönlichkeit und seinen aktuellen Zustand definierten Bretter mit, Sie können ihn aber beim Wählen und Verbauen seiner Bretter unterstützen. Außerdem können durch eine wirkungsvolle Kommunikation Bretter während des Gesprächs repariert, ausgetauscht und durch stabilere ersetzt werden. Wie dies in der Praxis funktioniert, ist im Kapitel „Emotionsmanagement" beschrieben.

Die unterschiedlichen Faktoren, welche die Bretterauswahl definieren, sind nachfolgend nochmals im Überblick dargestellt und in den Kapiteln 2.2.1-2.2.6 näher erläutert:

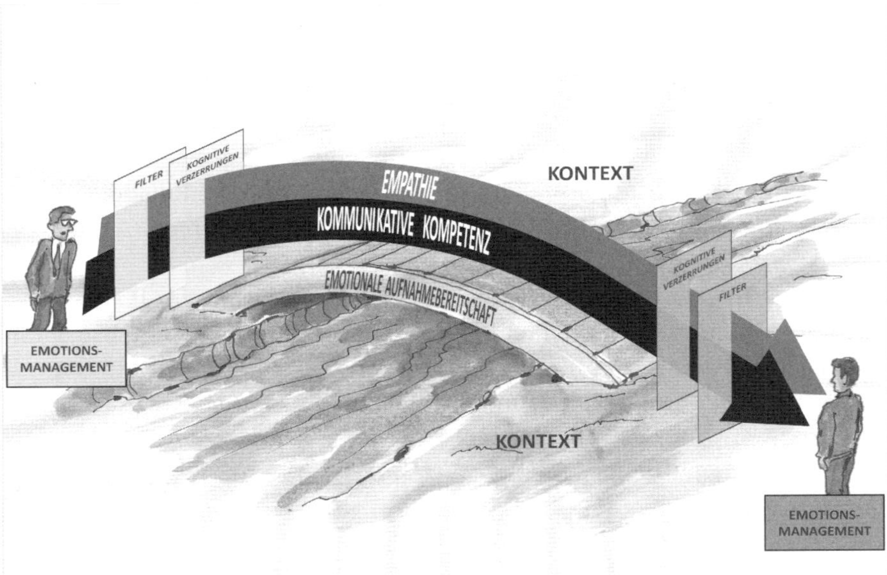

Wie Sie vielleicht bereits durch die Lektüre der bisherigen Kapitel bemerkt haben, ist die emotionale Aufnahmebereitschaft ein komplexes Thema und die beeinflussenden Faktoren sind vielzählig. Wir haben uns bemüht, diese Komplexität zu reduzieren und die beteiligten Faktoren so anschaulich und verständlich wie möglich zu gestalten, ohne dabei eine zu starke Vereinfachung vorzunehmen. In der Praxis lassen sich die einzelnen Faktoren natürlich nicht immer scharf voneinander trennen, da sie stark miteinander in Wechselwirkung stehen. Zum besseren Verständnis werden diese in den Kapiteln 2.2.1-2.2.6 jedoch separat betrachtet.

VERTIEFENDE LITERATUR

Daniel Goleman: EQ. Emotionale Intelligenz. München und Wien, dtv Verlagsgesellschaft, 1996

2.2.1 Emotionsmanagement

„Was nützt ein hoher IQ, wenn man ein emotionaler Trottel ist?"
(Daniel Goleman)

Mit Emotionsmanagement ist der wirkungsvolle Umgang mit den eigenen Gefühlen gemeint. Dazu zählt, die eigenen Gefühle zunächst zu erkennen und zu akzeptieren. Basis dafür bildet die Aufmerksamkeit, die jemand während eines Gesprächs sich selbst und seinem Gesprächspartner zuteilwerden lässt.

Im nächsten Schritt heißt Emotionsmanagement aber auch, in der Lage zu sein, die eigenen Gefühle zu steuern, so dass sie der Situation angemessen sind. Dafür kann es z. B. nötig sein, eine bestimmte Einstellung zum Gespräch zu wählen oder auch, sich bei Bedarf selbst beruhigen zu können.

Folgende Aspekte des Emotionsmanagements, die einen Einfluss auf die emotionale Aufnahmebereitschaft haben können, sind nachfolgend beschrieben:

- Das **Vertrauen,** das Ihnen Ihr Gesprächspartner entgegenbringt, das **Selbstvertrauen** und die Selbstverantwortung, die Sie in der Gesprächssituation haben, und dementsprechend die eigene Berechtigung, die Sie sich geben,
- die **innere Haltung**, mit der Sie und Ihr Gesprächspartner ins Gespräch gehen (z. B. eher positive oder negative Einstellung dem Gespräch und Gesprächspartner gegenüber),
- die **Aufmerksamkeit**, mit der Sie und Ihr Gesprächspartner das Gespräch führen.

Es sind dazu jeweils auch Ansätze aufgeführt, wie Sie diese verbessern oder trainieren können. In der Praxis stehen die Aspekte stark miteinander in Wechselwirkung. Zum besseren Verständnis sind sie hier aber separat aufgeführt.

2.2.1.1 Vertrauen und Selbstvertrauen

„Selbstvertrauen ist die Quelle des Vertrauens zu anderen."
(François VI. Duc de La Rochefoucauld)

FAKTEN

Wenn Sie morgens den Wasserhahn aufdrehen, vertrauen Sie darauf, dass die Ingenieure im Wasserwerk ihre Arbeit tun. In der Autowerkstatt verlassen Sie sich auf die ordnungsgemäße Ausführung der Reparatur, deren Details Sie nicht kontrollieren können. Vertrauen bildet die Grundlage für alle Beziehungen und jede Form der Kommunikation. Mangelndes Vertrauen geht mit (oftmals übertriebener) Kontrolle einher und kann dadurch Effizienz und Effektivität ausbremsen. Vertrauen hingegen schafft Geschwindigkeit, senkt Kosten und macht Veränderungen leichter umsetzbar. Trotz der offensichtlich immensen Macht von Vertrauen gehört es wohl mit zu den am meisten unterschätzten Faktoren unserer Gesellschaft.

Auch die emotionale Aufnahmebereitschaft eines Gesprächspartners wird maßgeblich sowohl durch sein Vertrauen in Sie sowie Ihr eigenes Selbstvertrauen (Vertrauen, das Sie sich selbst entgegenbringen) beeinflusst. Durch Vertrauen werden Gespräche effizienter und einfacher. Schlüsselfrage ist also: Sind Sie für andere und für sich selbst jemand, der Vertrauen verdient?

1. Das Vertrauen des Gesprächspartners in Sie

Das gegenseitige Vertrauen zweier Menschen können Sie sich als Vertrauenskonten vorstellen (9). In einer Beziehung (hier: Gesprächsbeziehung) zueinander haben Sie und Ihr Gesprächspartner je ein eigenes Konto mit einem individuellen Kontostand. Dieser zeigt jeweils an, wie viel Vertrauen in den anderen gerade vorhanden ist.

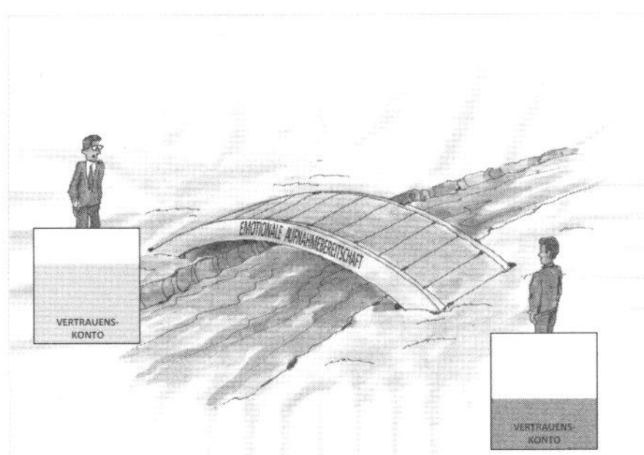

Der Kontostand Ihres Gesprächspartners muss dabei nicht Ihrem eigenen entsprechen. Durch Ihr (Kommunikations-)Verhalten tätigen Sie Ein- und Auszahlungen, welche den Kontostand entsprechend verändern können.

Wichtig dabei ist, dass etwas, das Sie als Einzahlung empfinden, für den anderen eine Auszahlung sein kann, und umgekehrt. Laden Sie z. B. bei einem vormittäglichen Geschäftstermin Ihren Kollegen zu einem anschließenden gemeinsamen Mittagessen ein, kann es sein, dass Sie dies als vertrauensfördernde Maßnahme, also als Einzahlung auf sein Vertrauenskonto, empfinden. Würde der Kollege hingegen die Mittagspause gerne für Sport nutzen und/oder ist womöglich auf Diät, wird er das gemeinsame Mittagessen vielleicht eher als Auszahlung von seinem

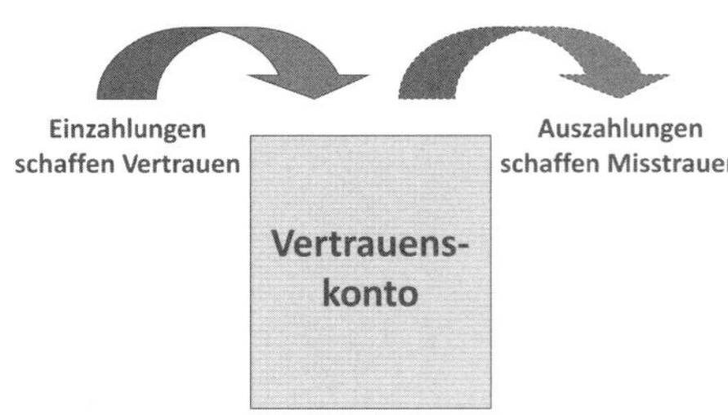

Vertrauenskonto empfinden. Dies wird stark von den persönlichen Filtern gesteuert, die ausführlich in Kapitel 3 beschrieben werden.

Der Vertrauensbaum

Wie hoch der aktuelle Kontostand Ihres Gesprächspartners ist, hängt von Ihrer persönlichen Vertrauenswürdigkeit im jeweiligen Kontext ab. Diese beruht auf vier Ebenen, die wie Teile eines Baumes aneinandergekoppelt sind: Integrität, Absicht, Fähigkeiten und Ergebnisse (9). Bei den ersten beiden Ebenen geht es um den Charakter, bei den beiden anderen um die Kompetenz eines Menschen. Der Vertrauensbaum wächst dabei auf einem Feld aus Selbstvertrauen und Selbstverantwortung. Je mehr Selbstvertrauen Sie haben und je mehr Sie die Verantwortung für sich und Ihr Tun übernehmen, desto besser kann der Baum gedeihen.

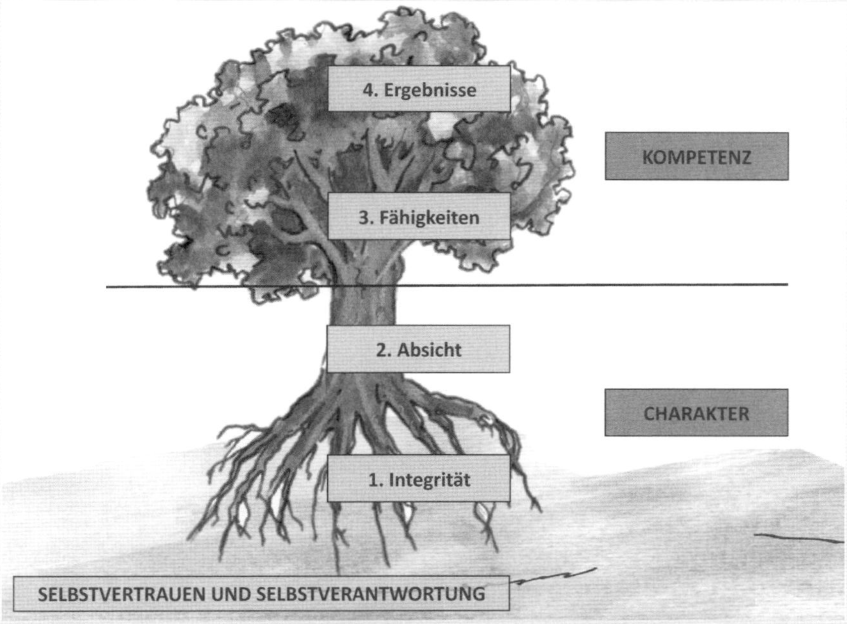

Die vier Ebenen des Vertrauensbaumes sind nachfolgend kurz beschrieben:

1. Integrität: Die persönliche Integrität entspricht den Wurzeln des Baumes. Tun Sie, was Sie sagen, halten Sie, was Sie versprochen haben, und handeln Sie so, wie Sie denken? Ehrliches, faires Verhalten ist vertrauensbildend, gerade dann, wenn es auch einmal zum eigenen Nachteil ist.

Integrität ist der Begriff, den die meisten Menschen mit Vertrauen verbinden. Denn oftmals hängen massive Vertrauensbrüche mit Verletzungen der Integrität zusammen. Integer ist, wer den Mut hat, im Einklang mit seinen Werten und Überzeugungen zu handeln. Schaffen Sie dies, wird es einen positiven Einfluss auf das Vertrauen, das Ihnen der Gesprächspartner entgegenbringt, und damit seine emotionale Aufnahmebereitschaft haben (vgl. auch Kapitel „Werte und Wertekonflikte").

2. Absichten: Die Absichten, die aus der Integrität erwachsen, bilden den Stamm. Handeln Sie zum Besten Ihres Gesprächspartners? Fürsorge und Anteilnahme sind dabei hervorragende Absichten, um Vertrauen zu gewinnen. Misstrauen hingegen entsteht, wenn rein egoistische Absichten verfolgt werden. Auch wenn Ihr Gesprächspartner den Verdacht hat, dass Sie versteckte Absichten verfolgen und Ihnen sein Wohl nicht wichtig ist, wird er alles, was Sie sagen und tun, argwöhnisch betrachten. Sein Vertrauen in Sie und somit seine emotionale Aufnahmebereitschaft sinkt.

3. Fähigkeiten: Die Fähigkeiten, mit denen Sie Vertrauen wecken, sind die Äste und Zweige des Baumes: Ihre Talente, Einstellungen und Fertigkeiten sowie Ihr Wissen. Das sind Mittel, die Sie nutzen, um Ergebnisse und Erfolge zu erzielen. Diese sind dabei stark kontextabhängig. Es kann z. B. sein, dass Sie als Hausarzt integer sind und gute Motive haben, aber nicht über das nötige Know-how für eine Herzoperation verfügen. In diesem Gebiet fehlt es Ihnen also an Vertrauenswürdigkeit auf der Ebene Fähigkeiten. Sollte ein Patient also eine Bypass-Operation brauchen, wird dieser Ihnen in diesem Kontext höchstwahrscheinlich kein Vertrauen und daher auch keine emotionale Aufnahmebereitschaft entgegenbringen.

4. Ergebnisse: Die Ergebnisse – sozusagen die Früchte Ihres Handelns – sind das Resultat richtig eingesetzter Fähigkeiten. Sie bestätigen das Vertrauen, das Ihr Gesprächspartner in Sie setzt, und stärken es: Nichts macht glaubwürdiger als befriedigende Ergebnisse. Wenn Sie die Erwartungen Ihres Gesprächspartners hingegen nicht erfüllen, schadet das Ihrer Glaubwürdigkeit und in der Konsequenz auch der emotionalen Aufnahmebereitschaft des Gesprächspartners. Stephen M. R. Covey bringt dies auf den Punkt: „Auch wenn Sie jemanden für aufrichtig halten, sogar für ehrlich, werden Sie ihm noch lange nicht uneingeschränkt vertrauen, wenn er keine entsprechenden Ergebnisse und Erfolge vorweisen kann."

Vertrauen ist also eine wichtige Basis der emotionalen Aufnahmebereitschaft eines Menschen. Ob Ihnen jemand vertraut, entscheidet sich dabei auf allen vier Ebenen des Vertrauensbaumes. Diese klopfen Menschen unbewusst in Gesprächen oder durch Beobachten ab. Sie sollten deshalb in allen vier Faktoren aktiv Vertrauen aufbauen, um in der Kommunikation wirkungsvoller zu werden. Grundlage dafür bilden Ihr Selbstvertrauen und Ihre Selbstverantwortung, also die Verantwortung, die Sie für das eigene Denken und Handeln übernehmen.

Möchten Sie sich tiefer mit dem Thema Selbstverantwortung beschäftigen, finden Sie Anregungen dazu auch im Buch „Promovieren heißt scheitern", einem Konzept zur Selbstführung und Selbstverantwortung (siehe vertiefende Literatur am Ende des Kapitels).

> *„Auch wenn Sie jemanden für aufrichtig halten, sogar für ehrlich, werden Sie ihm noch lange nicht uneingeschränkt vertrauen, wenn er keine entsprechenden Ergebnisse und Erfolge vorweisen kann."*
> *(Stephen M. R. Covey)*

2. Ihr Selbstvertrauen und Ihre Selbstverantwortung

Stellen Sie sich bitte folgende Situation vor: Seit Wochen bemühen Sie sich schon um einen Termin bei Ihrem Chef, um ihm eine neue Idee zur Umstrukturierung der Abteilung vorzustellen. Nach ewigem Hin und Her wegen des Termins ist es schließlich so weit, und das Treffen findet statt. Vermeintlich bestens vorbereitet, machen Sie sich auf den Weg zum Büro des Chefs, als Ihnen plötzlich Zweifel kommen. Haben Sie vielleicht doch nicht alles bedacht? Hätten Sie vielleicht besser einen Kollegen mit einbezogen? Wie kommen genau Sie auf die Idee, eine Umstrukturierung vorzuschlagen? Wie wird Ihr Chef darauf reagieren? Schließlich wissen Sie, dass Ihr Chef sehr kritisch sein kann und den Dingen gerne genau auf den Grund geht. Plötzlich sinkt Ihr Selbstvertrauen und, eben noch euphorisch, gehen Sie nun etwas verunsichert in das Gespräch. Folglich kommt es, wie es kommen muss: Ihr Chef lehnt Ihre Überlegungen kategorisch ab, alle mühsam zusammengestellten Argumente stoßen auf Widerstand. Sie haben keine emotionale Aufnahmebereitschaft von ihm!

Was ist passiert? Sie haben sich die eigene Berechtigung entzogen, und folglich hat dies auch Ihr Chef getan. Durch die Botschaften Ihrer Körpersprache, Ihrer Tonlage und anderer subtiler Verhaltensformen spüren Menschen instinktiv, ob Sie sich selbst die Berechtigung geben, und reagieren unbewusst darauf. Andere geben Ihnen oft keine Berechtigung, wenn Sie das selbst nicht tun. Ob Sie also in einer Situation erfolgreich emotionale Aufnahmebereitschaft aufbauen, hängt maßgeblich von der Berechtigung ab, die Sie sich selbst dafür geben. Also, wie sehr trauen Sie sich zu, ein bestimmtes Gespräch erfolgreich mit jemandem zu führen? Dies hat sehr viel mit dem eigenen Selbstvertrauen in der jeweiligen Situation zu tun. Selbstvertrauen ist die Überzeugung, etwas zu können, doch diese ist kontextabhängig und dadurch sehr schwankend.

Das ins Gespräch mitgebrachte Selbstvertrauen führt also zu folgendem Kreislauf, der sowohl positiv als auch negativ durchlaufen werden kann:

- Ist Selbstvertrauen da, geben Sie sich eher die Berechtigung,
- dies bildet die Basis dafür, dass auch Ihr Gesprächspartner Ihnen diese gibt,
- was wiederum eine wichtige Voraussetzung für die emotionale Aufnahmebereitschaft des Gesprächspartners darstellt.
- Schaffen Sie es, diese herzustellen, bauen Sie Selbstvertrauen auf (in diesem Kontext/in dieser Art von Gespräch/gegenüber diesem Gesprächspartner),
- was Ihnen nachfolgend hilft, sich die Berechtigung zu geben, usw.

Im negativen Sinne führt mangelndes Selbstvertrauen dazu, dass Sie sich die Berechtigung entziehen, Ihr Gesprächspartner dies dann sehr wahrscheinlich auch tut, er dadurch nicht aufnahmebereit wird, was einen negativen Einfluss auf Ihr Selbstvertrauen haben kann (in diesem Kontext/in dieser Art von Gespräch/gegenüber diesem Gesprächspartner), usw.

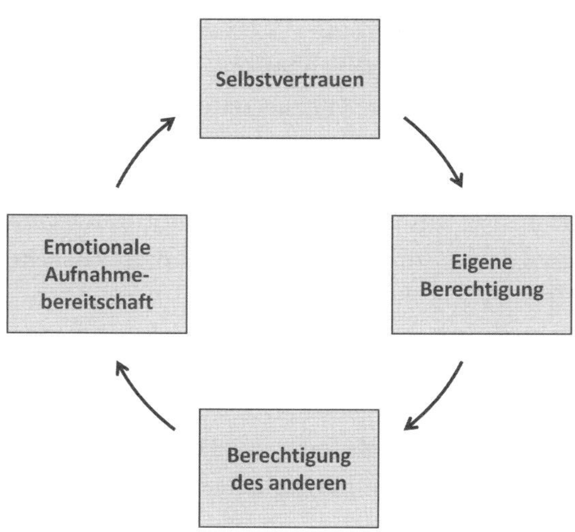

ANWENDUNG

1. Aufbau von Selbstvertrauen
Nun ist Ihnen vermutlich bewusst geworden, wie wichtig das Selbstvertrauen in Gesprächen ist, und Sie fragen sich vielleicht, wie Sie dieses steigern können, um in der Kommunikation noch wirkungsvoller zu werden.

Die gute Nachricht ist: Selbstvertrauen ist nicht angeboren, sondern erworben. Sie können es also stärken, wenn es Ihnen daran mangelt. Die weniger gute Nachricht ist: Dies erfordert Zeit und eine intensive Auseinandersetzung mit sich selbst. Wenn Sie dazu bereit sind, finden Sie nachfolgend einige Anregungen, um Ihr Selbstvertrauen zu steigern (weitere Ideen finden Sie im zugehörigen Arbeitshandbuch):

- Erfolgstagebuch führen
- Buch zum Thema „Steigerung des Selbstvertrauens" lesen
- Am eigenen Selbstwert arbeiten

Erfolgstagebuch führen: Kaufen Sie sich ein leeres Buch oder Notizheft, das Sie optisch anspricht. Widmen Sie dieses fortan Ihren persönlichen Erfolgen und schreiben Sie darin täglich mindestens fünf Dinge auf, die Sie gut gemacht haben, und wie Sie sie gemacht haben – am besten abends im Bett vor dem Einschlafen. Es soll Ihnen so Tag für Tag zeigen, was Sie schon erreicht haben und was Sie noch erreichen können. Hilfen für das Führen des Erfolgstagebuches sowie weitere Erfolgsfragen finden Sie im zugehörigen Arbeitshandbuch.

Buch zum Thema „Steigerung des Selbstvertrauens" lesen: Erkennen Sie, welche Ursachen und Folgen ein geringes Selbstvertrauen haben kann. Lernen Sie Ihren inneren Kritiker kennen und wie Sie diesen zähmen können. Und erfahren Sie, wie Sie an Ihrem Selbstvertrauen arbeiten können. So hat z. B. Rolf Merkle hierfür mit „So gewinnen Sie mehr Selbstvertrauen" einen sehr durchdachten und auf den Punkt gebrachten Ratgeber verfasst, der das Thema praxisnah und nicht hoch psychologisiert beschreibt.

Am eigenen Selbstwert arbeiten: Da Selbstvertrauen stark auf dem eigenen Selbstwert aufbaut, können Sie es auch über das Arbeiten am eigenen Selbstwert steigern. Selbst-WERT bedeutet dabei: der selbst gefühlte Wert, den Sie sich geben bzw. das Bewusstsein Ihres eigenen Wertes. Also: Vertrauen Sie Ihren Fähigkeiten und betrachten Sie sich selbst als wertvoll, auch in Anbetracht Ihrer Schwächen und Fehler. Stärken Sie Ihren Selbstwert, werden Sie robuster gegenüber negativen Gefühlen wie Hilflosigkeit, Selbstmitleid, Ärger über sich selbst oder andere, und gegenüber Ängsten. Dies steigert das Selbstvertrauen und somit die Berechtigung, die Sie sich in Gesprächen geben. Diese eigene Berechtigung bildet, wie bereits beschrieben, eine wichtige Grundlage für die emotionale Aufnahmebereitschaft Ihres Gesprächspartners.

Um an Ihrem Selbstwert zu arbeiten, gibt es nach dem Psychologen Nathaniel Brandon sechs Ansätze:

- Bewusstes Leben
- Selbstannahme
- Eigenverantwortliches Leben
- Selbstbehauptung
- Zielgerichtetes Leben
- Persönliche Integrität

Bewusstes Leben: Bewusst leben bedeutet, Realitäten zu akzeptieren und zu respektieren. Dazu gehören sowohl Ihre eigenen Bedürfnisse, Werte und Emotionen als auch die Realitäten der Welt um Sie herum. Wenn etwas wahr ist, wird es nicht weniger wahr, wenn Sie es leugnen. Stellen Sie sich also wichtigen und auch unangenehmen Tatsachen und nehmen Sie Ihre inneren Impulse zur Kenntnis, statt vor ihnen zurückzuweichen.

Bewusst leben heißt auch, im Augenblick zu leben, ohne dabei das große Ganze zu vergessen. Hier geht es darum, die Gegenwart aufmerksam und bewusst wahrzunehmen, wie im Kapitel „Hier und Jetzt" beschrieben. Sie kennen vielleicht die uralte Geschichte vom Zen-Meister, der von Ratsuchenden gefragt wurde, wie er es denn schaffe, immer so glücklich und gelassen zu sein. Seine Antwort war: „Wenn ich liege, dann liege ich. Wenn ich aufstehe, dann stehe ich auf. Wenn ich gehe, dann gehe ich. Wenn ich esse, dann esse ich." Darauf erwiderten die Ratsuchenden: „Aber das tun wir doch auch." Da sagte er zu ihnen „Nein, wenn ihr sitzt, dann steht ihr schon, wenn ihr steht, dann lauft ihr schon, und wenn ihr lauft, dann seid ihr schon am Ziel." Bringen Sie Ihren Aktivitäten ein angemessenes Bewusstsein entgegen.

Bewusst leben bedeutet auch zwischen Tatsachen, Interpretationen und Emotionen zu unterscheiden. Was Sie wahrnehmen, wie Sie dies interpretieren und was Sie dabei fühlen sind drei vollkommen unterschiedliche Aspekte. Seien Sie empfänglich für diese Unterscheidung (vgl. Kapitel „Hier und Jetzt").

Selbstannahme: Sich selbst annehmen heißt, sich selbst so wertzuschätzen, wie Sie sind – mit all Ihren Stärken und Schwächen. Dazu zählt auch Ihre Bereitschaft, von jedem Teil von Ihnen – also von Ihrem Körper, Ihren Emotionen, Ihren Gedanken, Ihren Handlungen, … – zu sagen: „Ja, das bin ich", statt etwas zu verleugnen oder zu beschönigen. Nehmen Sie die Realität an, nur so können Sie Ihre Kräfte statt in den Frust über sich selbst oder die Situation besser in die Veränderung der Umstände investieren.

Zur Selbstannahme gehört auch, sich selbst ein Freund zu sein und sich selbst gegenüber ein mitfühlendes Interesse zu zeigen. Reden Sie sich also gut zu, wenn Sie deprimiert oder mutlos sind. Haben Sie Verständnis, wenn Sie einen Fehler gemacht haben. Halten Sie auch in schwierigen Zeit zu sich selbst und seien Sie tolerant.

Eigenverantwortliches Leben: Eigenverantwortlich zu leben heißt, die SELBST-ver-ANTWORT-ung für Ihr Handeln, die Erreichung Ihrer Ziele sowie für Ihr Wohlergeben zu übernehmen. Dies bedeutet, dass Sie die Antworten für das, was Ihnen passiert, in Ihnen selbst und nicht im Außen suchen.

Machen Sie sich bewusst, dass ...

- Sie selbst verantwortlich für Ihre Entscheidungen und Ihr Handeln sind,
- Sie selbst verantwortlich dafür sind, wie Sie Ihre Zeit nutzen,
- Sie selbst verantwortlich sind für das Bewusstsein und das Verhalten, das Sie Ihrer Arbeit, Ihren Beziehungen und sich selbst entgegenbringen,
- Sie selbst verantwortlich für Ihr persönliches Glück sind.

Entdecken Sie Ihre Einflussmöglichkeiten auf Ihre Probleme und werden Sie vom Opfer zum Schöpfer.

Selbstbehauptung: Sich selbst zu behaupten bedeutet, authentisch zu leben, und dass Sie sich bei dem, was Sie sagen oder tun, von Ihren innersten Überzeugungen und Gefühlen leiten lassen. Tragen Sie Ihren Wünschen, Bedürfnissen und Werten Rechnung, indem Sie diese als wichtig erachten.

Sich selbst zu behaupten heißt auch, dass Sie Ihre eigenen Wünsche, Bedürfnisse und Werte in angemessener Weise anderen gegenüber kommunizieren. Was angemessen ist, ist dabei von der jeweiligen Situation abhängig. Treten Sie für sich selbst ein, ohne dabei arrogant oder unangemessen aggressiv aufzutreten.

Sich selbst zu behaupten, erfordert den Mut, das umzusetzen, was Sie wollen, und dafür zu kämpfen. Verzichten Sie nicht oder opfern Sie sich nicht für jemanden auf, nur um gut dazustehen oder anderen zu gefallen. Ihr Leben gehört Ihnen. Nehmen Sie sich also selbst in die Pflicht und stehen Sie für Ihre Bedürfnisse und Wünsche ein.

Zielgerichtetes Leben: Zielgerichtet zu leben bedeutet, Ihre Fähigkeiten zu nutzen, um die Ziele zu erreichen, die Sie gewählt haben. Folgende Kernpunkte sind dabei wichtig:

- Übernehmen Sie die Verantwortung für die Formulierung Ihrer eigenen Ziele und Absichten.
- Verfolgen Sie Ihre Ziele nachhaltig und erkennen Sie, was getan werden muss, um diese zu erreichen.
- Beobachten Sie Ihr Verhalten und reflektieren Sie, ob dieses im Einklang mit Ihren Zielen ist.
- Nehmen Sie die Ergebnisse Ihres Handelns wahr und erkennen Sie, ob sie in die richtige Richtung führen.

Diese Punkte erfordern ein hohes Maß an Selbstdisziplin. Selbstdisziplin ist die Fähigkeit, Ihr Verhalten so auszurichten, dass Sie zeitlich bestimmten Aufgaben gerecht werden. Dies setzt u.a. voraus, dass Sie Konsequenzen für die Zukunft absehen können und ggf. zugunsten eines entfernten Ziels (z. B. ein freies Wochenende) auf eine unmittelbare Belohnung (z. B. am Freitag eine Stunde früher Feierabend machen, obwohl noch Arbeit für Montag gemacht werden müsste) verzichten. Denken und planen Sie länger- oder langfristig und leben Sie nicht nur kurzfristig.

Persönliche Integrität: Persönlich integer zu sein bedeutet, dass Ihre Worte und Taten übereinstimmen. Dies bildet die Basis für Vertrauen (siehe Vertrauensbaum). Tun Sie also das, was Sie sagen, halten Sie, was Sie versprochen haben, und handeln Sie so, wie Sie denken.

Persönlich integer zu sein heißt auch, den Mut zu haben, im Einklang mit Ihren Werten und Überzeugungen zu handeln. Verfallen Sie also nicht der Versuchung, gut dazustehen, sondern stehen Sie für Ihre Werte ein.

2. Aufbau von Vertrauen beim Gesprächspartner

Haben Sie durch Ihr Selbstvertrauen ein Feld als Grundlage für den Vertrauensbaum geschaffen, können Sie an dessen vier Ebenen (Integrität, Absicht, Fähigkeiten, Ergebnisse) arbeiten und so auf das Vertrauenskonto Ihres Gesprächspartners einzahlen.

Ideen, wie dies möglich ist, finden Sie nachfolgend:

Arbeiten Sie an Ihrer Integrität:

- Geben Sie sich selbst (und anderen) Versprechen und halten Sie diese auch.
- Kennen Sie Ihre eigenen Werte und stehen Sie klar für sie ein (vgl. Kapitel „Werte und Wertekonflikte").
- Sein Sie offen für die Werte anderer (vgl. Kapitel „Werte und Wertekonflikte").

Arbeiten Sie an Ihrer Absicht:

- Benennen Sie eigene Absichten offen.
- Erforschen und verbessern Sie die Motive (z. B. Neid, gewünschte Anerkennung, ...) hinter den eigenen Absichten.
- Verfolgen Sie keine versteckten Absichten.

Arbeiten Sie an Ihren Fähigkeiten:

- Leben Sie stärkenorientiert, alles andere führt zu Mittelmäßigkeit.
- Lernen Sie lebenslang, aber bleiben Sie im Geiste immer ein Anfänger.
- Seien Sie sich darüber im Klaren, wohin Sie wollen, setzen Sie sich Ziele.

Arbeiten Sie an Ihren Ergebnissen:

- Übernehmen Sie Verantwortung für Ergebnisse (und nicht nur für Aktivitäten).
- Erwarten Sie mehr, um mehr zu erreichen.
- Bringen Sie Dinge zu Ende (und lassen Sie nicht am Schluss nach).

Zusätzlich möchten wir Ihnen folgende Ideen mitgeben:

- Oft ist es gar nicht nötig, konkrete Einzahlungen auf das Vertrauenskonto des Gesprächspartners zu tätigen, sondern es reicht, einfach die Auszahlungen zu vermeiden. Hierfür ist die Frage, was Ihr Gesprächspartner als Auszahlung empfindet. Dies wird u. a. durch seine persönlichen Filter beeinflusst, welchen sich Kapitel 3 widmet.
- Die schnellste Möglichkeit, Vertrauen aufzubauen ist, jemanden „für Sie sprechen“ zu lassen. Nichts ist so wirkungsvoll wie eine Empfehlung von jemandem, dem Ihr Gesprächspartner sehr vertraut.
- Wenn Sie in einem Gespräch das Gefühl haben, dass kein Vertrauen da ist, kann es hilfreich sein, dies z. B. wie folgt konkret abzufragen bzw. anzusprechen:
  1. „Wie ist Ihr Vertrauensverhältnis zu mir?“
  2. „Was kann ich tun, damit sich Ihr Vertrauen in mich erhöht?“
  3. „Ich habe das Gefühl, dass das Vertrauen nicht so da ist …“
     Selbst wenn Ihr Gesprächspartner dies verneint, erhöht sich dadurch oft automatisch das Vertrauen, weil Sie es so ins Bewusstsein bringen.

DAS WICHTIGSTE IN KÜRZE

- ☐ Vertrauen schafft Geschwindigkeit und vereinfacht jedes Gespräch.
- ☐ In jeder Beziehung gibt es Vertrauenskonten, deren Kontostände das gegenseitige Vertrauen widerspiegeln.
- ☐ Durch bestimmtes (Kommunikations-)Verhalten werden Ein- und Auszahlungen an diesen Konten vorgenommen.

- ☐ Es gibt vier Ebenen der Vertrauenswürdigkeit: Integrität, Absicht, Fähigkeiten und Ergebnisse.
- ☐ Grundlage dieser vier Ebenen sind Selbstverantwortung und Selbstvertrauen.
- ☐ Sie können Ihre Vertrauenswürdigkeit steigern, indem Sie Selbstverantwortung übernehmen, Selbstvertrauen aufbauen und an den vier Ebenen der Vertrauenswürdigkeit arbeiten.

VERTIEFENDE LITERATUR

Stephen M. R. Covey: Schnelligkeit durch Vertrauen: Die unterschätzte ökonomische Macht (Dein Erfolg). Offenbach, GABAL Verlag, 2009

Rolf Merkle: So gewinnen Sie mehr Selbstvertrauen. Freundschaft mit sich schließen, den inneren Kritiker zähmen. Mannheim, PAL Verlag, 2012

Nathaniel Brandon: Die 6 Säulen des Selbstwertgefühls. Erfolgreich und zufrieden durch ein starkes Selbst. München, Piper Verlag, 2015

Friederike Potreck-Rose, Gitta Jacob: Selbstzuwendung, Selbstakzeptanz, Selbstvertrauen. Psychotherapeutische Interventionen zum Aufbau von Selbstwertgefühl. Stuttgart, Klett-Cotta Verlag, 2012

Atilla Vuran, Gunnar Seide: Promovieren heißt scheitern – Damit Sie am Scheitern nicht scheitern. Im Vertrieb von Jünger Medien Verlag, Offenbach, 2017

2.2.1.2 Innere Haltung

„Unser Umfeld, die Welt, in der wir leben und arbeiten, ist ein Spiegel unserer Einstellung.“
(Earl Nightingale)

FAKTEN

> *„Egal, ob Sie glauben, dass Sie etwas können oder dass Sie es nicht können, Sie haben in jedem Fall recht.“*
> *(Henry Ford)*

Der berühmte Automobilhersteller Henry Ford hat einmal treffend gesagt: „Egal, ob Sie glauben, dass Sie etwas können oder dass Sie es nicht können, Sie haben in jedem Fall recht.“ Ob Sie ein Gespräch wirkungsvoll führen oder nicht, wird unter anderem von Ihrer inneren Haltung bestimmt. Ihre Gedanken und Gefühle sind Teil Ihrer inneren Haltung und bestimmen Ihr Handeln. Dieses steuert wiederum Ihr Verhalten. Und Ihr Verhalten gestaltet schließlich Ihre Umwelt – also auch die Wirkung auf Ihren Gesprächspartner.

Die Wirkung auf Ihren Gesprächspartner entsteht dabei auch durch die Botschaften Ihrer Körpersprache und anderer subtiler Verhaltensweisen, die von Ihrer inneren Haltung ausgehen. Einige Aspekte sind in folgendem Bild aufgeführt:

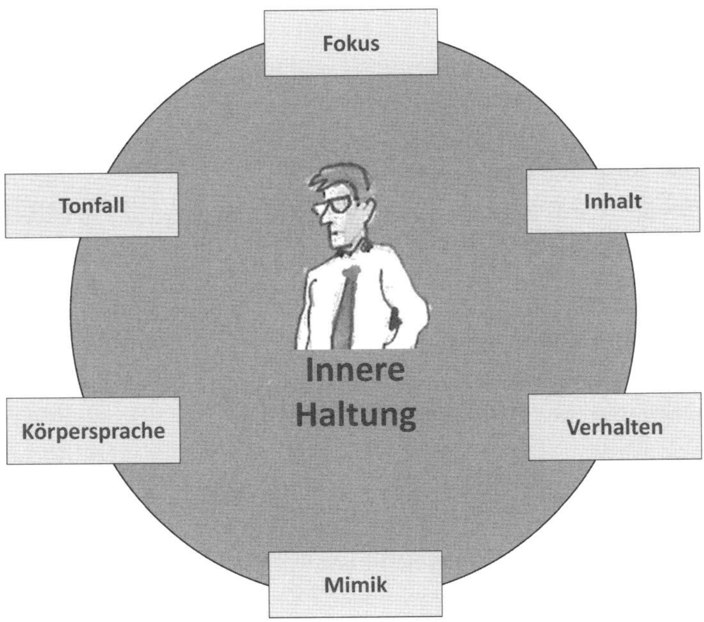

Haben Sie eine positive innere Haltung, werden Sie automatisch eine wirkungsvolle Körpersprache (aufrechte Körperhaltung, positiv unterstreichende Gestik, ...) zeigen, einen wohlwollenden Tonfall verwenden und auch ein interessiertes Verhalten an den Tag legen.

Haben Sie andererseits eine negative innere Haltung, kann es sein, dass Sie dies unbewusst, z. B. in einer gebückten Haltung mit hängenden Schultern, einem angespannten Gesicht oder einem genervten Tonfall, zum Ausdruck bringen.

Ihre innere Haltung wird sich demnach automatisch positiv oder negativ auf Ihre Fähigkeit, emotionale Aufnahmebereitschaft beim Gesprächspartner aufzubauen, auswirken. Vor allem deshalb, weil die eigentliche Hauptbotschaft jeder Kommunikation oftmals nicht explizit, sondern implizit, also über nichtsprachliche Elemente, vermittelt wird (10). Wie schon Friedrich Nietzsche festhielt: „Wir lügen mit dem Mund, aber sagen mit dem Maul, das wir dabei machen, doch die Wahrheit."

Die Parallelität von sprachlichen und nichtsprachlichen Elementen menschlicher Kommunikation enthält das Potenzial, sich gegenseitig zu ergänzen, aber auch, sich zu widersprechen. Versuchen Sie in einer negativen inneren Haltung eine positive Botschaft zu vermitteln, kann dies folglich zu einem Widerspruch Ihrer sprachlichen und nichtsprachlichen Signale führen, dadurch Ihre Kommunikation inkongruent wirken lassen und Ihren Gesprächspartner verwirren.

Seien Sie sich also stets bewusst: Jegliches Verhalten (auch Schweigen oder nichtsprachliche Äußerungen) haben einen Mitteilungscharakter. Laut Paul Watzlawick kann ein Mensch nicht *nicht* kommunizieren (11). Achten Sie deshalb auf Ihre innere Haltung!

Doch was beeinflusst Ihre innere Haltung überhaupt? Eine Vielzahl von Einflüssen spielt dabei eine Rolle, die allesamt miteinander wechselwirken und oftmals gar nicht klar identifizierbar sind. So kann Ihre innere Haltung genauso von Ihrem Selbstvertrauen wie auch vom Sinn beeinflusst werden, den Sie dem Gespräch zuschreiben. Nachfolgende Tabelle zeigt einige Einflüsse auf die innere Haltung mit zugehörigen Beispielen. Diese erhebt nicht den Anspruch darauf, alle Einflüsse vollständig darzustellen.

Den meisten der in der Tabelle aufgeführten Einflüssen sind separate Kapitel gewidmet, die Themen „Sinn" und „Emotionaler Zustand" werden im Anschluss an die Tabelle noch kurz beleuchtet.

EINFLÜSSE AUF INNERE HALTUNG	BEISPIELE
Kontext (Kapitel 2.2.6)	Wie ist die Gesprächssituation?
	Was halten Sie von Ihrem Gesprächspartner?
	Was ist vor dem Gespräch passiert?

Selbstvertrauen (Kapitel 2.2.1)	Wie oft haben Sie schon ein solches Gespräch geführt?
	Wie sicher fühlen Sie sich im Gespräch?
	Geben Sie sich selbst die Berechtigung?
Hier und Jetzt (Kapitel 2.2.1)	Wie sehr sind Sie im Hier und Jetzt?
	Beschäftigt Sie noch etwas anderes?
	Wie interessiert hören Sie zu?
Sinn (s.u.)	Was ist der Sinn des Gesprächs?
	Was soll das Ergebnis des Gesprächs sein?
	Wie sehr glauben Sie daran, dieses zu erreichen?
Emotionaler Zustand (s.u.)	Wie fühlen Sie sich zu Beginn des Gesprächs?
	Welches Gefühl verursacht der Gesprächspartner bei Ihnen?
	Welches Gefühl lassen Sie vielleicht nicht zu?
Persönliche Filter (Kapitel 3)	Welche Rolle spielen Ihre eigenen individuellen Filter?
	Welche Rolle spielen Ihre eigenen sozialen Filter?
	Welche Rolle spielen Ihre eigenen physiologischen Filter?

Sinn

Kennen Sie Situationen wie folgende? Ihr Chef hat Ihnen einen Termin bei einem „schwierigen Kunden“ aufs Auge gedrückt. Sie sollen dafür extra 400 km weit mit dem Auto mitten in die Pampa fahren – natürlich überwiegend Landstraße. Für eine Anreise mit dem Zug oder Flugzeug ist der Ort sowieso zu schlecht angebunden. Bereits mehrfach haben Sie und Kollegen den Kunden in der Vergangenheit besucht – die Gespräche waren stets sehr anstrengend und oftmals nicht erfolgreich. Wenn Sie nur an die Fahrt denken, rollen sich Ihnen schon die Zehennägel auf. Sie hadern mit sich und der Welt, warum gerade Sie den Auftrag von Ihrem Chef erhalten haben, und Ihre Motivation geht gegen null. Könnte es etwas mit Ihrem Zuspätkommen zum Monatsmeeting letzte Woche zu tun haben? Vielleicht sollten

Sie sich einfach nochmals dafür bei Ihrem Chef entschuldigen ... Ein letzter Hoffnungsschimmer kommt auf, die Fahrt doch noch abwenden zu können. Also gehen Sie nochmals zu Ihrem Chef, um die Sache zu klären: „Chef, ich wollte mich nochmals für das Zuspätkommen letzte Woche entschuldigen. Schicken Sie mich deshalb zu unserem ‚schwierigen Kunden'? Sozusagen als Strafe?" Ihr Chef reagiert irritiert: „Strafe? Um Himmels willen, nein! Ich schicke Sie deshalb zu dem Kunden, weil Sie dort am besten ankommen. Ich habe schon mehrfach von ihm das Feedback erhalten, wie sehr er Ihre Fachkompetenz und die persönliche Beziehung zu Ihnen schätzt." Plötzlich erscheint Ihnen die Fahrt gar nicht mehr so anstrengend ...

„Wer ein starkes WARUM hat, erträgt fast jedes WIE."
(nach Friedrich Nietzsche)

„Wer ein starkes WARUM hat, erträgt fast jedes WIE." Dies ist die Adaption eines Zitats des deutschen Philosophen Friedrich Nietzsche (im Original: „Hat man sein Warum des Lebens, so verträgt man sich fast mit jedem Wie."), das auch von Viktor Frankl aufgegriffen wurde. Frankl, der österreichische Neurologe und Psychiater, wurde weltberühmt durch das Buch „... trotzdem Ja zum Leben sagen". Darin beschreibt er, dass Menschen Situationen und Erfahrungen auch unter widrigsten Umständen für wertvoll halten, wenn sie imstande sind, ein Ziel und einen Zweck zu finden.

Übertragen auf das Thema Aufnahmebereitschaft bedeutet dies, dass Sie sich (und natürlich auch Ihrem Gesprächspartner) den Sinn bzw. Nutzen eines Gesprächs immer vor Augen führen sollten, um emotionale Aufnahmebereitschaft zu schaffen.

Doch was genau vermittelt Sinn? Laut Viktor Frankl empfindet ein Mensch dann Sinn, wenn er seine Werte verwirklichen kann. Die Werte sind dabei so individuell wie der Mensch selbst (vgl. Kapitel „Werte und Wertekonflikte"), allerdings lassen sich drei grundsätzliche Wertekategorien unterscheiden, die es Menschen ermöglichen, Sinn wahrzunehmen:

- schöpferische Werte
- Erlebniswerte
- Einstellungswerte

Schöpferische Werte verwirklichen Menschen dann, wenn sie etwas (Materielles oder Immaterielles) aus sich selber heraus erschaffen, z. B. eine Idee in ein Produkt umsetzen.

Erlebniswerte verwirklichen Menschen, wenn sie etwas oder jemanden erleben, das oder der von außen auf die Persönlichkeit wirkt: Natur, Musik, Kunst, einen anderen Menschen, ... Z. B. die Zusammenarbeit mit einem geschätzten Kollegen oder das Gespräch mit ihm.

Einstellungswerte verwirklichen Menschen, sobald sie es schaffen, ihre Haltung zu Dingen oder Ereignissen, die sie nicht ändern können, zu verändern. Folgendes Beispiel verdeutlicht dies: Ein Mann hat vor einem Jahr seine über alles geliebte Frau verloren und kommt nicht darüber hinweg. Hat er schließlich die Erkenntnis, dass seine Frau verzweifelt wäre, wenn er früher als sie gestorben wäre, und er ihr dies erspart hat (natürlich um den Preis, dass er ihr nachtrauern muss), bekommt sein Leben wieder einen Sinn – den Sinn eines Opfers für seine verstorbene Frau. An der Tatsache, dass sie tot ist, ändert dies nichts, aber an seiner Einstellung dazu.

Emotionaler Zustand

„Emotionen bestimmen unser Verhalten, Kognitionen stellen uns nur bessere Möglichkeiten zur Verfügung.“
(nach Dr. Wolfgang Rost, Emotionsforscher)

Im Laufe der Evolution bestand der Mensch zunächst nur aus Emotionen, die Gedanken kamen erst wesentlich später hinzu. Im Tierreich wird schnell klar, dass vieles immer noch ohne logisches Nachdenken funktioniert und durch Emotionen bzw. den Instinkt gesteuert wird (z. B. Fellpflege bei den Affen, Wintervorsorge bei den Eichhörnchen, ...). Auch kleine Kinder sind zunächst zu 99 % emotionale Wesen. Erst später werden die Kognitionen weiter ausgebildet und verfeinert. Laut dem Psychologen und Emotionsforscher Dr. Wolfgang Rost sind die Gedanken eigentlich nur Mittel zum Zweck. Emotionen sind es, welche unser Verhalten bestimmen, während Kognitionen uns letztlich nur bessere Möglichkeiten zur Verfügung stellen (12). Und genau deshalb ist der eigene emotionale Zustand während eines Gesprächs eine weitere Grundlage zum erfolgreichen Herstellen von Aufnahmebereitschaft.

Der hier beschriebene emotionale Zustand umfasst dabei sowohl die Emotion (z. B. Angst, Ärger, ...) als auch die Stimmung (z. B. besorgt, gereizt, ...) eines Menschen. Eine Emotion ist ein kurze Reaktion (z. B. auf eine Aussage) und dauert von wenigen Millisekunden bis zu mehreren Minuten. Eine Stimmung hingegen kann mehrere Stunden oder Tage bestehen. In einer bestimmten Stimmung ist ein Mensch zwar empfänglicher für eine bestimmte Emotion, beides ist aber dennoch nicht das Gleiche.

Angenommen, Ihr Gesprächspartner ist in einem schlechten Ressourcenzustand (vgl. Kapitel „Ressourcenzustand“) und dadurch in einer gereizten Stimmung, wird er auf Situationen vermutlich besonders schnell mit Ärger reagieren und Ihnen ggf. dadurch die Aufnahmebereitschaft entziehen. Der Auslöser der Emotion ist zwar dann oftmals im Gespräch zu finden, der einer dahinterliegenden Stimmung aber eher nicht.

Bereits der Begriff „E-motion“ (lateinisch: e = aus, heraus; movere = bewegen) beschreibt bezeichnenderweise, dass aus Gefühlen Verhalten entsteht. Dabei spielt es keine Rolle, ob äußere Umstände, gegenwärtige Ereignisse und Situationen, das aktuelle Gespräch oder frühere Erfahrungen (z. B. erfolgloses Vorgespräch) die Emotionen aktivieren.[2] Auf jeden Fall haben Emotionen massive Auswirkungen auf das Wahrnehmen, Urteilen, Erinnern, Problemlösen und Bewältigen von Aufgaben (13). Auch beeinflussen diese stark die soziale Interaktion und motivieren Menschen, sich auf eine bestimmte Art und Weise zu verhalten – also in unserem Kontext auf eine bestimmte Art und Weise zu kommunizieren. Dies soll keineswegs bedeuten, dass ein bestimmter emotionaler Zustand bei jedem Menschen zum exakt gleichen (Kommunikation-)Verhalten führt. Es gibt jedoch eine Tendenz, nach einem ähnlichen Muster zu kommunizieren, und nicht jede Emotion ist dabei zielführend für ein bestimmtes Gespräch.

Angst wirkt z. B. eher störend auf Kommunikationssituationen. Sie beeinträchtigt die geistige Konzentration, mindert das Assoziationsvermögen und kann zu einer Denkblockade führen (16). Angst vor Ablehnung hat zudem tendenziell selbstunsicheres Verhalten zur Folge und kann dazu führen, dass jemand seine Meinung nicht frei äußert. Wut löst z. B. oft feindseliges oder aggressives Kommunikationsverhalten aus.

---

2 In der Psychologie wird manchmal auch zwischen den Begriffen „Emotion“ und „Gefühl“ unterschieden (14; 15). Ein Gefühl ist dabei etwas, das über die Sinnesorgane ins Bewusstsein tritt, und zunächst neutral, d. h. ohne Bewertung ist (z. B. eine Tasse heißen Tees fühlt sich warm an). Eine Emotion geht hingegen von innen nach außen und ist eine Bewertung dessen, was gefühlt wird (z. B. die warme Tasse Tee löst an einem kalten Wintertag Freude aus, im Sommer ggf. nicht). Wir werden diese Unterscheidung an dieser Stelle nicht machen und die Begriffe weitgehend synonym verwenden. In diesem Buch geht es ja nicht darum, die genaue Definition und Unterscheidung zu kennen, sondern darum, wie sich der emotionale Zustand Ihres Gesprächspartners auf seine Aufnahmebereitschaft auswirkt und wie Sie damit umgehen können.

Es lohnt sich also, dass Sie sowohl Ihren eigenen emotionalen Zustand vor und während eines Gesprächs sowie den Ihres Gesprächspartners reflektieren. In welcher Stimmung sind Sie und wie fühlen Sie sich? Generell (frisch verliebt ➔ euphorische Stimmung, Familienangehöriger ist gestorben ➔ traurige Stimmung, ...) oder speziell im Gespräch (Angst vor Reaktion des anderen, Verachtung dem Gesprächspartner gegenüber, ...)? Und welchen emotionalen Zustand nehmen Sie bei Ihrem Gesprächspartner wahr (Stimmung, Emotion)? Dabei geht es nicht um die Unterscheidung angenehm/unangenehm, sondern um die Unterscheidung angemessen/unangemessen für das Gespräch und weiter um die Frage, ob dadurch zielführendes kommunikatives Verhalten blockiert wird.

In der Psychotherapie werden u. a. vier der Basisemotionen (vgl. Kapitel „Mimik und Basisemotionen") beschrieben, die für einen Großteil an (kommunikativen) Problemen verantwortlich sind: Angst, Ärger, Verachtung und Schuld(gefühle). Mögliche Auswirkungen, die sowohl bei Ihnen als auch Ihrem Gesprächspartner auftreten können, sind in nachfolgender Tabelle zusammengefasst:

<table>
<tr><th>BASISEMOTION</th><th>MÖGLICHE AUSWIRKUNGEN</th></tr>
<tr><td>Angst</td><td>Denkblockade
Meinung wird nicht frei geäußert</td></tr>
<tr><td>Ärger</td><td>Aufbrausende Kritik
Aggressives Auftreten</td></tr>
<tr><td colspan="2">Bitte beachten Sie: Mildere Varianten der oben beschriebenen Basisemotionen können durchaus einen positiven Beitrag zum kommunikativen Verhalten liefern: Leichte Angst kann z. B. zu vorsichtigem Verhalten führen und dazu, dass Worte wohlüberlegt ausgewählt werden. Milde Wut kann zu selbstsicherem Auftreten beitragen. Jemand sagt, was er denkt, und steht für seine Wünsche und Forderungen ein.</td></tr>
<tr><td>Verachtung</td><td>Geringschätziges Verhalten
Überlegenheitsgefühl
Kaltblütige Äußerungen und Handlungen</td></tr>
<tr><td>Schuld</td><td>Besänftigendes Verhalten
Zugeständnisse werden gemacht</td></tr>
</table>

Aber auch die anderen Basisemotionen können einen entsprechenden positiven oder negativen Einfluss auf das Gesprächsverhalten und demnach auf die emotionale Aufnahmebereitschaft haben. Mögliche Auswirkungen sind nachfolgend zusammengefasst:

BASISEMOTION	MÖGLICHE AUSWIRKUNGEN
Überraschung	Zurückhaltung Vermehrtes Fragenstellen
Ekel	Ablehnende Haltung In Kombination mit Ärger destruktives Verhalten Wunsch, das Gespräch zu beenden
Trauer	Geringere Aufmerksamkeit für Geschehnisse im Hier und Jetzt Hohe Verletzbarkeit Ressourcenarmer, apathischer Zustand
Freude	Gesteigerte Kooperationsbereitschaft Hohe Motivation Zufriedenheit
Interesse	Vermehrtes Fragenstellen Hohe Aufmerksamkeit für Geschehnisse im Hier und Jetzt Hohe Kreativität
Verlegenheit und Scham	In-sich-gekehrt-Sein Zurückhaltung

Zusätzlich zu den oben beschriebenen Auswirkungen haben Ihre Emotionen einen Einfluss auf Ihre Mimik und dementsprechend auf Ihre Wirkung auf den Gesprächspartner (vgl. Kapitel „Mimik und Basisemotionen").

Wie Sie mit den Emotionen Ihres Gesprächspartners angemessen und wirkungsvoll umgehen können, ist weiter unten im Punkt „Zielführender Umgang mit Emotionen" beschrieben.

ANWENDUNG

Nachfolgend sind einige Ideen und Techniken zusammengestellt, mit denen Sie Ihre innere Haltung (Einstellung) vor und während eines Gesprächs positiv beeinflussen oder eine bestimmte Haltung willentlich herbeiführen können. Die innere Haltung Ihres Gesprächspartners können Sie natürlich nicht direkt verändern, Sie können sie aber durch Ihre kommunikative Kompetenz indirekt beeinflussen. Auch dafür finden Sie hier einige Ideen und Techniken zusammengestellt, welche anschließend genauer beschrieben werden:

ANWENDUNG BEI	IDEEN, WERKZEUGE UND TECHNIKEN
Gesprächspartner	1. Zielführender Umgang mit Emotionen Mögliche Auslöser für die Emotionen identifizieren und angemessen mit diesen umgehen
Sich selbst	2. Embodiment-Technik Mithilfe Ihrer Körperhaltung und Ihrer Mimik Ihre innere Einstellung verändern
	3. Ankertechnik Einen positiven emotionalen Zustand im Hier und Jetzt verfügbar und abrufbar machen
Gesprächspartner und sich selbst	4. Sinnfokussierung Sinn bewusst machen und dadurch eine positive innere Haltung herbeiführen
	5. Musterunterbrechung Unterbrechung eines Denkprozesses, eines Gefühlszustandes oder der Wahrnehmung vergangener und zukünftiger Ereignisse
	6. Dissoziationstechnik Aufmerksamkeit umfokussieren und dadurch eine andere innere Haltung bekommen

1. Zielführender Umgang mit Emotionen

Der emotionale Zustand Ihres Gesprächspartners hat oftmals auch mit Themen zu tun, welche nicht mit Ihrem Gespräch assoziiert sind. Sie können ihn also nicht immer durch eine entsprechende Reaktion Ihrerseits beeinflussen oder verändern. Zeigt sich der emotionale Zustand jedoch z. B. durch den mimischen Ausdruck einer Basisemotion spontan im Gespräch, gibt es Möglichkeiten, darauf zu reagieren (woran Sie die Basisemotionen erkennen können, erfahren Sie im Kapitel „Mimik und Basisemotionen“). Nachfolgend finden Sie hierfür Beispiele, wie Sie angemessen und zielführend mit den Emotionen umgehen können, welche Sie bei Ihrem Gesprächspartner wahrnehmen (adaptiert und erweitert nach (17)):

BASISEMOTION	MÖGLICHE AUSLÖSER UND ANGEMESSENER UMGANG
Angst	**Möglicher Auslöser:** Ihr Gesprächspartner nimmt etwas als Bedrohung wahr. Dies ist individuell und kann z. B. die hierarchische Stellung der am Gespräch beteiligten Personen, der Kontext oder das Thema an sich sein. **Frage an sich selbst:** Welche Bedrohung nimmt mein Gesprächspartner wahr? Beachten Sie: Besonders bei dem Ausdruck von Angst ist es möglich, dass das Gefühl Ihres Gegenübers nicht mit dem aktuellen Gespräch assoziiert ist. Es kann z. B. die Sorge um einen bevorstehenden ärztlichen Befund oder eine langfristige Bedrohungssituation in den Gedanken Ihres Gesprächspartners auftauchen. **Angemessener Umgang:** Zeigt ein Gesprächspartner Angst, ist ggf. eine empathische Rückfrage angebracht: „Wenn ich es richtig deute, machen Sie sich Sorgen über ... Darf ich fragen, welche Befürchtungen Sie haben?“
Überraschung	**Möglicher Auslöser:** Ihr Gesprächspartner hat etwas Unerwartetes wahrgenommen. **Frage an sich selbst:** Was war unerwartet für meinen Gesprächspartner? Welche Informationen fehlen ihm? **Angemessener Umgang:** Überraschung kann ein Hinweis darauf sein, dass jemand zusätzliche Informationen braucht. Fragen Sie nach und geben Sie ihm diese gegebenenfalls. Beachten Sie: Da Überraschung auch ein Zwischenzustand sein kann, lohnt es sich oft abzuwarten, welche Emotion als Nächstes folgt.
Ärger	**Möglicher Auslöser:** Sie haben ein Ziel Ihres Gesprächspartners blockiert oder einen seiner Werte verletzt (vgl. Kapitel „Werte und Wertekonflikte“). **Frage an sich selbst:** Welches Ziel meines Gesprächspartners habe ich blockiert? Welchen seiner Werte habe ich verletzt? Beachten Sie: Die mimischen Anzeichen von Ärger können auch auftreten, wenn jemand intensiv in etwas vertieft ist. Achten Sie also auf den Kontext.

	Angemessener Umgang: Suchen Sie nach Zielen, die Sie blockiert haben, oder nach Werten, die Sie verletzt haben könnten. Fragen Sie ggf. nach und korrigieren Sie Ihr Verhalten. Wahrgenommener Ärger Ihres Gesprächspartners kann auch dazu führen, dass bei Ihnen ebenfalls Ärger entsteht und eine Eskalation droht. Widerstehen Sie also diesem Impuls und bleiben Sie ruhig.
Ekel	**Möglicher Auslöser:** Ihr Gesprächspartner empfindet Abneigung oder Ablehnung gegen etwas (des Gesagten). Dies kann kulturell stark variieren (vgl. Kapitel „Kultur"). **Frage an sich selbst:** Was gefällt meinem Gesprächspartner nicht? Wen oder was lehnt er ab? Beachten Sie: Ein Rümpfen der Nase kann auch ein Hinweis darauf sein, dass jemand etwas schwierig findet. **Angemessener Umgang**: Fragen Sie nach dem unerfüllten Wunsch hinter der Ablehnung, nicht nach der Ablehnung selbst.
Verachtung	**Möglicher Auslöser:** Ihr Gesprächspartner findet eine Ihrer Handlungen unmoralisch oder eine Leistung mangelhaft. **Frage an sich selbst:** Welche meiner Handlungen hat mein Gesprächspartner als unmoralisch empfunden? Welche Leistung hat er als mangelhaft bewertet? **Angemessener Umgang:** Geht es um eine als unmoralisch empfundene Handlung, entschuldigen Sie sich für Ihr Verhalten und korrigieren Sie es, wenn möglich. Bei einer als mangelhaft empfundenen Leistung fragen Sie nach den Bewertungskriterien oder Wünschen des Gesprächspartners.
Trauer	**Möglicher Auslöser:** Sie haben Ihrem Gesprächspartner etwas mitgeteilt, wodurch er etwas für ihn Wichtiges „verloren" hat (z. B. er bekommt keine Gehaltserhöhung, Sie kommen zu einem Ausflug nicht mit, sein gewünschtes Produkt ist ausverkauft, ...). **Frage an sich selbst:** Wen oder was hat mein Gesprächspartner „verloren"? **Angemessener Umgang:** Stellen Sie eine Frage zum Wert hinter der „verlorenen Sache" und suchen Sie nach einer Alternative, um diesen Wert zu erfüllen.

Freude	**Möglicher Auslöser:** Sie haben Ihrem Gesprächspartner etwas mitgeteilt, wodurch er ein Ziel erreicht oder ihm ein Wunsch erfüllt wird. **Frage an sich selbst:** Welches Ziel hat mein Gesprächspartner erreicht? Welcher Wunsch wurde erfüllt? Beachten Sie: Achten Sie darauf, ob es sich beim zur Freude gehörigen Lächeln um ein echtes Lächeln oder z. B. nur um ein soziales Lächeln handelt (vgl. Kapitel „Mimik und Basisemotionen"). **Angemessener Umgang:** Bestärken Sie die Reaktion Ihres Gesprächspartners positiv und/oder nutzen Sie die Freude als Motivation für ein zukünftiges Verhalten des Gesprächspartners.
Interesse	**Möglicher Auslöser:** Sie haben Ihrem Gesprächspartner etwas Interessantes mitgeteilt. **Frage an sich selbst:** Was ist neu oder anders für meinen Gesprächspartner? **Angemessener Umgang:** Befriedigen Sie das Interesse sofort oder bauen Sie einen Spannungsbogen auf. Welches Verhalten zielführender ist, hängt u. a. von der Wirkungspersönlichkeit Ihres Gesprächspartners ab (vgl. Kapitel „Wirkung").
Verlegenheit/ Scham	**Möglicher Auslöser:** Ihrem Gesprächspartner ist ein Benimm-Ausrutscher passiert, er steht (durch das Gesagte) plötzlich im Mittelpunkt oder er empfindet das Gespräch als heikle Situation. **Frage an sich selbst:** Was hat mein Gesprächspartner gerade für ihn gefühlt falsch gemacht? Wodurch steht er im Mittelpunkt? Was empfindet er heikel an der (Gesprächs-)Situation? **Angemessener Umgang:** Je nach Situation kann es sein, dass es angebracht ist, die Privatsphäre Ihres Gesprächspartners zu wahren und ihn nicht darauf anzusprechen. Empfinden Sie es hingegen als angebracht, ermutigen Sie Ihren Gesprächspartner, den „Schaden zu beheben" oder das auszusprechen, was ihm unangenehm ist.

Schuld	**Möglicher Auslöser:** Ihr Gesprächspartner empfindet, dass er einen moralischen, ethischen oder religiösen Kodex verletzt hat. **Frage an sich selbst:** Gegen welchen Kodex hat mein Gesprächspartner für ihn gefühlt verstoßen? **Angemessener Umgang:** Zeigen Sie sich besänftigt, sprechen Sie die gewünschte Verhaltensänderung an oder lassen Sie Ihren Gesprächspartner den Schaden beheben.

Eine Übung hierzu finden Sie im zugehörigen Arbeitshandbuch.

2. Embodiment-Technik

Embodiment bedeutet, dass die Psyche eines Menschen stets in einen Körper eingebettet ist und es Wechselwirkung zwischen den beiden gibt: Psychische Zustände drücken sich körpersprachlich aus, Körperzustände beeinflussen umgekehrt aber auch psychische Zustände. Körperhaltungen, die aus irgendeinem Grund eingenommen werden, haben beispielsweise Auswirkungen auf die Kognitionen (z. B. Einstellungen), Emotionen und Handlungen eines Menschen (18). Nach der mittlerweile mehrfach belegten Facial-Feedback-Hypothese kommuniziert ebenfalls Ihre Mimik nicht nur Emotionen nach außen, sondern auch nach innen (19). Der Hypnotherapeut Gunther Schmidt formuliert es zusammenfassend so: „So wie man geht, so geht es einem."

> *„So wie man geht, so geht es einem."*
> *(Gunther Schmidt)*

Eine Möglichkeit, den eigenen emotionalen Zustand positiv zu beeinflussen, ist demnach, die Achtsamkeit für die eigene Körperhaltung und Mimik zu trainieren. Wenn Sie also z. B. einen ärgerlichen Gesichtsausdruck aufsetzen und diesen für eine Weile halten, wird automatisch eine Emotion von Ärger in Ihnen aktiviert. Es sind vor allem zwei mimische Bewegungen von Bedeutung: das Zusammenziehen der Augenbrauen und das Lächeln. Während das Zusammenziehen der Augenbrauen normalerweise nur bei negativ assoziierten Gefühlen wie Ärger, Trauer oder Angst auftritt, ist es bei einem Lächeln genau anders herum. Bei der Körperhaltung löst eine gebückte Haltung mit hängenden Armen und Schultern, eingesunkenem Brustkorb, gesenktem Kopf und zu Boden gerichteten Augen meist automatisch eine negative Emotion aus. Sie haben diese Körperhaltung bestimmt schon mal bei depressiven Personen beobachtet. Wenn Sie sich hingegen aufrecht hinsetzen oder hinstellen, den Kopf leicht anheben, nach vorne schauen und den Brustkorb mit einem tiefen Atemzug emporatmen, wird eher eine positive Emotion ausgelöst.

In der Praxis können Sie die Embodiment-Technik z. B. durch folgende Punkte umsetzen:

- Achten Sie darauf, dass Sie (in einem Gespräch) eine aufrechte Körperhaltung mit entspannten Schultern einnehmen. Heben Sie den Kopf leicht an und atmen Sie mit einem tiefen Atemzug den Brustkorb nach oben. Dies zeigt sowohl Wirkung auf Ihren emotionalen Zustand als auch auf den Gesprächspartner direkt.
- Nehmen Sie wahr, ob Sie während eines Gesprächs die Augenbrauen zusammenziehen, und entspannen diese ganz bewusst. So reduzieren Sie negative Emotionen, welche Ihre Wirkung in der Kommunikation abschwächen können.
- Lächeln Sie vor einem Gespräch mehrmals ganz bewusst und senden Sie so ein positives mimisches Signal an Ihr Gehirn.
- Führen Sie schwierige Telefonate im Stehen, da Sie nur dann volle Bewegungsfreiheit haben.
- Nehmen Sie einen Stift in den Mund und halten Sie ihn mit den Zähnen fest, ohne ihn mit den Lippen zu berühren. Dies führt automatisch dazu, dass Sie eine positive Mimik bekommen.

3. Ankertechnik

Die Ankertechnik ist eine Methode, einen positiven emotionalen Zustand im Hier und Jetzt verfügbar und abrufbar zu machen. Dabei geht es hier darum, mithilfe eines Ankers (das kann ein Symbol, ein Wort, eine Geste, eine bestimmte Musik o.Ä. sein) eine ressourcenreiche innere Grundhaltung (Entspannung, Ausdauer, Konzentration, Interesse am Hier und Jetzt, ..., vgl. auch Kapitel „Ressourcenzustand") aus vergangenen Ereignissen auf die aktuelle Situation zu übertragen.

Sich Anker zu setzen ist keinesfalls etwas Besonderes. Das menschliche Gehirn verbindet von Natur aus Ereignisse und Erfahrungen mit emotionalen Assoziationen. Sie kennen sicher das eine oder andere Musikstück, welches automatisch eine Erinnerung und eine zugehörige Emotion bei Ihnen hervorruft. Anker können dabei alle Sinneskanäle betreffen (vgl. Kapitel „Sinneskanäle"): So bedeutet z. B. eine rote Ampel „Stopp", das Wort „Prüfung" weckt Nervosität, der Geruch von Zimt steht in Verbindung mit Weihnachten, ... Anker sind so allgegenwärtig, dass Sie die meisten gar nicht wahrnehmen.

Sie können sich solche Anker aber auch bewusst auf zweierlei Art „setzen": Die erste Möglichkeit ist durch Wiederholung, also durch einfaches Lernen, meist ohne Beteiligung einer großen Emotion. Bezogen auf die Signalwirkung der Farbe Rot haben Sie dies vermutlich schon getan. Sie haben dafür einfach wiederholt Situationen erlebt, in denen Rot mit Gefahr assoziiert ist, und dies automatisch geankert. Die zweite Möglichkeit ist, einen Anker in einem einzigen Moment zu setzen, was natürlich eine wesentlich effizientere Methode darstellt. Dies ist allerdings nur möglich, wenn zwei Voraussetzungen erfüllt sind: Die Emotion muss stark genug sein und der Zeitpunkt passend.

Die Vorgehensweise hierfür ist nachfolgend beschrieben (adaptiert nach (6)):

Anker setzen

1. Schritt: Intensiven Zustand erzeugen

Machen Sie es sich bequem.

Legen Sie die Art(en) des Ankers fest, die Sie setzen wollen (auditiv, visuell, kinästhetisch). Beispiele dafür sind:

- Auditiv – ein Wort oder ein Satz, den Sie mit dem Ziel-Zustand in Verbindung bringen können: „Zuversicht", „Ich bin aufmerksam", ...
- Visuell – ein Symbol, Bild etc., das Sie mit dem Ziel-Zustand in Verbindung bringen können: eine Blume, eine Hand, ...
- Kinästhetisch – ein Gefühl, das Sie mit dem Ziel-Zustand in Verbindung bringen können: ins Ohrläppchen kneifen, Daumen und Zeigefinger ringförmig zusammendrücken, eine Faust machen, ...

Denken Sie an eine Situation, in der Sie die innere Haltung und den zugehörigen emotionalen Zustand hatten, die Sie gerne verankern möchten. Dies kann jeder beliebige ressourcenreiche Zustand sein (z. B. Zuversicht, Ausdauer, Anwesenheit im Hier und Jetzt,... ➔ Ziel-Zustand)

Suchen Sie nun nach Situationen, in denen Sie genau in diesem Ziel-Zustand waren. Wählen Sie eine Situation aus, in der Sie den Zustand besonders klar und intensiv empfunden haben.

2. Schritt: Zustand ankern

Versetzen Sie sich jetzt zurück in die Situation, in der Sie den gewünschten Ziel-Zustand hatten. Dafür können Sie sich z. B. folgende Fragen stellen, um die Emotion noch zu vertiefen:

- Wo waren Sie genau und was haben Sie gemacht?
- Was haben Sie wahrgenommen (gesehen, gehört, gefühlt, gerochen, geschmeckt)?

Kurz bevor Ihre Emotionen einen Höhepunkt erreichen, sagen Sie Ihr Anker-Wort, stellen Sie sich Ihr Anker-Bild vor (oder sehen es sich tatsächlich z. B. als Foto an) und/oder machen Sie Ihre Anker-Geste. Am stärksten wirkt der Anker, wenn Sie ihn in allen drei Kanälen setzen.

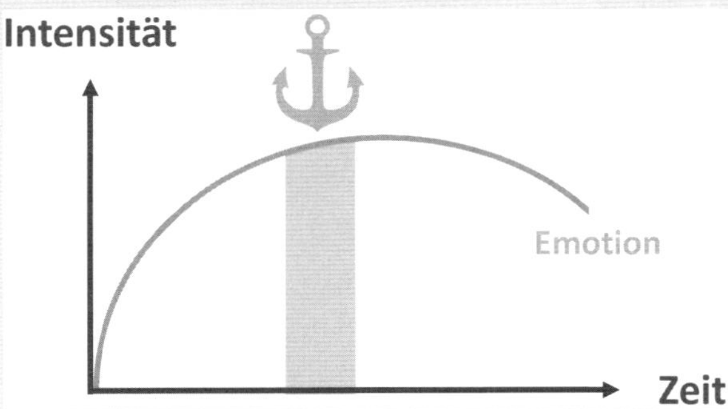

Bitte beachten Sie: Ankern Sie die Emotion zu spät (wenn sie schon wieder am Abnehmen war – siehe Bild), kann der Anker nicht intensiv wirken. Wiederholen Sie in diesem Fall ggf. das Ankerungsverfahren.

3. Schritt: Sich separieren

Verändern Sie etwas, um den Zustand zu verlassen (z. B. Aufstehen, einen Schritt nach vorne gehen, Themenwechsel, ...).

4. Schritt: Anker testen

Lösen Sie nun den Anker aus, indem Sie Ihr Anker-Wort, -Bild und/oder -Geste benutzen und achten Sie darauf, ob Sie dadurch in den Ziel-Zustand gelangen.

Falls Sie nicht zufrieden sind, wiederholen Sie das Ankerungsverfahren.

Um erfolgreich zu ankern, sollten Sie einige Aspekte grundsätzlich beachten. Diese können Sie sich anhand des Wortes TIGER merken (20):

- **T**iming: Den Anker setzen, wenn der Ziel-Zustand maximal erlebt wird. (Oder noch besser kurz bevor er maximal erlebt wird, um das Anwachsen des Zustandes mitzuverankern).
- **I**ntensität: Der Ziel-Zustand muss umfassend assoziiert sein (mit allen Sinneskanälen) und eine hohe Intensität aufweisen.
- **G**enauigkeit: Der Anker muss präzise gesetzt werden (exakte Geste, spezifischer Tonfall beim Anker-Wort, ...).
- **E**inzigartigkeit: Der Anker muss einen hohen Grad an Einzigartigkeit aufweisen. Wenden Sie keine Worte, Gesten, Bilder etc. an, die auch in anderen Situationen (zufällig) auftreten.
- **R**einheit: Falls in einer Situation, anhand derer Sie den Ziel-Zustand ankern wollen, zusätzlich auch negative Gefühle vorhanden sind (z. B. Bedauern, dass die Zeit vorbei ist), ist die Situation nicht nützlich für das Ankerungsverfahren. Verwenden Sie nur Situationen, in denen das Gefühl so „rein“ wie möglich ist.

4. Sinnfokussierung

Sie erinnern sich sicher an das Zitat „Wer ein starkes WARUM hat, erträgt jedes WIE". Sie sollten sich und Ihrem Gesprächspartner deshalb den Sinn bzw. Nutzen eines Gesprächs immer vor Augen führen. Wenn Sie selbst ein „starkes WARUM bzw. WOFÜR" haben, wird es Ihnen leichter fallen, das WIE an die Bedürfnisse des Gesprächspartners anzupassen, also individuell auf seine Filter (vgl. Kapitel 3) reagieren zu können. Zusätzlich verändert sich automatisch Ihre innere Haltung, wenn Ihnen der Sinn bewusst ist. Hat Ihr Gesprächspartner ein „starkes WARUM oder WOFÜR", kann es sein, dass er alleine dadurch aufnahmebereit wird und bleibt. Selbst dann, wenn Sie in der Gesprächsführung Fehler machen.

Jemandem einen Sinn zu vermitteln, heißt auch, Emotionen für jemanden oder etwas (z. B. ein Gespräch, eine Aufgabe, eine Person) zu wecken. Bei sich selbst können Sie im Vorfeld eines Gesprächs z. B. durch folgende Fragen Emotionen wecken:

- Was ist Ziel und Zweck des Gesprächs?
- Wofür führe ich es?
- Was soll als Ergebnis herauskommen?
- Welchen Mehrwert oder Vorteil erkenne ich aus dem Gespräch?
- Welchen Nachteil kann ich durch das Gespräch vermeiden?
- Was gibt mir das Gespräch?
- In welcher inneren Haltung befinde ich mich?
- Wie stehe ich zu meinem Gesprächspartner?

> *„Sinn kann nicht gegeben werden, sondern muss gefunden werden."*
> *(Viktor Frankl)*

Die Entscheidung, ob für Ihren Gesprächspartner etwas (z. B. das Gespräch mit Ihnen) sinnvoll ist oder nicht, wird am Persönlichkeits-Muster gemessen, das er in sich trägt. Damit sind die Filter gemeint, die auf die emotionale Aufnahmebereitschaft wirken und die in Kapitel 3 genau beschrieben sind. Diese können Sie zwar kaum bis gar nicht verändern, Sie können aber Ihr Gesprächsverhalten entsprechend führen, dass diese bedient werden. Entsprechend einem Zitat von Viktor Frankl „Sinn kann nicht gegeben werden, sondern muss gefunden werden", können Sie Ihrem Gesprächspartner also nicht direkt Sinn geben, Sie können metaphorisch gesprochen aber ein Feld bereitstellen, auf dem der andere seinen Sinn ernten kann. In der Praxis können Sie dies in den beschriebenen drei Wertekategorien z. B. wie folgt tun:

Schöpferische Werte:
- Dem Gesprächspartner vermitteln, wie etwas zum großen Ganzen beiträgt
- Fragen stellen statt Ratschläge geben
- Den Gesprächspartner eigene Ideen vorbringen statt Vorgaben ausführen lassen (die meisten Menschen folgen lieber ihrer eigenen Idee)

Erlebniswerte:
- Dem Gesprächspartner Vertrauen und Wertschätzung entgegenbringen
- Bedürfnisse des Gesprächspartners wahrnehmen oder erfragen
- Bedürfnisse so weit wie möglich im Gespräch bedienen/befriedigen

Einstellungswerte:
- Nutzen für Gesprächspartner persönlich aufzeigen
- Muster unterbrechen (siehe unten „Musterunterbrechung")
- Blickwinkel verändern

5. Musterunterbrechung

Das menschliche Gehirn ist es gewohnt, in Mustern zu arbeiten. Damit sind weitgehend unbewusste und stark automatisierte Abläufe gemeint, die durch bestimmte Impulse aktiviert werden. Streckt Ihnen jemand die Hand zur Begrüßung hin, werden Sie in der Regel ganz automatisch ebenfalls die eigene Hand reichen. Jeder Mensch hat auch Muster, um sich morgens zum Aufstehen zu motivieren, um Gespräche zu führen, um Aufgaben zu delegieren, ... (20). Prinzipiell sind diese Muster hilfreich und notwendig.

> *„Die Definition von Wahnsinn ist, immer wieder das Gleiche zu tun und andere Ergebnisse zu erwarten."*
> *(Albert Einstein)*

Muster können in der Kommunikation aber auch dazu führen, dass die Aufnahmebereitschaft entzogen oder gar nicht erst gegeben wird. Vielleicht kennen auch Sie Streite mit Ihrem Partner, die immer auf dieselbe Art und Weise ablaufen und zu keinem Ergebnis führen. Oder Sie haben im geschäftlichen Kontext Situationen erlebt, wo Sie z. B. beim wöchentlichen Abstimmungsgespräch immer wieder auf dieselbe Weise mit einem Kollegen aneinandergeraten. Durch Ihr eigenes Muster bringen Sie Argumente, die wiederum ein gewisses Muster bei Ihrem Gesprächspartner auslösen. Die Muster führen zu einer bestimmten inneren Haltung bei beiden, welche in solchen Fällen oftmals im gegenseitigen Entzug von Aufnahmebereitschaft enden.

Nach einem Zitat von Albert Einstein „Die Definition von Wahnsinn ist, immer wieder das Gleiche zu tun und andere Ergebnisse zu erwarten" sollten Sie etwas verändern, um neue Überlegungen zu ermöglichen und ein anderes Ergebnis zu bekommen.

Dies können Sie durch eine Musterunterbrechung erreichen. Eine Musterunterbrechung soll bewusst eine Unterbrechung eines Denkprozesses, eines Gefühlszustandes oder der Wahrnehmung vergangener und zukünftiger Ereignisse herbeiführen. Durch eine Musterunterbrechung können Sie sowohl Ihre eigene als auch die innere Haltung Ihres Gesprächspartners verändern und dadurch eine höhere Aufnahmebereitschaft in Gesprächen erzielen.

Bei sich selbst können Sie eine Musterunterbrechung durchführen, indem Sie etwas, was Sie bisher immer auf dieselbe Weise gehandhabt haben, anders machen und dadurch bewusst „neu" erleben. Am Beispiel des Streits mit Ihrem Partner könnten Sie z. B. Ihr eigenes Muster unterbrechen, indem Sie eine Frage stellen anstatt – wie sonst – Gegenargumente zu bringen. Oder im anderen Beispiel das wöchentliche Abstimmungsgespräch mit Ihrem Kollegen z. B. im Stehen durchführen anstatt im Sitzen und schauen, was sich dadurch verändert.

Beim Gesprächspartner können Sie eine Musterunterbrechung sowohl als Überraschungseffekt, der für Aufmerksamkeit sorgt, am Beginn eines Gesprächs einsetzen als auch während des Gesprächs, um den Gesprächspartner aus einer festgefahrenen, angespannten oder negativen inneren Haltung herausbringen. Sie können damit den Gesprächspartner auch wieder in den „Normalzustand" zurückführen, nachdem Sie ihn mit einer Aussage verärgert haben.

Nachfolgend finden Sie einige Ideen für Musterunterbrechungen beim Gesprächspartner. Entscheiden Sie bitte kontextabhängig, welche Sie davon einsetzen können oder wollen:

- Zu Beginn eines Gesprächs eine Metapher, ein Bild, ein Zitat oder eine themenspezifische Quizfrage bringen
- Fragen stellen, die von der aktuellen Gefühlslage ablenken (Was hast du gestern Abend gegessen? Wann hat dein Mann Geburtstag? Ist heute Dienstag?)
- Fragen stellen, zu deren Beantwortung der Gesprächspartner in die Gegenwart kommen muss (Welche Farbe haben deine Schuhe? Wie viele Stühle stehen hier im Raum?)

- Fragen stellen, welche die Aufmerksamkeit des Gesprächspartners auf einen bestimmten Bereich lenken
- Ein unerwartetes Signal senden, das die Aufmerksamkeit auf Sie lenkt (in die Hand klatschen, auf den Tischen hauen, Schulterklopfen, ...)
- Räumliche Veränderung (z. B. aufstehen, umdrehen, ein paar Schritte gehen, ...)

6. Dissoziationstechnik

Jeder Mensch kann im sehr positiven Sinne als „multiple Persönlichkeit" gesehen werden, die je nach Kontext unterschiedlich empfindet, denkt und handelt. Die jeweils gerade gelebte „Persönlichkeit" wird dabei dadurch bestimmt, worauf die augenblickliche Fokussierung ihrer Aufmerksamkeit gerichtet ist. In der Literatur wird diese Betrachtungsweise, je nach Autor, als „Seitenmodell", „Arbeit mit inneren Seiten oder Anteilen", „inneres Parlament" (Gunther Schmidt), „Das innere Team" (Schulz von Thun) oder „Innere Familie" (Richard Schwartz) bezeichnet. Die Betrachtungsweise kann erst einmal befremdlich sein, ermöglicht aber, dass ein Mensch nicht vollständig von einem Problem betroffen ist, sondern dass sich nur eine Seite von ihm vorübergehend mit dem Problem identifiziert. Folglich wird der negative Einfluss eines wie auch immer gearteten Problems auf die innere Haltung und die Aufnahmebereitschaft eines Menschen reduziert.

In einem Gespräch können Sie mithilfe der Dissoziationstechnik die Aufmerksamkeit Ihres Gesprächspartners umfokussieren. Dass eine Umfokussierung von Aufmerksamkeit funktioniert, wissen Sie bereits seit Ihrer Kindheit bzw. spätestens seit Sie selbst Vater oder Mutter sind. Wer hat noch nie, wenn ein Kind aufs Knie gefallen ist, das „Aua" weggerubbelt, draufgepustet und z. B. gesagt „das Aua fliegt jetzt durchs Fenster"? Dadurch haben Sie die Aufmerksamkeit weg vom Schmerz genommen. Bei Erwachsenen funktioniert dies im Prinzip genauso. Dort, wo der Fokus der Aufmerksamkeit hingeht, beeinflusst, was in der Physiologie, Emotion und Kognition passiert. Ein Spruch der schamanischen Tradition von Hawaii fasst dies gut zusammen: „Energy flows, where attention goes." (Sinngemäß übersetzt: „Die Energie geht dorthin, wohin die Aufmerksamkeit gelenkt wird.") Sie können die Aufmerksamkeit Ihres Gesprächspartners z .B. auf folgende Art und Weise umfokussieren:

- Generell von assoziiert auf dissoziiert
- Weg von einem (limitierenden) Teil der Persönlichkeit
- Von einer Dimension der Aufmerksamkeit auf eine andere (auf einen Punkt/nach außen/nach innen)

Generell von assoziiert auf dissoziiert: Ist ein Mensch bezüglich einer Sache in einem assoziierten Zustand, erlebt er eine Situation im Hier und Jetzt, mit allen Wahrnehmungen und Emotionen. Er sieht mit seinen eigenen Augen, hört, fühlt und lebt seine Gefühle. Im assoziierten Zustand erlebt ein Mensch das Fokussierte intensiv als einzig „wirkliche Wirklichkeit“ und reagiert entsprechend. Ist er hingegen in einem dissoziierten Zustand, hat er eine Distanz zu seiner eigenen Wahrnehmung und bekommt dadurch mehr Handlungsspielraum und Wahlmöglichkeiten. Er nimmt sich selbst von einem außenliegenden Standpunkt (Beobachterperspektive) wahr. So, als ob er in einem Kino sitzt und sich selbst auf der Leinwand beobachtet. Dieser Zustand hilft dabei, kurz innezuhalten und aus einer Beobachterrolle heraus das eigene Erleben und Verhalten neu zu bewerten.

Eine Idee, wie Sie Ihren Gesprächspartner (wenn dieser es will) oder sich selbst in einen dissoziierten Zustand führen können, ist die Technik des „inneren Kinos“, welche nachfolgend beschrieben ist (adaptiert und erweitert nach (6)):

Dissoziierten Zustand herbeiführen: Inneres Kino	
Bei sich selbst	**Beim Gesprächspartner**
1. Legen Sie fest, welche Situation Sie dissoziiert betrachten wollen. 2. Stellen Sie sich vor, dass Sie als Zuschauer in einem Kino sitzen und die Situation als Szene auf der Leinwand sehen. 3. Fragen Sie sich, was Sie auf der Leinwand wahrnehmen, z. B.: – Wie wirkt die Situation auf mich? – Was nehme ich wahr? – Wie nehme ich die Person(en) wahr? – Was würde ich der/den Person/-en auf der Leinwand raten? Denken und sprechen Sie dabei über sich selbst in der Szene in der dritten Person („er“/“sie“).	1. Fragen Sie Ihren Gesprächspartner, welche Situation er dissoziiert betrachten will. 2. Bitten Sie ihn, sich vorzustellen, wie er als Zuschauer in einem Kino sitzt und die Situation als Szene auf der Leinwand sieht. 3. Fragen Sie ihn, was er auf der Leinwand wahrnimmt, z. B.: – Wie wirkt die Situation auf Sie? – Was nehmen Sie wahr? – Wie nehmen Sie die Person(en) wahr? – Was würden Sie der/den Person/-en auf der Leinwand raten? Bitten Sie ihn, dabei über sich selbst in der Szene in der dritten Person („er“/“sie“) zu sprechen.

<table>
<tr>
<td>Optional:
4. Schreiben Sie das Drehbuch des Films auf der Leinwand um und lassen die Szene erneut ablaufen, so wie Sie sie sich in der Realität gewünscht hätten.
5. Fragen Sie sich anschließend z. B.:
– Was habe ich an meinem Verhalten verändert?
– Was hat sich dadurch genau an der Szene verändert?
– Wie kann ich diese „neue“ Verhaltensweise in meinen Alltag übertragen?

Dadurch trainieren Sie eine andere Verhaltensweise und können beim nächsten Mal in der Praxis schneller darauf zugreifen.</td>
<td>Optional:
4. Lassen Sie ihn das Drehbuch des Films auf der Leinwand umschreiben und bitten Sie ihn, die Szene dann erneut ablaufen zu lassen, so wie er es sich in der Realität gewünscht hätte.
5. Fragen Sie ihn anschließend z. B.:
– Was haben Sie an Ihrem Verhalten verändert?
– Was hat sich dadurch genau an der Szene verändert?
– Wie können Sie diese „neue“ Verhaltensweise in Ihren Alltag übertragen?</td>
</tr>
</table>

Weg von einem (limitierenden) Teil der Persönlichkeit: Sie können die Aufmerksamkeit wegführen von z. B. dem Teil, der für eine negative innere Haltung (z. B. Wut, Angst, Skepsis, ...) verantwortlich ist, indem Sie diesen Teil der Persönlichkeit von der Gesamtpersönlichkeit dissoziieren (21). Wenn Sie sich also z. B. im Vorfeld eines Gesprächs dabei ertappen, dass Sie sich selbst anhand der Grundüberzeugung „Ich bin kein überzeugender Redner“ beurteilen und dadurch eine negative innere Haltung entsteht, dann suchen Sie nach Lebensbereichen, in denen Sie andere Denkstrukturen anwenden, Ihnen das gewünschte Verhalten gelingt und Sie auch die Reaktionen Ihres Gegenübers anders bewerten. Mag sein, dass Sie Schwierigkeiten haben, überzeugende Präsentationen zu halten. Aber vielleicht können Sie Ihre Partnerin regelmäßig mit Leichtigkeit von Ihrem Standpunkt überzeugen.

Von einer Dimension der Aufmerksamkeit auf eine andere: Wie in der Einleitung beschrieben, gibt es drei Dimensionen der Aufmerksamkeit: auf einen Punkt, nach außen und nach innen. Eine Möglichkeit der Umfokussierung ist es, die Aufmerksamkeit von einer Dimension auf eine andere zu lenken. Ein Beispiel hierfür ist die 3-Punkt-Kommunikation (22). Wenn Sie über ein kritisches Thema mit Ihrem Gesprächspartner sprechen müssen und womöglich seine negative Einstellung dazu schon kennen, kann es sinnvoll sein, über einen Visualisierungspunkt (z. B. ein Blatt Papier) miteinander zu sprechen. Wenn Sie z. B. einen Mitarbeiter auf seine vielen Krankheitstage ansprechen müssen, können Sie auf ein Blatt Papier zeigen, das eine entsprechende Statistik zeigt. Dadurch fokussieren Sie seine Aufmerksamkeit, die vorher nach außen (auf Sie) oder nach innen (auf sich selbst) gerichtet war, auf einen Punkt. So trennen Sie Person und Sache, und die Chancen stehen besser, dass die Aufnahmebereitschaft nicht entzogen wird.

Wie Sie vielleicht beim Lesen dieses Kapitels bemerkt haben, erfordert es Training, die eigene innere Haltung bewusst „wählen" zu können. Bedenken Sie aber bitte immer, welchen Effekt dies auf Ihre Wirkung hat und demnach auf das erfolgreiche Herstellen von emotionaler Aufnahmebereitschaft.

DAS WICHTIGSTE IN KÜRZE

- Ihre innere Haltung hat einen großen Einfluss auf Ihre Wirkung.
- Ihre innere Haltung wird durch den Gesprächspartner aufgrund Ihrer Körpersprache und anderer subtiler Verhaltensmuster wahrgenommen.
- Eine Vielzahl von Einflüssen wirkt auf Ihre innere Haltung, dazu zählen z. B. Ihr Selbstvertrauen, der Sinn, den Sie dem Gespräch beimessen, und Ihr emotionaler Zustand.
- „Wer ein starkes WARUM hat, erträgt fast jedes WIE." Sie sollten sich selbst und Ihrem Gesprächspartner immer den Sinn bzw. Nutzen eines Gesprächs vor Augen führen.
- Gefühle motivieren Menschen, auf eine bestimmte Art und Weise zu kommunizieren. Sorgen Sie dafür, dass Ihr emotionaler Zustand zielführend in der Gesprächssituation ist.

VERTIEFENDE LITERATUR

Friedemann Schulz von Thun: Miteinander reden 1: Störungen und Klärungen. Reinbek bei Hamburg, Rowohlt Taschenbuch Verlag, 1998

Paul Watzlawick und andere: Menschliche Kommunikation: Formen, Störungen, Paradoxien. Bern, Verlag Hans Huber, 2003

Viktor E. Frankl: ... trotzdem Ja zum Leben sagen – Ein Psychologe erlebt das Konzentrationslager. München, dtv Verlag, 2007

Wolfgang Rost: Emotionen: Elexiere des Lebens. Heidelberg, Springer Verlag, 2001

Gunther Schmidt: Einführung in die hypnosystemische Therapie und Beratung. Heidelberg, Carl Auer Verlag, 2014

2.2.1.3 Hier und Jetzt

„Nirgends ist, wer überall ist."
(Seneca)

FAKTEN

Kennen Sie das? Sie sitzen in einem Restaurant und Ihre Bedienung nimmt die Bestellung auf, serviert das Essen und bringt die Rechnung, ohne Sie auch nur einmal wirklich als Gast wahrgenommen zu haben. Auch auf einer Party, Veranstaltung oder in einem Gespräch haben Sie es sicher schon mal erlebt: Es gibt Menschen, die zwar körperlich anwesend, aber nicht wirklich da sind. Wahrscheinlich ist es Ihnen selbst auch schon so ergangen. Sie waren geistig nicht mit der Gegenwart, sondern vielleicht mit der Vergangenheit (Erinnerung), der Zukunft (Vorstellung) oder einem anderen aktuellen Ereignis (parallele Gegenwart) beschäftigt.

Es könnte sein, dass Ihnen am Morgen auf dem Weg zur Arbeit möglicherweise noch einmal der Streit mit dem Partner vom Vorabend durch Ihren Kopf geistert (Erinnerung) oder Sie schon mal das Mitarbeitergespräch durchgehen, das gleich ansteht (Vorstellung). Während des Gesprächs sind Sie dann vielleicht schon wieder mit einem unangenehmen Telefonat beschäftigt, das Sie im Nachgang an das Mitarbeitergespräch führen müssen (Vorstellung). Das menschliche Gehirn ist nämlich darauf spezialisiert, Ihnen unerledigte Aufgaben und offene Punkte immer wieder ins Bewusstsein zu rufen. In der Fachsprache wird dies „Zeigarnik-Effekt" genannt (23). Das Gehirn unterscheidet dabei nicht, ob dies gerade angebracht ist oder nicht. Auf jeden Fall führt es aber dazu, dass Sie in solchen Momenten nicht im Hier und Jetzt sein können und Ihrer Wahrnehmung dadurch viele Dinge entgehen.

> *„Es gibt nur zwei Tage im Jahr, an denen man nichts tun kann. Der eine ist Gestern, der andere Morgen ...“*
> *(Dalai Lama)*

Mit „anwesend sein“ meinen wir im Folgenden, mit den Gedanken nur dort zu sein, wo Sie sich gerade körperlich befinden, und nicht mit der Vergangenheit oder Zukunft beschäftigt zu sein. „Anwesenheit“ steht dabei sowohl für Aufmerksamkeit als auch für geistige Klarheit. In Gesprächen bedeutet anwesend sein, dem anderen zu signalisieren: „Du bist mir in diesem Moment wichtig, und zwar wichtiger als alles andere.“ Somit ist die Fokussierung auf das Hier und Jetzt eine Form der Wertschätzung.

Gelingt es Ihnen in Gesprächen nicht, anwesend zu sein, hat dies einen negativen Effekt – sowohl auf Ihren Gesprächspartner als auch auf Sie selbst. Nimmt Ihr Gesprächspartner Ihre mangelnde Anwesenheit wahr, wird er sich nicht wertgeschätzt fühlen und folglich weniger bereit sein, in die emotionale Aufnahmebereitschaft zu gehen. Sie selbst werden mehr unter Druck sein, da es sehr anstrengend bis gar nicht möglich ist, mehrere Dinge gleichzeitig zu tun (unser Gehirn ist dafür gar nicht ausgelegt (24)), und Sie dem Gegenüber nicht wirklich gerecht werden. Wenn Sie nicht im Hier und Jetzt sind, wirkt sich das zusätzlich auf Ihr Zuhörverhalten und Ihre Tendenz zu bewerten aus.

Es gibt verschiedene Ebenen des Zuhörens, welche nachfolgend kurz definiert werden (erweitert nach (25)):

- Ignorierend: Kein Interesse am Inhalt und an der Wirkung auf den anderen (Sie hören gar nicht zu.)
- Vorgetäuscht: Kein Interesse am Inhalt, aber Interesse an der Wirkung auf den anderen (Sie geben mit Körpersprache und verbalen Äußerungen vor, zuzuhören, tun dies aber nicht wirklich.)
- Selektiv: Interesse an der eigenen Bestätigung (Sie hören nur das, was Sie hören wollen, und warten auf eine Gelegenheit, den anderen zu unterbrechen.)
- Aufmerksam: Normales Interesse (Sie achten genau auf das Gesagte.)
- Aktiv: Professionelles Interesse (Sie wollen den Gesprächspartner auf der Sach- und Emotionsebene verstehen und achten auch auf Stimmungen/Emotionen.)

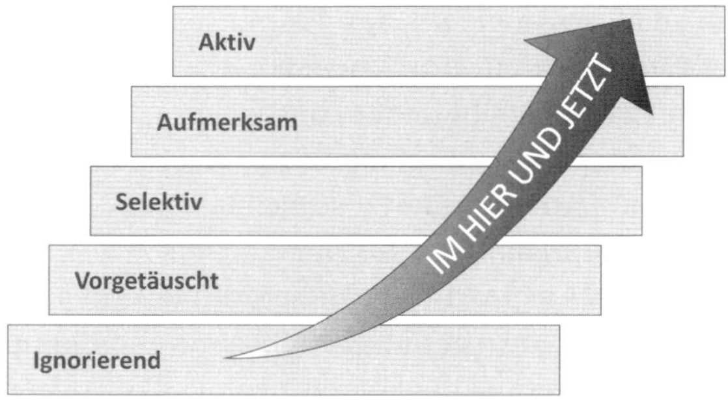

Die tatsächliche und wahrgenommene Anwesenheit im Hier und Jetzt nimmt mit steigender Ebene zu (siehe Bild oben). Halten Sie sich z. B. in der Ebene des ignorierenden oder vorgetäuschten Zuhörens auf, bekommen Sie kaum etwas von Ihrem Gesprächspartner mit bzw. wollen dies auch überhaupt nicht. In der Ebene des selektiven Zuhörens kann es sein, dass Sie – meist unbewusst – anfangen zu interpretieren und zu bewerten. Dies ist menschlich, aber nicht besonders wirkungsvoll beim Herstellen von emotionaler Aufnahmebereitschaft. Wenn Sie z. B. sagen, dass jemand verärgert ist, dann ist das eine Interpretation. Wenn Sie dann noch äußern, dass dies nicht sinnvoll in der Situation ist, bewerten Sie. Eine reine Beobachtung wäre, dass Ihr Gesprächspartner die Augenbrauen zusammenzieht und die Lippen aufeinanderpresst. Nach Krishnamurti, einem indischen Philosophen, ist „die höchste Form menschlicher Intelligenz, die Fähigkeit, zu beobachten ohne zu bewerten". Die Tendenz zu bewerten nimmt mit steigender Anwesenheit im Hier und Jetzt ab.

„Die höchste Form menschlicher Intelligenz ist die Fähigkeit, zu beobachten ohne zu bewerten."
(Jiddu Krishnamurti, indischer Philosoph)

Für die Anwesenheit des Gesprächspartners im Hier und Jetzt gelten ähnliche Prinzipien wie für Ihre eigene. Mangelnde Anwesenheit seinerseits hat eine negative Auswirkung auf seine Tendenz, zu bewerten und zu interpretieren. Dies kann zu erheblichen kommunikativen Missverständnissen führen. Ein bekanntes Modell hierfür ist das 4-Ohren-Modell nach Friedemann Schulz von Thun, nach dem eine Äußerung von Ihnen und auch von Ihrem Gesprächspartner auf vier verschiedenen Ebenen gedeutet werden kann (10):

- Sachinhalt: auf die Sache bezogene Ebene
- Selbstkundgabe: auf den Sprecher bezogene Ebene
- Beziehung: auf die Beziehung zwischen den beiden Gesprächspartnern bezogene Ebene
- Appell: wozu der Gesprächspartner veranlasst werden soll

Ein Entzug der Aufnahmebereitschaft kann vor allem dann zustande kommen, wenn Sie und Ihr Gesprächspartner einen Gesprächsinhalt auf unterschiedlichen Ebenen deuten. Dies wird in nachfolgendem Beispiel deutlich: Stellen Sie sich vor, ein Kollege tätigt die Aussage: „Es ist kalt hier im Büro" und will dadurch einfach nur mitteilen, dass er friert (Selbstkundgabe). Eine weitere Kollegin versteht diese Aussage aber auf der Appellebene und dass der Kollege sie indirekt darum bittet, die Heizung hochzudrehen. Aufgrund von z. B. Geschehnissen in der Vergangenheit oder eigenen Prägungen entzieht sie dem Kollegen dadurch vielleicht die Aufnahmebereitschaft und denkt: „Der Macho glaubt wohl, nur weil ich eine Frau bin, dass ich sofort losrenne, wenn er ‚Piep' sagt." Wäre in diesem Beispiel Ihre Kollegin ganz im Hier und Jetzt und nicht nur mit sich beschäftigt gewesen, hätte sie nachfragen können, was die Aussage des Kollegen bedeutet.

ANWENDUNG

1. Ihre eigene Aufmerksamkeit fördern

Nun ist Ihnen vielleicht bewusst (geworden), wie wichtig es für das Gelingen von Kommunikation ist, im Hier und Jetzt zu sein, und Sie fragen sich, was Sie tun können, um diesen Zustand immer häufiger zu erreichen.

Sie können sich mithilfe von Selbstführungs-Techniken bewusst in die Gegenwart bringen. Dafür finden Sie nachfolgend einige Möglichkeiten:

- Achtsamkeit trainieren
- Anwesenheit innerlich abfragen
- Ablenkende Punkte aufschreiben
- Ansprechen

Achtsamkeit trainieren: Achten Sie im Alltag, wenn Sie z. B. etwas essen, bewusst auf das Aussehen, den Geruch, den Geschmack und die Konsistenz. Oder konzentrieren Sie sich, wenn Sie eine Strecke gehen, einmal bewusst auf den Weg. Wo genau gehen Sie gerade lang? Wen oder was nehmen Sie wahr? Welche Geräusche hören Sie? Gibt es Gerüche? Wie fühlt sich der Boden an? Was sagen Sie? Wie sprechen Sie gerade (Modulation, Geschwindigkeit,...)? Weitere Übungen dazu finden Sie im zugehörigen Arbeitsbuch.

Anwesenheit im Hier und Jetzt innerlich abfragen: Fragen Sie sich (z. B. während eines Gesprächs) immer mal wieder, wie anwesend Sie im Moment sind. Hierbei können Sie z. B. eine Skala von 1 – 10 benutzen. 1 bedeutet: „kaum anwesend", 10: „voll anwesend". Durch diese Abfrage werden Sie lernen, Ihre Anwesenheit besser einzuschätzen. Zusätzlich wird, durch den Fokus Ihrer Aufmerksamkeit darauf, Ihre momentane Anwesenheit automatisch gesteigert.

Ablenkende Punkte aufschreiben: Wenn Sie feststellen, dass Ihnen der Kopf schwirrt oder ungebetene Gedanken auftreten, nehmen Sie sich bewusst ein paar Minuten Zeit (bitten Sie Ihren Gesprächspartner ggf. um eine kurze Pause), um sich offene Punkte aufzuschreiben oder sich sogar einen kleinen Plan zu skizzieren. So senden Sie ein Signal an Ihr Gehirn, dass das Thema nicht untergeht, und Sie haben den Kopf wieder frei für anderes.

Ansprechen: Wenn Ihnen während eines Gesprächs bewusst wird, dass Sie gerade gedanklich mit etwas anderem beschäftigt waren und Ihrem Gegenüber nicht die nötige Aufmerksamkeit entgegengebracht haben, sprechen Sie es bewusst an: „Ich bin gerade in einen anderen Gedankengang abgerutscht, entschuldigen Sie bitte." Ihr Gegenüber soll verstehen, dass Ihre mangelnde geistige Anwesenheit nichts mit ihm oder mangelnder Wertschätzung zu tun hat.

Grundsätzlich wirken Sie aufmerksamer auf Ihren Gesprächspartner, wenn Sie paraphrasieren, Fragen stellen und das Gesagte zusammenfassen (vgl. auch Kapitel „Empathie"). Durch dieses aktive Zuhören sorgen Sie für zwei wichtige Grundvoraussetzungen zum erfolgreichen Herstellen von Aufnahmebereitschaft: Anwesenheit in der Gegenwart und eine wertfreie Wahrnehmung. Nur so können Sie Ihren Gesprächspartner wirklich verstehen.

2. Die Aufmerksamkeit beim Gesprächspartner fördern

Die Anwesenheit des Gesprächspartners können Sie nur indirekt wahrnehmen und auch nur indirekt im Rahmen Ihrer kommunikativen Kompetenz positiv beeinflussen.

Möglichkeiten, die Aufmerksamkeit des anderen zu steigern, sind:

- Ansprechen
- Zeit geben, noch etwas zu notieren
- Muster unterbrechen
- Mit spezifischer Gesprächsstruktur arbeiten

Ansprechen: Wenn Sie das Gefühl haben, dass Ihr Gesprächspartner gedanklich noch etwas anderem nachhängt, können Sie dies auch offen ansprechen. Geben Sie Ihrem Gegenüber dabei zu verstehen, dass dies menschlich ist und Sie dies nicht als mangelnde Wertschätzung empfinden. Fragen Sie Ihren Gesprächspartner z. B.: „Was brauchen Sie, um für die Zeit unseres Gesprächs das andere Thema loszulassen?"

Zeit geben, noch etwas zu notieren: Eine andere Möglichkeit, die Aufmerksamkeit Ihres Gesprächspartners zu fördern, ist, ihm die Möglichkeit zu geben, nochmals kurz über das Thema nachzudenken, das ihn ablenkt. Geben Sie ihm Zeit, sich dazu ein paar Stichpunkte zu notieren. So kann er sich eine Art Gedankenspeicher erstellen, auf den er nach Ihrem Gespräch wieder zurückgreifen kann.

Muster unterbrechen: Starten Sie das Gespräch auf eine unerwartete Art und Weise. Steigen Sie z. B. mit einem Zitat, einer themenrelevanten Quizfrage oder einem Bild ein (vgl. „Musterunterbrechung" im Kapitel „Innere Haltung").

Mit spezifischer Gesprächsstruktur arbeiten: Sie können – falls angebracht – mit einer entsprechenden Struktur durchs Gespräch führen. Ein Vorschlag wäre wie folgt:

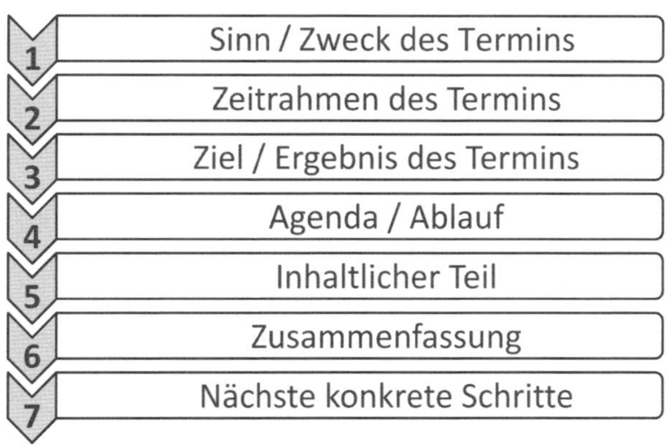

1. „Wir treffen uns heute, weil …" / „Wir haben letzte Woche vereinbart, dass Sie …"
2. „Ich habe x Zeit dafür reserviert." / „Wie viel Zeit haben Sie reserviert?"
3. „Ziel soll heute sein …" / „Welche Erwartungen haben Sie an unser heutiges Gespräch? Was soll am Ende rauskommen?"

4. „Damit wir das Ziel erreichen, schlage ich folgendes Vorgehen vor ...“ / „Welches Vorgehen schlagen Sie vor, damit wir das Ziel erreichen?“
5. Fragen statt Sagen (siehe Kapitel „Empathie“)
6. „Lassen Sie mich den Termin in wenigen Punkten zusammenfassen ...“
7. „Was sind unsere/Ihre nächsten Schritte? Wer übernimmt x? Bis wann?“

DAS WICHTIGSTE IN KÜRZE

- ☐ Anwesend sein bedeutet, mit den Gedanken nur dort zu sein, wo Sie sich gerade körperlich befinden, und nicht mit der Vergangenheit oder Zukunft beschäftigt zu sein.
- ☐ Ihr Gesprächspartner kann Ihre mangelnde Anwesenheit in der Gegenwart als mangelnde Wertschätzung empfinden.
- ☐ Mangelnde Anwesenheit kann sich auf das Zuhörverhalten und die Tendenz zu bewerten auswirken.
- ☐ Die eigene Aufmerksamkeit lässt sich mithilfe von Selbstführungs-Techniken steigern, der Gesprächspartner kann durch den Einsatz kommunikativer Kompetenz zu mehr Konzentration auf das Hier und Jetzt geführt werden.

VERTIEFENDE LITERATUR

Friedemann Schulz von Thun: Miteinander reden 1: Störungen und Klärungen. Reinbek bei Hamburg, Rowohlt Taschenbuch Verlag, 1998

Stephen C. Lundin und andere: Fish. Ein ungewöhnliches Motivationsbuch. Wirtschaftsverlag Ueberreuter, Berlin, 2001

2.2.2 Empathie

„Den Verstand leer machen und mit dem ganzen Wesen zuhören.“
(Marshall B. Rosenberg)

FAKTEN

Als Teil der emotionalen Intelligenz bildet die Empathie eine unverzichtbare Voraussetzung zur Menschenkenntnis und ist demnach ein Fundament zur

Herstellung von emotionaler Aufnahmebereitschaft. Je stärker Ihre Empathie ist, desto leichter erkennen Sie, was Ihr Gesprächspartner braucht, um emotional aufnahmebereit zu sein.

Das Einfühlungsvermögen auf der Gefühlsebene, also zu verstehen, dass andere Menschen Gefühle haben und mit ihnen mitzufühlen, ist jedem Menschen angeboren – vorausgesetzt, Sie leiden nicht an einer autistischen Störung. Bereits von Geburt an haben wir die Tendenz, andere nachzuahmen. Als Baby und Kleinkind noch offensichtlich – denken Sie nur an eine Tochter, die versucht, sich mit Mamas Make-up zu schminken, oder einen Sohn, der Papas Rasierer benutzen möchte, obwohl er noch keinen Bartwuchs hat – als Erwachsener schließlich subtil, indem wir z. B. die Mimik des Gesprächspartners unbewusst nachahmen. Erklärung dafür liefert das Konzept der Spiegelneurone. Dabei handelt es sich um Nervenzellen, welche dafür sorgen, dass die bloße Beobachtung einer Aktivität (z. B. eine andere Person zieht sich eine Jacke an) dazu führt, dass im eigenen Gehirn dieselben Prozesse ablaufen, als ob man selbst die Aktivität durchführen würde (26). Spiegelneurone sind z. B. auch dafür verantwortlich, dass wir den Schmerz quasi mitfühlen, wenn sich jemand in den Finger schneidet.

> *„In Momenten, in denen wir unter Zeitdruck geraten, verwandeln wir uns zeitweise in Autisten."*
> *(Malcom Gladwell)*

Die Empathie kann durch äußere Umstände oder innere Konflikte allerdings eingeschränkt werden. Selbst Menschen mit hohen empathischen Fähigkeiten erkennen unter emotionalem Stress die Gefühle und Bedürfnisse von anderen Menschen nicht mehr exakt. Malcom Gladwell schreibt provokant in seinem Buch „Blink!", dass sich Menschen in Momenten, in denen sie z. B. unter Zeitdruck geraten, zeitweise in Autisten verwandeln. Auch deshalb ist das eigene Emotionsmanagement so wichtig (vgl. Kapitel „Emotionsmanagement").

Trotz der genetischen Komponente muss Empathie im sozialen Kontext ausgeprägt und gelernt werden. Vor allem im Hinblick auf das Empathie-Verständnis im Zusammenhang mit emotionaler Aufnahmebereitschaft. In diesem Kontext bedeutet Empathie nämlich keineswegs Mitleiden mit dem Gesprächspartner und dessen möglichen Problemen, sondern das Verstehen von dessen Gedanken, Gefühlen und Bedürfnissen.

In Gesprächssituationen tritt eine solche Empathie nur dann auf, wenn Sie alle vorgefassten Meinungen und Urteile über den Gesprächspartner abgelegt haben. Die wichtigste Zutat zur Empathie ist nämlich die Anwesenheit in der Gegenwart, also das voll im Hier-und-Jetzt- und Beim-anderen-Sein (vgl. Kapitel „Hier und Jetzt"). In der Praxis haben Menschen jedoch oft einen starken Drang, zu interpretieren, Ratschläge zu geben oder ihre eigenen Gefühle darzulegen. Empathie hingegen fordert, wahrzunehmen, welche zugrunde liegenden Bedürfnisse Ihr Gegenüber in einer Situation hat. Und diese z. B. durch „entwickelnde Fragen" herauszufinden, kann trainiert werden.

EXKURS: ENTWICKELNDE FRAGEN

- Entwickelnde Fragen sind offene Fragen, die dazu führen, dass eine Idee oder eine Erkenntnis im Kopf des Gesprächspartners entsteht und er sich dadurch weiterentwickelt.
- Sie werden aus einer „Hebammenhaltung" heraus gestellt: d. h. sie holen aus dem Gesprächspartner das heraus, was da ist, und pressen nicht etwas hinein (eine Meinung, einen Ratschlag, ...).
- Entwickelnde Fragen dienen dazu, Bedürfnisse zu erkennen, auf den Punkt zu kommen, Weggelassenes zu finden, Verallgemeinertes zu konkretisieren und Fantasiertes zu erkennen.
- Entwickelnde Fragen werden so gestellt, dass sich der Gesprächspartner nicht „ausgefragt" und dadurch unter Druck gesetzt oder bloßgestellt fühlt.
- Beispiele für entwickelnde Fragen sind:
  - „Was verstehen Sie unter ...?"
  - „Was bedeutet das genau für Sie?"
  - „Was muss passieren, damit ...?"
  - „Wie werden Sie es umsetzen?"

ANWENDUNG

„Gewaltfreie Kommunikation"
Eine Möglichkeit für empathisches Verhalten ist die Anwendung der von Marshall B. Rosenberg beschriebenen „gewaltfreien Kommunikation", die

wir hier kurz erwähnen möchten. Durch das Fokussieren auf folgende vier Bereiche können Sie sowohl Ihr Zuhörverhalten als auch Ihre Ausdrucksweise umgestalten, um auf Ihr Gegenüber empathisch zu wirken und so eine Basis für das Schaffen von emotionaler Aufnahmebereitschaft zu bilden: Beobachtungen, Gefühle, Bedürfnisse und (unbewusste) Bitten.

Sie können sich selbst (im Kopf) und dem Gesprächspartner in Gesprächen jeweils z. B. folgende „entwickelnde Fragen" stellen:

Komponente	Erläuterung	
	Fragen an sich selbst	**Fragen an den Gesprächspartner**
BEOBACHTUNGEN	Was nehme ich in einer Situation wahr? Wie kann ich dem anderen meine Beobachtungen – ohne Beurteilung oder Bewertung – mitteilen? Wie nehme ich den anderen in einer Situation wahr? Welche Beobachtungen am anderen – ohne Beurteilung oder Bewertung – mache ich?	Wie nehmen Sie die Situation wahr? Was beobachten Sie? Was passiert konkret aus Ihrer Sicht?
GEFÜHLE	Wie fühle ich mich dabei, wenn ich die Situation beobachte? Wie fühlt sich der andere dabei?	Wie geht es Ihnen damit? Wie fühlen Sie sich? Was löst dies in Ihnen aus? Wenn ich Sie richtig verstehe, befürchten Sie …?
BEDÜRFNISSE	Welche Bedürfnisse stehen hinter meinen Gefühlen? Welche Bedürfnisse stehen hinter den Gefühlen des anderen?	Was brauchen Sie (von mir)? Ist Ihnen wichtig, dass …? Ist Ihr Anliegen, dass …?
BITTEN	Was genau will ich vom anderen? Was genau will der andere von mir?	Was wünschen Sie sich konkret (von mir)? Wie kann ich Sie konkret unterstützen? Was wäre für Sie der nächste Schritt?

Drücken Sie zum einen die vier Elemente selbst klar aus – verbal, nonverbal oder mit Ihrem Verhalten. Stellen Sie zum anderen „entwickelnde Fragen“ und nehmen Sie die vier Elemente Ihres Gegenübers empathisch auf. Menschen sind nur emotional aufnahmebereit, wenn sie sich verstanden fühlen!

DAS WICHTIGSTE IN KÜRZE

- Empathie ist die Fähigkeit und Bereitschaft, Empfindungen, Gedanken, Emotionen, Motive und Persönlichkeitsmerkmale einer anderen Person zu erkennen und zu verstehen.
- Empathie kann durch äußere Umstände oder innere Konflikte eingeschränkt sein.
- Stellen Sie „entwickelnde Fragen“ und nehmen Sie eine „Hebammenhaltung“ ein, um herauszufinden, was den Gesprächspartner bewegt.
- Mit den vier Elementen der „gewaltfreien Kommunikation“ können Sie sowohl Ihr Zuhörverhalten als auch Ihre Ausdrucksweise umgestalten, um auf Ihr Gegenüber empathisch zu wirken: Beobachtungen, Gefühle, Bedürfnisse und (unbewusste) Bitten.

VERTIEFENDE LITERATUR

Joachim Bauer: Warum ich fühle, was Du fühlst: Intuitive Kommunikation und das Geheimnis der Spiegelneurone. Hamburg, Hoffmann und Campe Verlag, 2016

Marshall B. Rosenberg: Gewaltfreie Kommunikation: Eine Sprache des Lebens. Paderborn, Junfermann Verlag, 2016

2.2.3 Kommunikative Kompetenz

„Schon längst hat sich die Kommunikation von den Inhalten emanzipiert.“
(Unbekannt)

FAKTEN

Stellen Sie sich vor, Sie haben ein Gespräch vermeintlich perfekt vorbereitet. Ihnen ist klar, was Sie für Argumente vorbringen, wie Sie diese beleuchten und vielleicht sogar auch zu welchem Zeitpunkt Sie bestimmte Punkte aufführen. Trotzdem scheint es so, als ob Sie zu Ihrem Gesprächspartner nicht durchdringen. Kurzum, es fehlt dessen emotionale Aufnahmebereitschaft. Es kann sein, dass der Inhalt den Gesprächspartner nicht interessiert (WAS), dass die Art und Weise, wie Sie den Inhalt vermitteln, beim Gesprächspartner auf Widerstand stößt (WIE), dass der Zeitpunkt für das Gespräch nicht der richtige ist (WANN), dass der Gesprächspartner Ihnen nicht die Berechtigung gibt (OB, Anerkennung der Person) oder dass die übergeordnete Aufnahmebereitschaft selbst nicht da ist (OB, Empfänglichkeit). Einer oder mehrere der folgenden Aspekte ist bzw. sind auf jeden Fall die Ursache (erweitert nach (22)):

- WAS (Inhalt)
- WIE (Prozess, verwendete Hilfsmittel, Art und Weise),
- WANN (richtiger Zeitpunkt)
- BERECHTIGUNG (OB, Anerkennung der Person)
- die übergeordnete emotionale AUFNAHMEBEREITSCHAFT (OB, Empfänglichkeit)

Die Aspekte WAS, WIE, WANN und BERECHTIGUNG stehen für sich, können aber auch miteinander interagieren. Gleichzeitig zahlen sie in Summe auf die emotionale Aufnahmebereitschaft eines Menschen ein. Dazu zählt auch, dass das WOFÜR klar ist (siehe Abschnitt „Sinn" im Kapitel „Emotionsmanagement").

Wenn Sie etwas Neues lernen oder neu in einem Fachgebiet, Thema oder auch Job sind, beschäftigen Sie sich in der Regel zunächst mit dem WAS, also dem zugehörigen Inhalt, den Fakten. Beherrschen Sie dies, steigen Sie eine Stufe höher und konzentrieren sich wahrscheinlich darauf, WIE Sie das WAS jemandem vermitteln können.

„Wir scheitern ständig in der Kommunikation – bewusst oder unbewusst."
(Nina Harbers)

WAS und WIE bilden die Basis und sollten klar sein, bevor Sie zu einem spezifischen Thema in die Kommunikation mit jemandem gehen. Trotzdem scheitern viele bereits hier. Denken Sie z. B. an manche Verkäufer, die wenig bis überhaupt nicht auf den Kunden eingehen. Es könnte z. B. sein, dass Sie beim Kauf eines Autos die Sicherheit interessiert, der Verkäufer Ihnen aber die Leistung anpreist (Nennen von Fakten, die den Kunden überhaupt nicht interessieren = Scheitern im WAS). Oder Sie möchten sich beim Küchenkauf erst einmal einen Überblick verschaffen und der Verkäufer geht mit Ihnen sofort einen Katalog zur Auswahl der Griffe durch (Zu starker Fokus auf Details = Scheitern im WIE). In beiden Fällen werden Sie als Kunde dem Verkäufer ganz oder teilweise Ihre Aufnahmebereitschaft entziehen.

Das Finden des richtigen Zeitpunkts (WANN) und die gezielte Herstellung von Berechtigung und Aufnahmebereitschaft (OB) sind eine kommunikative Kompetenz, die nur von wenigen Menschen konsequent beherrscht wird. Grund hierfür ist, dass Menschen oftmals mit sich selbst und ihren eigenen Emotionen beschäftigt sind (wirkungsloses Emotionsmanagement – siehe Kapitel „Emotionsmanagement"). Dieser intrinsische Fokus führt dazu, dass sie häufig kaum wahrnehmen (können), was andere bewegt. Zusätzlich sind Menschen in Gesprächen meist mehr auf den Inhalt (also das WAS) fokussiert, den sie vermitteln wollen, und weniger auf die Aufnahmebereitschaft des anderen. Auch werden körpersprachliche Signale, wie z. B. Nicken, oft fälschlicherweise als Aufnahmebereitschaft interpretiert. Diese allein bedeuten jedoch nicht, dass jemand wirklich aufnahmebereit ist (siehe Kapitel „Woran erkenne ich emotionale Aufnahmebereitschaft?"). Wir scheitern ständig in der Kommunikation – bewusst oder unbewusst.

Unterschied Berechtigung – emotionale Aufnahmebereitschaft

An dieser Stelle möchten wir nochmals genauer auf den Unterschied zwischen Berechtigung und emotionaler Aufnahmebereitschaft eingehen: Wie bereits kurz in der Einleitung erwähnt, bedeutet Berechtigung, dass ein Mensch einem anderem die Erlaubnis gibt, ihm etwas zu sagen (Anerkennung der Person zum jeweiligen Thema). Dies kann mit der Fachkompetenz im Thema, dem (hierarchischen) Status, dem Ruf oder den Fähigkeiten und Erfahrungen zu tun haben. Emotionale Aufnahmebereitschaft betrifft auch den konkreten Inhalt (WAS), die Art und Weise (WIE), den Zeitpunkt (WANN) und die Bereitschaft, etwas vom Gesagten umzusetzen, sie kann also sehr schwankend sein. Es kann aber auch sein, dass die Berechtigung so stark ist, dass es so scheint, als wäre das Gegenüber aufnahmebereit. Dies verdeutlicht folgendes Beispiel:

Ein Mitarbeiter erhält von seinem Chef eine Aufgabe, zu deren Umsetzung er eine andere Meinung hat und folglich nicht dahintersteht (mangelnde Aufnahmebereitschaft). Da er seinem Chef aufgrund seiner Position jedoch die volle Berechtigung gibt, erledigt er die delegierte Aufgabe wie von seinem Chef gewünscht. Er tut dies dann rein aus der Berechtigung dem Chef gegenüber (weil es der Chef will) und nicht aus eigener Überzeugung (weil er selbst z. B. den Sinn versteht). Die Berechtigung ist da, die Aufnahmebereitschaft im Hinblick auf die Aufgabe nicht – obwohl es so scheint. Angenommen, der Vorgesetzte zeigt nun ein Fehlverhalten, das den Mitarbeiter persönlich trifft, kann es sein, dass der Mitarbeiter ihm die Berechtigung (teilweise) entzieht und – als Konsequenz – seine Pflichten zukünftig nicht mehr erfüllt, wenn er nicht aufnahmebereit ist.

Andersherum ist es auch möglich, dass die emotionale Aufnahmebereitschaft da ist, aber die Berechtigung fehlt. Etliche Trainer oder auch Lehrer kennen dies. Ein Teilnehmer oder Schüler ist z. B. interessiert am Thema (hat womöglich auch den Workshop oder das Wahlfach deshalb extra gebucht), beteiligt sich aktiv und fragt konstruktiv nach. Er lässt sich aber im Prozess nur schwer oder gar nicht führen. Im Nachgang zeigt sich, dass der Teilnehmer nur das anwendet, was er selber will, und nicht das, was ihm der Trainer oder Lehrer als Feedback gegeben hat. Die Anerkennung der Person, also die Berechtigung, fehlt.

Generell gilt: Das Schaffen von Aufnahmebereitschaft ist die höchste kommunikative Kompetenz. Menschen können etwas nur dann wirklich aufnehmen, annehmen und ggf. nachhaltig umsetzen oder verändern, wenn sie emotional aufnahmebereit sind.

ANWENDUNG

In Gesprächen gewinnen und verlieren Sie die Aufnahmebereitschaft Ihres Gesprächspartners abhängig von dessen Wahrnehmung und Bewertung der darunter liegenden Faktoren WAS, WIE, WANN und BERECHTIGUNG. Dies ist abhängig vom individuellen Prägungs- und Erfahrungshintergrund sowie der Persönlichkeitsstruktur Ihres Gegenübers (den Filtern zur emotionalen Aufnahmebereitschaft). Wie Sie diese erkennen und Ihre kommunikative Kompetenz – speziell bezogen auf den jeweiligen Gesprächspartner – trainieren können, ist ausführlich in Kapitel 3 beschrieben. Die Filter können dabei genauso auch die Berechtigung beeinflussen. Die dahinterliegenden Prinzipien sind oftmals die gleichen. Wie eben beschrieben, ist aber die Auswirkung bei fehlender Berechtigung oder Aufnahmebereitschaft unterschiedlich.

DAS WICHTIGSTE IN KÜRZE

- Es gibt fünf verschiedene Aspekte, die einen Einfluss auf das Gelingen von Kommunikation haben und miteinander in Wechselwirkung stehen: WAS, WIE, WANN, BERECHTIGUNG und AUFNAHMEBEREITSCHAFT.
- WAS und WIE bilden die Basis. Das Finden des richtigen Zeitpunkts (WANN) und die gezielte Herstellung von Berechtigung und Aufnahmebereitschaft (OB) ist eine kommunikative Kompetenz, die nur von wenigen Menschen konsequent beherrscht wird.
- Berechtigung bedeutet, dass Ihnen der Gesprächspartner die Erlaubnis gibt, ihm etwas zu sagen (Anerkennung der Person zum jeweiligen Thema).
- Aufnahmebereitschaft bedeutet, dass Ihnen der Gesprächspartner z. B. bezüglich einer Idee oder einem Argument nicht nur rational zustimmt, sondern auch emotional davon durchdrungen ist.

VERTIEFENDE LITERATUR

Michael Grinder: Pentimento – Grundbausteine der nonverbalen Kommunikation. Köln, Synergeia-Verlag, 2007

2.2.4 Kognitive Verzerrungen

„Klugheit ist die Kunst zu erkennen, was man übersehen muss.“
(William James)

FAKTEN

Betrachten Sie bitte folgende Aufgabe: **17 x 24 = ...**

Wahrscheinlich ist Ihnen sofort bewusst, dass es sich hier um eine Multiplikationsaufgabe handelt und Sie diese mit Stift und Papier – oder sogar im Kopf – lösen können. Sie haben auch sofort eine vage Vorstellung des Ergebnisses. Sie erkennen unmittelbar, dass die Lösung weder 12607 noch 124 sein kann. Wahrscheinlich müssen Sie jedoch überlegen, ob 568 die richtige Antwort ist. Eine exakte Lösung fällt Ihnen wahrscheinlich nicht sofort ein, Sie haben aber den Eindruck, dass Sie entscheiden können, ob Sie die Berechnung durchführen wollen oder nicht.

Es gibt zwei Denkmodi, mit deren Hilfe Menschen Informationen verarbeiten und Entscheidungen treffen (27). Im ersten Modus – von Daniel Kahneman, dem Nobelpreisträger und Autor des Buches „Schnelles Denken, langsames Denken“, „System 1“ genannt – läuft das Denken schnell, automatisch und instinktiv ab. Dabei ist es stark emotional geprägt. Im zweiten Modus – dem „System 2“ – denken Menschen langsamer, bewusst und logisch. Im oben aufgeführten Beispiel war Ihr System 1 für die erste Einschätzung hinsichtlich des Ergebnisses aktiv, das System 2 hat sich eingeschaltet, wenn Sie die Aufgabe tatsächlich berechnet haben.

Jeder der beiden Denkmodi hat seine individuellen Vor- und Nachteile. Mithilfe von System 1, dem schnellen Denken (Intuition, Gefühl, grobe Faustregeln, ...), können Menschen in vielen Fällen mühelos Informationen aufnehmen und zu richtigen Schlussfolgerungen kommen. Diese „geistige Abkürzung“ kann allerdings auch in die Irre führen. Das System 2, das langsame Denken (rationale Analyse und Überlegung), kann vorschnelle Urteile korrigieren, es erfordert allerdings eine kognitive Anstrengung, welche uns nur in begrenztem Maße zur Verfügung steht. Beispiele hierfür sind die drei Aufgaben auf der folgenden Seite (28) (Bitte decken Sie den unteren Teil der Tabelle zunächst ab, während Sie die Aufgaben lesen.).

1 Ein Schläger und ein Ball kosten zusammen 1,10 Euro. Der Schläger kostet 1,00 Euro mehr als der Ball. Wie viel kostet der Ball?

System 1 drängt Ihnen wahrscheinlich die Annahme auf, dass der Schläger 1 Euro und der Ball 10 Cent kosten. Wenn Sie aber Ihr System 2 einschalten und die Aufgabe tatsächlich berechnen, wird Ihnen sofort klar, dass dies nicht stimmt. Der Schläger kostet nämlich 1,05 Euro und der Ball 5 Cent.

2 Wenn fünf Maschinen fünf Minuten brauchen, um fünf Artikel zu produzieren, wie lange brauchen 100 Maschinen dann, um 100 Artikel zu produzieren?

Hier kann sich Ihr System 1 auf ein irreführendes Zahlenmuster einschießen: Wenn fünf Maschinen innerhalb von fünf Minuten fünf Artikel produzieren (5-5-5), dann brauchen 100 Maschinen in Analogie 100 Minuten, um 100 Artikel zu produzieren (100-100-100). System 2 erkennt, dass jede Maschine fünf Minuten braucht, um einen Artikel zu produzieren. Richtige Lösung ist also 5 Minuten.

3 Jeden Tag verdoppelt sich die Größe eines Seerosenteppichs auf einem Teich. Wenn die Seerosen 48 Tage brauchen, um den ganzen Teich zu bedecken, wie lange brauchen sie dann für die Hälfte des Teichs?

System 1 könnte Ihnen die Annahme aufdrängen, dass die Hälfte des Teichs nach der Hälfte der Zeit mit Seerosenblättern bedeckt ist (48:2 = 24), weil es das exponentielle Wachstum außer Acht gelassen hat. Die richtige Antwort lautet 47 Tage. Denn wenn der Teich bis dahin zur Hälfte bedeckt ist, führt die Verdopplung am 48. Tag dazu, dass der ganze Teich bedeckt ist.

Wenn Ihnen bei den Aufgaben Fehler unterlaufen sind, haben Sie sich vermutlich zu sehr im System-1-Denken befunden, statt den System-2-Modus einzuschalten.

> *„Es gibt zwei verschiedene Denkmodi, mit deren Hilfe Menschen Informationen verarbeiten und Entscheidungen treffen.“*
> *(Daniel Kahneman)*

Auch im Alltag verlassen sich Menschen häufig auf ihr System 1, und kognitive Verzerrungen können entstehen. Kognitive Verzerrungen sind meist unwillkürliche, systematische fehlerhafte Neigungen beim Wahrnehmen, Erinnern, Denken und Urteilen.

Unwillkürliche kognitive Verzerrungen führen zu einer Vielzahl an „Entscheidungsfehlern“, welche die Aufnahmebereitschaft maßgeblich (positiv wie negativ) beeinflussen können. Der verwendete Begriff „unwillkürlich“ unterscheidet sich hier von „unbewusst“, obwohl die Begriffe oft synonym verwendet werden. Nicht jeder unwillkürliche Prozess muss unbewusst sein. Sie nehmen z. B. sehr wohl wahr, wenn Sie aufgrund von Aufregung unwillkürlich stark zu schwitzen beginnen oder Ihr Herz schneller schlägt. Alles, was unbewusst abläuft, ist unwillkürlich, aber nicht umgekehrt (21). Nachfolgend sind einige Beispiele dafür aufgelistet und anschließend näher beschrieben:

Primär-Effekt	Der erste Eindruck wird nur schwer revidiert.
Halo-Effekt	Die (Gesamt-)Wahrnehmung orientiert sich an einer hervorstechenden Einzeleigenschaft.
Attributionsfehler	Einfluss von Persönlichkeitseigenschaften und Einstellungen auf das Verhalten einer Person werden überschätzt und äußere Faktoren bzw. Einflüsse unterschätzt.
Ähnlichkeitsfehler	Menschen nehmen an anderen Personen Eigenschaften wahr, die sie sich selbst zuschreiben.
Kontrasteffekt	Die eigene Person oder andere Personen werden zum Bezugsrahmen für die Beurteilung anderer.
Authority Bias	Menschen gehorchen Autoritäten, selbst wenn es rational oder moralisch keinen Sinn macht.
Rosenthal-Effekt	Die Leistung einer Person ist abhängig von den Eigenschaften, die ihr eine Person (z. B. Vorgesetzter) zuschreibt.
Social Proof	Menschen denken, sie verhalten sich richtig, wenn sie sich so verhalten wie die Masse.

Primär-Effekt: Wir würden Ihnen gerne zwei Personen vorstellen. Entscheiden Sie bitte spontan, ohne lange nachzudenken, wer Ihnen sympathischer ist: Peter ist intelligent – fleißig – impulsiv – kritisch – stur – neidisch. Paul hingegen ist neidisch – stur – kritisch – impulsiv – fleißig – intelligent. Wenn Sie so ticken wie die meisten Menschen, ziehen Sie Peter vor, obwohl die Beschreibungen exakt gleich waren, nur in veränderter Reihenfolge. Die ersten Eigenschaften überstrahlen sozusagen die folgenden: Peter ist intelligent und fleißig, Paul neidisch und stur.

Der Primär-Effekt ist ein psychologisches Gedächtnisphänomen, das besagt, dass sich Menschen an früher eingehende Informationen besser erinnern können als an später eingehende Informationen. Diese Informationen gehen leichter ins Langzeitgedächtnis über, da noch keine Informationen (z. B. zu einer Person) vorhanden sind, die den Abspeicherungsprozess beeinflussen könnten. D. h. auch, dass früher eingehende Informationen einen stärkeren Effekt auf die Einstellung (z. B. zu einer Person) haben als später eingehende. Der erste Eindruck, den ein Mensch von einer anderen Person gewinnt, ist so stark, dass andere sich später zeigende Eigenschaften übersehen werden können. Der erste Eindruck wird deshalb nur schwer revidiert (29).

Vermasselt also jemand den ersten Eindruck, und die Berechtigung und Aufnahmebereitschaft werden entzogen, ist es sehr schwierig, diese trotzdem aufzubauen. Sie sollten deshalb konsequent von Anfang an auf die eigene Wirkung achten.

Halo-Effekt: Der amerikanische Psychologe Edward Thorndike untersuchte im ersten Weltkrieg die Beurteilung von Soldaten durch deren Offiziere. Die angelegten Kriterien waren dabei sehr unterschiedlich und bewerteten z. B. Intelligenz, Aussehen, Charakter, Musikalität und zielgenaues Schießen. Die Untersuchung führte zu überraschenden Ergebnissen. Soldaten mit einer einwandfreien Körperhaltung wurde auffällig oft zielgenaues Schießen und Musikalität bestätigt, wohingegen die anderen Soldaten bei der Bewertung unterdurchschnittlich abschnitten. Die einwandfreie Körperhaltung überstrahlte somit den Rest der Kriterien und machte eine differenzierte Betrachtung der Soldaten unmöglich.

Beim ersten Eindruck wird – zusätzlich zum Primär-Effekt – der sogenannte Halo-Effekt (von englisch „halo“ = „Heiligenschein“) wirksam. Dieser Effekt beschreibt eine Verzerrung bei der Personenwahrnehmung. Unser Gehirn filtert aus der Menge von Informationen, die auf uns einströmen, einige heraus und setzt Prioritäten. Es kommt dazu, dass faktisch unabhängige und nur bedingt korrelierte Eigenschaften von Personen fälschlicherweise als zusammenhängend betrachtet werden. Einzelne Attribute einer Person (z. B. Größe, Aussehen, Alter, Behinderung, ...) erzeugen einen positiven oder negativen Eindruck, der die weitere Wahrnehmung der Person „überstrahlt“ und so den Gesamteindruck unverhältnismäßig beeinflusst (30).

Wenn ein Mensch über eine besonders herausragende und offensichtliche positive Eigenschaft verfügt, werden in der Regel auch seine übrigen Eigenschaften in einem äußerst angenehmen Licht gesehen. Es kann z. B. sein, dass jemand, der ein herausragender Schwimmer ist, automatisch als sportlich begabt angesehen wird. Tatsächlich muss ein guter Schwimmer aber noch lange kein guter Läufer sein. Dies ist u. a. der Grund, weshalb attraktive Menschen gleichzeitig als sozial kompetenter und erfolgreicher gelten. Wirkt der Halo-Effekt im Positiven, kann automatisch die Berechtigung und emotionale Aufnahmebereitschaft dieser Person gegenüber erhöht sein.

Der Halo-Effekt kann aber auch im Negativen wirken. Erfüllt jemand ein bestimmtes Attribut nicht, wird oftmals interpretiert, dass andere Attribute auch fehlen und die Aufnahmebereitschaft kann dadurch entzogen werden.

Attributionsfehler: Lee Ross führte 1977 anhand einer inszenierten Quizshow eine Untersuchung in den USA durch. Den dabei beteiligten Versuchspersonen wurde zufällig eine der folgenden drei Rollen zugewiesen: Quizmaster, Kandidat oder Zuschauer. Aufgabe des Quizmasters war es, sich Fragen auszudenken, die seinen eigenen „Wissensschatz möglichst umfassend zeigen", und diese anschließend dem Kandidaten zu stellen. Alle drei Beteiligten sollten dann im Nachgang den grundsätzlichen Wissensschatz von Quizmaster und Befragtem einschätzen. Interessanterweise schätzten sowohl die Zuschauer als auch die Kandidaten selbst den Wissensschatz des Quizmasters gegenüber dem des Kandidaten als höher ein. Und dies, obwohl sie wussten, dass der Quizmaster die Fragen auswählen konnte und somit eindeutig im Vorteil war (31).

Der Attributionsfehler beschreibt – einfach ausgedrückt – die Neigung von Menschen, den Einfluss von Persönlichkeitseigenschaften auf das Verhalten einer Person zu überschätzen und äußere Faktoren und situationsbedingte Einflüsse zu unterschätzen. Der Attributionsfehler ist ökonomisch und bequem. Er erleichtert unserem Gehirn, einfache Erklärungen zu finden, schnelle Urteile zu fällen und wichtige Ressourcen zu sparen.

Wenn z. B. jemand zu spät zu einem Termin erscheint, gehen wir weniger davon aus, dass ein Bahnstreik, Stau oder einer der unzähligen anderen möglichen Umwelteinflüsse ursächlich sein könnte, sondern unterstellen der Person eher Eigenschaften wie geringe Motivation, Unzuverlässigkeit oder Desinteresse. Der Attributionsfehler geht aber noch weiter: So kann z. B. bereits von einer lauten Stimme auf einen grundsätzlich aggressiven

Menschen geschlossen werden, oder jemand, der einen Kaffeefleck auf dem Hemd hat (den er vielleicht nicht mal selbst verursacht hat), als unordentlich wahrgenommen werden.

Selbst wenn logisch nachvollziehbare Gründe oder nachweisbare externe Ursachen für ein bestimmtes negatives Verhalten eines anderen zutage treten, bleibt das Urteil oftmals verzerrt. Dies kann einen starken Einfluss auf die Einstellung zu der jeweiligen Person haben und dementsprechend beeinflussen, welchen Grad an Berechtigung und Aufnahmebereitschaft ihr entgegengebracht wird.

Ähnlichkeitsfehler: Halten Sie sich selbst für einfühlsam? Falls ja, werden Sie in Ihrem Umfeld bestimmt viele Personen haben, die auch sehr empathisch sind, richtig? Ist das tatsächlich so oder Teil Ihrer verzerrten Wahrnehmung? Jemand, der sich selbst für einfühlsam hält, hat die Tendenz, die Empathie auch bei seinem Gegenüber zu identifizieren – ohne weitere Überprüfung.

Dies ist nur eines für viele alltägliche Beispiele des Ähnlichkeitsfehlers. Der Ähnlichkeitsfehler führt nämlich dazu, dass sich Menschen bei der Wahrnehmung anderer Personen häufig selbst als Bezugsrahmen nehmen. Dies kann zu unterschiedlichen in der Literatur beschriebenen Phänomenen führen (32). Dazu zählt, dass Menschen bei anderen Personen Eigenschaften wahrnehmen, die sie selbst haben, sich selbst zuschreiben oder gerne hätten. Durch den Ähnlichkeitsfehler kann aber auch die eigene Sichtweise auf den anderen übertragen werden. Menschen gehen häufig davon aus, dass etwas für den anderen die gleiche Bedeutung hat wie für sie selbst. Wenn eine Ähnlichkeit mit der eigenen Person festgestellt oder vermutet wird, kann dies zu einer eher positiven Beurteilung der anderen Person führen. Ähnlichkeiten können sich dabei z. B. auf die äußere Erscheinung (vgl. Kapitel „Erscheinungsbild"), Einstellungen (vgl. Kapitel „Werte und Wertekonflikte"), Herkunft (vgl. Kapitel „Kultur und Umgangsformen") und viele weitere Aspekte, welche im Kapitel 3 dargestellt werden, beziehen. So werden Menschen (z. B. Mitarbeiter) von anderen Menschen (z. B. Personalentscheider, Vorgesetzte) auch besser beurteilt, wenn der Beurteiler der Meinung ist, dass sie ihm ähnlich sind. Werden Ähnlichkeiten festgestellt, führt dies oft automatisch zu einer Erhöhung der Berechtigung und emotionalen Aufnahmebereitschaft einer anderen Person gegenüber.

Werden in einer anderen Person hingegen anstelle von Ähnlichkeiten und dadurch entstehenden Sympathien eher Gegensätze erkannt, kann dies einen negativen Einfluss auf die Berechtigung und Aufnahmebereitschaft haben.

Kontrasteffekt: Sid und Harry sind zwei Brüder, die im Amerika der 1930er-Jahre ein Kleidergeschäft betrieben. Sid war für den Verkauf verantwortlich, Harry für das zugehörige Schneideratelier. Wenn Sid wahrnahm, dass einem Kunden ein Anzug richtig gut gefiel, spielte er ein wenig schwerhörig. Wenn der Kunde nach dem Preis fragte, rief er laut seinem Bruder entgegen: „Harry, wie viel kostet der Anzug?" Harry unterbrach seine Tätigkeit und antwortete „Für diesen wunderbaren Baumwoll-Anzug 42 Dollar" – ein damals komplett überzogener Preis. Sid „verhörte" sich absichtlich, drehte sich wieder zum Kunden um und sagte: „Er sagt 22 Dollar." An diesem Punkt bezahlten die Kunden schleunigst den Anzug und eilten aus dem Laden, bevor Sid seinen „Fehler" bemerken würde (33).

Ähnliches erleben Sie bei einem aus der Schule bekanntem Physik-Experiment. Sie füllen zwei Eimer mit Wasser – den einen mit lauwarmem Wasser, den anderen mit Eiswasser. Nun tauchen Sie Ihre rechte Hand für eine Minute ins Eiswasser. Dann tauchen Sie beide Hände gleichzeitig in das lauwarme Wasser. Was nehmen Sie wahr? An der linken Hand fühlt sich das Wasser lauwarm an, an der rechten heiß.

Sowohl die Geschichte von Sid und Harry als auch das Schulexperiment basieren auf dem Kontrasteffekt. Menschen tun sich schwer mit absoluten Beurteilungen. Es wird etwas schöner, teurer, größer etc. beurteilt, wenn zugleich etwas Hässliches, Billiges oder Kleines vorliegt.

Im Hinblick auf das Thema Aufnahmebereitschaft bedeutet dies, dass Menschen Vergleiche mit sich selbst anstellen. Kann z. B. ein anderer etwas besser oder schlechter als Sie, werden Sie automatisch in Relation dazu mehr oder weniger Aufnahmebereitschaft und Berechtigung geben. In Themen, in denen Sie sich selbst eher als schwach einstufen, wird es Ihnen wahrscheinlich leichter fallen, anderen Menschen die Berechtigung zu geben, als in Themen, in denen Sie sich als ausgesprochen stark einstufen.

Authority Bias (von engl. „bias" = Voreingenommenheit, Befangenheit): Der Psychologe Stanley Milgram zeigte in einem Experiment Folgendes: Versuchspersonen wurden aufgefordert, einer anderen Person hinter einer Glasscheibe immer stärkere Stromschläge zu verpassen – von 15 Volt schrittweise hin zu fast tödlichen 450 Volt. Als die vermeintlich gepeinigte Person vor Schmerzen schrie und zitterte (es waren Schauspieler und tatsächlich floss kein Strom), wollten viele Versuchspersonen das Experiment abbrechen. Doch als der Versuchsleiter ruhig sagte „Machen Sie weiter, das Experiment sieht es so vor", machten die meisten Versuchspersonen weiter. Über die Hälfte ging tatsächlich bis zur maximalen Volt-Zahl – aus reinem Autoritätsgehorsam (34).

Das Experiment verdeutlicht, dass Menschen die Tendenz haben, Autoritäten zu gehorchen, selbst wenn es rational oder moralisch keinen Sinn macht. Dies heißt auf den Alltag übertragen, dass Menschen z. B. gegenüber Expertenmeinungen unvorsichtiger als gegenüber anderen Meinungen sind.

Der sogenannte Authority Bias führte in der Vergangenheit auch zu etlichen Flugunfällen, bei denen der Flugkapitän einen Fehler beging und der Kopilot, der dies bemerkte, aus lauter Autoritätsgläubigkeit sich nicht traute, es anzusprechen. Dies wurde von den Fluggesellschaften mittlerweile erkannt und eine Art Anti-Authority-Bias-Training in der Pilotenausbildung verankert.

Für die Aufnahmebereitschaft hat der Authority Bias den Einfluss, dass entsprechend der Autorität (hierarchische Stellung, Expertenstatus, ...) einer Person mehr oder weniger Berechtigung gegeben wird, ohne zunächst weitere Fakten zu prüfen.

Rosenthal-Effekt: 1965 untersuchten die US-amerikanischen Psychologen Robert Rosenthal und Lenore F. Jacobson die Lehrer-Schüler-Interaktion an einer Schule. Den Lehrern wurde vorgetäuscht, dass auf Basis eines wissenschaftlichen Tests die Leistungspotenziale der Kinder eingeschätzt wurden. Als fingiertes Ergebnis wurden 20 % der Schüler als besonders hochbegabt beschrieben und es wurde angegeben, dass bei ihnen demnächst mit einer Leistungsexplosion zu rechnen sei. Tatsächlich wurde aber per Zufall einfach jeder 5. Schüler ausgewählt.

Es zeigte sich, dass die vermeintlich intelligenteren Schüler im Vergleich zu den anderen nach einem Jahr bessere Leistungen aufwiesen (35).

Der im Experiment bewiesene Rosenthal-Effekt beschreibt, wie Erwartungen, Einstellungen und Überzeugungen einer Person in Form einer selbsterfüllenden Prophezeiung Einfluss auf die Wahrnehmung einer anderen Person haben.

Im Beispiel der Lehrer-Schüler-Interaktion hatte die Einstellung der Lehrer maßgeblichen Einfluss auf die Leistung der Schüler. Dies lässt sich z. B. durch mehr Zuwendung, das unbewusste Geben von Hilfen, das Zudrücken eines Auges bei Tests, häufiges Befragen oder mehr Zeit beim Antwortengeben der vermeintlich hochbegabten Schüler erklären.

Im Hinblick auf das Thema Aufnahmebereitschaft kann durch den Rosenthal-Effekt eine positive oder negative Spirale in Gang gesetzt werden. Wenn Sie erst mal ein Bild von einer anderen Person haben (durch Erfahrung oder Prägung von außen, vgl. auch „Primär-Effekt"), werden Sie automatisch das wahrnehmen, was Ihre Einstellung widerspiegelt. Dadurch werden Sie in Ihrer schon vorhandenen Auffassung noch bestätigt. Eine vorhandene Berechtigung und emotionale Aufnahmebereitschaft wird dadurch noch verstärkt, eine nicht oder nur bedingt vorhandene Berechtigung oder Aufnahmebereitschaft wird weiter abgeschwächt.

Social Proof: Im Solomon-Asch-Experiment wurden jeweils einer Versuchsperson Linien verschiedener Länge gezeigt. Die Person musste dann angeben, ob die Linien gleich lang, kürzer oder länger als eine Referenzlinie sind. Saß die Person alleine im Raum, schätzte sie alle Linien richtig ein. Wenn aber andere Personen (im Experiment sieben Schauspieler, deren Beruf die Versuchsperson aber nicht kannte) mit im Raum waren und alle eine gleiche falsche Antwort lieferten (z. B. „kürzer", obwohl die Linien gleich lang waren), gaben ca. 30 % der Versuchspersonen die gleiche falsche Antwort (36).

Das Experiment zeigt also, wie Gruppendruck (Social Proof) den gesunden Menschenverstand aushebeln kann.

Social Proof führt dazu, dass Menschen ihr Verhalten als richtig erachten, wenn sie sich so verhalten wie andere. Sicherlich haben Sie dies schon erlebt, wenn z. B. in einem Konzert einer zu klatschen beginnt und plötzlich der ganze Saal klatscht. Oder Sie treffen auf der Straße eine Gruppe von Menschen, die zum Himmel starren. Ohne lange zu überlegen sehen Sie dann auch nach oben. Es gibt Social Proof in der Mode, im Freizeitverhalten, in der Religion oder auch beim Thema Aufnahmebereitschaft. Verhält sich jemand nicht normkonform, kann es dazu führen, dass Sie ihm die Berechtigung und Aufnahmebereitschaft entziehen.

ANWENDUNG

Kognitive Verzerrungen lassen sich von außen zwar beeinflussen, aber in der Regel kaum verändern. Sie sollten sich also stets bewusst sein, dass es durch diese oftmals zu falschen Interpretationen kommt – bei Ihnen selbst und auch bei Ihrem Gesprächspartner.

Um die kognitiven Verzerrungen bei Ihnen selbst einzuschränken, gibt es eine wirkungsvolle Möglichkeit: Stellen Sie mehr Fragen! Je mehr Informationen Sie haben, desto besser wird Ihre Einschätzung. Ihrem Gesprächspartner können Sie dadurch klarmachen, dass dieses Brett der Brücke zur emotionalen Aufnahmebereitschaft nicht stabil ist. Auch er sollte sich bewusst sein, dass es kognitive Verzerrungen und die Gefahr der Falsch-, Unter- oder Überinterpretation gibt. Nutzen Sie Fragen, um herauszufinden, wie Ihr Gesprächspartner etwas wahrnimmt, und zeigen Sie unterschiedliche Blickwinkel auf. Akzeptieren Sie auch, dass manchmal nicht das Bewusstsein oder einfach nicht der richtige Zeitpunkt da ist, um etwas zu erkennen.

DAS WICHTIGSTE IN KÜRZE

- Es gibt zwei Denkmodi (System 1 und System 2), mit deren Hilfe Menschen Informationen verarbeiten und Entscheidungen treffen.
- Durch einen dieser Denkmodi (System 1) können kognitive Verzerrungen entstehen.
- Kognitive Verzerrungen sind meist unwillkürliche, systematische, fehlerhafte Neigungen beim Wahrnehmen, Erinnern, Denken und Urteilen, welche auch die Berechtigung und emotionale Aufnahmebereitschaft beeinflussen.
- Kognitive Verzerrungen lassen sich kaum von außen verändern, Sie sollten sich allerdings bewusst sein, dass sie sowohl bei Ihnen als auch bei Ihrem Gesprächspartner vorhanden sind.

VERTIEFENDE LITERATUR

Daniel Kahneman: Schnelles Denken, langsames Denken. München, Siedler Verlag, 2012

Robert B. Cialdini: Einfluss. Wie und warum sich Menschen überzeugen lassen. Landsberg/Lech, MVG Verlag, 1995

Rolf Dobelli: Die Kunst des klaren Denkens. 52 Denkfehler, die Sie besser anderen überlassen. München, Hanser Verlag, 2011

Dan Ariely: Denken hilft zwar, nützt aber nichts. Warum wir immer wieder unvernünftige Entscheidungen treffen. München, Droemer HC Verlag, 2008

2.2.5 Wahrnehmungsfilter

„Tatsachen gibt es nicht, nur Interpretationen."
(nach F. Nietzsche)

FAKTEN

Weil andere Menschen über einen anderen Prägungshintergrund verfügen als Sie selbst, kommt es oft zu interpretatorischen Missverständnissen. In der Regel sind Sie und Ihr Gesprächspartner sich dessen nicht bewusst. Es kann aber darin resultieren, dass die gegenseitige Berechtigung und Aufnahmebereitschaft entzogen wird.

Die interpretatorischen Missverständnisse entstehen, weil sowohl Sie als auch Ihr Gesprächspartner sehr selektiv wahrnehmen und sich durch die Verarbeitung des Wahrgenommenen in Form von inneren Dialogen, Bildern, Gedanken und Gefühlen eine jeweils eigene individuelle Realität erschaffen. Wie bereits der deutsche Philosoph Friedrich Wilhelm Nietzsche feststellte: „Tatsachen gibt es nicht, nur Interpretationen."

Ihre eigenen Interpretationen werden durch Ihre persönlichen Wahrnehmungsfilter gestaltet, die nur bestimmte Teile der realen Welt hindurchlassen. Es werden dabei neurologische, soziale und individuelle Filter unterschieden. Neurologische Filter sind körperliche Wahrnehmungsbeschränkungen (Sie nehmen z. B. keine Ultraschallwellen wahr, sie sind aber da). Einige davon haben nahezu alle Menschen gemeinsam, andere sind aber spezifisch (z. B. Farbenblindheit). Wir werden sie im weiteren Verlauf als „physiologische" Filter bezeichnen. Ihre sozialen Filter werden z. B. durch Ihre Sprache und Kultur geprägt. Mit den Angehörigen der gleichen sozialen Gruppe teilen Sie sich diese. Die individuellen Filter sind aufgrund Ihrer persönlichen Erfahrungen und Lernprozesse entstanden. Diese gelten nur für Sie selbst und sind abhängig von Ihrer Persönlichkeitsstruktur.

Kapitel 3 dieses Buches widmet sich verschiedenen physiologischen, sozialen und individuellen Wahrnehmungsfiltern, welche relevant beim Wahrnehmen und Herstellen von emotionaler Aufnahmebereitschaft sind.

Da Wahrnehmungsfilter, wie bereits beschrieben, nur bestimmte Teile der realen Welt hindurchlassen, können bei Ihnen und Ihrem Gesprächspartner jeweils drei Prozesse wirken, die Ihnen – neben eigenen Emotionen etc. – sozusagen Ihre persönlichen Realitäten schaffen: Tilgung, Verzerrung und Generalisierung. Auf diese Weise versucht das Nervensystem, die ungeheure Menge der Sinneseindrücke und damit die Welt zu organisieren und einzuordnen.

In einem 1:1-Gespräch passieren Ihre Aussagen die Wahrnehmungsfilter Ihres Gesprächspartners und können dadurch getilgt, verzerrt und/oder generalisiert werden. Umgekehrt müssen die Aussagen Ihres Gesprächspartners Ihre Wahrnehmungsfilter durchlaufen, bevor sie von Ihnen – bewusst oder unbewusst – verarbeitet werden können.

Tilgung bedeutet, dass ein großer Teil der Informationen, die Sie und Ihr Gesprächspartner aus Ihrer Umgebung und Ihrem Inneren wahrnehmen, ausgefiltert wird. Als irrelevant eingestufte Teilinformationen werden sozusagen weggelassen, ohne dass Sie dies merken oder Sie sich bewusst dafür entscheiden. Nach dem amerikanischen Psychologen George Miller kann das Bewusstsein nämlich nur sieben plus minus zwei Chunks (je nach Tagesform und mentalem Trainingszustand) an Informationen gleichzeitig verarbeiten, die restlichen Informationen werden getilgt (37). Eine Informationseinheit kann dabei eine komplexe Tätigkeit wie Autofahren sein oder aber nur der Blick in den Rückspiegel. Tilgt Ihr Gesprächspartner, kann es sein, dass die Intention einer Ihrer Aussagen dadurch verloren geht oder diese anders interpretiert wird. Angenommen, Sie tätigen die Aussage „Ich fühle mich unwohl" und tilgen die Begründung „weil ich heute Mittag zu viel gegessen habe", könnte es passieren, dass Ihr Gesprächspartner diese auf sich bezieht. Ein möglicher Stolperstein beim Aufbau von emotionaler Aufnahmebereitschaft ist dadurch geschaffen.

Der Prozess der **Verzerrung** kann dazu führen, dass falsche Annahmen von Ihrem Gesprächspartner getroffen werden. Verzerrungen entstehen dadurch, dass aufgrund der persönlichen Prägung Ihr Gesprächspartner bestimmten Aspekten Ihrer Aussagen eine stärkere Bedeutung gibt, als von Ihnen beabsichtigt war, oder etwas hineininterpretiert. Sie wenden Verzerrungen aber auch an, wenn Sie sich Dinge vorstellen, die (noch) nicht existieren. Zwei Beispiele dafür sind Halluzination und Kreativität. Beide sind insofern ähnlich, als äußere Informationen in etwas anderes umgewandelt werden und dadurch die Wirklichkeit verzerrt wird.

Generalisierung bedeutet, dass Sie aufgrund weniger Erfahrungen eine allgemeingültige Regel aufstellen oder aufgrund von Teilaspekten auf eine Gesamtheit schließen. In der Sprache ist dieser Prozess sehr nützlich. Eine Blume ist z. B. ein zusammenfassender Begriff für eine Vielzahl an Pflanzenarten. Gäbe es diesen Begriff nicht, müssten Blumen im Einzelfall sehr ausführlich beschrieben werden. Auch für das Lernen ist der Prozess der Generalisierung grundsätzlich eine sehr wirkungsvolle Verhaltensweise des Gehirns. Findet ein Kleinkind z. B. heraus, wie es zwei oder drei Türen öffnen kann, lernt es daraus, wie es alle Türen öffnen kann. Dies funktioniert so lange gut, wie es auf Türen mit normaler Klinke trifft. Würde es schließlich an eine Hochsicherheitstür kommen, wo ein Fingerabdruck zum Öffnen der Türe nötig ist, müsste es lernen, mit dieser Ausnahme von der Regel umzugehen. Auch bei Erwachsenen ist es so, dass es Situationen gibt, in denen Generalisierungen helfen, Komplexität zu reduzieren, und andere, in denen sie Ausnahmen zulassen sollten. Verlassen Sie sich aber bitte nicht darauf, dass Ihr Gesprächspartner dies immer kann.

ANWENDUNG

Die Kenntnis und der bewusste Umgang mit den Wahrnehmungsfiltern haben einen entscheidenden Einfluss auf das Gelingen von Kommunikation. Welche Wahrnehmungsfilter es gibt, welchen Einfluss diese auf die Berechtigung und emotionale Aufnahmebereitschaft haben können und wie Sie mit ihnen umgehen können, erfahren Sie ausführlich in Kapitel 3.

DAS WICHTIGSTE IN KÜRZE

- Jeder Mensch hat Wahrnehmungsfilter, die nur bestimmte Teile der realen Welt hindurchlassen.
- Es werden dabei neurologische, soziale und individuelle Filter unterschieden.
- Durch die Wahrnehmungsfilter wirken drei Prozesse, die jedem Menschen seine persönliche Realität schaffen: Tilgung, Verzerrung und Generalisierung.
- Dies kann zu interpretatorischen Missverständnissen zwischen zwei Menschen führen.
- Die Kenntnis und der bewusste Umgang mit den Wahrnehmungsfiltern haben einen entscheidenden Einfluss auf das Herstellen von Aufnahmebereitschaft und das Gelingen von Kommunikation.

VERTIEFENDE LITERATUR

Robert B. Dilts und andere: NLP II – die neue Generation: Strukturen subjektiver Erfahrung – die Erforschung geht weiter. Paderborn, Junfermann Verlag, 2013

2.2.6 Kontext

„Alles, was die Menschen in Bewegung setzt, muss durch ihren Kopf hindurch; aber welche Gestalt es in diesem Kopf annimmt, hängt sehr von den Umständen ab."
(Friedrich Engels)

FAKTEN

Bei der Wahrnehmung und gezielten Herstellung von emotionaler Aufnahmebereitschaft gilt es stets, den Rahmen zu berücksichtigen, in dem ein Gespräch geführt wird. Der Kontext kann den Grad an Aufnahmebereitschaft nämlich maßgeblich beeinflussen.

Es gibt dabei unter anderem folgende vier Kontextfaktoren (adaptiert nach (17)):

- Inhalt
- Art des Gesprächs
- Art und Geschichte der Beziehung
- Innere und äußere Faktoren

Inhalt: Ein Kontextfaktor ist der Inhalt bzw. das Thema eines Gesprächs. Je nachdem, worüber Sie miteinander sprechen, wird Ihr Gesprächspartner dem Inhalt ein mehr oder weniger großes Interesse entgegenbringen.

Art des Gesprächs: Ein zweiter Kontextfaktor ist die Art des Gesprächs. Dazu zählen der Zweck des Gesprächs, ob das Gespräch in einem zwanglosen oder förmlichen Rahmen stattfindet oder auch, ob es geplant oder spontan zustande gekommen ist. Zusätzlich spielt z. B. auch eine Rolle, ob Ihr Gesprächspartner freiwillig daran teilnimmt oder nicht.

Art und Geschichte der Beziehung: Ein weiterer Faktor ist die Art und Geschichte der Beziehung zwischen dem Gesprächspartner und Ihnen. Dazu zählt unter anderem, in welchem Hierarchieverhältnis Sie zueinander stehen, welche Erwartungen der Gesprächspartner an Sie hat und wie die Beziehung zu Ihrem Gesprächspartner in der Vergangenheit war.

Innere und äußere Faktoren: Der vierte Kontextfaktor sind innere und äußere Faktoren. Innere Faktoren sind sowohl Erinnerungen an die Vergangenheit als auch Gedanken zur Gegenwart oder Antizipationen der Zukunft. Äußere Faktoren werden im Gespräch durch Sie oder durch die weitere Umwelt (z. B. Temperatur im Raum) verursacht. Dies lässt sich dabei nicht klar von den inneren Faktoren trennen, da Menschen nicht auf die Außenwelt selbst, sondern auf ihre Interpretation der Außenwelt reagieren.

ANWENDUNG

Zur Einordnung des Kontextes und dessen Einflüssen auf die emotionale Aufnahmebereitschaft Ihres Gesprächspartners können Sie sich zu den vier Kontextfaktoren im Vorfeld eines Gesprächs folgende Fragen stellen:

Inhalt	Worum geht es in dem Gespräch?
	Ist es ein neuer oder bekannter Inhalt für Ihren Gesprächspartner?
	Welches Interesse bringt Ihr Gesprächspartner dem Inhalt entgegen?

Art des Gesprächs	Was ist der Zweck des Gesprächs?	
	In welchem Rahmen findet das Gespräch statt (z. B. zwanglos/förmlich, Örtlichkeit, ...)?	
	Ist es geplant oder spontan zustande gekommen?	
	Nimmt Ihr Gesprächspartner freiwillig daran teil?	
	Ist es das erste Zusammentreffen mit Ihrem Gesprächspartner oder wird ein Gespräch fortgeführt?	
Art und Geschichte der Beziehung	Welche Beziehung haben Sie und der Gesprächspartner zueinander (beruflich, freundschaftlich, ...)?	
	In welchem Hierarchieverhältnis stehen Sie mit dem Gesprächspartner (nicht nur im beruflichen, sondern auch im familiären Kontext)?	
	Welche Erwartungen hat der Gesprächspartner an Sie?	
	Wie waren die Beziehung und der Kontakt zu Ihrem Gesprächspartner in der Vergangenheit?	
	Gab es Konflikte oder Missverständnisse?	
Innere und äußere Faktoren	Innerer Faktor (Erinnerung)	Gibt es etwas, das vor dem Gespräch passiert ist und das den emotionalen Zustand Ihres Gesprächspartners noch beeinflusst (z. B. Stau, Streit mit Partner zu Hause, ...)?
	Innerer Faktor (Gegenwart)	Gibt es etwas Aktuelles, das den emotionalen Zustand Ihres Gesprächspartners beeinflusst (z. B. Gedanken über einen Telefonanruf, der während des Gesprächs hereinkommt und nicht angenommen werden kann)?
	Innerer Faktor (Zukunft)	Gibt es etwas, das nach dem Gespräch stattfindet und den emotionalen Zustand Ihres Gesprächspartners beeinflusst (z. B. anstehendes unangenehmes Telefongespräch, bereits zu spät dran für den Folgetermin, ...)?
	Äußerer Faktor	Hat die An- oder Abwesenheit einer weiteren Person im Raum einen Einfluss? Welche durch die Umwelt bedingten äußere Faktoren spielen eine Rolle (Temperatur im Raum, gute/schlechte Luft, ...)?

Entscheiden Sie anschließend, wie Sie Ihr (kommunikatives) Verhalten wählen sollten, um den einzelnen Faktoren gerecht zu werden. Entscheiden Sie auch, welchen Faktor Sie gegebenenfalls offen thematisieren sollten.

DAS WICHTIGSTE IN KÜRZE

- ☐ Es gibt verschiedene Kontextfaktoren, wie z. B. der Inhalt, die Art des Gesprächs, die Art und Geschichte der Beziehung, sowie innere und äußere Faktoren, welche die emotionale Aufnahmebereitschaft Ihres Gesprächspartners beeinflussen.
- ☐ Hinterfragen Sie diese Faktoren immer im Vorfeld eines Gesprächs und leiten Sie davon Ihr (kommunikatives) Verhalten ab.

VERTIEFENDE LITERATUR

Paul Ekman: Gefühle lesen – Wie Sie Emotionen erkennen und richtig interpretieren. Heidelberg, Spektrum Verlag, 2010 (S. 297f.)

2.3 Woran erkenne ich emotionale Aufnahmebereitschaft?

An dieser Stelle wollen wir nochmals auf das in der Einleitung aufgeführte Zitat von Sherlock Holmes hinweisen: „Ich habe gelernt, das, was ich sehe, auch wahrzunehmen." Wenn Sie demnach an der Wirkung Ihrer Kommunikation arbeiten möchten, geht es zunächst einmal um das bewusste Wahrnehmen von Aufnahmebereitschaft.

Die emotionale Aufnahmebereitschaft einer anderen Person können Sie dabei an

- affektiven (Emotionen)
- kognitiven (Annahmen, Überzeugungen)
- konativen (Verhaltensweisen)

Signalen erkennen.

2.3.1 Grundlagen und Signale

Ein *affektives Signal*, das z. B. für mangelnde emotionale Aufnahmebereitschaft sprechen kann, ist Verachtung (Emotion), welche sich als Mikroausdruck im Gesicht Ihres Gesprächspartners zeigt (vgl. Kapitel „Mimik und Basisemotionen"). Ein Beispiel für ein *kognitives Signal* bei fehlender Aufnahmebereitschaft könnten Gegenargumente (Überzeugung) Ihres Gesprächspartners sein. Ein *konatives Signal*, das für mangelnde Aufnahmebereitschaft spricht, wäre z. B., wenn sich Ihr Gesprächspartner während eines Gesprächs mit etwas anderem, wie der Zeitung oder seinem Smartphone, beschäftigt und dadurch keinen Blickkontakt hält.

Die Signale für oder gegen emotionale Aufnahmebereitschaft können jeweils sowohl nonverbal, verbal als auch paraverbal ausgedrückt und gezeigt werden:

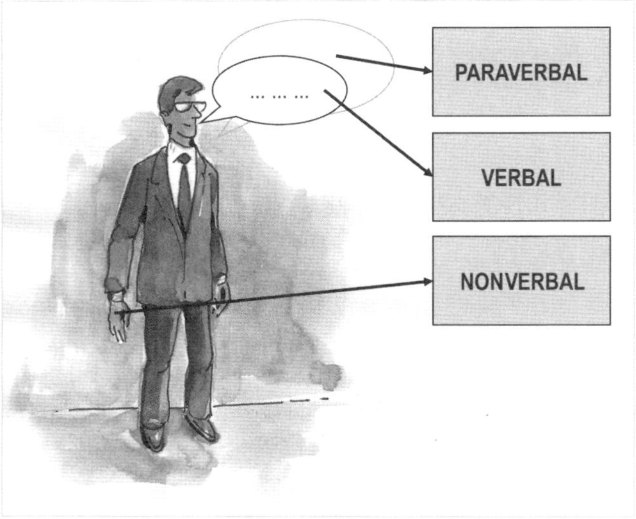

Verbal bezieht sich auf den Inhalt, also auf das gesprochene Wort, auf das, WAS jemand sagt. *Nonverbal* meint die Körpersprache. Dazu zählen Mimik, Gestik, Augenkontakt sowie vegetative Symptome wie z. B. Erröten oder Schwitzen. *Paraverbal* bezieht sich auf die Stimmeigenschaften und das Sprechverhalten, also auf Stimmlage, Tonfall, Artikulation, Lautstärke, Sprechtempo und Sprachmelodie einschließlich Sprechpausen und Schweigen, also WIE jemand etwas sagt.

Nachfolgende Tabelle zeigt Beispiele für verbale Signale, die eine Tendenz für oder gegen Aufnahmebereitschaft geben können:

VERBAL	
Aufnahmebereitschaft	**Keine Aufnahmebereitschaft**
Stellt konstruktive Fragen	Hinterfragt
Diskutiert konstruktiv	Bringt Gegenargumente
Äußert Positives	Schimpft
Nimmt Positives wahr	Sucht Haken
Will verstehen	Will nicht verstehen
Lässt sich überzeugen	Will überzeugt werden
Argumentiert ehrlich	Nutzt Ironie/Sarkasmus
Stimmt zu	Spricht etwas ab
Lässt sich positiv beeinflussen	Lässt sich nicht positiv beeinflussen
Nimmt wahr	Interpretiert
Antwortet auf Fragen	Antwortet nicht auf Fragen, sondern sagt etwas komplett anderes

Nonverbale, also körpersprachliche Zeichen, die eine Tendenz für oder gegen Aufnahmebereitschaft geben, finden Sie nachfolgend. Beachten Sie dabei: Wichtig sind hier nicht die absoluten Signale, da diese z. B. abhängig von der persönlichen Wirkung (vgl. auch Kapitel „Wirkung") und den individuellen Eigenschaften der Person (vgl. z. B. Kapitel „Sinneskanäle") sein können. Legen Sie den Fokus vielmehr auf Veränderungen der Signale, z. B. im Laufe eines Gesprächs.

NONVERBAL		
Körperregion	**Aufnahmebereitschaft**	**Keine Aufnahmebereitschaft**
Raumverhalten	Nahbar	Distanziert
	Zugewandt	Weggedreht
Gesicht und Kopf	Häufiger Blickkontakt	Wenig bis kein Blickkontakt oder schmale Augen
	Echtes Lächeln	Angespannte Kiefermuskeln, soziales oder unechtes Lächeln (siehe Hinweis auf nächster Seite)
	Interessierter Gesichtsausdruck	Desinteressierter Gesichtsausdruck; absichtlich übertriebene Mimik
	Nicken	Kopfschütteln
Arme und Hände	Arme gespreizt	Arme über der Brust verschränkt
	Hände offen auf dem Tisch, entspannt auf dem Schoß oder auf der Stuhllehne	Hände verkrampft, über dem Mund oder im Nacken
Beine und Füße	Sitzend: Beine zusammen oder ein Bein leicht vor dem anderen	Sitzend: Übereinandergeschlagene Beine, die vom Redner wegzeigen
	Stehend: Körpergewicht gleich verteilt Füße dem Sprecher zugewandt	Sitzend oder stehend: Füße oder Beine zeigen zum Ausgang
Oberkörper	Auf Stuhlkante sitzend	Steife Sitzhaltung
	Jackett geöffnet	Jackett geschlossen
	Körper dem Sprecher zugewandt	Im Stuhl zurückgelehnt

Beim Lächeln (s. Tabelle) können drei verschiedene Arten unterschieden werden:

Echtes Lächeln	Soziales Lächeln	Unechtes Lächeln

Gleichmäßig nach oben gezogene Mundwinkel, Grübchen und „Krähenfüßchen" an den Augenwinkeln	Nicht nur bei Sympathie und Freude, sondern auch bei Ärger, Trauer, Verlegenheit, Verwirrung **Zweck:** Gesprächspartner nicht durch unerwünschte Emotionen belasten	Wie echtes Lächeln, aber keine „Krähenfüßchen", asymmetrisch, abrupt eintretend und verschwindend **Zweck:** Emotionen verschleiern bzw. ironisieren

Kleinkinder sind in der Regel wesentlich besser im Deuten von nonverbalen Signalen als Erwachsene. Wenn die Kommunikation über Worte mit der Entwicklung zunimmt, bildet sich die nonverbale Wahrnehmungsfähigkeit meist zurück. Beispiele dafür, wie Sie diese wieder trainieren können, sind im zugehörigen Arbeitshandbuch beschrieben.

Beispiele für paraverbale Signale, die eine Tendenz für oder gegen Aufnahmebereitschaft geben können, sind schließlich in nachfolgender Tabelle zusammengefasst. Beachten Sie hierbei, dass die Art und Weise des Sprechens u. a. kulturspezifisch geprägt und somit nicht immer eindeutig ist.

PARAVERBAL	
Aufnahmebereitschaft	**Keine Aufnahmebereitschaft**
Normaler Tonfall	Gereizter Tonfall
Entspannte Stimmlage	Erhöhte Stimmlage

Feste Stimme	Zitternde Stimme
Eindeutiger Ausdruck	Unbestimmter mehrdeutiger Ausdruck
-	Gezielte Betonung von z. B. Gegenargumenten
Langsamer/normaler/ schneller Sprechrhythmus	Schneller Sprechrhythmus
Angenehme Lautstärke	Unangenehm laut oder leise
Geräusche der Zustimmung	Stöhnen, Seufzen, Schweigen

Übergeordnete Verhaltensweisen

Für die Praxis finden Sie zusätzlich zu den eben beschriebenen Signalen noch einige übergeordnete Verhaltensweisen, die für eine mangelnde emotionale Aufnahmebereitschaft sprechen können. Diese Beispiele sollen Ihnen Ideen geben und sind keineswegs vollumfassend. Bestimmt haben Sie das eine oder andere schon erlebt ...

Ignorierendes Verhalten – Ihr Gesprächspartner beschäftigt sich mit etwas anderem (Laptop, Handy, Zeitung, ...).

Aggression – Ihr Gesprächspartner beachtet Ihre Gefühle nicht (mehr), auf Kritik folgt herabsetzende Gegenkritik.

Kein Vertrauen und Misstrauen – Ihr Gesprächspartner zeigt kein Vertrauen oder sucht sogar aktiv nach Punkten, in denen er Ihnen misstrauen kann.

Passive Aggression – Ihr Gesprächspartner offenbart keine Gefühle, sondern zieht sich zurück, schmollt, ist beleidigt und/oder beendet das Gespräch.

Sarkasmus – Ihr Gesprächspartner zeigt in Wort und/oder beißendem Ton Spott oder feindselige Gefühle, ohne dies direkt auszudrücken.

Herabsetzen Ihrer Person – Ihr Gesprächspartner kritisiert keine einzelnen Verhaltensweisen, sondern wertet und stempelt Sie als Person pauschal ab.

Verteidigung, falsche Anschuldigung und keine Verantwortungsübernahme – Ihr Gesprächspartner kann nicht zugeben, einen Fehler gemacht zu haben, behauptet, dass ein Problem ausschließlich durch Sie verursacht wurde, und sieht sich gegebenenfalls – bewusst oder unbewusst – in der Rolle des unschuldigen Opfers.

Hinterfragen – Ihr Gesprächspartner hinterfragt Ihre Aussagen kritisch.

Rechthaberei und Wahrheitsfetischismus – Ihr Gesprächspartner beharrt ohne Rücksicht auf Ihre Gefühle darauf, dass er recht hat und Sie falschliegen. Zusätzlich ist es ihm wichtiger, auf die Wahrheit zu pochen, anstatt eine einvernehmliche Lösung zu finden.

Verniedlichen oder Präsentieren einer schnellen Lösung – Ihr Gesprächspartner nimmt ein Problem, mit dem Sie zu ihm kommen, nicht ernst.

Leugnen – Ihr Gesprächspartner gibt nicht zu, dass er wütend ist, sich traurig fühlt oder Angst hat, obwohl es für Sie offensichtlich ist.

Inkongruenz – Ihr Gesprächspartner sagt etwas, macht aber etwas anderes. Oder es besteht eine Diskrepanz zwischen den sprachlichen und nichtsprachlichen Teilen seiner Äußerungen: Ihr Gesprächspartner sagt z. B. „ich freue mich Sie zu sehen“ (verbal), sagt dies aber mit einem ärgerlichen Gesichtsausdruck (nonverbal) und womöglich in einem genervten Tonfall (paraverbal).

Vergangenheitsfokus – Ihr Gesprächspartner macht früher erlittene Ungerechtigkeiten zum Gesprächsgegenstand, statt beim aktuellen Thema zu bleiben.

Irrationale Kommunikation – Ihr Gesprächspartner macht Generalisierungen wie „Immer machst du ...“ oder „Mit dir kann man nie reden“ oder zieht unlogische Schlussfolgerungen wie „Wenn du hier nicht einer Meinung mit mir bist, liebst du mich nicht“.

Fehlende Handlung – Ihr Gesprächspartner setzt im Nachgang an das Gespräch nichts von dem um, was Sie besprochen haben.

Bitte beachten Sie dabei immer: Die emotionale Aufnahmebereitschaft Ihres Gesprächspartners kann nicht einfach an einzelnen Verhaltensweisen oder Signalen abgelesen werden. Sie ist auch nicht immer direkt greifbar.

Die eben aufgeführten Verhaltensweisen und beschriebenen Signale sind lediglich Indizien – nicht allgemeingültig und nicht immer richtig, also keine Beweise. Manche Verhaltensweisen und Signale können auch von etwas anderem kommen (z. B. Müdigkeit).

Auch sind sie lediglich Hinweise darauf, OB bzw. WIE aufnahmebereit eine Person ist, aber nicht darauf, WARUM sie es ist oder nicht. Das WARUM erkennen Sie erst durch genauere Analyse der persönlichen Filter Ihres Gesprächspartners, welche in Kapitel 3 beschrieben sind.

Beim Einschätzen der Aufnahmebereitschaft Ihres Gesprächspartners gibt es kein Schwarz/Weiß im Sinne von aufnahmebereit/nicht aufnahmebereit, sondern viel Grau dazwischen. Es kann z. B. sein, dass jemand Dinge kritisch hinterfragt (was ein Zeichen für mangelnde emotionale Aufnahmebereitschaft sein kann), er tut dies aber sehr lösungsorientiert. Dies könnte bedeuten, dass er sich mit dem Thema auseinandersetzen möchte.

BITTE BEACHTEN SIE

Wenn Sie in einer Situation etwas wahrnehmen, heißt dies nur für diese eine Situation etwas. Keineswegs können Sie daraus Aussagen über die Persönlichkeit Ihres Gesprächspartners ableiten.

Vermeiden Sie es, Signale der emotionalen Aufnahmebereitschaft überzuinterpretieren. Seien Sie sich stets bewusst, dass Sie keine Objektivität besitzen, sondern alles in Relation zu sich selbst betrachten.

DAS WICHTIGSTE IN KÜRZE

- Die emotionale Aufnahmebereitschaft einer anderen Person können Sie an affektiven (Emotionen), kognitiven (Annahmen, Überzeugungen) und konativen (Verhaltensweisen) Signalen erkennen.
- Die Signale für oder gegen emotionale Aufnahmebereitschaft können jeweils sowohl verbal, nonverbal als auch paraverbal ausgedrückt und gezeigt werden.
- Die Signale geben Hinweise darauf, OB bzw. WIE aufnahmebereit eine Person ist, aber nicht darauf, WARUM sie es ist oder nicht.

- Das WARUM erkennen Sie erst durch genauere Analyse der persönlichen Filter Ihres Gesprächspartners, welche in Kapitel 3 beschrieben sind.

VERTIEFENDE LITERATUR

Samy Molcho: Alles über Körpersprache: Sich selbst und andere besser verstehen. Berlin, Mosaik Verlag, 2002

2.3.2 Mimik und Basisemotionen

Mimik

Mimik gehört zu den nonverbalen Zeichen der Kommunikation und bezeichnet die sichtbaren Bewegungen der Gesichtsoberfläche. Grundsätzlich können dabei drei verschiedene Arten von mimischen Ausdrücken unterschieden werden (17):

- Makroexpressionen
- Subtile Expressionen
- Mikroexpressionen

Als **Makroexpressionen** werden die „normalen" Gesichtsausdrücke, welche für jeden erkennbar sind, bezeichnet (z. B. ein Lächeln bei der Begrüßung). Solche Ausdrücke dauern zwischen 0,5 und 4 Sekunden, sind willentlich beeinflussbar und treten normalerweise auf, wenn jemand ein Gefühl weder verbergen noch unterdrücken will. Es kommt allerdings auch vor, dass diese Ausdrücke aufgrund von „sozialen Regeln" kontrolliert werden (was allerdings nur in geringem Maße möglich ist). Erkannt werden kann ein solcher Kontrollversuch z. B. an einer reduzierten Mimik – im Vergleich zum Normalverhalten einer Person –, einer asymmetrischen Mimik oder einem abrupten Einsetzen und Aussetzen der Mimik.

Werden nur Teile eines „normalen" Gesichtsausdrucks gezeigt, werden diese als **subtile Expressionen** bezeichnet. Diese treten in der Regel zu Beginn eines Gefühls auf, bei geringer Gefühlsintensität oder wenn jemand versucht, seinen Gesichtsausdruck zu kontrollieren. Sie können von der Dauer sowohl über (willentlich beeinflusst) als auch unter (unwillentlich) 0,5 Sekunden liegen.

Mikroexpressionen sind sehr kurze (0,04 bis 0,5 Sekunden), emotional ausgelöste, Gesichtsausdrücke, die nicht willentlich kontrolliert werden können. Oftmals sind sie Ausdrücke von Gefühlen, die verheimlicht werden sollen oder (noch) nicht bekannt sind. Aufgrund der kurzen Dauer sind Mikroexpressionen schwer nachzuahmen und können daher als Signal für die emotionale Aufnahmebereitschaft herangezogen werden. Um diese bei einer anderen Person wahrnehmen und deuten zu können, braucht es allerdings Training, das zwei Dinge umfasst:

- Das Wissen, welche mimischen Ausdrücke auf welche Emotion hindeuten.
- Die Fähigkeit, diese Ausdrücke auch bei hoher Geschwindigkeit zu erkennen (weniger als 0,5 Sekunden).

Basisemotionen

Um einen Überblick zu bekommen, welche Emotion an welchen mimischen Ausdrücken erkannt werden kann, sind nachfolgend die von Paul Ekman beschriebenen sieben Basisemotionen dargestellt (17):

- Angst
- Überraschung
- Ärger
- Ekel
- Verachtung
- Trauer
- Freude

Dabei handelt es sich um biologische Emotionen, die dadurch gekennzeichnet sind, dass sie im Ausdruck universell bei allen Menschen gleich (kulturübergreifende Gleichheit) und einzigartig in folgenden Punkten sind:

- Die die Emotion auslösenden Ereignisse
- Die physiologischen und kognitiven Reaktionen
- Das subjektive Erleben
- Der nonverbale Ausdruck (Mimik, Stimme, Körper)

Am Beispiel der Angst bedeutet dies, dass natürlich zwar der konkrete Auslöser variieren kann (ein Flug, eine Spinne, eine Rede, ...), dass aber kulturübergreifend das gleiche Thema dahintersteckt: Das körperliche oder geistige Wohlbefinden ist bedroht. Die folgende physiologische Reaktion ist, dass Stresshormone ausgeschüttet werden und sich dadurch u. a. Atmung und Herzschlag beschleunigen. Kognitiv wird alles ausgeblendet, was nicht konkret mit der Bedrohung zu tun hat. Dies alles macht sich schließlich z. B. im mimischen Ausdruck (weit aufgerissene Augen) und in der Stimme (zitternd, höher und lauter) bemerkbar.

Auch bei den anderen Basisemotionen kommt es zu einem derartigen Zusammenwirken der Einzelkomponenten. Durch diese automatischen Reaktionen hat die Evolution unser Überleben in verschiedenen Situationen sichergestellt. Dies alles passiert bei Menschen, die nicht durch eine Krankheit oder Behinderung beeinträchtigt sind (z. B. halbseitige Gesichtslähmung durch einen Schlaganfall), weltweit auf dieselbe Art und Weise.

Die sieben Basisemotionen sind nachfolgend dargestellt und hinsichtlich Veränderungen in Stimme und Körpersprache charakterisiert:

ANGST	
Auslöser Bedrohung des körperlichen oder geistigen Wohlbefindens	
	**Mimik** – Augenbrauen nach oben und zusammengezogen – Obere Augenlider hochgezogen – Untere Augenlider angespannt – Lippen nach außen gespannt
	Sonstige Körpersprache – Kopf/Körper zurückgewichen – Muskelspannung erhöht – Erstarren – Schnelles Atmen – Erblassen
	Stimme – Schnelleres Sprechtempo – Lautere oder leisere Stimme – Höhere Stimme

ÜBERRASCHUNG

Auslöser

Auftreten von etwas Unerwartetem (Ereignis, Information, ...)

Mimik

- Augenbrauen nach oben gezogen
- Obere Augenlider hochgezogen
- Mund entspannt geöffnet

Sonstige Körpersprache

- Einatmen

Stimme

- Schnelleres Sprechtempo
- Gleichbleibende Lautstärke
- Höhere Stimme
- „Oooh"-Geräusche

ÄRGER

Auslöser

Erfahren eines Zielhindernisses, Unrechts oder einer Wertverletzung

Mimik

- Augenbrauen nach unten und zusammengezogen
- Obere Augenlider hochgezogen
- Untere Augenlider angespannt
- Lippen gepresst

Sonstige Körpersprache

- Kopf nach vorne
- Unterkiefer nach vorne geschoben
- Muskelspannung erhöht
- Erröten oder Erblassen

Stimme

- Schnelleres Sprechtempo
- Lautere Stimme
- Höhere Stimme
- Schärferer Tonfall

EKEL

Auslöser

Wahrnehmen einer Verunreinigung oder eines abstoßenden Objekts

Mimik

- Augenbrauen nach unten gezogen
- Nase gekräuselt
- Oberlippe hochgezogen
- Unterlippe kann angehoben sein

Sonstige Körpersprache

- Kopf weggedreht
- Körper abgewendet
- Sich schütteln

Stimme

- Langsameres Sprechtempo
- Leisere Stimme
- Tiefere Stimme
- „Oahhhh!"-Geräusche

VERACHTUNG

Auslöser

Erfahren einer unmoralischen Handlung oder mangelhaften Leistung

Mimik

- Augen neutral
- Mundwinkel auf einer Seite nach innen gepresst

Sonstige Körpersprache

- Kopf angehoben („Herabblicken auf den anderen")
- Kopf kann leicht seitlich geneigt sein

Stimme

- Gleichbleibendes Sprechtempo
- Leisere Stimme
- Tiefere Stimme
- „Ts"-Geräusche

TRAUER

Auslöser

Verlust einer geliebten Person oder eines geliebten Objektes (auch Situation)

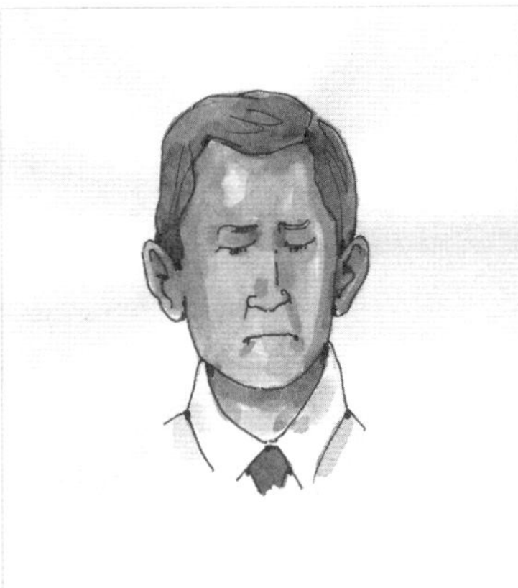

Mimik

- Augenbrauen-Innenseite nach oben gezogen
- Mundwinkel nach unten gezogen
- Kinnbuckel angehoben

Sonstige Körpersprache

- Kopf nach unten gesenkt
- Blick nach unten
- Körperhaltung eingefallen
- Muskelspannung verringert
- Bewegungen verlangsamt

Stimme

- Langsameres Sprechtempo
- Leisere Stimme
- Tiefere Stimme
- Seufzen

FREUDE

Auslöser

Erreichung eines Ziels, Befriedigung eines Bedürfnisses, Erfüllung einer Erwartung oder eines Wunsches

Mimik

- Augendeckfalte abgesenkt
- Mundwinkel schräg nach oben gezogen

Sonstige Körpersprache

- Körper angenähert (an Ziel/Objekt der Befriedigung)
- Bewegungen lebhaft

Stimme

- Schnelleres Sprechtempo
- Lautere Stimme
- Höhere Stimme
- Freudiger Tonfall

Neben den sieben Basisemotionen nach Ekman gibt es drei weitere (Interesse, Verlegenheit/Scham und Schuld), welche von Tomkins und Izard beschrieben wurden (38; 39). Bei diesen drei Emotionen wurden die nonverbalen Erkennungsmerkmale noch nicht vollständig definiert, trotzdem ist die Kenntnis der vorhandenen wissenschaftlichen Erkenntnisse im Hinblick auf das Erkennen von emotionaler Aufnahmebereitschaft von Nutzen. Deshalb sind auch diese nachfolgend zusammengefasst:

<table>
<tr><th colspan="2">INTERESSE</th></tr>
<tr><td colspan="2">Auslöser
Wahrnehmen von etwas Neuem oder anderem</td></tr>
<tr><td rowspan="3"></td><td>Mimik
– Augenbrauen hochgezogen oder leicht zusammengezogen
– Obere Augenlider leicht hochgezogen
– Mund leicht geöffnet
– Pupillen erweitert</td></tr>
<tr><td>Sonstige Körpersprache
– Körper aufrecht oder nach vorne geneigt
– Körper angenähert (an interessantes „Objekt“)
– Kopf leicht seitlich-schräg
– Muskelspannung erhöht
– Mimik/Gestik lebhaft</td></tr>
<tr><td>Stimme
– Schnelleres Sprechtempo
– Lautere oder leisere Stimme
– Höhere Stimme</td></tr>
</table>

VERLEGENHEIT UND SCHAM

Auslöser

Benimm-Ausrutscher, plötzlich im Mittelpunkt stehen, heikle Situationen

Verlegenheit: eher vorausschauend

Scham: eher zurückblickend

Mimik

Verlegenheit:
- Verlegenes Lächeln
- Lippen gepresst

Scham:
- Ausdruck wie bei Trauer

Sonstige Körpersprache

- Kopf gesenkt
- Blick abgewandt
- Gesicht von Hand berührt/verdeckt
- Erröten

Stimme

- Leisere Stimme

SCHULD

Auslöser

Verletzen eines moralischen, ethischen oder religiösen Kodex durch (Nicht-) Handeln

Mimik

- Ausdruck wie bei Trauer

Sonstige Körpersprache

- Kopf gesenkt, Blick nach unten
- Blickkontakt vermieden
- Gesicht von Hand berührt/verdeckt
- Körperhaltung eingefallen
- Muskelspannung verringert
- Bewegungen verlangsamt

Stimme

- Langsameres Sprechtempo
- Leisere Stimme
- Tiefere Stimme

Wie Sie Ihre Wahrnehmung trainieren können, um die Mikroausdrücke unter der hohen Geschwindigkeit (weniger als 0,5 Sekunden!) erkennen zu können, finden Sie im zugehörigen Arbeitsbuch.

Da die dargestellten mimischen Ausdrücke nicht willentlich kontrolliert werden können, können sie, neben anderen Aspekten (z. B. dem Verhalten), als ein Indikator für den emotionalen Zustand Ihres Gesprächspartners dienen. Im Kapitel „Emotionaler Zustand" finden Sie Ideen, was (an Ihrem kommunikativen Verhalten) die jeweilige Emotion ausgelöst haben könnte und wie Sie damit umgehen können, um emotionale Aufnahmebereitschaft bei Ihrem Gesprächspartner zu erreichen.

DAS WICHTIGSTE IN KÜRZE

- Es gibt sieben Basisemotionen nach Ekman, die dadurch gekennzeichnet sind, dass sie im (mimischen) Ausdruck universell bei allen (nicht durch Krankheit oder Behinderung beeinträchtigten) Menschen gleich sind, und drei weitere nach Tomkins und Izard.
- Es können drei verschiedene Arten von mimischen Ausdrücken unterschieden werden: Makroexpressionen, subtile Expressionen und Mikroexpressionen.
- Mikroexpressionen können nicht willentlich kontrolliert werden und können daher als wirkungsvolles Signal für die Beurteilung der emotionalen Aufnahmebereitschaft des Gesprächspartners herangezogen werden.

VERTIEFENDE LITERATUR

Paul Ekman: Gefühle lesen – Wie Sie Emotionen erkennen und richtig interpretieren. Heidelberg, Spektrum Verlag, 2010

2.4 In welchen Kontexten ist emotionale Aufnahmebereitschaft wichtig?

Emotionale Aufnahmebereitschaft ist grundsätzlich in allen Kontexten relevant, sobald Menschen miteinander kommunizieren. Dabei ist die Position, die Sie einnehmen, vollkommen egal. Ob Sie als Vorgesetzter Ihre Mitarbeiter zum Handeln anregen wollen, ob Sie besser mit dem Partner auskommen oder als Elternteil Ihre Kinder anleiten wollen. Ob Sie ein Kunde sind, der sich eben nicht über einen Verkäufer ärgert, weil er den eigenen „Mechanismus" erkannt hat, oder ob Sie in der Rolle des Verkäufers den Kunden besser verstehen wollen. Mit mehr Verständnis zu den Mechanismen der emotionalen Aufnahmebereitschaft wird jedes Gespräch leichter. Sie können wirkungsvoller motivieren, verstehen, arbeiten, prüfen und entscheiden.

In nachfolgender Tabelle sind einige Beispielkontexte mit den jeweiligen Möglichkeiten, die sich durch das Bewusstsein für und das Herstellen von emotionaler Aufnahmebereitschaft eröffnen können, aufgeführt:

Selbstführung	Selbsterkenntnis
	Gezielte Selbstführung
	Mehr Umsetzungsenergie
	Mehr Erfolg
Führung	Bessere Wahrnehmung und gegenseitiges Verständnis
	Mehr Motivation und Verantwortungsübernahme
	Mehr Veränderungswille
	Höhere Effizienz und bessere Ergebnisse
Beziehung(en)	Bessere Wahrnehmung
	Gegenseitiges Annehmen
	Offene Kommunikation von Bedürfnissen
	Mehr Unterstützung
Erziehung	Bessere Wahrnehmung
	Mehr Verständnis
	Reduzierung von unnötigen Konflikten
	Positive Förderung der Entwicklung

Verkauf	Feedback zur eigenen Präsentation
	Schnellerer Vertrauensaufbau
	Wirkungsvollere Überzeugung
	Mehr Geschäftsabschlüsse

In der Selbstführung ist die Wahrnehmung der eigenen emotionalen Aufnahmebereitschaft ein wichtiger Schritt zur Selbsterkenntnis: Was führt dazu, dass Sie aufnahmebereit sind oder eben nicht? Welche „roten Knöpfe" kann der Gesprächspartner bei Ihnen drücken, damit Sie ihm Ihre Aufnahmebereitschaft entziehen? Was können Sie tun, um gegenzusteuern und trotzdem aufnahmebereit zu bleiben?

Schaffen Sie es, bei sich selbst emotionale Aufnahmebereitschaft für ein Thema herzustellen, bekommen Sie ein starkes „WARUM" bzw. „WOFÜR". Dadurch steigt Ihre Umsetzungsenergie und Sie überwinden Ihre inneren Widerstände spielend. Dies endet letztendlich in mehr Erfolg bei der Bearbeitung eines Themas oder Umsetzung eines Projektes.

In der Führung ist durch das Wahrnehmen der emotionalen Aufnahmebereitschaft Ihrer Mitarbeiter Ihr Blick dafür geschärft, wie Informationen und Entscheidungen aufgenommen werden. Durch das aktive Herstellen der Aufnahmebereitschaft bei Ihren Mitarbeitern schaffen Sie es, mehr gegenseitiges Verständnis zu erzielen, für mehr Motivation und Verantwortungsübernahme zu sorgen und die Offenheit für Veränderungen zu erhöhen. Dies resultiert in einer höheren Effizienz und besseren Ergebnissen.

In einer Beziehung hilft das Wahrnehmen von emotionaler Aufnahmebereitschaft dabei herauszufinden, wie es dem Partner geht und was ihn bewegt. Sorgen Sie und Ihr Partner in einer Beziehung gegenseitig für Aufnahmebereitschaft, ist die Bereitschaft erhöht, sich gegenseitig anzunehmen und die eigenen Bedürfnisse offen zu kommunizieren. Dies resultiert in einer erhöhten gegenseitigen Unterstützung.

In der Erziehung nehmen Sie durch das Bewusstsein für die emotionale Aufnahmebereitschaft der Kinder besser wahr, was sie gerade bewegt, und tragen somit zu mehr gegenseitigem Verständnis bei. Das Herstellen von emotionaler Aufnahmebereitschaft bei Ihren Kindern hilft Ihnen dabei, unnötige Konflikte zu reduzieren und Ihre Kinder dazu zu ermutigen, ihre eigenen Gefühle besser auszudrücken. Dies bildet das Fundament dafür, die Entwicklung Ihrer Kinder positiv zu fördern.

Im Verkauf bekommen Sie durch das Wahrnehmen der emotionalen Aufnahmebereitschaft beim Kunden ein wichtiges Feedback dazu, ob Sie mit Ihrer Präsentation überzeugen, und können ggf. gegensteuern. Das aktive Herstellen von emotionaler Aufnahmebereitschaft beim Kunden führt zu einem schnelleren Vertrauensaufbau. Dies ist wichtig, um einen Zugang zu seinen Wünschen und Motiven zu bekommen und ihn dadurch überzeugen zu können. Schließlich endet dies in einer größeren Anzahl erfolgreicher Geschäftsabschlüsse. (Beachten Sie hierbei bitte, dass Sie die Grenze zur Manipulation nicht überschreiten.)

3 EMOTIONALE AUFNAHMEBEREIT-SCHAFT – SPEZIFISCH

In diesem Kapitel geht es darum, zu verstehen, welche Wahrnehmungsfilter Ihres Gesprächspartners Einfluss auf seine emotionale Aufnahmebereitschaft haben können, wie Sie die Filter erkennen und was Sie im Speziellen – abgestimmt auf Ihren Gesprächspartner – an Ihrer Kommunikation, also den Faktoren WAS, WIE, WANN und BERECHTIGUNG (vgl. Kapitel „Kommunikative Kompetenz"), verändern können, um schneller und wirkungsvoller emotionale Aufnahmebereitschaft zu erreichen. Bitte beachten Sie: Das nachfolgende Kapitel werden wir auf die emotionale Aufnahmebereitschaft beziehen und den Faktor „Berechtigung" dabei nicht an jeder Stelle explizit erwähnen.

Die Filter können aber genauso auch die Berechtigung beeinflussen. Die dahinterliegenden Prinzipien sind oftmals die gleichen. Wie bereits beschrieben, ist aber die Auswirkung bei fehlender Berechtigung oder Aufnahmebereitschaft unterschiedlich.

Immer sind wir an allem schuld!

„Tschüss!", sagte Beate Habermann zu ihrem Sohn Max, als sie sich am Eingang zur Schmetterlingsgruppe der örtlichen Kita von ihm verabschiedete. „Bis heute Nachmittag!"

Max ging brav in seine Gruppe, was nicht immer so war. Vor einigen Wochen hatte er sich mit seiner Mutter noch die berühmten Machtkämpfe morgens bei der Verabschiedung geliefert. Wer Kinder in der Kita oder im Kindergarten hat oder hatte, der kennt das: Die Kleinen lassen ihre Eltern oftmals nicht gehen und arbeiten dabei mit allen Tricks. Meist sind das Heulanfälle und oftmals herzzerreißende Szenen, wenn sich so ein kleines Kind schon mal auf den Boden wirft und vor scheinbarer Verzweiflung die unmöglichsten Dinge macht. Auch Max arbeitete mit diesen Tricks. Zum Glück gehörte dies der Vergangenheit an und er freute sich jeden Tag auf die Gruppe. An diesem Tag musste sich Beate Habermann beeilen, denn um 9:30 Uhr hatte die Marketingleiterin einer mittelständischen Sportartikelfirma im Büro zu sein. Ein Meeting war angesetzt; es ging um eine neue Sponsoringstrategie. Frau Habermann verstaute noch ein Päckchen Papiertaschentücher in Max' Tasche und hängte diese an den Haken mit dem blauen Elefanten. Der hatte es ihrem Sohn so sehr angetan, dass er unbedingt diesen Platz haben wollte.

Ute Gardes ärgerte sich. Über einen Vater, der sich eben schon wieder darüber beschwert hatte, dass sein dreijähriger Sohn einige ‚Kraftausdrücke' daheim gebrauchte. „Immer, wenn zu Hause etwas nicht passt, dann sind die Erzieherinnen schuld", dachte sich Frau Gardes empört. Die 45-jährige Leiterin der Kindertagesstätte war ein herzensguter Mensch, fühlte sich aber schnell angegriffen, wenn die eine oder andere Kritik an sie herangetragen wurde. Ute Gardes schaute auf die Uhr. Eine Minute vor neun. Sie ging den langen Gang entlang nach vorne zur Küche und wollte dort fragen, ob sie beim Auftragen des Frühstücks für die Kinder helfen konnte. Sie hatte zwar jeden Tag viele Verwaltungssachen zu organisieren, nahm sich aber immer gerne die Zeit, bei der Pflege und Betreuung der Kinder mitzuhelfen.

Als Beate Habermann in Richtung Ausgang ging, kam sie am Bad der Kita vorbei. Sie wusste, dass in diesem Raum auch die Utensilien der Kinder, wie Windeln, Kleidung usw., aufbewahrt wurden. Da fiel ihr ein, dass sie zu Hause einige Schnuller von Max vermisste und beschloss, noch rasch nach ihnen zu suchen. Frau Habermann ging durch die Tür des Bades, blieb stehen und ließ ihren Blick durch den Raum schweifen.

„Oje, was will Frau Habermann jetzt wohl noch?", dachte sich Ute Gardes genervt, als sie diese im Vorbeilaufen im Bad stehen sah, und ging

ebenfalls hinein. „Kann ich Ihnen irgendwie helfen?", fragte die Kita-Leiterin höflich. Frau Habermann drehte sich um.

„Ach, Frau Gardes!", entgegnete sie. „Ja, bei uns zu Hause gehen immer die Schnuller verloren. Und da wollte ich mal nachsehen, ob sie vielleicht hier irgendwo sind."

„Oh, das weiß ich leider auch nicht, Frau Habermann", antwortete Frau Gardes entschuldigend und fühlte sich sofort wieder angegriffen. „Wissen Sie, bei uns geht es den ganzen Tag ziemlich turbulent zu. Die Kleinen halten uns wirklich ganz schön auf Trab und wir können auch nicht jedem einzelnen den ganzen Tag permanent hinterherlaufen und aufpassen, was er mit seinen Sachen macht."

Beate Habermann wunderte sich ein wenig. Die Leiterin verlor sich in einer ausführlichen Berichterstattung über den gesamten Tagesablauf hier. Dabei wurde sie immer detaillierter und erzählte von diversen Kleinigkeiten, worüber sich auch die Erzieherinnen oft ärgern müssen. Beate Habermann schaute auf die Uhr. Sie hatte es doch eilig. Bis zum Meeting hatte sie gerade noch eine halbe Stunde Zeit. „Was labert die mich denn jetzt voll?", dachte sie sich.

„Bitte verstehen Sie mich nicht falsch, Frau Gardes", versuchte sie die Leiterin zu besänftigen. „Ich mache Ihnen doch gar keinen Vorwurf. Ich wollte nur ..."

„Was glauben Sie, auf welche Ideen die Kleinen manchmal kommen!", setzte Frau Gardes ihren Redeschwall fort. „Die erlauben sich manchmal Sachen!"

„Frau Gardes ...", Beate Habermann setzte erneut zur Beschwichtigung an. Die Kita-Leiterin war für ihre engagierten Diskussionen bekannt, und auf eine solche hatte die Mutter von Max nun gar keine Lust. Und Zeit sowieso nicht. „Es geht mir doch gar nicht darum, ob Sie die nun irgendwie verlegt haben. Die Schnuller sind halt einfach weg und ich wollte nur nachschauen, ob sie vielleicht hier sind."

„Letzte Woche bin ich mit Frau Braun aneinandergeraten", fuhr Frau Gardes fort und begann von einem Vorfall mit einem Kind aus der Bärengruppe zu erzählen. Langsam wurde Frau Habermann kribbelig. Das interessierte sie nun genauso wie ein rostender Gullydeckel in China. Außerdem schaute sie wieder auf die Uhr. Die Zeit drängte. „Da hat doch der kleine Robert tatsächlich seine Tasche in der Waschmaschine hier versteckt. Können Sie sich das vorstellen?"

„Ja, kann ich!", antwortete Frau Habermann genervt. Doch die Kita-Leiterin war noch lange nicht fertig und begann eine weitere Ausführung um das Für und Wider, mehr Personal einzustellen.

„Also unsere Schuld ist das sicher nicht!“, meinte die Leiterin zum Schluss ihres ‚Plädoyers‘ bestimmt und untermauerte ihre Meinung auch durch eine entsprechende Körpersprache. Frau Habermann hatte weder Zeit noch gesteigertes Interesse, an dieser Stelle weiter zu diskutieren, und beschloss, einfach neue Schnuller zu kaufen. „Ich gebe Ihnen einen guten Rat, Frau Habermann.“

„Einen Rat?“

„Ja! Bevor bei Ihnen wieder Schnuller abhanden kommen und Sie uns hier drinnen verdächtigen, versuchen Sie es doch mit einer Schnullerkette!“, schlug Frau Gardes vor und lächelte, von sich und ihrem grandiosen Vorschlag überzeugt.

„Eine Schnullerkette?“, fragte Frau Habermann verblüfft.

„Ja! Kaufen Sie Max eine Schnullerkette. Wissen Sie, alle anderen Eltern machen das auch, und deswegen haben die auch nicht das Problem, dass ständig Schnuller verschwinden.“

Jetzt spürte Frau Habermann, dass sie doch einen dicken Hals bekam. Was sollte das denn jetzt? War das ein Vorwurf?

„Kommen Sie mal mit! Ich zeige Ihnen ein paar Schnullerketten!“, sagte die Kita-Leiterin, und noch ehe die perplexe Frau Habermann darauf antworten konnte, wurde sie auch schon am Arm genommen und in die hintere Ecke des Bades bugsiert. Dort zeigte Frau Gardes auf eine grüne Schüssel, in der einige dieser Schnullerketten lagen. „Schauen Sie sich die doch einfach in aller Ruhe mal durch. Vielleicht können Sie sich ja ein paar Anregungen holen. Sie werden sehen, dann löst sich Ihr Problem mit den verlorenen Schnullern von ganz alleine.“

Wutentbrannt und ohne ein weiteres Wort ließ Frau Habermann die Leiterin stehen, eilte ins Büro und begann dort ihren Arbeitsalltag.

***

Die Geschichte dient als Beispiel, wie die unterschiedlichen Wahrnehmungsfilter von Frau Habermann und Frau Gardes dazu geführt haben, dass Frau Habermann die Berechtigung und Aufnahmebereitschaft entzogen hat. Wichtig dabei ist, dass dies nicht durch Frau Gardes‘ Absicht passiert ist – sie hatte womöglich die beste Absicht im Sinne von „ich will helfen das Problem zu lösen“ –, sondern durch ihr Verhalten, das u. a. durch einen früheren Vorfall an diesem Morgen, den Ärger über einen Vater, geprägt war. Menschen haben nämlich die Tendenz, bei sich selbst die Absicht (im Sinne von „ich hab’s doch nur gut gemeint“) zu bewerten, bei anderen Menschen hingegen das Verhalten. Dabei muss ebenfalls noch angemerkt werden, dass auch das Verhalten von Frau Gardes nicht grundsätzlich „falsch“ war, sondern eben einfach nicht passend zu Frau Habermanns Filtern (zu diesem Zeitpunkt und in diesem Kontext!).

Doch welche Wahrnehmungsfilter gibt es überhaupt und wie können diese die emotionale Aufnahmebereitschaft einer Person beeinflussen? Wie können Sie diese wahrnehmen und Ihr Verhalten (WAS, WIE, WANN, BERECHTIGUNG) zielführend an diese anpassen? Mit einigen wichtigen Filtern beschäftigt sich dieses Kapitel .

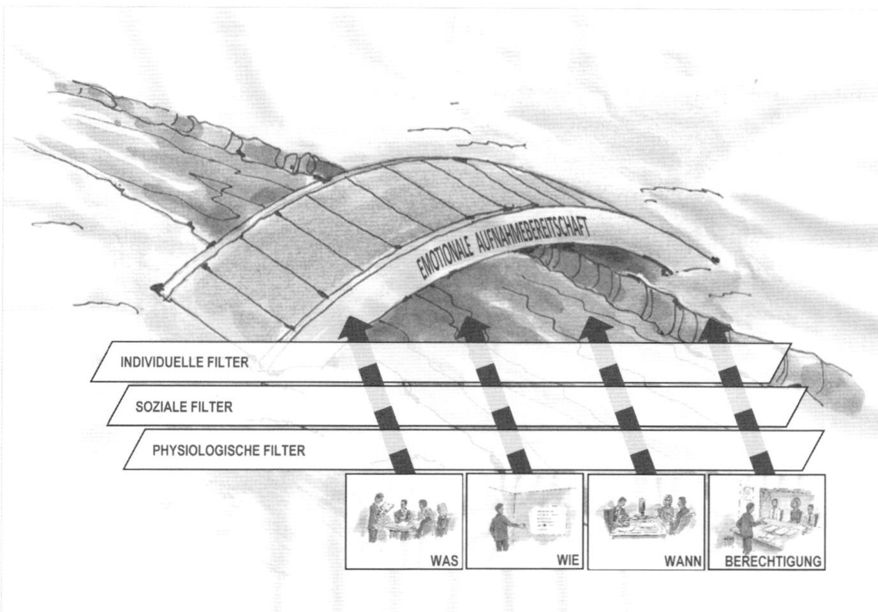

Wir unterscheiden individuelle, soziale und physiologische Filter. *Individuelle Filter* werden unter anderem durch persönliche Erfahrungen oder die individuelle Erziehung geprägt. *Soziale Filter* entstehen z. B. durch die kulturelle Erziehung oder die Gesellschaft, in der jemand aufwächst. Die *physiologischen Filter* eines Menschen werden schließlich durch Genetik, Umweltfaktoren, aber auch durch das persönliche Training beeinflusst. Bei allen drei Filterkategorien gibt es Filter, die ziemlich konstant sind, andere wirken hingegen stark kontextabhängig. Das folgende Beispiel verdeutlicht dies:

Was denken Sie? Wie viele Unterscheidungen des Farbtons Grün kennt ein Amazonas-Indianer? Über 100. Also mit ziemlicher Sicherheit viel mehr als Sie. Und warum? Richtig! Weil sie ihm zur Orientierung dienen und sein Überleben im Regenwald davon abhängt. Seine Fähigkeit zur Differenzierung in genau diesem Bereich macht ihn dort zum Experten. In das Bewusstsein eines Menschen kann nämlich nur etwas dringen, das mit irgendetwas assoziiert werden kann, das bereits als Wissen und Erfahrung im Gehirn vorhanden ist. Deshalb ist der Anteil dessen, was zwar wahrgenommen und erlebt wird, aber unbewusst bleibt, z. B. bei kleinen Kindern besonders groß (3). Je tiefer Sie sich also mit einem Thema auseinandergesetzt haben, desto größer wird Ihr Bewusstsein dafür. Dadurch steigt auch Ihre Differenzierungsfähigkeit und dementsprechend die Anzahl an Unterscheidungen, welche Sie bezüglich eines Themas haben, wie die Grüntöne bei den Amazonas-Indianern.

Ein Beispiel dafür wäre klassische Musik: Haben Sie sich mit diesem Thema noch nicht auseinandergesetzt (weil Sie klassische Musik vielleicht nicht mögen), wird es Ihnen wahrscheinlich schwerfallen, Mozart von Bach zu differenzieren. Haben Sie sich jedoch schon stark damit befasst, fällt Ihnen diese Unterscheidung ganz leicht und Sie können sogar einzelne Sonaten oder Tonarten unterscheiden.

Dieses Kapitel basiert auf Unterscheidungen, um Ihre Differenzierungsfähigkeit im Hinblick auf das Thema emotionale Aufnahmebereitschaft zu erhöhen und Ihnen Wahlmöglichkeiten in Ihrem Kommunikationsverhalten zu geben.

In der Praxis lassen sich die einzelnen Filter nicht immer scharf voneinander trennen, da sie sich gegenseitig beeinflussen. Zum besseren Verständnis werden sie hier jedoch separat betrachtet und es wird auf mögliche Wechselwirkungen hingewiesen. Ähnlich wie bei einem Motor, der in Einzelteilen leichter zu verstehen ist, jedoch in der Regel in seiner ganzen Komplexität im Einsatz ist.

Im Kontext der obigen Beispielgeschichte kommt es zu Problemen vor allem aufgrund von individuellen Filtern (z. B. individuelle Sprachmuster, sogenannte Metaprogramme, Global vs. Detail – siehe Kapitel „Metaprogramme“, Wert Hilfsbereitschaft vs. Wert Zeit – siehe Kapitel „Werte und Wertekonflikte“, Grundüberzeugung „Immer sind wir an allem schuld“ – siehe Kapitel „Grundüberzeugungen“, ...). Aber auch soziale und physiologische Filter führen häufig zu kommunikativen Missverständnissen oder mangelnder Aufnahmebereitschaft.

Nachfolgende Tabelle gibt Ihnen einen Überblick über unterschiedliche Filter der drei Filterkategorien:

	Prägung durch	Unterscheidungen
INDIVIDUELLE FILTER	Persönliche Erfahrungen, Erziehung und Prägung	Metaprogramme
		Werte und Wertekonflikte
		Grundüberzeugungen
		Stärken
SOZIALE FILTER	Erziehung und Gesellschaft	Wirkung
		Kultur
		Umgangsformen
		Erscheinungsbild
PHYSIOLOGISCHE FILTER	Genetik, Umweltfaktoren und Training	Sinneskanäle
		Somatische Marker
		Ressourcenzustand
		Genetische Voraussetzungen

3.1 Individuelle Filter

Wie bereits im Kapitel „Wahrnehmungsfilter" beschrieben, können individuelle Filter einen massiven Einfluss auf die Wahrnehmung und Bewertung haben. Diese Filter entstehen durch die individuelle Erziehung und persönliche Prägung eines Menschen. Aufgrund von Erfahrungen nehmen Menschen bestimmte Informationen wahr und andere eventuell gar nicht zur Kenntnis. Zusätzlich werden von jedem Menschen auf Basis seines Erfahrungshintergrundes Verhaltensweisen individuell bewertet und interpretiert. Angenommen, jemand ist mit einem Hund aufgewachsen und hat diesen stets als treuen Begleiter kennengelernt. Eine andere Person wurde hingegen in der Kindheit von einem frei laufenden Hund gebissen und nimmt

Hunde dementsprechend als Gefahr wahr. Sind diese beiden Personen auf einem gemeinsamen Spaziergang und ein Hund läuft auf sie zu, werden sie die Situation aufgrund ihres individuellen Erfahrungshintergrunds unterschiedlich interpretieren. Eine entsprechende Reaktion entsteht: Freude beim einen, Angst beim anderen. Genau so können auch unterschiedliche Prägungen einen Einfluss auf die Berechtigung und emotionale Aufnahmebereitschaft haben, welche einem anderen Menschen geschenkt werden. Einige wichtige individuelle Filter sind nachfolgend beschrieben.

Beachten Sie bitte: Sollten Sie bei den individuellen Filtern die fachliche Kompetenz als einen beeinflussenden Faktor für Berechtigung und Aufnahmebereitschaft vermissen, finden Sie diesen unter dem Filter „Werte und Wertekonflikte“. Wir haben Fachkompetenz nicht als eigenständigen Punkt aufgeführt, da deren Wichtigkeit von den persönlichen Werten Ihres Gesprächspartners abhängt. Für den einen ist sie ein entscheidender Faktor, um jemandem Berechtigung und/oder emotionale Aufnahmebereitschaft zu geben, für andere stehen z. B. soziale Aspekte mehr im Vordergrund.

3.1.1 Metaprogramme

„Und in dem Wie, da liegt der ganze Unterschied.“
(Hugo von Hofmannsthal)

„Wenn du so weitermachst, wirst du immer schlechter!"

„Wenn das so weitergeht, dann spielen wir nächstes Jahr nur noch in der Kreisklasse!", schimpfte Peter Strohmeier mit seinem Sohn Julian. Der 52-jährige Trainer des SV Schwanstetten war stinksauer und kochte vor Wut. Seine Mannschaft hatte erneut ein wichtiges Spiel verloren, und das bedeutete, dass der SV Schwanstetten nun in der Landesliga Süd auf den vorletzten Platz abrutschte.

„Das ist nicht alleine meine Schuld!", konterte Julian. Er war ebenfalls wütend.

„Aber du hast einen entscheidenden Anteil daran!", fuhr Peter Strohmeier mit seiner Standpauke fort. „Mindestens fünfmal hast du dich überlaufen lassen und den Ball verloren. Das 0:2 geht allein auf deine Kappe! Der Stürmer von Pyrbaum hat dich einfach abgehängt und stehen lassen. Du hast überhaupt keine Kondition mehr! Dasselbe war beim 0:3! Mensch Julian, du warst mal der Leistungsträger dieser Mannschaft. Warst schnell, wendig und technisch perfekt! Jeder konnte sich auf dich und deine Leistung verlassen! Seit einigen Wochen wirst du immer schlechter. Wirst immer langsamer, bist nicht bei der Sache. Das liegt alles nur an deinem schlotterigen Lebenswandel!"

„Bist du jetzt endlich fertig?", fragte Julian und zeigte seinem Vater damit demonstrativ, dass ihm diese Tirade am Allerwertesten vorbeiging.

„Nein, ich bin noch nicht fertig!", konterte dieser wütend. Die ablehnende und desinteressierte Haltung seines Sohnes brachte ihn noch mehr auf die Palme, als er ohnehin schon war. Dann brach es aus ihm heraus, ein Vorwurf jagte den anderen. Die ganze aufgestaute Wut des Trainers schien sich in diesem Moment entladen zu wollen. Julian musste sich abermals anhören, dass sein inakzeptabler Lebensstil an dem Leistungsverfall schuld sei. Sein Vater warf ihm vor, dass er sich ungesund ernähre, zu spät ins Bett gehe und nicht mehr so lebe, wie es sich für einen Sportler gehöre. Und überhaupt: Die Besuche in der Disco, zu viele Frauengeschichten, Rauchen und so weiter … alles ein absolutes ‚No Go' für Strohmeier. „Wenn du so weitermachst, dann bist du bald der schlechteste Spieler der Mannschaft und dieses Vereins. Deine Spielerkollegen werden dich auslachen!"

„Weißt du was?", fragte Julian nach kurzer Zeit des Schweigens. Peter Strohmeier schaute seinen Sohn fragend an. „Das ist mir scheißegal!"

Julian packte seine Sporttasche, warf seinem Vater einen verachtenden Blick zu und ging.

„Wo willst du hin?", rief Peter Strohmeier seinem Sohn nach, der schnellen Schrittes in Richtung Bushaltestelle marschierte. „Ich dachte, wir fahren jetzt heim!"

Julian drehte sich nicht um, sondern zeigte seinem Vater mit der rechten Hand nur den Stinkefinger.

„So eine Scheiße, Mann!“, schimpfte Peter Strohmeier, als er nach Hause kam, und knallte die Haustür hinter sich zu. Er war immer noch wütend und sein Gemütszustand nahe dem Siedepunkt. Mit Wucht warf er seine Sporttasche in die Ecke, so als wollte er sich damit auf einen Schlag von allem befreien, was ihm die Laune verdarb.

„Welche Laus ist dir denn über die Leber gelaufen?“, fragte Karin Strohmeier, seine Ehefrau und Julians Mutter.

„Keine Laus!“, schimpfte Peter Strohmeier und schaute seine Frau an. „Es war unser Sohn! Ich komme einfach nicht mehr an ihn ran, Karin. Der hört mir nicht mehr zu! Er provoziert mich regelrecht!“

„Wo ist Julian?“

„Was weiß ich!“, Peter Strohmeier zuckte mit den Schultern. „Er hat mir den Stinkefinger gezeigt und ist einfach abgehauen. Der hat sie doch langsam nicht mehr alle. Das liegt nur an diesem Weib! Die hat dem doch total den Kopf verdreht. Der ist doch nur noch hormongesteuert!“

Karin Strohmeier lächelte und schüttelte den Kopf. Sie kannte ihren Mann und wusste natürlich sofort, was los war. In den letzten Wochen hatte es immer wieder Streitereien zwischen Vater und Sohn gegeben. Und immer war es um Fußball gegangen.

„Komm, lass uns in den Garten gehen und Kaffee trinken!“, schlug sie vor. „Das Wetter ist herrlich warm und ich habe einen Marmorkuchen gebacken. Geh erst mal duschen, ich setze Kaffee auf, und dann erzählst du mir alles in Ruhe.“

Peter Strohmeier ‚gehorchte'. Wenn auch nur widerwillig. Er schüttelte verständnislos den Kopf, als er nach oben ins Bad ging.

Karin Strohmeier hatte recht: Es war wirklich ein wunderschöner Sonntagnachmittag und eine gute Idee, sich in den Garten zu setzen. Die Vögel zwitscherten, ein ganz leichter, lauer Wind wehte und bewegte sanft die Zweige der an den Reihenhausgarten grenzenden Bäume und Sträucher. Das sanfte Grün hier draußen sorgte dafür, dass Peter Strohmeier wieder ein bisschen runterkam. Ein Übriges taten der herrlich duftende Kaffee und der wie immer sehr schmackhafte Kuchen seiner Frau. Frau Strohmeier wartete eine Weile und führte zunächst nur ein wenig Smalltalk mit ihrem Mann. Dann, als sie den richtigen Moment erkannte, fragte sie noch einmal nach. Peter Strohmeier erzählte ihr die ganze Geschichte, die mit dem Punktespiel um 11:00 Uhr am Vormittag begonnen hatte.

„Und das habe ich ihm heute ins Gesicht gesagt.“ Peter Strohmeier erzählte seiner Frau von dem Streitgespräch und von den Vorwürfen, die er seinem Sohn an den Kopf geworfen hatte. „Und dann sagt er mir ins Gesicht, dass ihm das alles egal ist, und lässt mich einfach stehen. Es kann ihm doch nicht wirklich egal sein, was seine Mannschaftskameraden und auch ich von ihm denken? Wie kann Julian so was sagen? Warum verhält er sich so provokativ und abweisend?“

„Weil du ihm das falsch gesagt hast, Peter!“, seufzte Karin Strohmeier und schüttelte etwas enttäuscht den Kopf.

„Was ist denn daran falsch?“, fragte Herr Strohmeier erstaunt. „Ich habe doch nur die Wahrheit gesagt!“

„Sicher hast du die Wahrheit gesagt. Ich weiß das und glaub mir, Peter, Julian weiß das auch!“

„Das weiß er eben nicht!“, konterte Herr Strohmeier. „Er streitet doch alles ab und geht stattdessen auf mich los.“

„Glaub mir, Peter, Julian weiß, dass es so ist, wie du sagst“, antwortete die Ehefrau. „Aber er hört dir nicht zu! Er blockiert und ist nicht aufnahmebereit.“ Frau Strohmeier schaute ihren Mann an und er sie. Für einen langen Moment herrschte Schweigen auf der kleinen Terrasse des Reihenhausgartens. Dann fügte Frau Strohmeier nochmals hinzu: „Weil du es ihm falsch gesagt hast, Peter!“

Peter Strohmeier lehnte sich zurück und wirkte nachdenklich. Seine Frau Karin, eine Gymnasiallehrerin im Fach Psychologie, war in diesen Dingen eine gute Ratgeberin und Herr Strohmeier hörte auch auf sie. „Wie soll ich es ihm denn dann sagen?“

„So, dass es um ihn aus seiner Perspektive geht. Nicht um dich, den Verein oder die anderen Spieler“, erklärte Frau Strohmeier, und als ihr Mann recht verständnislos dreinschaute, erklärte sie es ihm genauer: Peter Strohmeier hatte bei seinem Sohn auf den Schmerzknopf gedrückt. Hatte alles aus einer negativen Perspektive geschildert und die äußeren Umstände in den Mittelpunkt gestellt. Was alles Schlimmes passieren würde, wenn Julian es weiter falsch machte. Dass die Mannschaftskameraden ihn auslachen und zornig sein würden, dass der Verein Schaden nehme und so weiter. Aber immer bezogen auf das äußere Umfeld. Sehr viel fruchtbarer wäre es nach Frau Strohmeiers Ansicht, das Pferd hier genau anders herum aufzuzäumen. Nämlich den Bezugsrahmen Julians in den Mittelpunkt zu stellen. Ihm die positiven Ziele vor Augen zu führen. Zum Beispiel zu fragen, was denn passieren müsste, dass er wieder so gut würde, wie er früher war. Die gewünschten positiven Ziele vor Augen führen, denn Julian wüsste sehr wohl, was zu tun sei, um dies zu erreichen. „Formuliere es das nächste Mal doch einfach im Sinne von Julian. Sag, dass er doch selbst am besten weiß,

was zu tun ist, damit er wieder in Topform kommt. Du wirst sehen, Peter, wenn du das machst, dann wird Julian dir auch wieder zuhören. Glaub mir!“

Peter Strohmeier lehnte sich in dem bequemen Gartenstuhl zurück, schaute auf die Bäume und dachte ein paar Augenblicke nach. Dann wandte er sich wieder seiner Frau zu und sagte: „Ich vermute, du hast mal wieder recht. Ich habe mir ehrlich gesagt noch nie Gedanken darüber gemacht, wie ich es richtig formulieren soll.“

***

Sicher haben Sie so etwas auch schon einmal erlebt. Ihnen steht sonnenklar vor Augen, wie sich Ihr Gesprächspartner verhalten müsste, um eine bestimmte Situation zu verändern, doch dieser macht einfach „dicht“. Ihre Worte erreichen ihn nicht, Sie bekommen keine Aufnahmebereitschaft. So wie es Julians Vater in der Geschichte erging. Grund dafür können unterschiedliche sogenannte „Metaprogramme“ sein. Diese sind im Unterbewusstsein fest verankert und haben einen starken Einfluss auf die Aufnahmebereitschaft. Im oben genannten Beispiel ist dies – neben anderen – die unterschiedliche motivationale Richtung. Es gibt Menschen (im Beispiel Julians Vater), die Dinge tun oder Entscheidungen treffen, um Nachteile zu vermeiden. Andere wiederum (im Beispiel Julian) tun dies, um Chancen und Möglichkeiten wahrzunehmen. Prallen zwei unterschiedliche Ausprägungen aufeinander, kann es passieren, dass ein Gesprächspartner die Aufnahmebereitschaft entzieht. In der Beispielgeschichte gerät Julians Brücke der Aufnahmebereitschaft stark ins Wanken, was er durch sein abweisendes Verhalten zeigt.

FAKTEN

Metaprogramme bestimmen typische Muster im Denken, Handeln und Sprechen eines Menschen.

Metaprogramme sind übergeordnete Programme, welche typische Muster im Denken, Handeln und Sprechen eines Menschen bestimmen. Metaprogramme beeinflussen, wie ein Mensch motiviert wird, Informationen versteht, am wirkungsvollsten arbeitet, prüft und Entscheidungen trifft (6; 40; 41). Wie andere Wahrnehmungsfilter auch steuern Metaprogramme, welche Informationen aus der unbewussten Wahrnehmung in das Bewusstsein Ihres Gesprächspartners dringen und wie dieser Situationen und Botschaften interpretiert. Sie unterscheiden sich von anderen individuellen Wahrnehmungsfiltern, wie Werten und Grundüberzeugungen aber dadurch, dass sie inhaltsfrei nur die Form vorgeben (das WIE), auf die jemand reagiert. Das heißt, sie bestimmen, ob für jemanden etwas von Interesse ist, und nicht, ob er etwas als gut/schlecht oder falsch/richtig (das WAS) empfindet (42).

Das Modell der Metaprogramme geht ursprünglich zurück auf die „psychologischen Typen" von C. G. Jung (43). Dieser beschäftigte sich mit der Einordnung von Personen in bestimmte Raster, um die Persönlichkeit und das Verhalten eines Menschen vorhersagen zu können. Er ging bei seinen Betrachtungen davon aus, dass jedes Individuum eine Präferenz hat, Dinge wahrzunehmen und zu beurteilen. Darauf aufbauend entwickelten sich eine Reihe an Modellen zur Persönlichkeitsanalyse (u. a. der bekannte Myers-Briggs Type Indicator®, kurz MBTI®). In den 80er-Jahren prägte schließlich Leslie Cameron-Bandler den Begriff der Metaprogramme, welche die Persönlichkeit und das Verhalten bestimmen. In der Literatur sind an die 60 unterschiedliche Muster beschrieben, welche teilweise nicht klar voneinander differenziert werden können. Rodger Bailey, ein Schüler von Leslie Cameron-Bandler, reduzierte die Anzahl auf 14 und entwickelte daraus das Language and Behaviour Profile® (kurz: LAB-Profile®). Es nutzt verschiedene Fragen, die in ein Gespräch eingeflochten werden können, um herauszufinden, was den Gesprächspartner motiviert, wie er Informationen verarbeitet und Entscheidungen trifft (Einordnung in Metaprogramme), um zielführend darauf reagieren zu können (42).

Metaprogramme sind zum Teil angeboren und werden zum Teil aufgrund von Erfahrungen und Lernprozessen bereits in der Kindheit geformt. Sie können sich aber auch noch im Laufe des Lebens aufgrund von privaten oder beruflichen Aufgaben oder prägenden Ereignissen wandeln (44).

Bei den einzelnen Metaprogrammen werden hier jeweils zwei verschiedene Ausprägungen unterschieden, welche jeder Mensch grundsätzlich beide in sich trägt. Kontextabhängig kann aber eine davon in den Vordergrund treten und beeinflussen, wie jemand denkt, handelt und spricht. Sie können sich die Ausprägungen ähnlich wie z. B. die bekannte Unterscheidung introvertiert-extrovertiert vorstellen. Keine der Ausprägungen ist generell gut oder schlecht, es ist lediglich eine andere Art des Filterns und Verarbeitens. Jede Ausprägung hat ihre Vorteile in bestimmten Situationen.

Die beiden Ausprägungen können als Pole auf einem Kontinuum verstanden werden, auf dem es auch einen „Bereich dazwischen" gibt. Im Bild unten ist dies der zwischen zwei Ausprägungen dargestellte Bereich der Ambivalenz. Ambivalenz bedeutet hier im positiven Sinne, dass ein Mensch keine klare Präferenz aufweist. Dies kann besonders wirkungsvoll sein, da in diesem Fall auf beide Ausprägungen zurückgegriffen und diese gewinnbringend eingesetzt werden können.

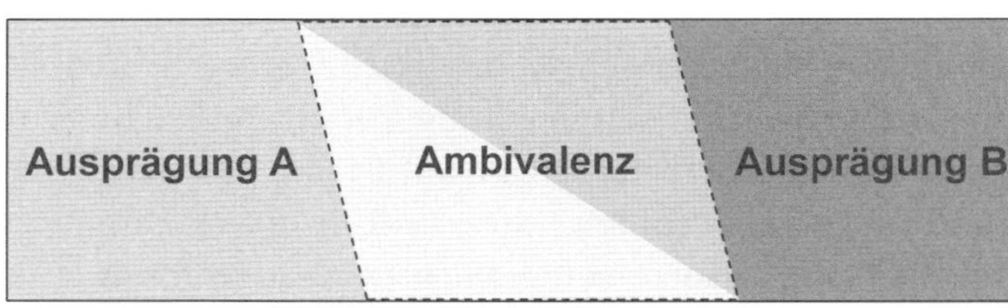

Metaprogramme können kontextabhängig stark schwanken (6). Jemand kann z. B. im familiären Kontext zu einem starken „wir" neigen und Dinge gerne besprechen, dagegen im beruflichen Umfeld gerne unabhängig agieren (vgl. Metaprogramm M5 weiter unten). Auch unter Druck und Stress können sich die Ausprägungen verändern. Es darf also keineswegs von z. B. einer Gesprächssituation auf die Persönlichkeit eines Menschen geschlossen werden.

Nachfolgend sind zehn für das Thema emotionale Aufnahmebereitschaft zentrale Metaprogramme aufgeführt. Diese werden, wie in folgender Tabelle dargestellt, in motivationale Merkmale (Metaprogramme M1-M5) und Merkmale der Informationsverarbeitung (Metaprogramme I1-I5) eingeteilt (adaptiert nach (42)):

		Ausprägung A	Ausprägung B
MOTIVATIONALE MERKMALE	**M1 Niveau**	Proaktiv	Reaktiv
	M2 Richtung	Auf etwas zu	Von etwas fort
	M3 Quelle	Internal	External
	M4 Grund	Optionen	Prozeduren
	M5 Arbeitsstil	Unabhängig	Kooperativ
MERKMALE DER INFORMATIONS-VERARBEITUNG	**I1 Informations-größe**	Global	Detail
	I2 Fokus	Selbst	Andere
	I3 Art	Kognitiv	Emotional
	I4 Übereinstim-mung	Gleichheit	Unterschied-lichkeit
	I5 Häufigkeit	Wenig	Viel

Meist haben Menschen die Tendenz, von den zehn Programmen kontextabhängig nur drei bis vier stark in einer Ausprägung zu leben. Diese sind beim Herstellen von Aufnahmebereitschaft besonders relevant. Bei den anderen halten sie sich im Bereich der Ambivalenz auf und können in der Regel auf beide Ausprägungen reagieren (42).

In der einführenden Beispielgeschichte hätten bei Julian v. a. die Ausprägungen M2-A (Auf etwas zu) und M3-A (Internal) angesprochen werden müssen, sein Vater hat hingegen in den Ausprägungen M2-B (Von etwas fort) und M3-B (External) argumentiert.

Zu den einzelnen Metaprogrammen sind im weiteren Verlauf sowohl Verhaltensweisen als auch spezifische Sprachmuster aufgeführt, an denen Sie die jeweilige Ausprägung erkennen können (erweitert und adaptiert nach (42)). Die Ausprägungen sind dabei jeweils in ihrer Reinform und kontextunabhängig beschrieben. Beachten Sie bitte, dass diese in der Praxis Wechselwirkungen untereinander haben können, stark situations- und kontextabhängig sind und dass diese dadurch nie etwas über die Gesamtpersönlichkeit eines Menschen aussagen. Auch möchten wir nochmals betonen, dass keine der Ausprägungen gut oder schlecht, sondern einfach nur unterschiedlich ist.

Motivationale Merkmale

M1 Niveau: Proaktiv/Reaktiv

Proaktive Menschen handeln meist, ohne groß nachzudenken oder zu analysieren. Sie ergreifen auch gerne die Initiative und warten nicht darauf, dass andere es tun. Proaktive Menschen nutzen eine aktive und eindeutige Satzstruktur, tendieren zur Ungeduld und haben oft Schwierigkeiten, lange still zu sitzen.

Reaktive Menschen hingegen warten eher ab und analysieren Situationen, um sie vollständig zu verstehen, bevor sie handeln. Sie warten oft auch darauf, dass andere die Initiative ergreifen, um dann darauf reagieren zu können. Reaktive Menschen nutzen viele passive Verben und Konditionalsätze (würde, könnte, sollte) und haben in der Regel kein Problem damit, lange still zu sitzen.

M2 Richtung: Auf etwas zu/Von etwas fort

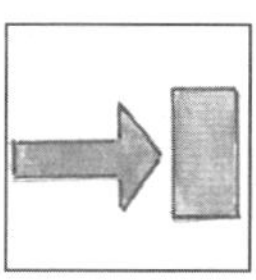

Das Denken von Menschen, die **auf etwas zu** gehen, wird stark von Zielen bestimmt. Sie tun Dinge, um Chancen und Möglichkeiten wahrzunehmen. Sie sprechen davon, was gewonnen oder erreicht werden kann.

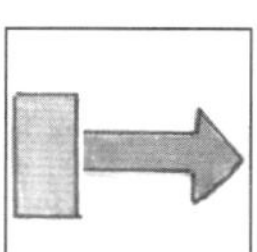

Menschen, die **von etwas fort** gehen, erledigen Aufgaben oder treffen Entscheidungen, um Nachteile zu vermeiden. Terminsetzungen lassen sie aktiv werden. Sie sprechen davon, was verhindert werden muss, oder nennen Probleme, die gelöst werden müssen.

M3 Quelle: Internal/External

Menschen mit **internaler** Ausprägung schöpfen ihre Motivation aus sich selbst und brauchen deshalb nur wenig Lob oder Feedback. Es fällt ihnen außerdem schwer, die Meinung anderer zu akzeptieren, wenn sie der eigenen Auffassung widerspricht, oder Anweisungen von anderen anzunehmen. Sie holen sich zwar Informationen von außen, entscheiden dann aber lieber selbst anhand eigener Maßstäbe.

Externale hingegen brauchen das Feedback anderer, um motiviert zu bleiben. Sie nehmen Informationen als Anweisungen an und können gut damit umgehen, wenn andere Entscheidungen treffen. Sie sind stark im Außen orientiert und lassen sich durch die Meinung anderer oder externer Normen beeinflussen.

M4 Grund: Optionen/Prozeduren

Menschen, die nach **Optionen** handeln, sind aufnahmebereit und motiviert, wenn sie die Möglichkeit haben, etwas auf eine neue Art und Weise zu machen. Dabei brechen oder beugen sie gerne bestehende Regeln oder Strukturen. Sie haben manchmal Schwierigkeiten damit, sich festzulegen, weil sie dadurch ihre Optionen einschränken.

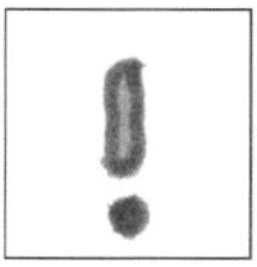

Nach **Prozeduren** orientierte Menschen halten sich gerne an vorgegebene Schritte und Strukturen. Dabei geht es mehr darum, „wie" etwas gemacht wird, und weniger darum, „warum" etwas gemacht wird. Wenn sie ein Verfahren haben, das gut funktioniert, halten sie daran fest. Dies gibt ihnen ein Gefühl von Sicherheit.

M5 Arbeitsstil: Unabhängig/Kooperativ

Menschen mit **Unabhängig**keitsmuster wollen alleine arbeiten und alleine die Verantwortung tragen. Sie sind weniger produktiv, wenn andere anwesend sind oder wenn sie die Verantwortung teilen müssen. Auch privat besprechen sie sich nicht gerne und ziehen auch ungern andere zu Rate.

Kooperative Menschen hingegen mögen es, mit anderen zusammenzuarbeiten und die Verantwortung zu teilen. Sie besprechen sich gerne und glauben an Synergien. Es fällt ihnen meist schwer, Aufgaben alleine zu Ende zu führen.

Merkmale der Informationsverarbeitung

I1 Informationsgröße: Global/Detail

Global orientierte Menschen konzentrieren sich in einer gegebenen Situation oder in einem gegebenen Kontext auf den Überblick. Sie präsentieren Informationen manchmal in einer zufälligen Reihenfolge, für Detailorientierte vermeintlich ohne Zusammenhang.

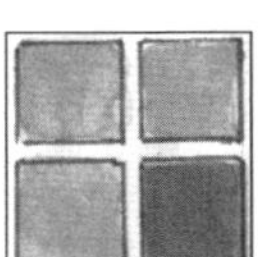

Menschen mit einer **Detail**orientierung konzentrieren sich auf kleine Informationseinheiten. Sie behandeln Informationen Schritt für Schritt in linearen Sequenzen. Sie haben dadurch manchmal Schwierigkeiten, Prioritäten zu setzen.

I2 Fokus: Selbst/Andere

Auf sich **selbst** bezogene Menschen fragen sich in der Kommunikation häufig: „Was habe ich davon?". Sie beachten dadurch die Bedürfnisse anderer kaum bis gar nicht. Sie empfinden eigene Dinge immer als wichtiger und sind schlechte Zuhörer.

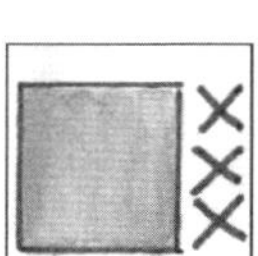

Menschen, die auf **andere** fokussiert sind, nehmen sich selbst nicht so wichtig. Sie sehen, was andere brauchen, helfen gerne und lösen Probleme anderer. Sie sind geduldige Zuhörer und haben echtes Interesse am anderen.

I3 Art: Kognitiv/Emotional

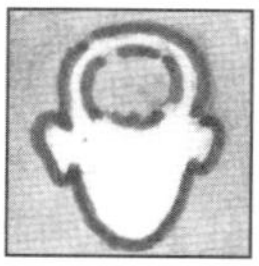

Kognitive Menschen brauchen Zahlen, Daten und Fakten, um überzeugt zu werden. Sie denken stark rational und bewahren in der Regel auch unter Stress einen kühlen Kopf.

Emotionale Menschen entscheiden mehr aus dem Bauch und brauchen Emotionen z. B. in Form von Geschichten, Metaphern oder Beispielen, um überzeugt zu werden. Sie reagieren auch unter Stress oft emotional und brauchen eine Weile, um aus diesem Zustand wieder herauszukommen.

I4 Übereinstimmung: Gleichheit/Unterschiedlichkeit

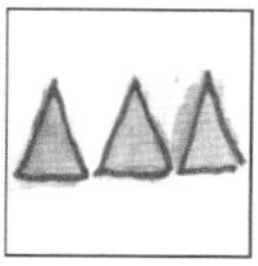

Menschen, die **Gleichheit** wahrnehmen, konzentrieren sich auf Übereinstimmungen innerhalb einer Situation oder bezüglich einer Person. Sie konzentrieren sich auf Vorteile und sind dadurch sehr begeisterungsfähig.

Menschen, die **Unterschiedlichkeit** wahrnehmen, sehen zuerst Ungleichheiten bezüglich Situationen oder Personen. Sie erkennen schnell den Haken, entdecken Fehler und wirken dadurch häufig sehr kritisch. Sie sind schwer zu überzeugen und wenig begeisterungsfähig.

I5 Häufigkeit: Wenig/Viel

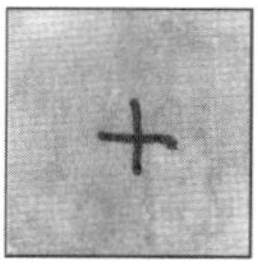

Menschen, die **wenige** Wiederholungen brauchen, entscheiden sofort und ohne langes Nachdenken oder Zögern. Es reicht ihnen, wenn ihnen Argumente und/oder Feedback einmal gesagt werden. Bei Wiederholungen reagieren sie oft genervt.

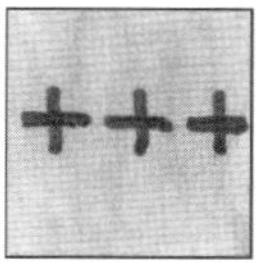

Menschen, die **viele** Wiederholungen brauchen, benötigen immer mal wieder Zuspruch. Es dauert auch eine lange Zeit, bis sie überzeugt sind und sich z. B. zum Kauf eines Produktes entscheiden. Sie müssen alles immer wieder neu beurteilen.

Sie können Metaprogramme zur Herstellung von emotionaler Aufnahmebereitschaft nutzen, indem Sie im Gespräch die Ausprägungen Ihres Gesprächspartners „bedienen". Dafür können Sie sowohl das eigene Verhalten als auch die eigenen Sprachmuster an den Gesprächspartner anpassen.

ANWENDUNG

Das Vorgehen beim Einsatz von Metaprogrammen zur Herstellung von emotionaler Aufnahmebereitschaft können Sie sich zusammengefasst wie folgt vorstellen:

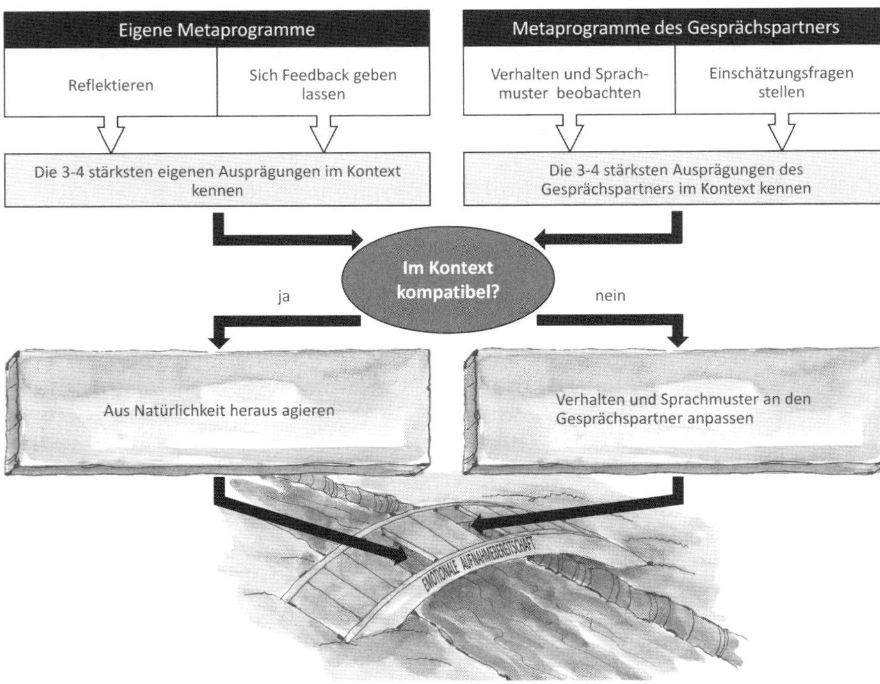

Ausgangspunkt ist, dass Sie zunächst Ihre eigenen Metaprogramm-Ausprägungen kennen und wissen, welchen Einfluss diese auf Ihr Verhalten und Ihre Sprachmuster haben. Dies erfordert ein intensives Sich-Auseinandersetzen mit sich selbst. Sie können sich dafür Situationen aus Ihrem Alltag vorstellen und hinterfragen, wie Sie jeweils reagieren. Welche der im Faktenteil beschriebenen Ausprägungen (jeweils A oder B) und welches Verhalten treffen dabei eher auf Sie zu? Werden Sie sich außerdem bewusst, was Ihre stärksten drei bis vier Ausprägungen sind und bei welchen Sie sich eher im Bereich der Ambivalenz aufhalten. Zusätzlich können Sie sich von anderen Personen ein Feedback geben lassen, welche Ausprägungen diese bei Ihnen wahrnehmen. Im zugehörigen Arbeitshandbuch finden Sie noch weitere Übungen, um sich der eigenen Metaprogramme bewusst zu werden.

Um die Metaprogramm-Ausprägungen Ihres Gesprächspartners herauszufinden, können Sie auf seine spezifischen Verhaltensweisen und Sprachmuster achten oder auch spezielle Einschätzungsfragen stellen. Beispiele hierfür finden Sie in nachfolgender Tabelle (adaptiert nach (42)). Beachten Sie bitte, dass dies lediglich Beispiele sind; für die Praxis sollten Sie sich Fragen überlegen, welche Sie in Ihre spezielle Gesprächssituation einflechten können.

		Beispielfrage(n)	Sprachindikatoren	
MOTIVATIONALE MERKMALE	M1	**Wie schnell setzen Sie Beschlossenes um?**	**Proaktiv** Aktive, kurze, klare Sätze	**Reaktiv** Nachdenken, abwarten, Sätze mit „könnte“ oder „versuchen“
	M2	**Was ist Ihnen bei Ihrer Arbeit/in Ihrer Beziehung/ in einer Freundschaft/ ... wichtig? Warum ist Ihnen dies wichtig?**	**Auf etwas zu** Erreichen, bekommen, einschließen	**Von etwas fort** Vermeiden, ausschließen, Probleme erkennen
	M3	**Woran erkennen Sie, dass Sie gute Arbeit geleistet haben?**	**Internal** Weiß es selbst	**External** Braucht Aussagen anderer
	M4	**Warum haben Sie sich für Ihre jetzige Arbeit/ Beziehung/ Wohnung/ ... entschieden?**	**Optionen** Kriterien, Wahlmöglichkeiten, Gelegenheiten	**Prozeduren** Wie und warum, keine Wahl, Notwendigkeit
	M5	**Beschreiben Sie bitte eine (Arbeits-)Situation, die Sie genossen haben. Was genau hat Ihnen daran gut gefallen?**	**Unabhängig** Allein, ich, alleinige Verantwortung	**Kooperativ** Wir, Team, geteilte Verantwortung

MERKMALE DER INFORMATIONSVERARBEITUNG				
	I1	**Worauf achten Sie, wenn Sie eine schriftliche Arbeit vor sich liegen haben?**	**Global** Überblick, Gesamtbild, willkürliche Reihenfolge	**Detail** Details, Sequenzen, exakt
	I2	**Wer entscheidet bei Thema xy?**	**Selbst** Ich, mir	**Andere** Wir, uns
	I3	**Beschreiben Sie bitte ein Projekt, mit dem Sie Schwierigkeiten hatten.**	**Kognitiv** Reagiert rational	**Emotional** Reagiert mit Gefühl
	I4	**Welche Beziehung besteht zwischen Ihrer Arbeit/Ihrer Beziehung/ ... heute und früher?**	**Gleichheit** Das Gleiche, keine Veränderungen	**Unterschiedlichkeit** Unterschiede, Veränderungen
	I5	**Wie entscheiden Sie? Wie oft brauchen Sie Feedback?**	**Wenig** Sofort, schnell, Feedback selten	**Viel** In Ruhe, nachdenken, Feedback oft

Wenn Sie die starken drei bis vier Metaprogramm-Ausprägungen Ihres Gesprächspartners herausgefunden haben, sollten Sie diese mit den eigenen abgleichen und hinsichtlich der Kompatibilität prüfen. Bei Programmen, in denen Sie sich ähneln, erreichen Sie den Gesprächspartner meist gut aus Ihrer Natürlichkeit heraus und Sie brauchen nicht weiter auf diese zu fokussieren.

Ausnahmen bilden hier die Metaprogramme **M3 Quelle** und **I2 Fokus**: Möchte ein internal geprägter Mensch einen anderen **internal** geprägten Menschen erreichen, darf er keinesfalls aus seiner eigenen internalen Sichtweise heraus argumentieren, sondern sollte die **internale Quelle** des anderen bedienen. Haben zwei Menschen jeweils einen **Fokus** auf das **Selbst**, ist jeder mit sich und seinen eigenen Bedürfnissen beschäftigt. Auch in diesem Fall ist es notwendig, zum Herstellen von Aufnahmebereitschaft seinen **eigenen Selbst**-Fokus zu verlassen und dem **anderen** in seinem **Selbst**-Fokus zu begegnen.

Bei den Programmen, in denen Sie Unterschiede feststellen, sollten Sie Ihr eigenes Verhalten und die eigenen Sprachmuster an den Gesprächspartner anpassen und diese damit für die Herstellung emotionaler Aufnahmebereitschaft nutzen. So hat es Frau Strohmeier auch ihrem Mann in der Beispielgeschichte vom Anfang des Kapitels erklärt.

Da Menschen von Natur aus sehr vielfältig und flexibel sind, können die Metaprogramme und somit die Strategie zur Erreichung von Aufnahmebereitschaft kontextabhängig variieren. Nur weil eine Person zu gegebener Zeit und an einem gegebenen Ort ein bestimmtes Muster zeigt, können Sie nicht darauf schließen, dass es immer so ist. Achten Sie deshalb jeweils darauf, wie sich die andere Person in genau der relevanten Situation zu genau dem relevanten Thema verhält, und passen Sie sich entsprechend an. Achten Sie darauf, welche Programme in diesem Kontext die dominantesten (max. 3-4) sind, und fokussieren Sie sich ausschließlich auf diese, sonst wird es zu komplex. Seien Sie sich bitte auch bewusst, dass das Erkennen und die Anwendung von Metaprogrammen Übung erfordert und meist nicht von heute auf morgen funktioniert.

Die grundsätzlichen Strategien zur Herstellung von emotionaler Aufnahmebereitschaft bezogen auf die einzelnen Metaprogramm-Ausprägungen sind nachfolgend beschrieben. Überlegen Sie sich jeweils, was davon Sie aus Ihrer Natürlichkeit heraus bedienen (diesen Aspekten brauchen Sie weniger Aufmerksamkeit zu schenken) und was Sie gezielt in Ihrer Kommunikation und Ihrem Verhalten ändern sollten, um den jeweiligen Gesprächspartner besser zu erreichen.

Wie gewinne ich die emotionale Aufnahmebereitschaft ...

M1-A: ... eines *proaktiven* Menschen?

- Zögern Sie nicht, sondern packen Sie an.
- Benutzen Sie die gleiche direkte und aktive Sprache.
- Vermeiden Sie bürokratische Verzögerungen.

M1-B: ... eines *reaktiven* Menschen?

- Geben Sie dem anderen Zeit für die Analyse und drängen Sie ihn nicht.
- Ergreifen Sie ggf. die Initiative und geben Sie dem anderen die Möglichkeit zu reagieren.
- Verwenden Sie sprachliche Passivformen und Konjunktive.

M2-A: ... eines *auf etwas zu*-Menschen?

- Sprechen Sie davon, was gewonnen oder erreicht werden kann.
- Fokussieren Sie Gespräche auf Argumente und Ziele.
- Zeigen Sie Vorteile auf.

M2-B: ... eines *von etwas fort*-Menschen?

- Sprechen Sie davon, was vermieden werden muss.
- Zeigen Sie auf, welche Nachteile verhindert werden können.
- Setzen Sie Deadlines und Termine.

M3-A: ... eines Menschen mit *internaler* Ausprägung?

- Geben Sie dem anderen das Gefühl, dass er selbst entscheidet.
- Sprechen Sie nicht von Anweisungen, sondern von Ideen oder Vorschlägen.
- Wenn möglich, geben Sie dem anderen Wahlmöglichkeiten.

M3-B: ... eines Menschen mit *externaler* Ausprägung?

- Argumentieren Sie mit äußeren Informationsquellen (Studien, Produkttests, allgemeine Meinung, ...).
- Geben Sie viel Feedback.
- Benennen Sie andere Personen als Referenz.

M4-A: ... eines Menschen, der in *Optionen* denkt?

- Bieten Sie immer eine Auswahl und mehrere Möglichkeiten an.
- Pressen Sie den anderen nicht in bestehende Vorgehensweisen, sondern sorgen Sie dafür, dass er die Möglichkeit hat, Dinge selbst zu entwickeln.
- Fokussieren Sie bei Vorgehensweisen auf das „Warum".

M4-B: ... eines Menschen, der in *Prozeduren* denkt?

- Bieten Sie dem anderen immer ein vorgegebenes Verfahren.
- Halten Sie sich an Regeln und verlangen Sie auch nicht vom anderen, Regeln zu brechen.
- Fokussieren Sie bei Vorgehensweisen auf das „Wie".

M5-A: ... eines Menschen mit *unabhängiger* Ausprägung?

- Sorgen Sie dafür, dass der andere einen klar abgegrenzten eigenen Verantwortungsbereich bekommt.
- Unterbrechen Sie den anderen nicht bei Tätigkeiten.
- Kommen Sie mit fertigen Ergebnissen und drängen Sie den anderen nicht, auf dem Weg dahin etwas zu besprechen.

M5-B: ... eines Menschen mit *kooperativer* Ausprägung?

- Arbeiten Sie mit dem anderen eng zusammen und teilen Sie, wenn möglich, die Verantwortung auf.
- Besprechen Sie Dinge mit dem anderen und entscheiden Sie nichts alleine.
- Tauschen Sie sich mit dem anderen – auch ohne konkreten Anlass – regelmäßig aus.

I1-A: ... eines Menschen mit *globaler* Ausprägung?

- Bleiben Sie stets im Überblick und rutschen Sie nicht unnötig ins Detail ab.
- Falls möglich, liefern Sie Zusammenfassungen.
- Nutzen Sie einfache Sätze ohne viele Modifikatoren oder Details.

I1-B: ... eines Menschen mit *detail*orientierter Ausprägung?

- Liefern Sie kleine Informationseinheiten (z. B. Tages- und keinen Jahresplan).
- Gehen Sie Schritt für Schritt vor.
- Sprechen Sie in Sequenzen.

I2-A: ... eines Menschen mit Fokus auf sich *selbst*?

- Zeigen Sie stets den Nutzen für die Person auf.
- Betonen Sie, wie etwas den anderen persönlich bereichern oder besserstellen wird.

I2-B: ... eines Menschen mit Fokus auf *andere*?

- Zeigen Sie den Nutzen für das Team/die Familie/die Allgemeinheit/ ... auf.
- Betonen Sie, wie etwas dazu dient, anderen zu helfen (besonders den Menschen, die dem anderen wichtig sind).

I3-A: ... eines *kognitiven* Menschen?

- Argumentieren Sie mit (klar belegten) Fakten.
- Verwenden Sie eine klare, rationale Sprache.

I3-B: ... eines *emotionalen* Menschen?

- Nutzen Sie viele Geschichten, Metaphern und emotionale Beispiele.
- Stellen Sie unbedingt eine vertrauensvolle Beziehung her und verwenden Sie eine gefühlsbetonte Sprache.

I4-A: ... eines Menschen, der *Gleichheit* wahrnimmt?

- Betonen Sie Ähnlichkeiten oder Übereinstimmungen.
- Bauen Sie auf die positiven Erfahrungen des anderen auf.

I4-B: ... eines Menschen, der *Unterschiedlichkeit* wahrnimmt?
- Erwähnen Sie auch kritische Punkte und wie Sie damit umgehen werden.
- Legen Sie den Fokus auf die Einzigartigkeit einer Situation/eines Produktes.
- Vermeiden Sie unbedingt Verallgemeinerungen.

I5-A: ... eines Menschen, der *wenig* Wiederholungen braucht?
- Erwähnen Sie Dinge nur einmal (auch z. B. Feedback zu einer Sache).
- Vermeiden Sie Wiederholungen von Argumenten.

I5-B: ... eines Menschen, der *viele* Wiederholungen braucht?
- Sprechen Sie Dinge mehrfach (bis immer wieder) mit dem anderen durch.
- Geben Sie dem anderen Zeit, in Ruhe nachzudenken, und drängen Sie ihn nicht zu einer Entscheidung.

Ergänzend zu den eben beschriebenen Punkten können Sie auch noch spezifische Sprachmuster zur Herstellung von Aufnahmebereitschaft verwenden. Diese sind, den einzelnen Metaprogramm-Ausprägungen zugeordnet, in nachfolgender Tabelle zusammengefasst (adaptiert nach (42)):

		Ausprägung A	Ausprägung B
MOTIVATIONALE MERKMALE	M1	**Proaktiv** Machen, loslegen, erledigen Um keine unnötige Zeit zu verlieren ... Beeilen wir uns ...	**Reaktiv** Verstehen, nachdenken, warten, analysieren Ich habe x und y bedacht ... Nach gründlicher Analyse ...
	M2	**Auf etwas zu** Erreichen, bekommen, schaffen	**Von etwas fort** Vermeiden, verhindern, loswerden
	M3	**Internal** Sie entscheiden ... Sie wissen ... Es liegt ganz an Ihnen ...	**External** Anderen wird auffallen ... Jeder tut das ... Herr XY meint, dass ...

	M4	**Optionen** Möglichkeiten, Optionen, Gelegenheiten, Vielfalt In Ihrem Fall ... Ausnahmsweise ...	**Prozeduren** Bewährt, wahr, wie Auf die richtige Art und Weise ... Erstens ..., zweitens ..., drittens
	M5	**Unabhängig** Nur Sie, alleine, unabhängig Sie tragen die volle Verantwortung Es ist Ihre Zuständigkeit	**Kooperativ** Gemeinsam, wir, zusammen Wir teilen die Verantwortung Lassen Sie uns ...
MERKMALE DER INFORMATIONSVERARBEITUNG	**I1**	**Global** Im Wesentlichen, im Überblick, der springende Punkt	**Detail** Genau, präzise, spezifisch, viele Details
	I2	**Selbst** Vorteil für Sie ... Sie haben davon ... Ihnen bringt es ...	**Andere** Andere haben davon ... Den anderen bringt es ... Der Nutzen für andere ist ...
	I3	**Kognitiv** Klar, logisch, rational, Zahlen, Daten, Fakten Die Fakten sprechen für ...	**Emotional** Intensiv, aufregend, wunderbar, Gefühl, Geschichten Mein Gefühl sagt mir ...
	I4	**Gleichheit** Identisch, wie bisher, gleich, ähnlich, Vorteile Wie Sie bereits kennen ... Genau wie damals ...	**Unterschiedlichkeit** Anders, neu, einmalig, speziell, einzigartig, besonders, Unterschiede In dieser speziellen Situation ...
	I5	**Wenig** Einmal, schnell entscheiden, keine Wiederholungen Sie wissen, was Sie wollen ...	**Viel** Nochmal, mehrmals Denken Sie nochmals in Ruhe darüber nach ... Wir gehen es zur Sicherheit nochmals durch ...

DAS WICHTIGSTE IN KÜRZE

- Metaprogramme sind Wahrnehmungsfilter, die steuern, wie ein Mensch Situationen und Botschaften interpretiert. Sie bestimmen typische Muster im Denken, Handeln und Sprechen.
- Für das Thema emotionale Aufnahmebereitschaft haben wir zehn zentrale Metaprogramme ausgewählt, die kontextabhängig wirken.
- Sie erkennen anhand der Metaprogramm-Ausprägungen eines Menschen, wie er motiviert handelt, Informationen versteht, am wirkungsvollsten arbeitet, prüft und Entscheidungen trifft.
- Keine Metaprogramm-Ausprägung ist gut oder schlecht.
- Machen Sie sich Ihre eigenen Metaprogramm-Ausprägungen in verschiedenen Kontexten bewusst, um Ähnlichkeiten und Unterschiede zum Gesprächspartner wahrzunehmen.
- Beachten Sie die Metaprogramme des Gesprächspartners (durch Sprache und Verhalten), um Aufnahmebereitschaft herzustellen.

BEISPIELE: ANWENDUNG IN DER DIGITALEN KOMMUNIKATION

- Schriftliche digitale Kommunikation ist oftmals zu kurz (z. B. Instant Messaging, SMS), um die für die einzelnen Metaprogramme typischen Sprachmuster „rauszulesen“ oder „anzusprechen“.
- Da bei einer schriftlichen Kommunikation jedoch nicht spontan geantwortet werden muss (z. B. E-Mail), bleibt mehr Zeit, um eine zu den Metaprogramm-Ausprägungen passende Formulierung zu wählen.
- Durch die digitale Kommunikation selbst werden einzelne Metaprogramm-Ausprägungen mehr oder weniger gut bedient:
  - Menschen mit einer reaktiven Ausprägung des motivationalen Niveaus (M1-B) und/oder einer hohen Häufigkeit (I5-B) bei der Informations-

verarbeitung haben z. B. weniger Druck, sofort reagieren oder entscheiden zu müssen.

- Menschen mit einer emotionalen Art der Informationsverarbeitung (I3-B) haben z. B. vielleicht Mühe, eine vertrauensvolle Beziehung herzustellen.

VERTIEFENDE LITERATUR

Shelle R. Charvet: Wort sei Dank – Von der Anwendung und Wirkung effektiver Sprachmuster. Paderborn, Junfermann Verlag, 1998

Robert B. Dilts: Die Magie der Sprache: Angewandtes NLP. Paderborn, Junfermann Verlag, 2016

Tad James, Wyatt Woodsmall: Time Line: NLP-Konzepte. Paderborn, Junfermann Verlag, 1994

3.1.2 Werte und Wertekonflikte

„Zur Unterscheidung von Gutem und Schlechtem bedarf der Verständige keines anderen Menschen."
(Sokrates)

Das Firmenjubiläum

Wilhelm Däch kam mit seiner Ehefrau Margit an diesem frühsommerlichen Nachmittag in ganz besonderer Mission in den Fabrikverkauf eines bekannten Nürnberger Bratwurstherstellers. Der 65-jährige stattliche, groß gewachsene Mann mit dem vollen, pechschwarzen Haar aß Nürnberger Bratwürste für sein Leben gern. Am liebsten frisch vom Grill mit Sauerkraut und Brot. Heute ging es ihm allerdings weniger um sein Leibgericht als vielmehr um Präsente für das bevorstehende Firmenfest der Rudolf Däch Holzgroßhandlung. Diese führte Wilhelm Däch in zweiter Generation. Er hatte die Firma als 20-Jähriger von seinem Vater als kleinen Zulieferbetrieb örtlicher Schreinereien übernommen und zu einem mittlerweile überregional tätigen soliden mittelständischen Unternehmen mit knapp einhundert Mitarbeitern ausgebaut. An dem bevorstehenden Fest sollten einige seiner langjährigen Mitarbeiter für treue Dienste geehrt werden. Und da es sich um einen eingesessenen fränkischen Betrieb handelte, lag es nach Ansicht des Chefs doch nahe, die Angestellten mit großen, leckeren Fresskörben reich an fränkischen Spezialitäten zu beglücken.

In oval-bauchigen, grob geflochtenen Körben unterschiedlicher Größe waren allerlei Spezialitäten auf grünem Kunstgras fein säuberlich drapiert, zum Beispiel Gläser mit hausgemachter Leberwurst, Bratwurstgehäck oder Räucherwürste. Eine überaus gelungene Zusammenstellung, bei dem einem Betrachter wahrlich das Wasser im Munde zusammenlaufen konnte. Damit das Ganze auch fürs Auge was hergab, waren die Körbe in elegante Geschenkfolie eingewickelt und mit bunten Zierbändern zusammengebunden.

„Ich habe mir gedacht, als Gag kommt in jeden Korb noch eine Packung mit frischen Bratwürsten“, sagte Wilhelm Däch zu seiner Frau. „Für jedes Jahr Betriebszugehörigkeit eine. Dann bekommt zum Beispiel der Gehbauer 20, die Frau Fritsche 30 und unser Hans-Peter Engel 40 Bratwürste. Für 40 treue Jahre bei unserer Firma. Was meinst du?“

„Eine sehr gute Idee, Willi!“, pflichtete Frau Däch bei.

Hans-Peter Engel kam an diesem Abend ziemlich spät nach Hause. Es war schon fast halb zehn, als er seinen dunkelgrünen Kombi in der Garage des Reihenhauses im Norden Nürnbergs abstellte und ins Haus ging. Dort hängte er wie immer seine Jacke in den Garderobenschrank und stellte die Schuhe ordentlich ins Regal. Die Stimmen des Fernsehers in dem ansonsten dunklen und ruhigen Haus signalisierten ihm, dass es sich seine Frau Brigitte bereits im Wohnzimmer gemütlich gemacht hatte

„Guten Abend, Schatz!“, sagte er zu seiner Frau, als er ins Wohnzimmer kam.

„Guten Abend!“, erwiderte Frau Engel, die entspannt auf dem Sofa lag. „Na, wie war die Sitzung? Erzähl mal!“

„Vor dir steht der neue Vorsitzende!“

„Gratuliere!“, antwortete Frau Engel und man konnte ihr ansehen, dass sie sich für ihren Mann freute. „Wie ist es gelaufen?“

„Perfekt!“ Herr Engel setzte sich auf einen der beiden Sessel und erzählte seiner Frau von der außerordentlichen Sitzung seines Verbands, dem er nun schon seit über 15 Jahren angehörte. Mit seiner unermüdlichen Arbeit und seinem Einsatz hatte er sich in dieser Zeit einen Namen gemacht, nicht nur regional im Raum Nürnberg, sondern auch weit über die Grenzen der Frankenmetropole hinaus. Als Engels Meisterstück galt eine Petition beim Europäischen Parlament, die maßgeblichen Einfluss auf eine neue Verordnung hatte. Der Verband honorierte und würdigte seine Arbeit nun dadurch, dass er Hans-Peter einstimmig zum neuen Vorsitzenden gewählt hatte.

„Das hast du dir auch verdient!“, meinte seine Frau. „Hast du schon was gegessen?“

„Nein“, antwortete Herr Engel.

„Dachte ich mir! In der Küche steht eine Schüssel mit Linsenauflauf. Mach sie dir bitte selbst warm. Der Film ist gerade so spannend! Ach ja, da ist ein Brief für dich gekommen. Vom Däch! Er liegt auf dem Küchentisch!“

Der Linseneintopf roch lecker. Und Hans-Peter Engel hatte seit dem frühen Nachmittag nichts mehr gegessen. Während er seine Linsen genoss, öffnete und las er den Brief. Es handelte sich um eine persönliche Einladung zur Firmenfeier der Firma Rudolf Däch mit Ehrung langjähriger und verdienter Mitarbeiter. Hans-Peter Engel lächelte. Letzten Dienstag waren es genau 40 Jahre, dass er für die Firma Däch tätig war. Damals war er gleich nach der Bundeswehr als Auszubildender in den Betrieb gekommen und hatte es bis zum Verkaufsleiter mit Prokura gebracht. Hans-Peter Engel freute sich natürlich auf die Ehrung für 40 Jahre treue Dienste. Zu seinem Chef hatte Engel ein sehr gutes, ja fast sogar freundschaftliches Verhältnis. Er arbeitete gern in der Firma und ging in seinem Job voll auf.

Es war Freitagabend, und gegen 18:00 Uhr hatten sich nahezu alle Mitarbeiter und viele geladene Gäste der Firma Däch in der Turnhalle des SV Vach 07 eingefunden. Wilhelm Däch gehörte dem Präsidium des Vereins an und sponserte die Kreisliga-Fußballmannschaft. Er nutzte die Turnhalle stets für seine Firmenfeiern. Vorne wurde eine Bühne aufgebaut und davor standen viele Bierbänke, geschmückt mit rot-weißen Tischdecken und entsprechender Dekoration. Es herrschte eine ausgelassene und fröhliche Stimmung, wie in einem Bierzelt auf dem Oktoberfest. Für das Tüpfelchen auf dem „i“ sorgte eine fränkische Band, die fetzige Schlagermusik spielte. Nach einigen Ansprachen, ein bisschen Tanz und viel Unterhaltung näherte sich das Event dem Höhepunkt des Abends: der Ehrung verdienter Mitarbeiter. Wilhelm Däch hielt zunächst eine allgemeine Ansprache und bat dann diejenigen Mitarbeiter auf die Bühne, die geehrt werden sollten. Hans-Peter Engel wurde als Letzter aufgerufen. Als dieser die drei Treppen zur Bühne hinaufstieg, fiel sein Blick auf die vielen Geschenkkörbe, die da gerade von den drei Auszubildenden vorbereitet wurden. Ausnahmslos handelte es um ‚Fresskörbe' mit vielen Wurstwaren, Schinken und ähnlichen ‚Delikatessen'. Ein komisches, sehr unangenehmes Gefühl stieg in Engel hoch, als er den fleischigen Inhalt der Geschenkkörbe inspizierte. Eine noch unangenehmere Vorahnung überkam ihn. „Der wird mir doch nicht allen Ernstes so einen Korb schenken“, dachte sich Hans-Peter Engel angewidert.

Der Firmenchef begann mit den zehnjährigen Jubilaren, von denen es natürlich eine ganze Menge gab. Dann folgten die zwanzigjährigen und drei dreißigjährige. Hans-Peter Engel fühlte sich zunehmend unwohler und be-

gann leicht zu schwitzen. Jeder von denen bekam vom Chef voller Stolz einen Fleischkorb mit entsprechender Laudatio überreicht. Seine Kolleginnen und Kollegen freuten sich wie kleine Schneekönige. Vor allem über den Gag, dass für jedes Jahr Firmenzugehörigkeit eine extra frische fränkische Bratwurst im Korb lag.

„Liebe Mitarbeiterinnen und Mitarbeiter, verehrte Gäste. Es ist mir eine außerordentliche Freude, heute einen Mann für 40 Jahre treue Dienste ehren zu dürfen, den ich mit gutem Gewissen auch als treuen Weggefährten bezeichnen kann", begann Wilhelm Däch und wandte sich Hans-Peter Engel zu. Engel sah, dass sein Chef feuchte Augen hatte. Den Rest der Rede, die voller netter und anerkennender Wort war, verfolgte Hans-Peter Engel nur am Rande. Sein Blick klebte immer wieder an dem letzten, noch übrigen Fresskorb. Dem größten von allen. Eine Mischung aus Wut und Enttäuschung stieg in ihm auf. „Das kann der doch nicht machen", dachte Engel immer wieder. Sein Puls begann zu rasen, als sich Wilhelm Däch den großen Fresskorb reichen ließ, auf Hans-Peter Engel zuging und ihm mit den Worten „... freue ich mich, dir, lieber Hans-Peter Engel, ebenfalls ein kleines Präsent überreichen zu dürfen. Lass dir die 40 frischen Bratwürste bitte besonders gut schmecken!"

Im Saal gab es tosenden Applaus. Wilhelm Däch drückte Hans-Peter Engel lange und fest die Hand. Seine Kollegen klopften ihm anerkennend auf die Schulter. Und Engel selbst? Zwar registrierte er das alles, aber es ließ ihn kalt.

Den restlichen Abend der Firmenfeier verfolgte Hans-Peter Engel wie eine TV-Sendung, die eine Hausfrau während des Staubsaugens nebenbei zur Berieselung laufen lässt. Er kam sich regelrecht ‚verarscht' vor. Nach alle den Jahren wertete er diese Aktion seines Chefs wie einen Tritt in den Hintern. Mit Anlauf! „Das ist doch genauso pervers, wie wenn er dem Lehmann einen Laufband-Ergometer schenkt!", sagte er wütend zu seiner Frau. Sein Kollege Gernot Lehman war querschnittsgelähmt und saß im Rollstuhl. Die Engels verließen die Feier dann auch vorzeitig. Bei der angeheiterten und ausgelassenen Stimmung fiel das niemandem auf.

Wie jeden ersten Montag im Monat fand wieder die routinemäßige Vertreterkonferenz der Firma Wilhelm Däch statt. Der gesamte Außen- und Verkaufs-Innendienst hatte sich zur Besprechung der aktuellen Lage zu dem Meeting versammelt, das Hans-Peter Engel in seiner Eigenschaft als Verkaufschef leitete. Anders als sonst zeigte er kein großes Interesse an den aktuellen Zahlen und dem damit verbundenen Wohlergehen seiner Firma. Im Gegenteil, Beobachter hätten sein Verhalten mit den Worten ‚Das kratzt ihn überhaupt nicht' umschrieben.

„Was meinst du dazu, Hans-Peter?", fragte Wilhelm Däch, nachdem einer der Vertreter einen wichtigen Vorschlag gemacht hatte.

„Nichts!", antwortete Hans-Peter Engel und zuckte nur mit den Schultern.

„Nichts?", fragte der Chef zurück. „Beim letzten Mal sagtest du noch ..."

„Das war vor vier Wochen!", entgegnete Engel etwas ungehalten. „Ich habe eben meine Meinung geändert."

Wilhelm Däch und auch Engels Kollegen war anzusehen, dass sein abweisendes Verhalten und das demonstrativ zur Schau gestellte Desinteresse für alle Anwesenden mindestens ungewohnt waren.

„Sagen Sie mal, Frau Mönius, können Sie sich einen Reim darauf machen, warum Herr Engel so abweisend zu mir ist?", fragte Wilhelm Däch dann auch seine Sekretärin am Abend, als er ihr die Unterschriftsmappen der Tagespost auf den Schreibtisch legte. „Er grüßt mich nicht einmal mehr, wenn wir uns im Gang begegnen!"

Die langjährige Sekretärin machte ein betroffenes Gesicht und schaute ihren Chef an.

„Sie wissen es anscheinend wirklich nicht?"

„Was weiß ich nicht?", fragte Wilhelm Däch. „Sagen Sie schon!"

„Hans-Peter Engel ist überzeugter Vegetarier!"

„Vegetarier?", fragte der Firmenchef völlig erstaunt. „Ist das wirklich wahr?"

„Glauben Sie, ich erzähle Ihnen Märchen?", antwortete die Sekretärin. Das Vorwurfsvolle in ihrer Stimme war nicht zu überhören. „Jeder hier in der Firma weiß das! Engel ist seit vielen Jahren im Tierschutzbund organisiert. Letzte Woche haben sie ihn sogar zu ihrem Vorsitzenden gewählt. Und Sie haben ihm am letzten Freitag einen Fresskorb mit Fleisch überreicht! In der Firma ist das DAS Tagesthema! Das muss Herr Engel wie eine schallende Ohrfeige aufgenommen haben!"

Wilhelm Däch schaute entsetzt. Alle Farbe war aus seinem Gesicht gewichen, und es sah aus, als hätte ihn gerade die Nachricht vom Tod eines nahen Angehörigen erreicht.

„Ich Idiot!", sagte Wilhelm Däch dann schleppend. „Was bin ich nur für ein Idiot."

***

Die Geschichte verdeutlicht, wie die Missachtung der Werte eines anderen Menschen zu einem Verlust an emotionaler Aufnahmebereitschaft führen kann. Herr Däch handelte zwar aus einer positiven Absicht heraus, verletzte durch sein Verhalten aber einen Wert von Herrn Engel, den man als „Tierschutz" bezeichnen könnte. Dies führte dazu, dass ihm Herr Engel die Aufnahmebereitschaft (und Berechtigung) entzog, was sich durch abweisendes Verhalten und Desinteresse bemerkbar machte. Die Brücke der emotionalen Aufnahmebereitschaft von Herrn Engel wurde massiv beschädigt und drohte einzustürzen.

FAKTEN

Die Entscheidungen und das Verhalten eines Menschen werden stark durch seine eigenen, individuellen Werte geprägt. Als Wert wird das bezeichnet, was einem Menschen wichtig ist, was ihm Bedeutung und Motivation gibt und wie und wodurch er sich führen lässt. Werte bestimmen, was ein Mensch als gut/schlecht oder richtig/falsch empfindet. Sie sind dabei oft unbewusst und sehr subjektiv, aber von vermeintlich objektiver Gültigkeit (45). Sich über einen Wert mit einem anderen Menschen zu streiten, macht daher keinen Sinn. In der Praxis passiert genau das aber leider sehr oft.

Werte sind in der psychologischen Literatur als solches erst Ende der 80er-Jahre thematisiert worden. Die Beschäftigung mit dem Einfluss von Werten auf Menschen geht geschichtlich aber viel weiter zurück. Beispiele dafür sind die alten griechischen Philosophen oder auch die christlichen Texte der Bibel – alle beschäftigen sich unter anderem mit dem Thema Werte.

> *Werte sind individuelle Richtlinien, an denen Menschen festmachen, was gut und schlecht, recht und unrecht ist. Sie dienen – bewusst oder unbewusst – als Orientierungshilfe bei Entscheidungen.*

Werte entstehen während des Sozialisierungsprozesses eines Menschen und werden stark durch die Erziehung (z. B. der Eltern) geprägt. Später werden diese mit eigenen Erfahrungen verknüpft und ergänzt (45).

Die Werte eines Menschen sind typischerweise unterschiedlich priorisiert. Das heißt, es gibt Werte, die einem Menschen wichtiger sind als andere, welche dadurch eine stärkere Auswirkung auf sein Verhalten bzw. seine Entscheidungen haben. Indem Sie die wichtigsten Werte Ihres Gegenübers kennen, respektieren und ansprechen, können Sie gezielt eine wichtige Voraussetzung für seine Aufnahmebereitschaft schaffen.

Es können zwei Wertekategorien unterschieden werden: Es gibt sogenannte *Appetenzwerte* (das, was ein Mensch will – z. B. Liebe, Harmonie, Freiheit,

...) und *Aversionswerte* (das, was ein Mensch nicht will oder ablehnt – z. B. Alleinsein, Stress, Auseinandersetzung, ...) (45). Ein Appetenzwert eines Menschen kann dabei ein Aversionswert eines anderen Menschen sein, wie in der Beispielgeschichte der Wert „Fleisch". In diesem Fall kann es unterbewusst zum Entziehen der Berechtigung und/oder der Aufnahmebereitschaft der anderen Person gegenüber kommen.

Um greifbar zu machen, was alles ein Wert sein kann, finden Sie in nachfolgender Tabelle einige Beispiele für Werte aufgeführt. Die Auflistung kann dabei keinesfalls vollumfassend sein, da es eine nahezu unendliche Anzahl an Werten gibt, die von jedem Menschen auch noch unterschiedlich definiert sind. Der allseits bekannte Wert „Ehrlichkeit" kann z. B. von einem Menschen als „die Wahrheit sagen" interpretiert werden, bei einem anderen Menschen kann er hingegen als „authentisch sein" definiert sein. Hier gilt es, genau zu beobachten oder bei passender Gelegenheit in Gesprächen nachzuhaken.

WERTEBEISPIELE			
Abenteuer	Abwechslung	Achtung	Alleinsein
Anerkennung	Arbeit	Aufrichtigkeit	Auseinandersetzung
Begeisterung	Beliebtheit	Bescheidenheit	Beständigkeit
Bestätigung	Bester sein	Beziehungen	Bewusstsein
Dankbarkeit	Demut	Disziplin	Dominanz
Ebenbürtigkeit	Effektivität	Effizienz	Ehrlichkeit
Einfluss	Entschlossenheit	Entspannung	Entwicklung
Erfolg	Ergebnisse	Ethik	Exzellenz
Fachkompetenz	Familie	Fitness	Flexibilität
Freiheit	Freude	Freundschaft	Frieden
Geborgenheit	Geduld	Gelassenheit	Gemeinsamkeit
Genuss	Geselligkeit	Gesundheit	Glück
Harmonie	Herausforderung	Hilfsbereitschaft	Individualität
Intelligenz	Integrität	Interesse	Intuition
Karriere	Klarheit	Kompetenz	Kontaktfähigkeit
Kontrolle	Kooperation	Kreativität	Kultiviertheit
Lebensfreude	Leidenschaft	Leistung	Liebe

Loyalität	Macht	Mut	Natur
Offenheit	Optimismus	Ordnung	Qualität
Reichtum	Respekt	Ruhe	Ruhm
Schönheit	Selbstbewusst-sein	Sex	Sicherheit
Sinn	Spaß	Spiritualität	Status
Teamgeist	Tierschutz	Treue	Umwelt
Unabhängigkeit	Unverwundbar-keit	Veränderung	Verantwortung
Verbundenheit	Verpflichtung	Verständnis	Vertrauen
Wachstum	Wärme	Wahrheit	Weisheit
Wettbewerb	Willenskraft	Wissen	Wohlstand
Zeit	Zielbewusstsein	Zufriedenheit	Zuverlässigkeit

Werte sind ziemlich konstant und ändern sich meist nur durch bedeutende positive wie negative Einschnitte und Erfahrungen (z. B. Pubertät, Krankheit, die Geburt eines Kindes, Tod eines nahestehenden Menschen, ...) im Leben eines Menschen. Die Kontextabhängigkeit ist nicht so stark wie z. B. bei den Metaprogrammen, allerdings kann die Priorisierung einzelner Werte durchaus z. B. im privaten oder beruflichen Kontext variieren. Auch können sich Metaprogramme und Werte gegenseitig beeinflussen.

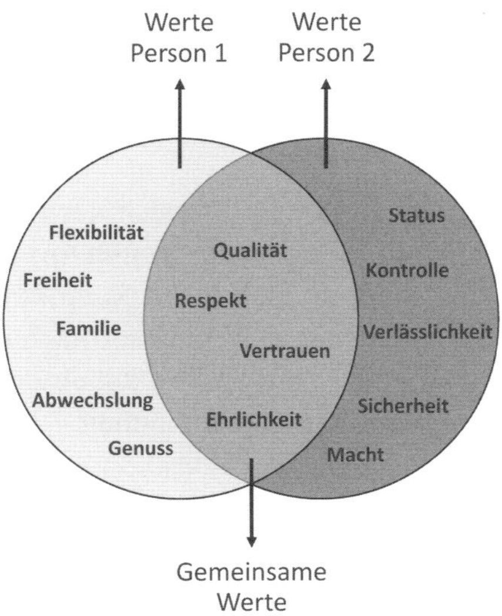

Treffen zwei Menschen aufeinander, gleichen diese unbewusst durch Gespräche oder das Beobachten von Verhaltensweisen die Werte des anderen mit den eigenen ab. Dabei nehmen sie eine mehr oder weniger große Schnittmenge wahr, wie beispielsweise in der obigen Grafik dargestellt ist.

Gibt es bei zwei Gesprächspartnern eine große Schnittmenge von Werten, welche bei beiden ziemlich stark priorisiert sind, wird die Aufnahmebereitschaft positiv beeinflusst.

Fallen die Top-Werte hingegen in den Bereich der sich unterscheidenden Werte (außerhalb der Schnittmenge) oder treffen Appetenzwerte des einen auf Aversionswerte des anderen, gibt es ein Konfliktpotenzial. Ob daraus tatsächlich ein Konflikt entsteht und sich dieser nachteilig auf die Aufnahmebereitschaft auswirkt, hängt stark davon ab, ob die beiden Gesprächspartner mit der Andersartigkeit umgehen können.

Beispiele für Wertekonflikte

- **Wertekonflikt zwischen zwei Menschen: Appetenzwert trifft auf Aversionswert**
  Sie haben z. B. den Wert „Gemeinsamkeit" als Appetenzwert, Ihr Partner hingegen den Wert „Alleinsein". Nehmen wir an, Sie möchten

aus Ihrem Appetenzwert „Gemeinsamkeit" heraus gerne den Freitagabend gemeinsam mit Ihrem Partner verbringen und z. B. Karten spielen. Der andere will aus seinem Appetenzwert „Alleinsein" heraus jedoch lieber in einem ruhigen Raum sitzen und alleine ein Buch lesen. In diesem Fall wird Ihr Appetenzwert (Gemeinsamkeit) zum Aversionswert des anderen. Kann einer oder können beide Partner mit dieser Unterschiedlichkeit nicht umgehen, ist ein Konflikt vorprogrammiert.

Aber auch innerhalb eines Menschen können Wertekonflikte entstehen. Diese können z. B. zwischen zwei Appetenzwerten oder zwischen einem Appetenz- und einem Aversionswert auftreten, wie in nachfolgenden Beispielen deutlich wird:

- **Wertekonflikt zwischen zwei Ihrer Appetenzwerte**
  Sie haben die Werte „Freiheit" und „Reichtum" ziemlich hoch in Ihrer Wertehierarchie und bekommen zwei Jobangebote. Das eine verspricht mehr Geld, aber Sie müssten zu einem Ort umziehen, der Ihnen missfällt. Bei dem anderen Job dürften Sie arbeiten, von wo aus Sie möchten, erhalten aber weniger Gehalt. Ihre Entscheidung hängt von Ihren Werten ab. Was ist Ihnen wichtiger? Freiheit (Standortwahl) oder Reichtum (mehr Gehalt)?

- **Wertekonflikt zwischen einem Ihrer Appetenz- und einem Ihrer Aversionswerte:**
  Einer Ihrer höchsten Appetenzwerte ist „Ehrlichkeit", einer Ihrer höchsten Aversionswerte „Ablehnung". Sie erhalten von jemandem den Sie achten, wie z. B. einem Vorgesetzten, eine Aufgabe, deren Erfüllung nur durch eine Unehrlichkeit einem Dritten gegenüber machbar ist. Nun stehen Sie in Konflikt mit sich selbst, da Sie einerseits nicht unehrlich sein wollen, andererseits die Ablehnung durch Ihren Vorgesetzten befürchten, wenn Sie es nicht tun.

Die fünf Versuchungen

Grundsätzlich gibt es unzählige Möglichkeiten von Wertekonflikten sowohl zwischen zwei Menschen als auch innerhalb eines Menschen, welche sich negativ auf die emotionale Aufnahmebereitschaft auswirken können. Im weiteren Verlauf möchten wir fünf häufig vorkommende Wertekonflikte näher betrachten, die sogenannten fünf Versuchungen (nach (46; 47)):

DIE 5 VERSUCHUNGEN	
Ergebnisse	Status
Verantwortung	Beliebtheit
Klarheit	Sicherheit
Auseinandersetzung	Harmonie
Vertrauen	Unverwundbarkeit

Die Versuchungen sind dabei so definiert, dass der Wert auf der rechten Seite der Tabelle über den auf der linken Seite der Tabelle gestellt wird. Die Werte auf der rechten Seite der Versuchungen (Status, Beliebtheit, Sicherheit, Harmonie und Unverwundbarkeit) sind dabei keinesfalls schlecht, sie sind menschlich. Werden diese jedoch auf Kosten der Werte auf der linken Seite (Ergebnisse, Verantwortung, Klarheit, Auseinandersetzung, Vertrauen) angestrebt, hat dies Einfluss auf die Themen Berechtigung und Aufnahmebereitschaft, wie im Folgenden beschrieben:

1. Ergebnisse – Status

Es gibt Menschen, die in manchen Kontexten den Wert „Status“ höher in der eigenen Wertehierarchie führen als den Wert „Ergebnisse“. Ein Status kann dabei nicht nur klassisch ein teures Auto, ein Villa oder eine Jacht sein, sondern sich z. B. auch auf den Bildungsabschluss, das Alter, das Haben von Kindern, die Zugehörigkeit zu einer sozialen Gruppe oder eine bestimmte Meinung beziehen.

Ergebnis

Status

Je nachdem, ob Sie einen Status für Ihren Gesprächspartner erfüllen oder nicht, wird dies Einfluss darauf haben, wie weit er Ihnen Berechtigung und Aufnahmebereitschaft schenkt. Nehmen wir als Beispiel ein Kundengespräch: Sie treffen einen Kunden, der wesentlich älter ist als Sie und für den das Alter ein wichtiger Status im vorliegenden Kontext ist. Der Kunde wird sich dann, bedingt durch seine Versuchung „Ergebnisse – Status", mehr auf Ihr Alter fixieren („Was kann der Jungspund schon wissen") als auf Ihre Ergebnisse (Fachkompetenz, bisherige Verkaufsabschlüsse, Kundenzufriedenheit, ...). Es kann folglich sein, dass er Ihnen keine oder nur geringe Aufnahmebereitschaft schenkt.

2. Verantwortung – Beliebtheit

Menschen, die den Wert „Beliebtheit" höher priorisieren als den Wert „Verantwortung", haben das Bedürfnis, jemand anderem Aufgaben abzunehmen, um sich so bei ihm beliebt zu machen oder um von ihm gebraucht zu werden. Anstatt ihn zu fordern z. B. eine Hürde zu nehmen, übernehmen sie die Verantwortung, welche eigentlich der andere tragen sollte, und führen ihn so in eine Abhängigkeit.

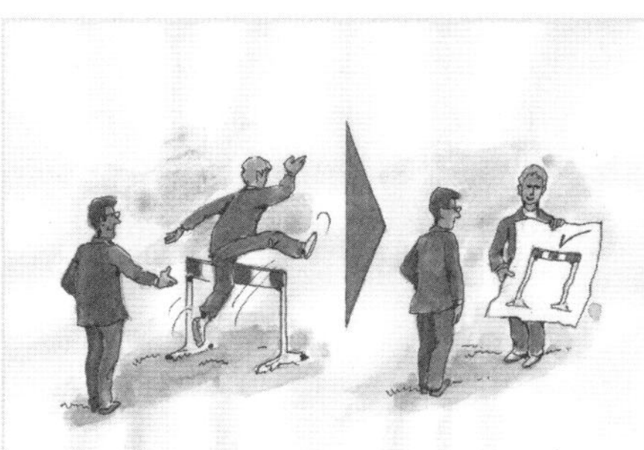

Verantwortung

Beliebtheit

Welche Auswirkung die Versuchung „Verantwortung – Beliebtheit" auf die emotionale Aufnahmebereitschaft Ihres Gesprächspartners haben kann, zeigt folgendes Beispiel:

Angenommen, Sie sind Vorstand eines Sportvereins und stellen fest, dass der Leiter Ihrer Tennisabteilung fast seine ganze Freizeit dafür opfert, die Plätze in Schuss zu halten, die Abrechnungen für die Mitgliederbeiträge zu machen, Turniere zu organisieren etc. In zunehmendem Maße wirkt dieser gestresst und schafft es fast nicht mehr, all seinen Aufgaben nachzukommen. Sie beschließen also, ihn zu bitten, die Mitglieder mehr in das Erledigen von Aufgaben einzubeziehen. Im Gespräch mit Ihnen stimmt Ihnen dieser zwar zu, einige Wochen später stellen Sie aber fest, dass sich nichts geändert hat. Sie hatten aufgrund seines Bestrebens, sich beliebt bzw. nicht unbeliebt zu machen, keine Aufnahmebereitschaft hinsichtlich des Vorschlags, dass er Verantwortung abgeben soll.

3. Klarheit – Sicherheit

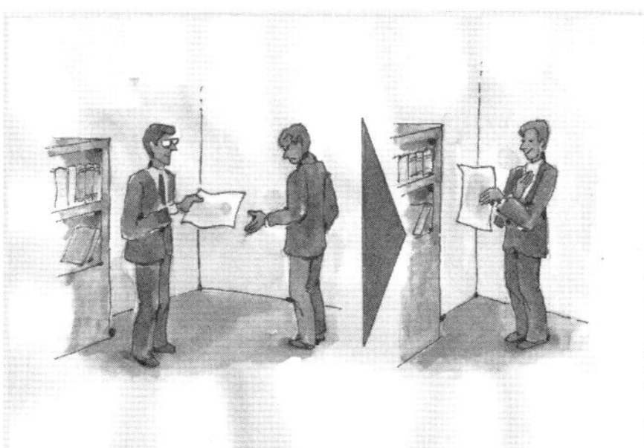

Klarheit

Sicherheit

Menschen mit einem hohen Wert „Sicherheit" haben manchmal die Tendenz, diesen unbewusst auf Kosten des Wertes „Klarheit" zu präferieren. Dies kann dazu führen, dass sie sich z. B. bei Fehlern lieber absichern, anstatt eine schnellstmögliche Klärung herbeizuführen. Gerade wenn z. B. ein finanzieller Druck durch Familie, Kinder oder Hausbesitz vorherrscht, ist dies verständlich, aber wenig wirkungsvoll.

Angenommen, Ihnen ist als Produktionsmitarbeiter ein Fehler bei der Herstellung einer Produktcharge aufgefallen, doch bedingt durch die Versuchung „Klarheit – Sicherheit" behalten Sie Ihre Beobachtung erst mal für sich (es könnte ja negativ auf Sie zurückfallen). Als ein Kollege auf Sie zukommt, der die gleiche Beobachtung gemacht hat, blocken Sie ab. Sie entziehen dem anderen folglich die Aufnahmebereitschaft, weil Sie die Situation nicht klären wollen, um auf der sicheren Seite zu sein.

4. Auseinandersetzung – Harmonie

Dominiert der Wert „Harmonie" über den Wert „Auseinandersetzung", kann es dazu kommen, dass Menschen Harmonie um jeden Preis erzielen wollen. Diese Harmoniesucht kann dazu führen, dass sie sich nicht mehr konstruktiv mit anderen Menschen auseinandersetzen und ein Duckmäusertum entsteht.

Auseinandersetzung

Harmonie

Folgendes Beispiel zeigt, wie sich dies auf die emotionale Aufnahmebereitschaft auswirken kann: Angenommen, Sie sind Außendienstmitarbeiter und informieren den Vertriebsleiter darüber, dass ein Kollege bereits mehrfach unentschuldigt bei Kundenterminen nicht aufgetaucht ist. Dadurch gab es einige Beschwerden von Kundenseite, welche negativ auf die gesamte Vertriebsabteilung zurückfallen könnten. Als Sie den Vertriebsleiter bitten, die Vorkommnisse mit dem Kollegen zu klären, bekommen Sie allerdings keine Aufnahmebereitschaft von ihm. Da er der Versuchung „Auseinandersetzung – Harmonie" unterliegt, wiegelt er das Ganze ab und versucht es unter den Teppich zu kehren. Er will überhaupt nicht hören, dass es zu einem Fehlverhalten Ihres Kollegen gekommen ist, und wird vielleicht sogar aggressiv, da er sich nicht (damit) auseinandersetzen möchte.

5. Vertrauen – Unverwundbarkeit

Menschen, bei denen „Unverwundbarkeit" höher in der Wertehierarchie angesiedelt ist als „Vertrauen", versuchen oftmals ein (überzogenes) Bild der Stärke zu vermitteln, anstatt sich offen und angreifbar zu geben.

Sprechen Sie Ihren Gesprächspartner z. B. offen auf eine Schwäche oder einen Fehler an, und dieser unterliegt der Versuchung „Vertrauen – Unverwundbarkeit", wird dieser sich wahrscheinlich hinter einer Mauer verschanzen und den Eindruck vermitteln, alles im Griff zu haben. Er bringt Ihnen kein Vertrauen entgegen und ist nicht aufnahmebereit für Ihre Argumente oder Ihr Feedback.

Vertrauen

Unverwundbarkeit

ANWENDUNG

Um Werte während eines Gesprächs bei der Herstellung von emotionaler Aufnahmebereitschaft zu nutzen, können Sie wie folgt vorgehen:

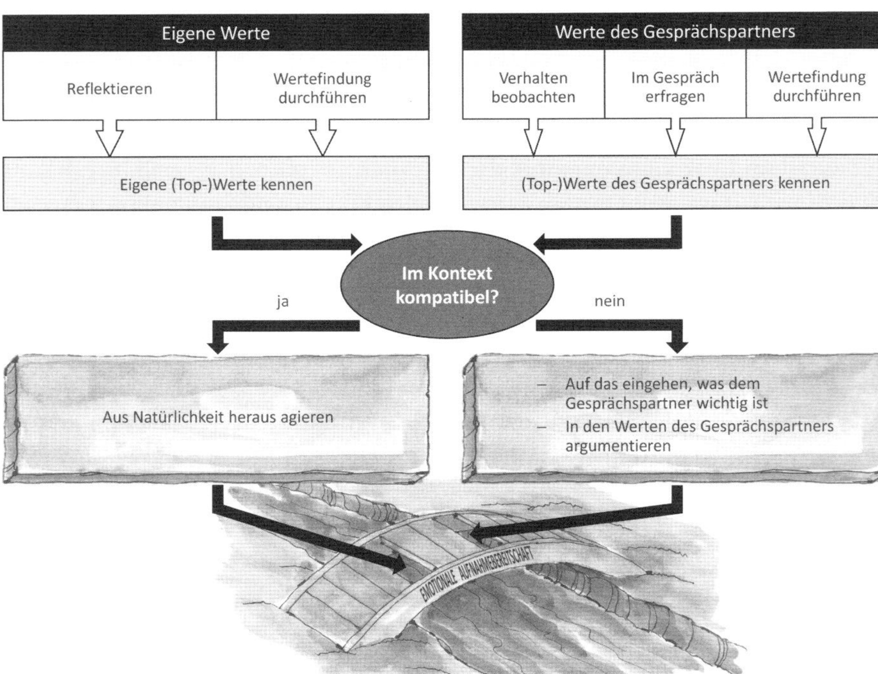

Wie bei den Metaprogrammen ist es sinnvoll, zunächst seine eigenen wichtigsten Werte zu kennen. Dafür können Sie anhand von Situationen aus Ihrer Vergangenheit reflektieren, was Ihnen wichtig ist und was Sie motiviert, oder speziell eine Wertefindung durchführen. Wertefindung bedeutet, dass Sie in einem strukturierten Prozess anhand von speziellen Übungen und Aufgaben Ihre persönliche Werte-Hierarchie herausfinden und definieren. Ideen hierfür finden Sie im zugehörigen Arbeitshandbuch.

Um die Werte Ihres Gesprächspartners herauszufinden, können Sie sein Verhalten beobachten, die Werte im Gespräch erfragen oder mit ihm eine Wertefindung durchführen. Letzteres bietet sich vor allem an, wenn Sie mit jemanden in einer längerfristigen Beziehung stehen (Partnerschaft, Zusammenarbeit, ...) und ein entsprechendes Vertrauensverhältnis vorliegt.

1. Beobachten des Verhaltens, um die Werte herauszufinden

Werte sind unsere größten Motivatoren. Beobachten Sie daher den anderen im Alltag und reflektieren Sie, was der andere gerne tut. Setzt er sich zum Beispiel für andere ein, wenn diese im Nachteil sind (Gerechtigkeit), oder ist ihm die Nennung seines Doktortitels oder seiner Funktion im Unternehmen sehr wichtig (Status)? Sagt er immer die Wahrheit – auch wenn es gerade nicht sehr geschickt ist (Ehrlichkeit), oder hat er immer einen penibel aufgeräumten Schreibtisch (Ordnung)? All diese Verhaltensmuster werden durch Werte getriggert.

2. Werte im Gespräch erfragen

Die Werte im Gespräch erfragen können Sie sowohl „offiziell" als auch „ganz nebenbei". Wie dies in der Praxis funktioniert, ist nachfolgend beschrieben.

Erfragen von Werten im offiziellen Gespräch:
Bitten Sie die andere Person (z. B. den Partner oder einen Mitarbeiter) zum Gespräch. Sorgen Sie für Aufnahmebereitschaft, indem Sie das Gespräch z. B. wie folgt ankündigen: „Ich würde mich gerne einmal mit dir darüber austauschen, was dir wichtig ist" (Partner) oder „Ich würde Sie gerne in der Arbeitsbeziehung besser kennenlernen" (Mitarbeiter). Natürlich in Ihren eigenen Worten. Finden Sie dann die Werte Ihres Mitarbeiters/Gesprächspartners über Fragen heraus. Beispiele dafür finden Sie in nachfolgender Tabelle:

Partner	Mitarbeiter
Was ist dir wichtig an unserer Beziehung?	Was ist Ihnen an unserer Zusammenarbeit wichtig?
Wie verbringst du deine Zeit am liebsten?	Was ist Ihnen an der Zusammenarbeit mit Ihren Kollegen wichtig?

Wofür investierst du Energie?	Was brauchen Sie, um sich entfalten zu können?
Welche Verhaltensweisen von mir würden dich sehr enttäuschen?	Durch welches Verhalten könnte ich Sie in der Führung/Zusammenarbeit verlieren?
Wann würdest du rein hypothetisch die Beziehung sofort beenden?	Wann würden Sie rein hypothetisch sofort den Job wechseln?

Die Fragen dienen lediglich als Vorschläge. Nutzen Sie nur Fragen, mit denen Sie sich selbst wohlfühlen, und verwenden Sie immer Ihre eigenen Worte, sonst wirkt das Gespräch schnell wie ein Verhör. Respektieren Sie auch, wenn Ihr Gesprächspartner auf eine Frage nicht antworten möchte, und bewerten Sie dies nicht (negativ).

Wie bereits beschrieben, haben Menschen die Bedeutung von Werten unterschiedlich belegt. Erfragen Sie deshalb nicht nur den Wert selbst, sondern auch die dahinterliegende Definition (z. B. „Was genau bedeutet ‚Ehrlichkeit' für dich/Sie?"). Spiegeln Sie die Aussagen Ihres Gesprächspartners (wiederholen Sie sie in Ihren Worten) und lassen Sie sich ein Feedback geben, ob Sie den anderen richtig verstanden haben (z. B. „Habe ich dich/Sie richtig verstanden, ‚Ehrlichkeit' bedeutet für dich/Sie, dass ...?").

Machen Sie sich während oder im Nachgang des Gesprächs Gedanken darüber, wie Sie die ermittelten Werte des anderen im Alltag respektieren und bedienen können (z. B. „Wie kann ich mich dem anderen gegenüber verhalten, sodass mich dieser als ‚ehrlich' wahrnimmt?").

Erfragen von Werten in Gesprächen „ganz nebenbei":
Nutzen Sie Small Talk und Gespräche, die Sie sowieso führen, um mit geschickt eingebauten Fragen die Werte des anderen zu erfragen. Wichtig hierbei ist weniger der Gesprächsinhalt, sondern das Lesen zwischen den Zeilen, um eine Vorstellung der Werte des anderen zu bekommen.

Angenommen, Sie treffen Ihren Kollegen an einem Montagmorgen und erkundigen sich – wie üblich – nach dessen Wochenende. Als er antwortet, dass er in den Bergen bei einer Klettertour war, geben Sie sich in diesem Fall aber nicht damit zufrieden, sondern haken gezielt nach, z. B. wie folgt: „Was genau gefällt dir denn in den Bergen und am Klettern?" Nun könnte es z. B. sein, dass der Kollege folgendermaßen antwortet: „Ich liebe die

Herausforderung und mag es, körperlich und geistig mit dem Klettern bis an meine Grenzen zu gehen. Außerdem ist das Gefühl unbeschreiblich, wenn ich erfolgreich den Gipfel erreicht habe. Dort genieße ich die Weite, es ist für mich pure Freiheit." Falls das Gegenüber nicht gleich so ausführlich antwortet, haken Sie mit weiteren Fragen nach. Spiegeln Sie die Aussagen des anderen, um sicherzustellen, dass Sie ihn auch richtig verstanden haben.

Fragen Sie sich dann, welche Werte hinter den Aussagen stecken könnten. Aus oben beschriebenem Beispiel lassen sich z. B. die Werte „Herausforderung", „Erfolg" und „Freiheit" herauslesen. Überlegen Sie sich, welche Auswirkungen dies z. B. auf Ihre Zusammenarbeit oder Ihre Beziehung hat und wie Sie Ihr Verhalten der anderen Person gegenüber wählen können, um diese Werte zu respektieren und zu bedienen. Sie können außerdem einen Abgleich zwischen Ihren und den Werten des Gegenübers vornehmen (Gleichheiten – Unterschiede). Angenommen, Sie sind Führungskraft und erhalten diese Aussage von Ihrem Mitarbeiter, sollten Sie z. B. hinterfragen, wie Sie ihn fordern (Herausforderung und Erfolg) können und wie Sie ihm gleichzeitig einen eigenen Verantwortungsbereich oder mehr Entscheidungsspielraum (Freiheit) geben können.

3. Durchführung einer Wertefindung

Die Vorgehensweise zu einer strukturierten Wertefindung bei Ihrem Gesprächspartner ist im zugehörigen Arbeitshandbuch beschrieben.

Egal auf welche Art und Weise Sie die Werte Ihres Gesprächspartners herausgefunden haben, gleichen Sie diese immer mit Ihren eigenen ab. Werte, die im aktuellen Kontext mit Ihren übereinstimmen, werden Sie aus Ihrer Natürlichkeit heraus bedienen.

Gibt es jedoch Abweichungen, sollten Sie bewusst in den Werten des Gesprächspartners argumentieren und nicht in den eigenen. Merken Sie z. B. in einem Gespräch als Autoverkäufer, dass Ihrem Kunden, der einen Sportwagen kaufen will, „Sicherheit" wichtig ist, sollten Sie die Sicherheitsmerkmale des Autos herausstellen – auch wenn Sie in Ihrem Wertesystem das satte Motorgeräusch oder die Motorleistung für bessere Argumente halten. Wenn es darum geht, z. B. den Partner davon zu überzeugen, mehr Sport zu machen, sollten Sie darüber nachdenken, welcher Wert bei Ihrem Partner für Aufnahmebereitschaft sorgen könnte. Also, ob Sie Ihre Argumente z. B. besser auf den Wert „Gesundheit" oder auf den Wert „Aussehen" ausrichten – je nachdem, was ihm wichtig ist.

Umgang mit Werten, die in einer Versuchung enden

Um trotz einer Versuchung (im Faktenteil unter dem Punkt „Die fünf Versuchungen" beschrieben) Ihres Gesprächspartners erfolgreich emotionale Aufnahmebereitschaft bei ihm herzustellen, sollten Sie auf das eingehen, was ihm wichtig ist, und die hinter den Versuchungen liegenden Bedürfnisse durch z. B. Ihre Kommunikation, Ihr Verhalten oder Ihr Produkt bedienen. Sie können sich hierfür z. B. folgende Fragen stellen:

Ergebnisse – Status: Welches Bedürfnis steckt hinter dem Status? Wie kann ich dieses anderweitig bedienen? Was kann ich sonst noch tun, damit der andere es schafft, auf meine Ergebnisse zu schauen?

Verantwortung – Beliebtheit: In welchem Kontext und bei wem will der andere gut dastehen? Wie kann ich ihn gut dastehen lassen, auch wenn er Verantwortung abgibt?

Klarheit – Sicherheit: Was verunsichert den anderen? Was braucht er, um sich sicher zu fühlen?

Auseinandersetzung – Harmonie: Wie kann ich dafür sorgen, dass sich der andere wohlfühlt? Wie schaffe ich es, dass der andere eine Auseinandersetzung nicht als etwas Negatives ansieht? Wie kann ich ihm verdeutlichen, dass durch eine Auseinandersetzung die Harmonie auf ein höheres Niveau kommt?

Vertrauen – Unverwundbarkeit: Wie kann ich herausfinden, was der andere braucht, um zu vertrauen? Wie kann ich mich selbst verletzbar zeigen?

Weitere Ideen, wie Sie mit den fünf Versuchungen beim Gesprächspartner umgehen können und wie Sie ihn dabei unterstützen können, diese für sich aufzulösen, finden Sie im Buch „Die 5 Versuchungen eines CEO" von Lencioni (47).

DAS WICHTIGSTE IN KÜRZE

- Jeder Mensch hat individuell definierte, subjektive Werte, die seine Entscheidungen und sein Verhalten prägen.
- Erkennen Sie die Bedeutung/Definition hinter den Werten (bei sich und bei anderen) und bewerten Sie Werte nicht!
- Es gibt Appentenz- (hin zu) und Aversionswerte (weg von).
- Stehen zwei Werte miteinander in Konkurrenz (in einem Menschen oder zwischen zwei Menschen), kann es zu einem Wertekonflikt kommen.
- 5 Wertekonflikte können als „Versuchungen" (Ergebnisse/Status, Verantwortung/Beliebtheit, Klarheit/Sicherheit, Auseinandersetzung/Harmonie, Vertrauen/Unverwundbarkeit) beschrieben werden.
- Machen Sie sich Ihre eigenen Werte bewusst, um Ähnlichkeiten und Unterschiede zum Gesprächspartner wahrzunehmen.
- Identifizieren, respektieren und bedienen Sie die Werte des Gesprächspartners, um Aufnahmebereitschaft herzustellen.

BEISPIELE: ANWENDUNG IN DER DIGITALEN KOMMUNIKATION

- Schriftliche digitale Kommunikation ist oftmals zu kurz (z. B. Instant Messaging, SMS), um die Werte des Kommunikationspartners einschätzen zu können.
- Die Werte beeinflussen, ob ein Mensch digital kommunizieren möchte bzw. auf welche Art er digital kommunizieren möchte (z. B. SMS, Video-Konferenz, ...):
  - Ein Mensch mit den Werten „Schnelligkeit" und „Effizienz" benutzt z. B. vielleicht gerne eine Gruppe im Instant Messaging, um Informationen zu teilen.

- Ein Mensch mit den Werten „Teamgeist“ und „Kontaktfähigkeit“ bespricht Informationen hingegen vielleicht lieber von Angesicht zu Angesicht in einem Meeting.

- Die Versuchung Auseinandersetzung-Harmonie kann weniger in den Vordergrund treten, da das Verfassen eines Textes meist weniger soziale Überwindung kostet als eine mündliche Kommunikation.

VERTIEFENDE LITERATUR

Tad James, Wyatt Woodsmall: Time Line: NLP-Konzepte. Paderborn, Junfermann Verlag, 1994

Patrick M. Lencioni: Die 5 Dysfunktionen eines Teams. Weinheim, Wiley-VCH Verlag, 2014

Patrick M. Lencioni: Die 5 Versuchungen eines CEO. Weinheim, Wiley-VCH Verlag, 2015

3.1.3 Grundüberzeugungen

„Ganz gleich, ob Sie denken, Sie können etwas oder Sie können es nicht, Sie haben recht.“
(Henry Ford)

Nicht mehr „up to date"?

„Wo ist eigentlich Marianne?", fragte Johann Menssen. An diesem Tag fand in der Marketingabteilung der Firma Eichinger der erste Workshop statt. Die Software, mit der das Unternehmen und ganz speziell die Marketingabteilung arbeitete, war aus der Sicht der Geschäftsleitung dringend modernisierungsbedürftig, und es sollte eine neue eingeführt werden. Johannes Menssen, der Leiter dieser Abteilung, wollte sich vergewissern, dass alle relevanten Mitarbeiter beim einführenden Workshop anwesend waren. Marianne Zeltner fehlte als Einzige.

„Die hat sich heute früh krank gemeldet", antwortete Raphael Schneeberger, seines Zeichens Administrator und IT-Fachmann der Firma Eichinger. „Marianne hat eine Grippe!"

„Das ist aber gar nicht gut!", meinte der Abteilungsleiter. „Wenn sie nicht von Anfang an dabei ist, blickt sie doch später nicht mehr durch."

„Ja, das ist zu befürchten", sagte Projektleiter Schneeberger.

„Sie hätte doch zumindest die zwei Stunden kommen und anschließend wieder nach Hause gehen können."

Dem kleinen, rundlichen Herrn Menssen konnte man ansehen, dass ihm die Abwesenheit Marianne Zeltners ganz und gar nicht passte. Schließlich arbeitete sie seit einer halben Ewigkeit hier in der Abteilung und hatte eine Schlüsselposition inne. Projektleiter Schneeberger ließ eine Liste durch die anwesenden Mitarbeiter gehen, die jeder abzeichnen musste. Menssen begrüßte im Anschluss den zuständigen Berater der externen Softwarefirma, der zusammen mit Schneeberger die Umstellung und die Installation der neuen Software leitete. Menssen betonte dann noch die Wichtigkeit dieses ganzen Unterfangens und stellte klar heraus, dass eine Menge Arbeit auf die Mitarbeiter zukommen würde. Doch die würde sich lohnen, meinte er, denn die Arbeitsabläufe und vor allem die Datenerfassung würden zukünftig viel leichter und vor allem schneller zu realisieren sein. Dann begann der zweistündige Workshop, und in der Tat prasselten so viele Informationen auf die Mitarbeiter ein, dass dem einen oder anderen schnell der Kopf rauchte.

Marianne Zeltner saß zu Hause am Esstisch der Küche ihres Häuschens. Sie hatte keine Grippe! Nur eine leichte Erkältung. Ihrem Hausarzt hatte sie aber erfolgreich alle Grippesymptome vorgegaukelt, sodass dieser sie für den Rest der Woche krankgeschrieben hatte. Marianne Zeltner schaute auf die Uhr. Es war jetzt kurz nach 10:00 Uhr. „Die sitzen jetzt sicher alle im großen Besprechungsraum bei diesem ersten Workshop", dachte sie sich. Ganz wohl war Marianne nicht. In den vielen Jahren, seit sie bei Eichinger war, hatte sie noch nie richtig blau gemacht. Selbst als sie heute früh beim Arzt im Wartezimmer saß, kamen ihr Zweifel an ihrem Tun. „Was müssen die aber auch jetzt die komplette Software umstellen", dachte sich Marianne. Mit der alten kam die Abteilung doch hervorragend zurecht.

Zwei Wochen später fand ein weiterer Workshop in der Marketingabteilung der Firma Eichinger statt. Während beim ersten Meeting die Informationen um das neue Programm im Vordergrund standen, ging es nun ans Eingemachte. Die Softwarefirma hatte fünf Leute entsandt, um die Software zu installieren sowie Funktion und Anwendung zu erklären. Die Anwesenheit aller Mitarbeiter der Abteilung war wiederum notwendig, damit jeder gleich von Anfang an eingewiesen werden konnte. Eine umfangreiche, ausgiebige Schulung sollte dann in absehbarer Zeit folgen. Johann Menssen, der Marketingchef, kam in den Besprechungsraum und begrüßte zuerst die Mitarbeiter der Softwarefirma und anschließend die seiner Abteilung. Als er zu Raphael Schneeberger kam, der gerade mit dem Teamleiter der Programmierer sprach, fragte er ihn: „Wo ist denn Marianne?"

Schneeberger unterbrach sein Gespräch und ging mit seinem Chef ein paar Schritte zur Seite. Er sagte ihm, dass Marianne Zeltner wieder nicht da war.

„Was?", fragte Menssen erstaunt und überrascht. „Aber heute ist ihre Anwesenheit doch noch wichtiger! Wo ist sie denn?"

Der Projektleiter berichtete seinem Chef wahrheitsgemäß, dass Frau Zeltner kurzfristig Urlaub genommen hatte. Als Grund gab sie an, dass ihre beiden Kinder nun die Grippe hatten und sie daheim auf sie aufpassen musste. Der Abteilungsleiter reagierte erst ein bisschen sauer und dann besorgt. Der Grund des Fehlens von Frau Zeltner war sicher nachvollziehbar, aber Menssen machte sich berechtigte Sorgen, dass sie sich alleine nur schwer einarbeiten könnte. Schließlich würde ihr wichtiges Feedback fehlen.

„Was soll ich machen?", meinte Schneeberger. „Ich kann versuchen, Marianne das Ganze von mir aus beizubringen. Aber es geht hier ja um ein bisschen mehr als um die Bedienung einer neuen Kaffeemaschine."

Während ihre Kollegen in der Firma zusammen mit dem Programmiererteam die Installation der neuen Software erledigten, saß Marianne Zeltner zu Hause im Garten. Ihre Kinder waren nicht krank und gingen beide zur Schule. Sie hatte ganz bewusst auch diesen Workshop boykottiert und kurzerhand zwei Tage frei genommen. Bei dem vielen Resturlaub, den sie noch hatte, war das gar kein Problem und fiel auch nicht sonderlich auf. Marianne blätterte in der Zeitung, las aber kein Wort. Sie dachte an die heutige Schulung. Das drückende Gefühl, etwas falsch zu machen, kam immer wieder in ihr hoch. Marianne versuchte es zu verdrängen. Aber vergeblich. Die neue Software war nun installiert und die Marketingabteilung in den da-

rauffolgenden Tagen damit beschäftigt, alte Arbeitsabläufe neu anzupassen und sich entsprechend einzuarbeiten. Nach vier Wochen wurden die Mitarbeiter der Firma Eichinger zu der Softwarefirma geschickt, wo sie eine intensive Schulung bekamen. Alles war perfekt und professionell organisiert. Natürlich gab es leichtere Aufgaben, aber mit der Zeit arbeiteten sich die meisten Marketingleute von Eichinger in die neuen Anwendungen ein. Klar, die jüngeren taten sich da ein bisschen leichter als die älteren Semester.

Eine Woche nach dieser Intensivschulung, es war an einem Dienstagvormittag, kam Johann Menssen in die Marketingabteilung, um sich über den aktuellen Stand der Dinge zu erkundigen. Er ging zu den einzelnen Mitarbeitern und fragte, wie denn die Schulung verlaufen sei und wie es mit der neuen Software klappte. Die meisten waren begeistert. Als Herr Menssen zu Marianne kam, reagierte die barsch:

„Diese Programme sind viel zu kompliziert!“, nörgelte sie. „Alles zu umständlich und dauert viel zu lang. Mit unserer alten Software ging alles reibungslos.“

Der Abteilungsleiter war ein wenig verwirrt, als er das aus dem Mund einer langjährigen und erfahrenen Mitarbeiterin hörte. Herr Menssen ging zu Raphael Schneeberger und wollte von diesem wissen, ob denn an Frau Zeltners Zweifeln etwas dran sei.

„Die war ja auch nicht auf der Schulung!“, antwortete Schneeberger. „Ist doch kein Wunder, dass die das jetzt nicht checkt!“

„Stimmt, sie war nicht dabei!“, erwiderte Menssen verärgert und verlangte von seinem Projektleiter eine augenblickliche Klärung. Raphael Schneeberger folgte der Anweisung, ging zu Marianne Zeltner und stellte sie zur Rede.

„Das musst gerade du mir sagen!“, fauchte Marianne Raphael Schneeberger an. Der Projektleiter hatte sie doch nur ganz höflich nach dem Grund ihrer demonstrativ zur Schau gestellten Ablehnung gegen die Umstellung der Software gefragt. Marianne schaltete aber gleich auf Angriff, zickte regelrecht herum und wich Schneeberger aus. „Was war denn damals mit dem neuen Textverarbeitungsprogramm, hä? Da hast du uns doch auch einfach im Regen stehen lassen.“

„Aber das kannst du doch nicht vergleichen, Marianne“, konterte der Projektleiter. „Als wir damals das …“

„Und ob ich das vergleichen kann!“, fiel Marianne ihm ins Wort. „Wenn man dich mal braucht, bist du nicht greifbar!“

Sie hielt dem Projektleiter einen mit Bosheiten und ungerechten Vorwürfen gespickten Vortrag. Der hatte allerdings mit diesem Projekt nicht das Geringste zu tun, und war ein rein persönlicher Angriff, der vom eigentlichen sachlichen Problem ablenkte. In den folgenden Tagen glänzte Marianne Zeltner durch absolutes Desinteresse. Sie schottete sich ab und verweigerte regelrecht die Mitarbeit. Ein untragbarer Zustand, den Projektleiter Schneeberger natürlich nicht dulden konnte. So sah er es als seine Pflicht an, seinen Chef davon in Kenntnis zu setzen. Ganz offiziell.

An einem Vormittag bestellte Johann Menssen Marianne Zeltner zu sich ins Büro. Es folgte ein sehr ernsthaftes und eindringliches Gespräch, denn auch der Abteilungsleiter konnte dieses unverständliche Verhalten seiner Mitarbeiterin nicht dulden. Marianne saß ihrem Chef mit gesenktem Kopf an dessen Schreibtisch gegenüber und musste sich alles anhören. Menssen ließ keinen Zweifel daran, dass eine offizielle Abmahnung die logische Konsequenz in dieser Sache war.

„Ich verstehe das alles nicht, Marianne. Du bist seit fast 20 Jahren bei uns und eine meiner fähigsten Mitarbeiterinnen. Und nun so was!“, meinte Menssen zum Schluss, und ihm war anzusehen, dass ihm eine Abmahnung schwerfiel. Für einige Minuten herrschte bedrücktes Schweigen im Büro des Abteilungsleiters.

„Du hast ja recht, Johann!“, sagte Marianne Zeltner nach einer Weile mit noch immer gesenktem Kopf. „Aber ich bin zu alt, um was Neues zu lernen!“

„Zu alt?“, fragte Menssen erstaunt. „Mensch, Marianne, du bist gerade mal 43!“

***

In der Geschichte wird deutlich, welche massiven Konsequenzen menschliche Grundüberzeugungen haben können. Marianne Zeltners Grundüberzeugung „Ich bin zu alt, um etwas Neues zu lernen“ war so stark, dass sich ihr komplettes Verhalten der Firma und Ihrem Chef gegenüber veränderte. So sorgte sie unbewusst dafür, dass Brücken der emotionalen Aufnahmebereitschaft einstürzten – zuerst ihre eigene (sie war nicht aufnahmebereit dem neuen Programm gegenüber) und dann die ihres Chefs (ihr Chef war nicht bereit, Mariannes Verhalten weiter zu dulden, und mahnte sie ab).

FAKTEN

Die persönlichen Grundüberzeugungen eines Menschen sind Lebensregeln, die er für wahr hält. Sie sind dabei in der Regel meist nicht logisch herleitbar, sondern resultieren aus Interpretationen und Verallgemeinerungen aus früheren Erfahrungen sowie individuellen Theorien, warum etwas so und nicht anders ist. Grundüberzeugungen stellen die Grundlage für das alltägliche Handeln, für die Motivation und für den Einsatz der Fähigkeiten eines Menschen dar (48).

Die meisten Grundüberzeugungen eines Menschen sind gut und funktional, sie ermöglichen die Orientierung in der Welt und geben Stabilität. Positive Grundüberzeugungen (z. B. „Ich schaffe das!“) geben einem Menschen die Freiheit zum Handeln und fördern einen wirkungsvollen Einsatz seiner Fähigkeiten. Es gibt aber auch negative Grundüberzeugungen, die hemmen und Menschen in ihrer persönlichen Entwicklung limitieren (z. B. „Ich kann nicht ...“). Diese werden als limitierende Grundüberzeugungen bezeichnet.

Grundüberzeugungen sind persönliche Lebensregeln, die ein Mensch für wahr hält. Sie sind in der Regel nicht logisch herleitbar.

Einige Beispiele für Grundüberzeugungen finden Sie, nach verschiedenen Lebensbereichen gegliedert, nachfolgend zusammengefasst (erweitert und adaptiert nach (49)):

Bereich	**Beispiele**
Allgemein	„Das Leben ist ...“
	„Die Welt ist ...“
	„Menschen sind ...“
	„Männer/Frauen sind ...“
	„Ich bin ...“
	„Mein Gesprächspartner/Chef/Partner/Freund ist ...“
	„Man kann/darf/muss/soll ...“
	„Der zweite Sieger ist der erste Verlierer“.
	„Ich habe (nie) Glück.“
	„Ich bin an allem schuld.“ / „Die anderen sind an allem schuld.“
	„Ich bin einfach zu dumm dafür.“ / „Ich bin zu schlau dafür.“
	„Ich muss alles perfekt machen.“ / „Es muss nicht perfekt sein.“
	„Vertrauen ist gut, Kontrolle ist besser.“

Beruf/ Karriere	„Meine Ausbildung reicht (nicht)."
	„Mir fehlen/Ich habe die Fähigkeiten."
	„Wenn es gut werden soll, dann mach es lieber selbst."
	„Ich verdiene (keinen) Erfolg."
	„Alle Verantwortung hängt nur an mir."
	„Aus mir wird (nie) etwas."
	„Ohne Studium ist man nicht kompetent." / „Um kompetent zu sein, braucht es kein Studium."
	„Leute mit Studium sind Theoretiker."
	„Um Erfolg zu haben, braucht man starke Ellenbogen."
Gesundheit	„Meine Beeinträchtigungen hindern mich daran, ..."
	„Krank sein bringt auch seine Vorteile."
	„Die anderen müssen doch sehen, dass es mir schlecht geht."
	„Nur wenn ich krank bin, darf ich mich erholen."
	„Die Arbeit/Trennung/Kinder/Eltern ... machen mich krank."
	„Ich kann nichts dafür, dass ich krank bin."
Geld	„Ich habe kein/genug Geld."
	„Alle Reichen sind ..."
	„Zeit ist Geld."
	„Nur wer Geld hat, hat Macht."
	„Der Mann bringt das Geld nach Hause."
	„Geld rinnt mir durch die Finger."
	„Man kann nur auf Kosten anderer reich werden."
	„Geld verdirbt den Charakter."
	„Nur wer spart, wird reich."
Alter	„Ich bin zu alt." / „Ich bin alt genug, um ..."
	„Ich bin zu jung." / „Ich bin jung genug, um ..."
	„Alte Menschen sind verbittert."
	„Wenn man älter wird, wird man eben dick."
	„Im Alter wird man vergesslich."
	„Mit 50/60 geht`s erst richtig los."
	„Mit 30/40 geht`s abwärts."

Jetzt könnte sich Ihnen die Frage aufdrängen, was eine Grundüberzeugung und was eine Tatsache ist. Dies möchten wir gerne an folgendem Beispiel aufzeigen:

Wurden Sie bereits mehrfach von einem Partner verlassen, dann ist das eine Tatsache. Leiten Sie daraus jedoch z. B. ab, dass „Sie kein Glück in der Liebe haben", so ist das eine Grundüberzeugung.

Arten von Grundüberzeugungen

Grundüberzeugungen können sich auf die Vergangenheit (Ursachen), Gegenwart (Bedeutungen) oder Zukunft (Grenzen und Möglichkeiten) beziehen und dadurch Einfluss auf die Welt um einen Menschen, sein Verhalten, seine Fähigkeiten oder seine Identität ausüben. Es werden drei Arten von Grundüberzeugungen unterschieden. Grundüberzeugungen in Bezug auf (50)

- die Ursache
- die Bedeutung
- die Identität

Ursache: Grundüberzeugungen über die Gründe, wodurch etwas verursacht wurde, entstehen häufig dann, wenn die Informationslage unzureichend ist. Bei Ereignissen, die sich ein Mensch nicht hinreichend erklären kann, können die persönlichen Grundüberzeugungen eine plausible Antwort geben. Diese kann dann bei verschiedenen Menschen unterschiedlich lauten.

Beispiel: Sie haben eine Gehaltserhöhung nicht bekommen und konstruieren sich auf Basis einer persönlichen Grundüberzeugung die Ursache dafür: „Ich habe die Gehaltserhöhung nicht bekommen, weil ...

... mein Chef mich nicht mag."
... ich zu alt bin."
... die Firma gerade zu wenig Geld hat."
... ich nicht verhandeln kann."

Bedeutung: Die Bedeutung, welche Menschen z. B. einer Erfahrung oder Begebenheit zuschreiben, ist von den persönlichen Grundüberzeugungen geprägt. Die Bedeutung ein und derselben Sache kann daher von mehreren Menschen unterschiedlich interpretiert werden.

Beispiel: „Weil ich die Gehaltserhöhung nicht bekommen habe, ...

... werde ich bestimmt anders belohnt (z. B. Dienstwagen)."
... bin ich beruflich nicht erfolgreich."
... werden meine Kollegen schlecht über mich denken."

Identität: Grundüberzeugungen über die Identität schließen die anderen beiden Arten oftmals ein. Sie beschreiben, was einen Mensch veranlasst, etwas zu tun, wo seine Grenzen sind, was seine Verhaltensweisen bedeuten oder wie er als Mensch ist. Diese Art von Grundüberzeugungen behindern häufig eine Veränderung oder Weiterentwicklung eines Menschen, umso mehr, weil sie ihm in der Regel nicht bewusst sind. Beispiele dafür finden Sie in der Tabelle am Beginn des Kapitels, zusammengefasst. Sie werden feststellen, dass Grundüberzeugungen zwar ein komplexer Teil der Persönlichkeit sind, aber meist in sehr simplen Begriffen ausgedrückt werden.

Generell können Sie sich die Summe der Grundüberzeugungen eines Menschen als Spitze einer Pyramide vorstellen, welche über mehrere Ebenen hinweg das Leben eines Menschen determiniert. Die eigenen Grundüberzeugungen können einen Menschen entsprechend beeinflussen und sein Verhalten so führen, dass die Grundüberzeugungen wahr werden (Es wirkt u. a. der Rosenthal-Effekt – siehe Kapitel „Kognitive Verzerrungen"). Dies ist im nachfolgenden Schaubild dargestellt (adaptiert nach (51)):

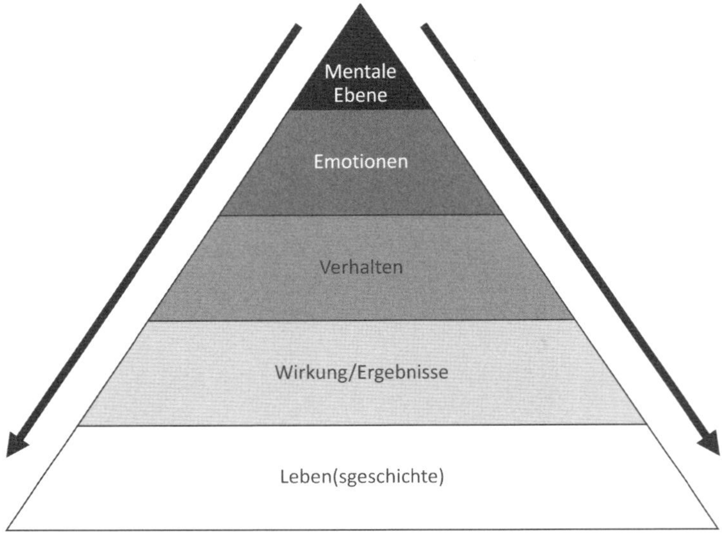

Die mentale Ebene (Grundüberzeugungen, aber auch Werte und andere Wahrnehmungsfilter) eines Menschen bildet die Spitze, aus der bestimmte Emotionen (Angst, Freude, Wut, Verachtung, ...) entstehen. Diese Emotionen sind wiederum dafür verantwortlich, welches Verhalten ein Mensch zeigt. Durch das Verhalten erzielt er schließlich eine Wirkung und Ergebnisse. Hieraus setzt sich dann das Leben bzw. die Lebensgeschichte eines Menschen zusammen.

Auch ob ein Mensch etwas oder jemandem gegenüber aufnahmebereit ist oder nicht, kann mit seinen persönlichen Grundüberzeugungen zusammenhängen. Es bildet sich nämlich folgender Kreislauf (adaptiert nach (51)):

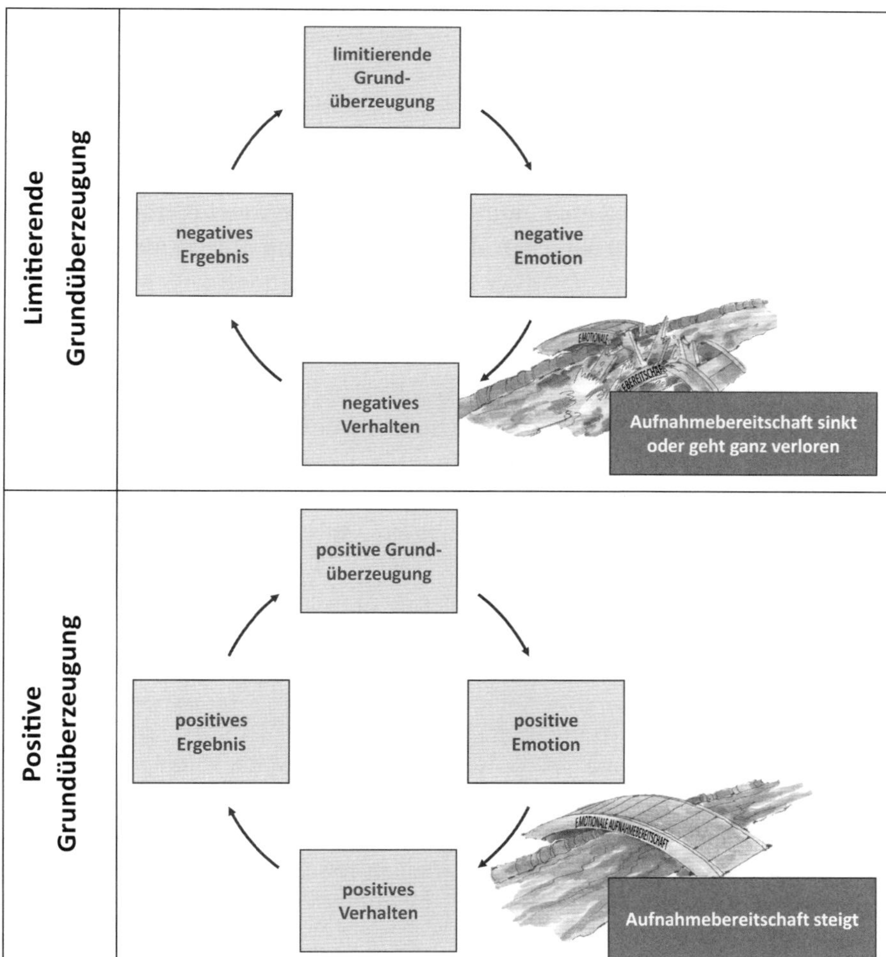

Stellen Sie sich als Beispiel ein Kind vor, welches die Grundüberzeugung „Ich kann kein Mathe" hat. Diese Grundüberzeugung ist z. B. durch schlechte Noten, aber wahrscheinlich vor allem auch von den Eltern und dem Lehrer geprägt worden. Das Kind wird auf jeden Fall zum Thema Mathe eine negative Emotion, wie z. B. Angst oder Wut, entwickeln. Dadurch sinkt seine emotionale Aufnahmebereitschaft dazu und es wird sich folglich nicht gerne mit Mathe beschäftigen. Das Kind wird sehr wahrscheinlich nur noch unter Druck lernen oder sogar ein Vermeidungsverhalten entwickeln, indem es z. B. statt Mathe zu lernen auf Social-Media-Plattformen chattet. Durch dieses Verhalten – es erfolgt keine Beschäftigung mehr mit dem Thema Mathe – ist der nächste Misserfolg in der kommenden Matheprüfung schon vorprogrammiert. Als Ergebnis findet das Kind seine Grundüberzeugung („Ich kann kein Mathe") bestätigt und der Kreislauf wird negativ verstärkt.

Und jetzt stellen Sie sich ein Kind vor, das z. B. die positive Grundüberzeugung hat: „Das, was ich mir vornehme, schaffe ich auch." Ist ein solches Kind mit einer Matheprüfung konfrontiert, kann es diese eher als Herausforderung ansehen und hat dadurch eher eine positive Emotion, wie z. B. Interesse. Dies steigert die Aufnahmebereitschaft des Kindes für das Thema Mathe und es bereitet sich gut auf die Prüfung vor. In der Konsequenz wird es eher eine gute Note schreiben und dadurch einen Erfolg erzielen. Die positive Grundüberzeugung wird dadurch bestätigt und der Kreislauf wird positiv verstärkt.

Übertragen auf eine Gesprächssituation bedeutet dies, dass sowohl Ihre eigenen als auch die Grundüberzeugungen Ihres Gesprächspartners seine emotionale Aufnahmebereitschaft Ihnen gegenüber reduzieren, aber auch steigern können. Dies ist durch Grundüberzeugungen in sechs Dimensionen möglich:

Eigene Grundüberzeugungen ...	**Grundüberzeugungen des Gesprächspartners ...**
... bezogen auf Sie selbst	... bezogen auf ihn selbst
... bezogen auf den Gesprächspartner	... bezogen auf Sie
... bezogen auf das Thema	... bezogen auf das Thema
Auswirkung: Sie geben oder entziehen sich selbst die Berechtigung für das Gespräch, was die Aufnahmebereitschaft des Gesprächspartners indirekt beeinflussen kann (siehe Kapitel „Vertrauen und Selbstvertrauen").	Auswirkung: Die Grundüberzeugungen können die Aufnahmebereitschaft des Gesprächspartners direkt beeinflussen.

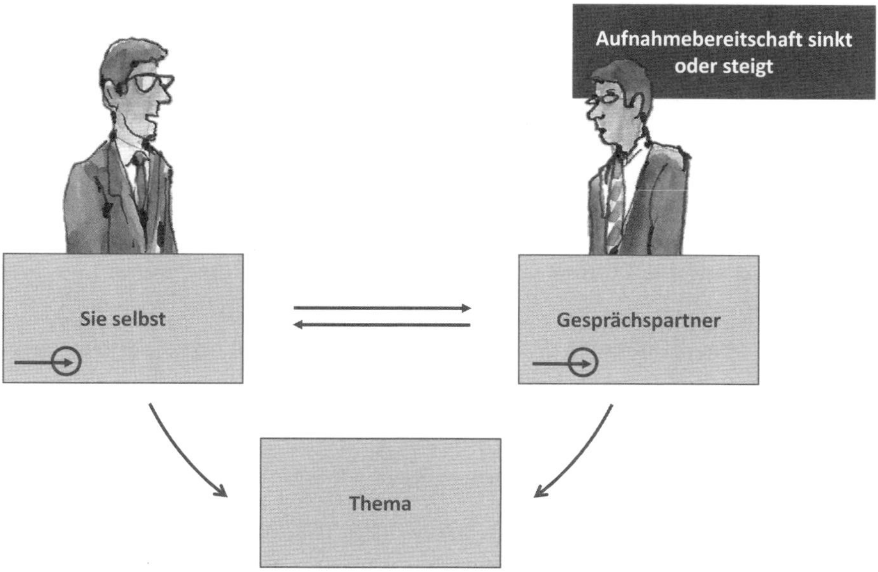

Beispiel: Sie wünschen sich, dass Ihr Partner und Sie einen kleinen Umbau am Haus vornehmen, und möchten Ihren Partner im Gespräch davon überzeugen. Je nachdem, mit welchen Grundüberzeugungen Sie und Ihr Partner in das Gespräch gehen, kann seine Aufnahmebereitschaft in Summe sowohl positiv als auch negativ beeinflusst sein. Wie positive und limitierende Grundüberzeugungen in diesem Beispiel lauten könnten, finden Sie nachfolgend zusammengefasst:

Eigene Grundüberzeugungen ...	Grundüberzeugungen Ihres Gesprächspartners ...
... bezogen auf Sie selbst Positiv: „Ich bin sehr überzeugend." Limitierend: „Ich bin nicht überzeugend."	**... bezogen auf ihn selbst** Positiv: „Ich bin ein guter Partner, wenn ich die Wünsche meines Partners respektiere." Limitierend: „Ich bin schwach, wenn ich nachgebe."

... bezogen auf Ihren Gesprächspartner Positiv: „Mein Partner ist immer offen für meine Ideen." Limitierend: „Mein Partner interessiert sich nicht für meine Ideen."	**... bezogen auf Sie** Positiv: „Mein Partner hat einen guten Geschmack, was Raumgestaltung betrifft." Limitierend: „Mein Partner hat von Raumgestaltung keine Ahnung."
... bezogen auf das Thema Positiv: „Ein Umbau macht Spaß." Limitierend: „Ein Umbau ist anstrengend."	**... bezogen auf das Thema** Positiv: „Ein Umbau bringt frischen Wind." Limitierend: „Ein Umbau kostet viel Geld."

Doch woher kommen Grundüberzeugungen, bzw. wie können diese entstehen? Es sind im Wesentlichen vier Parameter, die diese formen können: Wissen und Annahmen, Ergebnisse, Intensität und Vorstellungen (52).

Wissen/ Annahmen	Ergebnisse
Intensität	Vorstellungen

Wissen/Annahmen: „Wissen und Annahmen" schließt alles ein, das ein Mensch in seinem Leben gelernt hat. Dazu zählen unter anderem die Prägungen durch die Erwartungen und Einstellungen der Eltern und engsten Bezugspersonen in der Kindheit. Weil ein Mensch als Kind manche Dinge (noch) nicht überprüfen kann, übernimmt es einige Annahmen, woraus Grundüberzeugungen entstehen können. Diese dadurch entwickelten Grundüberzeugungen, die auch noch durch Schule, Beruf, Freunde oder die Kultur geprägt werden können, liegen oftmals genauso auch im Erwachsenenalter vor, ohne dass diese durch spätere Erfahrungen verändert werden. Der Mensch sucht sozusagen nicht mehr nach anderen Möglichkeiten. Wurde einem Menschen z. B. im Elternhaus anerzogen, dass es sich gehört, immer bescheiden zu sein („Man muss immer bescheiden sein"), kann es sein, dass er im späteren Leben Schwierigkeiten hat, seine Fähigkeiten und Leistungen z. B. in einem Bewerbungsgespräch wirkungsvoll darzustellen. Er wird manche Ergebnisse nicht erwähnen oder kleinreden.

> *„Die Erfahrungen der Vergangenheit prägen die Erfahrungen der Zukunft."*
> *(Nina Harbers)*

Ergebnisse: Wenn ein Mensch z. B. in der Schule und im Leben bisher immer erfolgreich war, wird er fest davon ausgehen, dass er alles, was er sich vornimmt, ebenso erfolgreich schaffen kann („Was ich mir vornehme, schaffe ich auch."). Wer dagegen schon häufiger etwas ausprobiert und gleich wieder erfolglos aufgegeben hat, gewinnt die Grundüberzeugung, dass er es vielleicht nie zu etwas bringen wird („Ich bin ein Versager."). Diese Ergebnisse haben einen maßgeblichen Einfluss auf die Herangehensweise an neue Herausforderungen und somit auf die Ergebnisse der Zukunft. Einfach gesprochen, lässt sich sagen, dass die Erfahrungen der Vergangenheit die Erfahrungen der Zukunft prägen.

Intensität: Ereignisse, die von intensiven Empfindungen begleitet werden, prägen sich tief in das Unterbewusstsein eines Menschen ein. Wenn er später eine ähnliche Situation erlebt, wird die Grundüberzeugung, den diese Situation in ihm geprägt hat, augenblicklich wieder wirksam. Beispiel hierfür kann eine Panikattacke während eines Fluges sein, die aufgrund massiver Turbulenzen entstanden ist. War die Emotion sehr intensiv, kann dieses Erlebnis ausreichen, um bei jedem weiteren – auch ruhigen – Flug ebenfalls Angst zu verursachen. Die Grundüberzeugung „Ich habe Angst beim Fliegen" kann entstehen, abhängig davon, wie stark es im Episodengedächtnis (ein Teil des menschlichen Gedächtnisses, der u. a. für das Speichern und Abrufen von Ereignissen verantwortlich ist) verankert ist.

Vorstellungen: Unabhängig davon, ob sich ein Mensch tatsächlich oder nur in seiner Vorstellung in einer bestimmten Situation befindet: Im Körper laufen exakt die gleichen chemischen, elektrischen und neurologischen Prozesse ab. Das bedeutet, dass Menschen auch, rein mit ihrer Vorstellung von Situationen, Grundüberzeugungen entwickeln können. Ein Ski-Profi vor dem Start stellt sich z. B. mittels Visualisierung vor, dass er die Rennstrecke erfolgreich meistert, und „durchlebt" dadurch das Rennen im Vorfeld in seinem Geiste. So kann die Grundüberzeugung „Ich werde die Rennstrecke erfolgreich meistern" bewusst entwickelt werden. Würde er sich hingegen vorstellen, wie er gegen eine Torstange prallt oder aus dem Rennen fällt, könnte z. B. die Grundüberzeugung „Ich werde scheitern" entstehen.

ANWENDUNG

Das Vorgehen zum Umgang mit Grundüberzeugungen im Hinblick auf das Thema Aufnahmebereitschaft ist nachfolgend zusammengefasst:

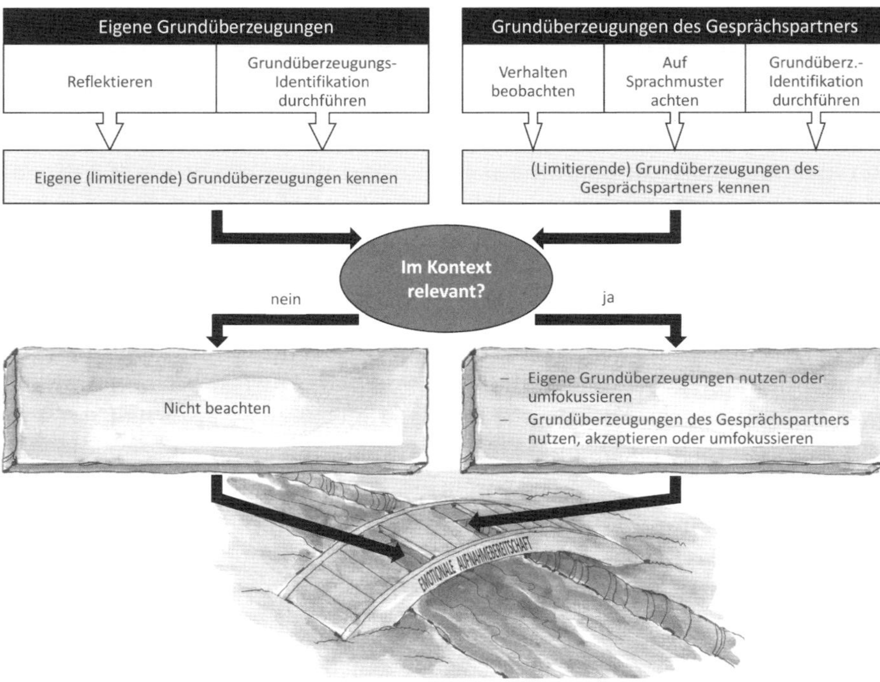

Wie bei den meisten Wahrnehmungsfiltern zur emotionalen Aufnahmebereitschaft ist es sinnvoll, sich zunächst der eigenen Grundüberzeugungen bewusst zu werden, welche indirekt Einfluss auf die Aufnahmebereitschaft des Gesprächspartners haben können. Diese können Sie durch Selbstreflexion (z. B. anhand der oben aufgeführten Beispiele) oder über eine strukturierte Grundüberzeugungs-Identifikation herausfinden. Dafür sollten Sie zunächst eine Art „Lebensplan“ mit einer Liste all Ihrer Ziele, Träume und Projekte erstellen. Dieser dient dazu, darüber nachzudenken, was Sie wirklich in Ihrem Leben wollen. Eine genaue Beschreibung der Vorgehensweise finden Sie im zugehörigen Arbeitshandbuch. Basierend darauf wird es viel einfacher herauszufinden, was Sie fördert oder hindert, all das zu erreichen. Versteckte Grundüberzeugungen können Sie dann z. B. über nachfolgende Fragen herausfinden:

- Was ist mir wichtig im Leben?
- Warum und wofür ist mir dies wichtig?
- Welche Ziele möchte ich erreichen?
- Was hilft mir dabei, diese Ziele zu erreichen?
- Was hindert mich daran, diese Ziele zu erreichen?
- Warum ist das so?

Wenn Sie Grundüberzeugungen identifiziert haben, entscheiden Sie anschließend, ob Sie diese – generell in Ihrem Leben oder speziell beim Herstellen von Aufnahmebereitschaft – unterstützen oder limitieren. Bei positiven Grundüberzeugungen sollten Sie sich fragen, wie Sie diese nutzen können, limitierende Grundüberzeugungen sollten Sie umfokussieren (siehe weiter unten).

Sobald Sie Ihre eigenen Grundüberzeugungen kennen, sollten Sie auch herausfinden, welche (limitierenden) Grundüberzeugungen des Gesprächspartners auf seine emotionale Aufnahmebereitschaft wirken. Dafür können Sie Ihren Gesprächspartner natürlich meistens nicht einfach fragen: „Welche Grundüberzeugung schränkt hier Ihre emotionale Aufnahmebereitschaft ein?" Zum einen, weil er das in der Regel nicht weiß oder genau benennen kann, zum anderen, weil die Frage selbst zu einer (weiteren) Reduktion der Aufnahmebereitschaft des Gesprächspartners führen kann. Beobachten Sie stattdessen, ob Sie die Auswirkung einer Grundüberzeugung im Verhalten des Gesprächspartners wahrnehmen. Zusätzlich können Sie Grundüberzeugungen an folgenden Sprachmustern erkennen (50):

- Modaloperatoren (dürfen, können, sollen, ...), Bsp.: „Ich/Man kann/soll/darf (nicht) ..."
- Nominalisierungen (abstrakte Hauptwörter, die aus Verben oder Adjektiven gebildet werden), Bsp.: „Loyalität ist wichtig."
- Aussagen zur eigenen Person („Ich bin ..."), Bsp.: „Ich bin zu alt."
- Formulierungen von Ursache und Wirkung („Wenn ..., dann ..."), Bsp.: „Wenn ich dick bin, dann werde ich abgelehnt."

Wenn Sie mit Ihrem Gesprächspartner in einer längerfristigen Beziehung stehen (Partnerschaft, Zusammenarbeit, ...) und ein entsprechendes Vertrauensverhältnis vorliegt, können Sie seine Grundüberzeugungen auch in einem geführten Identifikationsprozess herausfinden (Vorgehensweise ähnlich wie beim eigenen Identifikationsprozess, Details finden Sie im zugehörigen Arbeitshandbuch).

Egal, wie Sie die Grundüberzeugungen Ihres Gesprächspartners identifizieren, achten Sie immer auf folgende „Fallen“ (erweitert und adaptiert nach (50)):

- Projektion
- Konstruktion
- Verdrängung

Projektion: Menschen haben die Tendenz, bei jemand anderem die Bestätigung für die eigenen Grundüberzeugungen zu finden. Es kann also passieren, dass Sie sich im anderen widerspiegeln und Sie sozusagen Ihre eigenen Grundüberzeugungen in den Gesprächspartner hineininterpretieren. Einfach gesprochen: Das, was Sie suchen, werden Sie auch finden.

Beispiel: Sie haben die Grundüberzeugung „Ich bin zu jung“, die sich z. B. durch Unsicherheit im Gespräch mit einem älteren Geschäftspartner bemerkbar macht. Mit hoher Wahrscheinlichkeit werden Sie vom anderen Aussagen wahrnehmen, welche für Sie bestätigen, dass er eine Grundüberzeugung in der Art von „Er ist zu jung“ in sich trägt.

Konstruktion: Sie erkennen die Grundüberzeugungen des Gesprächspartners nicht, weil Sie von ihm logische Konstrukte zu hören bekommen, die seine Verhaltensweisen rechtfertigen oder ihnen Sinn verleihen, um die eigentliche Grundüberzeugung zu verschleiern. Diese Erklärungen haben aber nichts mit der eigentlichen Ursache zu tun. Also welche Grundüberzeugung steckt dahinter und welche Erfahrungen haben zur Entwicklung der Grundüberzeugung geführt? Und genau diese sollten Sie kennen, um ggf. deren negative Auswirkung auf die emotionale Aufnahmebereitschaft des Gesprächspartners reduzieren zu können.

Beispiel: Sie sind eine Frau, und einer Ihrer Mitarbeiter hält sich nicht an Abmachungen. Im Gespräch mit Ihnen rechtfertigt er dies z. B. mit einer hohen Arbeitsbelastung. Tatsächlich ist aber die Grundüberzeugung „Von einer Frau kann ich mich nicht führen lassen“ die Ursache. Ist Ihnen dies nicht bewusst, würden Sie womöglich versuchen, die Arbeitsbelastung des Mitarbeiters zu reduzieren, um das Problem zu beheben.

Verdrängung: Es kann sein, dass Ihr Gesprächspartner die Grundüberzeugung (unbewusst) nicht zugeben will, nicht einmal sich selbst gegenüber. Er blendet die Grundüberzeugung folglich aus, um sich zu schützen oder sich nicht damit konfrontieren zu müssen. Dies passiert vor allem dann, wenn die Grundüberzeugung angstbesetzt, schmerzlich oder unangenehm ist. In diesem Fall wird es sehr schwierig, die Grundüberzeugung zu identifizieren.

Wenn Sie sich sowohl eigener als auch der Grundüberzeugungen Ihres Gesprächspartners bewusst sind, prüfen Sie, welche davon im (Gesprächs-) Kontext relevant sind. Haben Sie keine Relevanz, sollten Sie sie – zumindest in der aktuellen Gesprächssituation – nicht weiter beachten. Könnten die Grundüberzeugungen einen (positiven oder negativen) Einfluss auf die emotionale Aufnahmebereitschaft Ihres Gesprächspartners haben, stehen Ihnen folgende Möglichkeiten zur Verfügung:

- Sie können die eigenen Grundüberzeugungen nutzen oder umfokussieren.
- Die Ihres Gesprächspartners können Sie nutzen, akzeptieren oder umfokussieren.

Was dies in der Praxis genau bedeuten kann, zeigen nachfolgende Beispiele:

1. Grundüberzeugungen nutzen

Für Sie wirkungsvolle eigene Grundüberzeugungen wie „Was ich mir vornehme, schaffe ich auch" oder „Ich bin ein guter Kommunikator" sollten Sie (wenn Sie es wollen) beibehalten und stärken. Positive Grundüberzeugungen garantieren nicht die emotionale Aufnahmebereitschaft des Gesprächspartners, aber sie machen Sie selbst ressourcenreich, was eine wichtige Voraussetzung dafür darstellt (siehe Kapitel „Ressourcenzustand").

Positive Grundüberzeugungen Ihres Gesprächspartners, die „Ihnen in die Karten spielen", sollten Sie direkt für das Schaffen von Aufnahmebereitschaft nutzen. Hat Ihr Gesprächspartner z. B. eine positive Grundüberzeugung wie „Die Welt ist voller Vertrauen", wird dadurch Ihr Vertrauenskonto bei ihm automatisch gut gefüllt sein. Dies bildet eine wichtige Voraussetzung, sich von Ihnen in die emotionale Aufnahmebereitschaft führen zu lassen.

2. Grundüberzeugungen des Gesprächspartners akzeptieren

In manchen Fällen kann es eine gute Strategie sein, die Grundüberzeugung des Gesprächspartners einfach zu akzeptieren. Beispiel hierfür wäre, wenn eine Grundüberzeugung Ihres Gesprächspartners dazu führt, dass er Ihnen keine Berechtigung gibt, er aber (z. B. am Thema selbst) so interessiert ist, dass er trotzdem aufnahmebereit sein kann. Nehmen wir das bereits vorher erwähnte Beispiel mit einem Mitarbeiter, welcher die Grundüberzeugung „Von einer Frau kann ich mich nicht führen lassen“ hat und sich dadurch nicht an Abmachungen hält. Sind Sie als seine Führungskraft nun eine Frau, können Sie ja nicht einfach Ihr Geschlecht ändern. Auch die womöglich über Jahre kultivierte Grundüberzeugung werden Sie ggf. nicht einfach so verändern können. Eine Möglichkeit wäre also, die Grundüberzeugung als gegeben zu akzeptieren und auf andere Art und Weise dafür zu sorgen, dass der Mitarbeiter aufnahmebereit wird. Führen Sie ihm z. B. immer wieder den Sinn seiner Tätigkeit vor Augen. So bekommt er ein starkes „WARUM“ und wird trotz mangelnder Berechtigung Ihnen gegenüber aufnahmebereiter (vgl. Kapitel „Sinn“).

3. Eigene Grundüberzeugungen oder die des Gesprächspartners umfokussieren

Eigene limitierende Grundüberzeugungen wie z. B. „Ich muss immer alles perfekt machen“ oder „Andere sind besser als ich“, die dazu führen können, dass Sie sich selbst in einem Gespräch die Berechtigung entziehen oder erst gar nicht geben, sollten Sie umfokussieren. Auch Grundüberzeugungen Ihres Gesprächspartners, welche einen negativen Einfluss auf seine emotionale Aufnahmebereitschaft haben können, sollten Sie umfokussieren. Sie können dies sowohl kurzfristig (sozusagen als Akut-Strategie) als auch langfristig und dadurch nachhaltig tun.

Kurzfristiges Umfokussieren
Kurzfristiges Umfokussieren bedeutet, dass Sie sich in dem Moment, in dem ein Reiz auf Sie auftrifft, der eine Ihrer limitierenden Grundüberzeugungen antriggert, der dadurch entstehenden Emotion (z. B. Angst) und dem ausgelösten Verhalten (z. B. Übersprungshandlung) bewusst werden. Sind Sie sich dessen bewusst, können Sie anschließend den normalerweise ausgelösten negativen Kreislauf z. B. mittels einer Musterunterbrechung oder Dissoziationstechnik durchbrechen (beschrieben im Kapitel „Innere Haltung“).

Beim Gesprächspartner sollten Sie sich bewusst sein, dass er seine echten Grundüberzeugungen für so wahr hält, dass es für ihn schwer sein kann, sie als solche zu erkennen. Zusätzlich basieren Grundüberzeugungen oftmals auf keiner Logik. Dies macht es folglich schwer, sie mit Argumenten einfach zu widerlegen. Wie bei alle anderen Wahrnehmungsfiltern wirken auch hier die Prozesse „Tilgen“, „Verzerren“ und „Generalisieren“. Es kann also sein, dass Ihr Gesprächspartner alle Argumente so interpretiert, dass sie zu seiner Grundüberzeugung passen. Und falls sie dies nicht tun, tut er sie als „Ausnahmen bestätigen die Regel“ ab. Eine kurzfristige Umfokussierung beim Gesprächspartner können Sie also kaum durch Argumente erreichen. Besser ist es, „entwickelnde Fragen“ zu stellen (vgl. Kapitel „Empathie“). Dabei geht es nicht darum, mit einem erhobenen Zeigefinger zu argumentieren, sondern dem Gesprächspartner gezielt zu der Erkenntnis zu verhelfen, dass es Situationen in seinem Leben gab, in denen seine limitierende Grundüberzeugung nicht zutraf. Auch, ihn erkennen zu lassen, dass er hier einer Generalisierung unterliegt, kann funktionieren (vgl. hierzu ebenfalls Kapitel „Innere Haltung“).

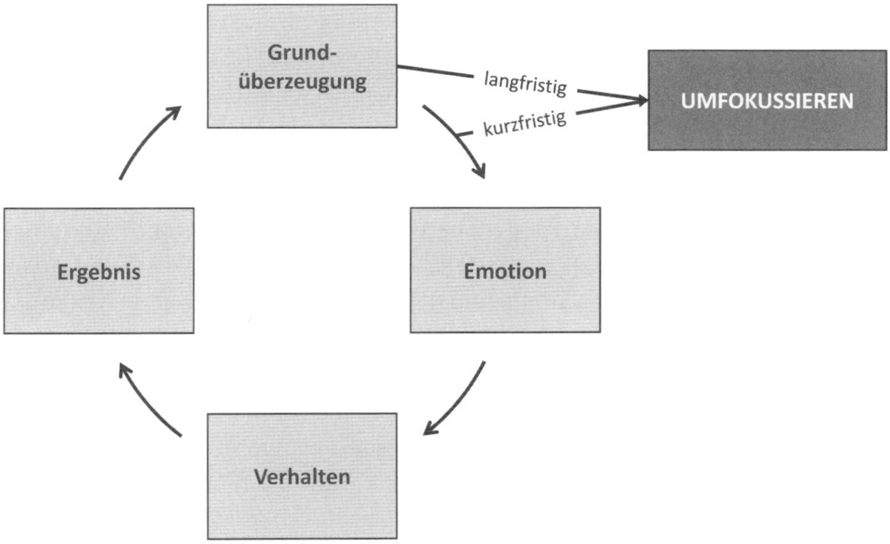

Langfristiges Umfokussieren

Langfristiges Umfokussieren bedeutet, dass Sie Ihre limitierende Grundüberzeugung und die daraus resultierenden Verhaltensweisen und Gewohnheiten hinterfragen und daraus eine neue, für Sie positive Gewohnheit entwickeln. Neurowissenschaftlich gibt es zwei motivationale Netzwerke im menschlichen Gehirn: das Annäherungssystem und das Vermeidungssystem. Das Annäherungssystem dient der Erfüllung von Grundbedürfnissen (z. B. Lustgewinn), das Vermeidungssystem dient der Verhinderung von Verletzungen, Bedrohungen oder Enttäuschungen von Grundbedürfnissen (z. B. Unlustvermeidung) (53). Stark vereinfacht, führt das Annäherungssystem zu einer Lösungsfokussierung und das Vermeidungssystem zu einer Problemfokussierung. Welches System gerade aktiviert ist, hängt davon ab, wie Sie eine bestimmte Situation bewerten. Angenommen, Sie sind gerade dabei, sich selbstständig zu machen, hängt es von Ihrer Betrachtungsweise ab, ob Sie die Situation als positiv (neue Herausforderung, mehr Freiheit, ...) oder als negativ (Unsicherheit, ...) wahrnehmen. Dementsprechend wird das eine oder andere System aktiviert und entweder ein Problem- oder ein Lösungsfokus entsteht.

Limitierende Grundüberzeugungen sind häufig negativ formuliert (z. B. „Ich bin nicht mutig genug") und aktivieren dadurch in Situationen, wo sie relevant werden, das Vermeidungssystem. Die ganze psychische Aktivität eines Menschen ist dann nur auf das Problemerleben fokussiert und Ängste können entstehen. Solange das Vermeidungssystem aktiviert ist, ist es auch nicht möglich, ein neues Verhalten zu erlernen (21; 53). Wenn die Aufmerksamkeit eines Menschen hingegen immer wieder auf eine positive Zielformulierung umfokussiert wird, kann neues Verhalten gelernt werden. Deshalb ist es wirkungsvoll, eine limitierende Grundüberzeugung positiv umzuformulieren. Wie dies funktionieren kann, ist nachfolgend anhand eines Beispiels beschrieben:

Im Falle der Grundüberzeugung „Wenn es gut werden soll, mach es lieber selbst" wäre es z. B. sinnvoll, darüber nachzudenken, welcher Teil von Ihnen dies vorschreibt, um sich von diesem dissoziieren zu können (vgl. „Dissoziationstechnik" im Kapitel „Innere Haltung"). Außerdem sollten Sie reflektieren, ob es für Sie selbst tatsächlich *immer* eine Erleichterung ist, alles selbst zu machen. Denn in aller Regel ist unser Denken, unser Verhalten und unser Fühlen kontextgebunden. Wie wäre es, wenn Sie den Mitarbeitern/Familienmitgliedern/ ... etwas mehr Verantwortung geben würden? Würden diese dann zu mehr Eigenständigkeit und somit besseren Ergebnissen gelangen und hätten Sie am Ende weniger Arbeit? Würden auf diese Weise dann nicht alle profitieren? Wie und wo in Ihrem Leben haben Sie dies schon einmal erlebt? Schauen Sie aus diesem Blickwinkel auf die Grundüberzeugung, werden Sie vielleicht erkennen, dass es sehr wirkungsvoll sein kann, etwas an andere abzugeben, und das Annäherungssystem wird aktiviert. Eventuell beschließen Sie dann, anderen Menschen dabei zu helfen, sich weiterzuentwickeln, und schaffen gleichzeitig für sich selbst neue Freiräume. Die ehemals limitierende Grundüberzeugung könnten Sie folglich so oder so ähnlich für sich umformulieren: „Wenn ich etwas abgebe, helfe ich anderen dabei, sich zu entwickeln, und schaffe gleichzeitig Entlastung für mich selbst." Wenn Sie durch die umformulierte Grundüberzeugung eine Situation anders bewerten, werden Sie sich auch automatisch anders verhalten. Dies ist der erste Schritt zu einer neuen Gewohnheit.

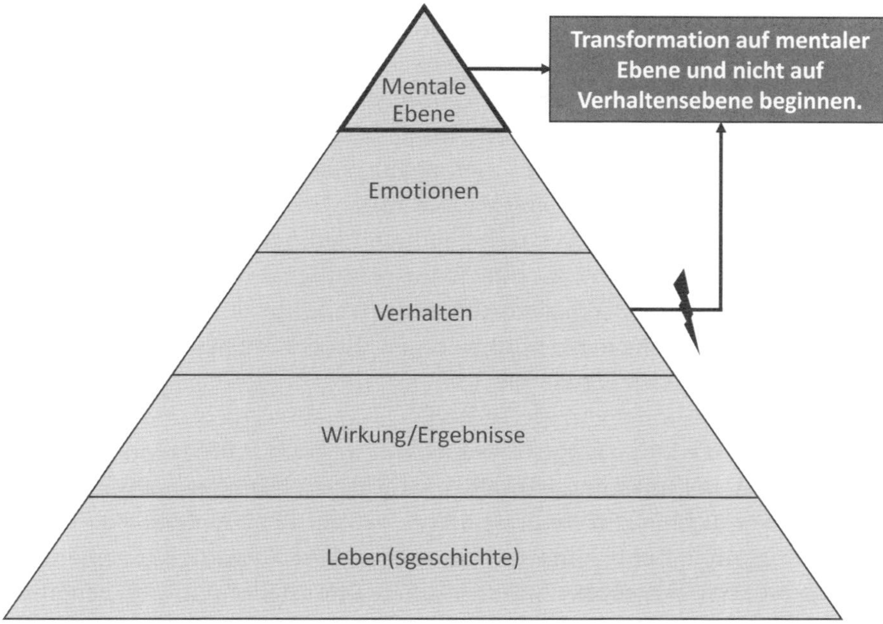

Wie können Sie langfristig die Grundüberzeugungen Ihres Gesprächspartners umfokussieren (ihn transformieren)?

Erinnern Sie sich noch an das Beispiel mit der Grundüberzeugung „Ich kann kein Mathe"? Was ist denn eine gängige Reaktion, wenn ein Kind schlechte Noten in Mathe schreibt? Richtig, es bekommt Nachhilfe. Auf welcher Ebene setzt dies an? Auf der Verhaltensebene. Und genau deshalb ist z. B. Nachhilfe oftmals nicht erfolgreich, die zugrunde liegende Überzeugung auf der mentalen Ebene bleibt nämlich bestehen. Eine Verhaltensänderung kann natürlich langfristig auch die mentale Ebene verändern, es dauert aber in der Regel eine lange Zeit.

Dieses Prinzip wirkt auch beim Thema emotionale Aufnahmebereitschaft: Angenommen, die mangelnde Aufnahmebereitschaft Ihres Gesprächspartners äußert sich als ignorierendes Verhalten (er ist z. B. mit dem Laptop beschäftigt – siehe Kapitel „Wie erkenne ich emotionale Aufnahmebereitschaft?"). Sie möchten dessen Aufnahmebereitschaft steigern und könnten ihn dafür einfach bitten, den Laptop wegzustellen, um dadurch sein Verhalten zu verändern. Wenn allerdings eine dahinter liegende Grundüberzeugung und nicht der Laptop selbst die Ursache für die mangelnde Aufnahmebereitschaft darstellt (was oftmals der Fall ist), bringt diese Verhaltensänderung auch kurzfristig nur sehr wenig.

Ihr Gesprächspartner wird dadurch nicht aufnahmebereiter. Sie sollten also besser auf der mentalen Ebene ansetzen und ihn dabei unterstützen, seine Grundüberzeugung umzuformulieren und somit seine Aufmerksamkeit vom Vermeidungs- auf das Annäherungssystem umzufokussieren (gewissermaßen vom Problem- zum Lösungsfokus). Die Umfokussierung der Aufmerksamkeit trägt nämlich laut Milton Erickson dazu bei, „... die gewohnten psychischen Einstellungen und alltäglichen Bezugsrahmen von Menschen außer Kraft zu setzen. Ihre Glaubenssysteme (Anmerkung: Glaubenssystem = mehrere sich stützende Grundüberzeugungen) werden für einige Augenblicke mehr oder weniger unterbrochen und aufgehoben. Das Bewusstsein wird abgelenkt" (54).

Ideen, wie Sie die langfristige Umfokussierung einer limitierenden Grundüberzeugung bei Ihrem Gesprächspartner bewirken können, sind im weiteren Verlauf beschrieben. Beachten Sie dabei aber, dass eine Umfokussierung nur funktionieren kann, wenn Ihr Gesprächspartner die Bereitschaft hat, an seiner limitierenden Grundüberzeugung zu arbeiten.

Neun wirksame Fragen nach Dilts

Nachfolgend finden Sie von Robert Dilts adaptiert neun wirksame Fragen, die dabei helfen können, limitierende Grundüberzeugungen beim Gesprächspartner umzufokussieren:

- Wann, wo und wie schränkt Sie diese Grundüberzeugung ein?
- Möchten Sie weiter an diese Grundüberzeugung glauben?
- Sind Sie sich sicher, dass diese Überzeugung wahr ist?
- Weshalb wissen Sie das?
- Gilt die Grundüberzeugung in allen Fällen und ist das wirklich immer so?
- Was wäre, wenn genau das Gegenteil wahr wäre?
- Welchen Beweis für das Gegenteil kennen Sie bereits?
- Gibt es Menschen, die in der gleichen Situation andere Grundüberzeugungen haben?
- Haben diese damit mehr Erfolg?

Dissoziationstechnik

Eine weitere Möglichkeit bietet eine Dissoziationstechnik, die nachfolgend kurz beschrieben ist (vgl. „Dissoziationstechnik" im Kapitel „Innere Haltung") (adaptiert und erweitert nach (55)):

Limitierende Grundüberzeugung klären (assoziiert): Bitten Sie Ihren Gesprächspartner, die limitierende Grundüberzeugung möglichst präzise zu formulieren. Stellen Sie ihm dafür z. B. folgende Fragen:
- Welche limitierende Grundüberzeugung wollen Sie umfokussieren?
- In welchen Situationen zeigt sich diese?
- Auf welche Art und Weise limitiert Sie diese?
- Wie lautet diese konkret in einem Satz?

Unterstützer finden (assoziiert): Lassen Sie Ihren Gesprächspartner im Geiste eine Person finden, die ihn bei der Lösungsfindung unterstützen könnte. Stellen Sie ihm dafür z. B. folgende Fragen:
- Wer könnte bei der Lösungsfindung unterstützen (Bezugsperson, Mentor, Vorbild, ...)?
- Wer könnte Ihnen als Unterstützer aus der Vergangenheit, Gegenwart oder Zukunft zur Seite stehen?

Veränderungsimpulse setzen (dissoziiert): Bitten Sie Ihren Gesprächspartner, nun in die Rolle des Unterstützers zu schlüpfen (ggf. dafür den Platz im Raum wechseln). Stellen Sie dann „an den Unterstützer" folgende Fragen:
- Wer sind Sie?
- Was arbeiten Sie?
- Was können Sie besonders gut?
- Was ist Ihnen wichtig?
- Wie könnten Sie XY (Ihren Gesprächspartner) bei der Umfokussierung seiner limitierenden Grundüberzeugung unterstützen?
- Was wäre Ihre Botschaft an XY?
- Welche neue positive Formulierung könnte XY für die Grundüberzeugung verwenden?

Neue Formulierung finden (assoziiert): Bitten Sie Ihren Gesprächspartner, wieder zurück in die eigene Rolle schlüpfen (ggf. dafür den Platz im Raum wieder zurückwechseln), und stellen Sie z. B. folgende Fragen:
- Wie heißt nun Ihre neue Grundüberzeugung?
- Wie werden Sie diese im Alltag umsetzen?
- Wann probieren Sie es konkret aus?
- Woran werden Sie merken, dass sich etwas verändert hat?

Weitere Ideen für den Umgang mit limitierenden Grundüberzeugungen finden Sie im Arbeitshandbuch.

DAS WICHTIGSTE IN KÜRZE

- Die persönlichen Grundüberzeugungen eines Menschen sind meist nicht logisch herleitbare Lebensregeln, die er für wahr hält.
- Diese können sowohl positiv als auch negativ und damit limitierend sein.
- Grundüberzeugungen resultieren aus der Prägung im Kindesalter, aus Erfahrungen sowie Interpretationen.
- Grundüberzeugungen stellen die Grundlage für das alltägliche Handeln und für den Einsatz der Fähigkeiten eines Menschen dar.
- Eigene Grundüberzeugungen können genutzt oder verändert werden.
- Machen Sie sich die Grundüberzeugungen Ihres Gesprächspartners bewusst, und reagieren Sie darauf kontextabhängig, um Aufnahmebereitschaft herzustellen.

BEISPIELE: ANWENDUNG IN DER DIGITALEN KOMMUNIKATION

- Schriftliche digitale Kommunikation ist oftmals zu kurz (z. B. Instant Messaging, SMS), um die Grundüberzeugungen des Kommunikationspartners einschätzen zu können.
- Es gibt viele die digitale Kommunikation betreffende Grundüberzeugungen, welche beeinflussen, ob ein Mensch überhaupt digital kommunizieren möchte bzw. auf welche Art er digital kommunizieren möchte (z. B. SMS, Video-Konferenz, …), z. B.:
  - „Ich bin zu alt für ein Handy."
  - „Dank digitaler Kommunikation geht alles schneller."
  - „Eine Kurznachricht ist viel effizienter als ein Telefonat."
  - „Ich kann mit einem Computer nicht umgehen."
- Grundüberzeugungen, welche mit dem Erscheinungsbild eines Menschen zu tun haben, fallen weg.

VERTIEFENDE LITERATUR

Robert B. Dilts und andere: Identität, Glaubenssysteme und Gesundheit: Höhere Ebenen der NLP-Veränderungsarbeit. Paderborn, Junfermann Verlag, 2015

Gunther Schmidt: Einführung in die hypnosystemische Therapie und Beratung. Heidelberg, Carl Auer Verlag, 2014

Milton H. Erickson, Ernest L. Rossi: Hypnotherapie – Aufbau, Beispiele, Forschungen. Stuttgart, Klett-Cotta Verlag, 2004

Pamela Preisendörfer: Glaubenssätze und Überzeugungen: Von mentaler Selbstsabotage zu innerer Stärke und Ausstrahlung. Oberstdorf, Windpferd Verlag, 2013

Axel Burkart: Mit einem Satz das Leben ändern: die Kraft der richtigen Glaubenssätze. München, Irisiana Verlag, 2014

3.1.4 Stärken

„Eine gute Schwäche ist besser als eine schlechte Stärke."
(Charles Aznavour)

Warum nur arbeitet er nicht mit?

Draußen war wunderschönes Wetter und Sascha Holzmann saß zu Hause an seinem großen, gläsernen Esstisch. Natürlich hatte er auch ein Büro in seinem neuen Haus, das direkt über dem großzügigen offenen Wohn- und Essbereich lag. Der Blick vom Schreibtisch über den gepflegten Garten hin zum Ammersee war sogar noch reizvoller als hier vom Esstisch aus. Sascha beobachtete die vielen Segelboote auf dem See. Klar, der begeisterte Segler war ein bisschen neidisch. Wäre er doch jetzt auch lieber mit seinem Boot unterwegs. Der leichte Wind hätte an diesem Nachmittag einen besonders schönen Törn ermöglicht. Doch dazu hatte Sascha Holzmann keine Zeit. Der Management- und Leadership-Coach war gerade dabei, auf dem Laptop die Notizen eines Klienten zu studieren, mit dem er gleich ein Coaching-Telefonat führen würde. Bei dem Klienten handelte es sich um Pablo Garcia, seines Zeichens Geschäftsführer eines mittelständischen Münchner Unternehmens, das Kautschuk-Produkte herstellte. Mit ihm hatte sich Sascha vor etwa vier Wochen getroffen und in diesem ersten, persönlichen Gespräch die Coachingstrategie festgelegt. So lief das immer. Der Klient bekam dann unter anderem, mehr oder weniger als „Hausaufgabe", das Verfassen sogenannter Wochenberichte. Diese dienten der Reflexion aller relevanten Tätigkeiten der jeweiligen Woche. Für den Coach eine wichtige Grundlage, um das Tun und Lassen seines Klienten überprüfen und analysieren zu können. Sascha sah auf die Uhr, es war fünf vor drei. In fünf Minuten sollte also das erste Telefonat stattfinden. Er hatte alle nötigen Infos studiert und suchte sein Handy. Richtig, das war ja oben im Büro zum Laden eingesteckt! Zwei Stufen auf einmal nehmend, erreichte er den ersten Stock und war wieder einmal überwältigt von dem sich bietenden Blick auf den Ammersee. Er genoss diesen für einen kurzen Moment und tippte dann die Nummer seines Klienten auf seinem Smartphone ein. Es war jetzt Punkt drei Uhr.

„Guten Tag, Herr Garcia!", begrüßte Sascha Holzmann seinen Klienten, nachdem der sich mit seiner unverwechselbaren, männlich markanten Stimme am anderen Ende gemeldet hatte. „Wie geht es Ihnen denn an diesem wunderschönen Tag?"

„Herr Holzmann, ich grüße Sie!", kam es vom anderen Ende der Leitung. „Na ja, wie soll es einem schwer arbeitenden Menschen, der bei diesem Wetter im Büro sitzen muss, denn schon gehen. Am liebsten gut, aber damit tue ich mich jetzt gerade ziemlich schwer."

Nach ein paar Minuten Small Talk zum Auflockern der Atmosphäre lenkte der in Sachen Rhetorik perfekt geschulte Sascha Holzmann das Gespräch auf den eigentlichen Grund dieses Telefon-Coachings. Er fragte seinen Klienten ein paar Eckpunkte ab, die dieser alle zufriedenstellend beantwortete.

„Wie sieht es denn mit den Wochenberichten aus, Herr Garcia?", wollte Holzmann wissen. „Sie haben mir bislang noch keinen geschickt."

„Ach ja ..., die Wochenberichte!" Herr Garcia seufzte. „Ich bin leider

nicht dazu gekommen, Herr Holzmann. In den letzten vier Wochen hatte ich so viel um die Ohren – zuerst die Messe, und dann haben zwei enorm wichtige Projekte meine ganze Zeit derart in Anspruch genommen, dass ich die Berichte wirklich nicht erstellen konnte."

„Das verstehe ich, Herr Garcia!", antwortete Sascha Holzmann. „Aber Sie wissen, dass diese Berichte für unsere Arbeit ein wichtiger und notwendiger Eckpfeiler sind."

„Ja, natürlich weiß ich das! Ich bedauere das auch sehr, aber wie ich schon sagte, ich hatte keine Minute Zeit, um mich darum zu kümmern."

Sascha Holzmann diskutierte noch eine Weile mit seinem Klienten und versuchte ihm immer wieder deutlich zu machen, wie wichtig es war, all das, was er die Woche über tat, zu reflektieren. Herr Garcia zeigte sich auch einsichtig, und die Gründe, die er als Entschuldigung vorbrachte, leuchteten ein. Zum Abschluss des Gesprächs nagelte Sascha Holzmann Garcia noch einmal fest und legte ihm eindringlich ans Herz, die Wochenberichte für die kommenden vier Wochen zu schreiben.

„Okay, werde ich machen, Herr Holzmann. Versprochen!"

Für die folgenden vier Wochen hatte sich Sascha Holzmann in seinen Terminkalender eine Erinnerung vermerkt, damit er Herrn Garcias Mitarbeit auch keinesfalls vergaß. Die erste Woche verging – ohne Wochenbericht vom Klienten Garcia. Und auch in der zweiten Woche passierte gar nichts. Woche drei und vier vergingen ebenfalls ohne die vereinbarten Berichte. Sascha Holzmann wurde allmählich stutzig. „Warum macht er nicht, was wir vereinbart haben?", fragte er sich. „Ein individuelles Leadership-Coaching gibt es schließlich nicht für einen Apfel und ein Ei." Aber auch das beste Coaching und der beste Coach bringen absolut nichts, wenn der Klient nicht mitmacht und sich nicht an die Vereinbarungen hält.

An dem Tag, an dem die nächste Telefon-Sitzung anstand, war Sascha Holzmann ein bisschen sauer und nahm sich vor, mit Herrn Garcia einmal Tacheles zu reden. Denn so ging das nun wirklich nicht. Schließlich handelte es sich bei Garcia nicht um irgendeinen Sachbearbeiter, der ein wenig Nachhilfeunterricht in Managementfragen erhalten sollte, sondern um den Chef des Unternehmens. Holzmann legte natürlich auch im eigenen Interesse größten Wert darauf, dass ein solcher „Hochkaräter" mitarbeitete. Sein Ruf als Coach war stets mit dem Erfolg eines Coachings verbunden.

„Tut mir leid, Herr Garcia, aber so funktioniert das nicht!", sagte Holzmann dann auch, nachdem er etwa eine Viertelstunde mit seinem Klienten diskutiert hatte. „Ohne die fortlaufende Reflexion Ihrer täglichen bzw. wöchentlichen Arbeit kommen wir nicht weiter."

„Das weiß ich, Herr Holzmann! Bitte verstehen Sie mich, die letzten Wochen waren wirklich sehr anstrengend. Ich hatte drei ungeplante Auslandstermine. Da ist im Büro eine Menge Schreibkram liegen geblieben. Unter anderem auch meine Wochenberichte!“

„Das haben Sie mir das letzte Mal auch schon gesagt“, konterte Sascha Holzmann. Bei dem erfahrenen Coach kam immer mehr der Verdacht auf, dass es sich bei den Erklärungen seines Klienten um Ausreden handelte. Die waren zwar alle plausibel und nachvollziehbar, aber in der Sache halfen sie nicht. „Wenn Sie nicht konzentriert und produktiv mitarbeiten, dann wäre es vielleicht sinnvoller, wir brechen das ganze Coaching an dieser Stelle ab!“

„Nein, Herr Holzmann!“, rief Garcia sofort. „Bitte nicht! Wissen Sie, zu dem ganzen beruflichen Stress hatte ich in den letzten Wochen auch noch ein paar private Probleme zu lösen.“

Pablo Garcia schweifte vom Thema ab und berichtete Holzmann von diversen familiären Problemen. Der Coach ließ sich noch einmal breitschlagen, nachdem ihm Garcia hoch und heilig versprochen hatte, in den kommenden vier Wochen die Berichte zu verfassen.

Vier weitere Wochen gingen ins Land. Sascha Holzmann hatte sich jede Woche freitags an seinen Klienten Garcia erinnern lassen. Und jeden Freitag musste er feststellen, dass eben kein Wochenbericht kam. Das wurde ihm dann doch zu dumm und er beschloss, das Coaching abzubrechen. Beim nächsten Telefonat gab es dann auch keinen Small Talk mehr. Sascha Holzmann begann mit dem Satz: „Ich bedauere, Herr Garcia, aber so geht es nicht! Wir brechen das Coaching an dieser Stelle ab!“ Wieder kam ein Versuch, die Sache mit einer Ausrede zu erklären, aber Sascha Holzmann kam sich nun regelrecht veräppelt vor. Er wünschte seinem Klienten noch alles Gute, verabschiedete sich und wollte gerade das Gespräch beenden.

„Herr Holzmann!“, sagte Garcia da und klang in diesem Moment richtig verzweifelt. „Bitte ..., ich muss Ihnen etwas sagen!“

„Und was?“

„Ich bin Spanier und spreche zwar sehr gut Deutsch, ich habe aber nie richtig gelernt, in Deutsch zu schreiben!“

Sascha Holzmann fiel aus allen Wolken. Garcia konnte nicht richtig in Deutsch schreiben und schämte sich dafür! Das war ein regelrechter Schock und sorgte für ein paar Sekunden Schweigen am Telefon. Das erklärte natürlich alles, aber trotzdem wunderte sich der Coach nicht schlecht, als ihm sein Klient ausführlich von diesem Problem und den vielen Folgeproblemen erzählte.

„Aber Sie haben mir doch andere Dinge auch geschrieben, Herr Garcia! Wie haben Sie das denn gemacht?“

Erneut war Sascha Holzmann regelrecht verblüfft, als er hörte, dass alles andere Geschriebene von Garcias Sekretärin erstellt worden war. Sie gehörte zum kleinen Kreis der Eingeweihten, die von dem Problem Garcias wussten. Sonst hatte in der Firma keiner davon Kenntnis. Der gestandene Manager schämte sich für dieses Handicap und vermied, dass sein Coach davon erfuhr. Und so wurden die Wochenberichte eben nicht wie vereinbart verfasst, denn die, so erklärte Herr Garcia weiter, wollte er nicht von seiner Sekretärin schreiben lassen. Zu viel Persönliches und eine Menge Interna wären dabei gewesen.

„Verstehen Sie das, Herr Holzmann?“, fragte Garcia, hörbar bedrückt. „Das ist mir alles so unendlich peinlich. Ich will nicht, dass jemand davon erfährt.“

Natürlich verstand der Coach, und nach einigen weiteren Minuten intensiven Gesprächs fand er auch eine Lösung: Die beiden vereinbarten, dass Herr Garcia von nun an seine Wochenberichte auf Voice Recorder sprechen und sie fortan per E-Mail schicken sollte.

***

In der Geschichte wird deutlich, wie Herrn Garcias mangelnde Fähigkeit, Deutsch zu schreiben, einen Einfluss auf seine Aufnahmebereitschaft den Wochenberichten gegenüber hatte. Er entzog sich sozusagen selbst die Berechtigung, diese zu schreiben. Zusätzlich führte sein vermeidendes Verhalten, das durch die von ihm als Schwäche empfundene mangelnde Fähigkeit verursacht wurde, dazu, dass Herrn Holzmanns Aufnahmebereitschaft ihm gegenüber sank. Dies zeigt sich in der Geschichte dadurch, dass Herr Holzmann das Coaching abbrechen wollte.

FAKTEN

Der deutsche Duden hat für den Begriff „Stärke“ zwei Definitionen, die für den Kontext der emotionalen Aufnahmebereitschaft relevant sind: Eine Stärke wird zum einen als das „Vorhandensein einer besonderen Fähigkeit oder besonderen Begabung auf einem bestimmten Gebiet, durch die jemand eine außergewöhnliche, hohe Leistung erbringt“ bezeichnet. Zusätzlich ist „Stärke“ als „etwas, was bei jemandem ... als besonders vorteilhaft empfunden wird“ definiert (7).

Die persönlichen Stärken eines Menschen können ihm beim Herstellen von emotionaler Aufnahmebereitschaft sowohl direkt als auch indirekt helfen. Direkt, weil z. B. die Stärke „Einfühlungsvermögen“ dabei helfen kann, die

Bedürfnisse des anderen herauszufinden und diese in der Kommunikation zu bedienen. Indirekt, weil ein Mensch, wenn er in seinen Stärken agieren kann, meist sehr kompetent auf den anderen wirkt und dies die emotionale Aufnahmebereitschaft positiv beeinflussen kann. Zusätzlich können Stärken auch die Werte eines anderen bedienen, was sich ebenfalls positiv auf die Aufnahmebereitschaft auswirken kann. Besitzt jemand z. B. die Stärke „Verantwortungsgefühl", fühlt er sich den Zusagen, die er einmal gemacht hat, in der Regel verpflichtet. Dies kann die Werte „Ehrlichkeit" und „Loyalität" eines anderen ansprechen.

Welche Stärken dabei beim Herstellen von Aufnahmebereitschaft helfen, ist abhängig davon, was der jeweilige Gesprächspartner als Stärke empfindet. Dies ist wiederum abhängig von anderen Wahrnehmungsfiltern. Hat jemand beispielsweise den Wert „Effizienz", wird er vielleicht „Tatkraft" als Stärke wahrnehmen, ein anderer, dem der Wert „Geduld" wichtig ist, wird „Tatkraft" eventuell als Aktionismus und dementsprechend eher als Schwäche empfinden. Auch die Kultur, in der ein Mensch groß geworden ist, kann dabei eine Rolle spielen. Europäer können sich z. B. durchschnittlich nur fünf bis sechs Zahlen im Kurzzeitgedächtnis merken. Kann sich jemand neun Zahlen merken, könnte dies von einem Europäer als Stärke wahrgenommen werden. Chinesen würden dies hingegen als normal empfinden, da sie sich durchschnittlich neun Zahlen im Kurzzeitgedächtnis merken können (allerdings nur, wenn sie unter Chinesen aufgewachsen sind und die komplizierte chinesische Schrift gelernt haben) (3).

In der Literatur und im Alltag gibt es viele Begriffe, die mit Stärken in Verbindung gebracht werden (z. B. Erfahrung, Fähigkeiten, Kompetenz, ...). Wir werden im weiteren Verlauf einige davon aufgreifen und näher definieren. Auch gibt es eine Vielzahl von Definitionen des Stärken-Begriffs. Wir wollen in diesem Buch mit folgender arbeiten: Eine Stärke ist eine konstante, nahezu perfekte Leistung bei einer bestimmten Tätigkeit (56).

Stärke = Talent plus Wissen plus Fähigkeiten plus Fertigkeiten

Doch wie können Sie zu einer Stärke gelangen? Können Sie eine nahezu perfekte Leistung erzielen, wenn Sie einfach nur genügend trainieren? Oder erfordert eine nahezu perfekte Leistung entsprechendes Talent?

Tatsächlich setzt sich eine Stärke aus mehreren Faktoren zusammen: Talent, Wissen, Fähigkeiten und Fertigkeiten (56). Die drei Letzteren können Sie definitiv durch Lernen und Praxisanwendungen entwickeln.

Ob das *Talent* angeboren und unveränderbar ist oder ob es sich entwickeln lässt, ist dabei in der Literatur umstritten (56; 57; 58). Laut Duden ist ein Talent „eine bestimmte große Fähigkeit für etwas, die jemand nicht durch Lernen oder Ausbildung erworben hat, sondern bereits von Geburt an besitzt" (7). Es gibt aber noch eine weitere interessante Definition. Nach dem Gallup-Prinzip sind Talente angeborene eigene Gedanken-, Gefühls-, und Verhaltensmuster, die wie ein Filter steuern, wie ein Mensch Situationen interpretiert und auf Umweltreize reagiert (vgl. Kapitel „Genetische Voraussetzungen") (56). Denken Sie z. B. an eine Party, auf der Sie die meisten Gäste nicht kennen. Wenn Sie sich zu den Fremden hingezogen fühlen, kann Ihr Verhalten das Talent „Kontaktfreude" widerspiegeln. Falls Sie jedoch eher den Kontakt zu Ihren engsten Freunden suchen, den ganzen Abend mit ihnen verbringen und gegenüber Unbekannten eher auf Distanz bleiben, ist dies eher ein Zeichen, dass „Bindungsintelligenz" – der natürliche Wunsch, bestehende Beziehungen zu vertiefen – eines Ihrer führenden Talente ist.

Mit *Wissen* sind die Kenntnisse eines Menschen gemeint, die aufgrund von Tatsachen und Lektionen entstehen (56).

Eine *Fähigkeit* ist das Können auf einem bestimmten Gebiet (aufgabenübergreifend) (7).

Eine *Fertigkeit* ist die Fähigkeit bei einer bestimmten Aufgabe, die sich durch Übung herausbildet (7; 59). Fähigkeiten und Fertigkeiten entstehen durch Erfahrung. Diese sind wiederum als die Gesamtheit aller Erlebnisse, die ein Mensch hatte, und das auf seinen eigenen Erlebnissen beruhende Wissen definiert (7).

Am folgendem Beispiel werden die Unterschiede deutlich: Ein angehender Arzt am Ende seines Medizinstudiums hat vielleicht das notwendige **Wissen**, um eine Blinddarm-OP durchführen zu können (anatomische Kenntnisse, Nahttechniken, ...), hat aber noch keine Erfahrung, weil er die OP noch nie selbst durchgeführt hat. Durch seinen Anatomiekurs hat er zwar schon gewisse **Fähigkeiten** im Umgang mit dem Skalpell, er besitzt aber noch keine **Fertigkeit** (die Anwendung seiner Fähigkeiten mit dem Skalpell während einer Blinddarm-OP). Bringt er entsprechendes **Talent** mit und nimmt er sich die nötige Zeit für das Üben und Entwickeln von Fertigkeiten und zum Erweitern seines Wissens (Investition), um das Talent zu vervollkommnen, wird er daraus eine **Stärke** entwickeln. Wahrhaft ausgebildete Stärken führen dazu, dass Tätigkeiten ohne Energie, wiederholt und erfolgreich ausgeführt werden können (56).

Es ist umstritten, ob es möglich ist, eine Stärke ohne das erforderliche Talent aufzubauen. Es gibt die Meinung, dass es zwar möglich ist, eine Stärke ohne Wissen, Fähigkeiten und Fertigkeiten aufzubauen, jedoch niemals ohne das erforderliche Talent (56). Demnach kann z. B. ein Verkäufer lernen, wie er die Eigenschaften eines Produktes beschreibt (Wissen), wie er die richtigen Fragen stellt, um jedem Interessenten seine Bedürfnisse zu entlocken (Fertigkeiten), er wird sich allerdings schwerer dabei tun zu lernen, wie er die Interessenten genau im richtigen Augenblick und auf genau die richtige Weise dazu bringt, zu kaufen. Dafür ist entsprechendes Talent nötig. Andererseits gibt es „geborene" Verkäufer, die so viel angeborenes Talent haben, dass sie sogar etwas verkaufen können, wenn ihnen ein fundiertes Produktwissen fehlt.

Andere Meinungen sind hingegen, dass die Veranlagung zwar eine Rolle spielt, aber nur Motivation, Übung und Disziplin entscheidend sind, ob eine Stärke entwickelt wird. Demnach könnte auch ohne Talent eine Stärke ausgebildet werden (57; 58).

Unabhängig davon, wie sich Stärken genau entwickeln, sind sie für die emotionale Aufnahmebereitschaft deshalb so wichtig, weil es Ihnen in Kontexten, in denen Sie Ihre eigenen Stärken ausspielen können, tendenziell leichter fällt, emotionale Aufnahmebereitschaft bei anderen herzustellen. Wie bereits beschrieben, ist es abhängig von den Wahrnehmungsfiltern Ihres Gesprächspartners, was er dabei als Stärke wahrnimmt. Zusätzlich ist aber auch noch vom Kontext abhängig, ob etwas von Ihrem Gesprächspartner als Stärke empfunden wird – oder vielleicht sogar als Schwäche. Eine Stärke in einem Kontext kann nämlich eine Schwäche in einem anderen Kontext sein. Wenn Sie beispielsweise ein ausgeprägtes „Harmoniestreben" haben, kann dies eine Stärke sein, wenn es darum geht, ausgleichend in einem Team zu wirken. Ist es hingegen nötig, mit jemanden in die Auseinandersetzung zu gehen, kann Ihnen genau dies im Weg stehen und zu einer Schwäche werden (vgl. auch die Versuchung „Auseinandersetzung – Harmonie" im Kapitel „Werte und Wertekonflikte").

Oftmals spielen bei der Bewertung Ihrer Stärken auch die Stärken des Gesprächspartners eine Rolle, weil es in Sachen Aufnahmebereitschaft meist nicht um die tatsächliche Ausprägung, sondern um die Relation zum anderen geht. Hat Ihr Gesprächspartner z. B. eine ausgeprägte Stärke „Tatkraft" und kann dadurch u. a. Gedanken sehr schnell in die Realität umsetzen, kann es sein, dass Geduld nicht zu seinen Stärken gehört. In der Konsequenz erwartet er dadurch möglicherweise auch von Ihnen eine entsprechende Proaktivität und legt dementsprechend hohe Maßstäbe an. (Kontrasteffekt - siehe Kapitel „Kognitive Verzerrungen").

Hat Ihr Gesprächspartner eine Stärke, die Sie selbst nicht haben, kann dies zum Entzug seiner Aufnahmebereitschaft führen. Jemand mit einem guten Gehör (Talent), der Sprechtrainings gemacht hat (Wissen, Fähigkeiten und Fertigkeiten), könnte Ihnen z. B. die Berechtigung entziehen oder nicht aufnahmebereit sein, wenn Sie keine klare Aussprache haben.

Durch die Stärken Ihres Gesprächspartners können sich außerdem besondere Bedürfnisse und Erwartungen ergeben, wenn Sie Aufnahmebereitschaft bei ihm herstellen wollen. Wie unterschiedlich diese sein können, zeigt nachfolgendes Beispiel: Nehmen Sie an, Sie haben sich mit ein paar Freunden zum Abendessen verabredet. Einer Ihrer Freunde, der zu spät kommt, hat die Stärke „Verantwortungsgefühl" und verspürt dadurch das Bedürfnis, eine Runde auszugeben. Ein anderer mit der Stärke „Harmoniestreben" hat sich extra zwischen zwei bekannte Streithähne gesetzt, weil er das Bedürfnis hat, die Unterhaltung von explosiven Themen wegzusteuern und zwischen den beiden ausgleichend zu wirken. Eine andere Freundin bekommt dies hingegen überhaupt nicht mit, weil sie in Gedanken bereits mit einer Geschichte beschäftigt ist. Sie hat aufgrund ihrer Stärke „Kommunikationsfähigkeit" das Bedürfnis, diese gleich zum Besten zu geben.

Wie bereits beschrieben, kann eine Stärke in einem anderen Kontext eine Schwäche sein. Und andersherum eine Schwäche in einem anderen Kontext eine Stärke. Doch was ist dann überhaupt eine Schwäche? Wie sieht es mit den mangelnden deutschen Schreibkenntnissen von Herrn Garcia in der Geschichte am Anfang des Kapitels aus? Ist dies wirklich eine Schwäche? Nein, ist es nicht, es ist lediglich eine (noch) nicht erlernte Fähigkeit. Denn daran könnte Herr Garcia etwas verändern.

Eine Schwäche ist grundsätzlich alles, was sich einer ausgezeichneten Leistung in den Weg stellt (56). Es ist aber tatsächlich nur dann eine wirkliche Schwäche, wenn ein fehlendes Talent dahintersteckt, das Sie auch nicht entwickeln können (57; 58). Andernfalls können Sie – mit genügend Willen und Disziplin – nämlich sehr erfolgreich daran arbeiten. Wenn Sie z. B. gerade Fußballtrainer geworden sind und nicht wissen, wie Sie die einzelnen Spieler optimal fördern können, muss es nicht am fehlenden Talent, andere entwickeln zu können, liegen. Vielleicht wissen Sie einfach nur nicht, worauf Sie achten sollen. In diesem Fall können Sie sich das notwendige Wissen und die Erfahrung aneignen.

Liegt es hingegen wirklich an einem mangelnden Talent, das Sie auch nicht entwickeln können, stellt sich natürlich immer die Frage: Wie relevant ist dies für mich? Haben Sie z. B. Schwierigkeiten mit anderen Menschen zu kommunizieren, spielt es vielleicht überhaupt keine Rolle, solange Sie als einzelner Sachbearbeiter tätig sind. Werden Sie hingegen befördert und haben plötzlich Verantwortung für Mitarbeiter, kann dies wichtig werden. Irrelevante Defizite werden also erst dann zu einer realen Schwäche, wenn Sie sich in einer Situation befinden, die eine gewisse Stärke fordert.

Aus den relevanten Defiziten Ihres Gesprächspartners in einer konkreten Gesprächssituation können sich – wie aus seinen Stärken – bestimmte Bedürfnisse ergeben. Dabei spielt es zunächst einmal keine Rolle, ob das Defizit aus mangelndem Talent oder nicht erworbenem Wissen, Fähigkeiten oder Fertigkeiten resultiert. Um bei Ihrem Gesprächspartner emotionale Aufnahmebereitschaft herzustellen, sollten Sie sich dieser Bedürfnisse bewusst werden und diese – soweit Sie dies wollen und es möglich ist – im Gespräch bedienen. Herr Holzmann aus der Anfangsgeschichte schaffte es z. B., bei Herrn Garcia wieder Aufnahmebereitschaft für die Wochenberichte herzustellen, indem er ihm anbot, diese nicht schriftlich, sondern mündlich zu kommunizieren.

Weder Talente noch Wissen, Fähigkeiten und Fertigkeiten können meistens auf den ersten Blick bei einer Person wahrgenommen werden (höchstens z. B. aufgrund des Erscheinungsbildes interpretiert). Ihre eigenen Stärken können Sie aber bewusst einsetzen, zeigen oder erwähnen, die Ihres Gesprächspartners durch Beobachten, Nachfragen oder Zusammenarbeit herausfinden. Auch der Lebenslauf eines Menschen kann darüber einige Informationen geben.

ANWENDUNG

Eine mögliche Vorgehensweise für den Umgang mit Stärken und Schwächen beim Herstellen von Aufnahmebereitschaft ist nachfolgend zusammengefasst.

Im ersten Schritt sollten Sie Ihre eigenen Stärken und Schwächen kennen. Um sich Ihrer Stärken bewusst zu werden, reflektieren Sie, welche Tätigkeiten Sie ohne Energie, wiederholt und erfolgreich ausführen können.

Wobei verfügen Sie sowohl über das angeborene Talent als auch über erlerntes Wissen sowie die notwendigen Fähigkeiten und Fertigkeiten? Um Ihre Schwächen zu erkennen, reflektieren Sie, wo und wann Sie mit Defiziten zu kämpfen haben. Hinterfragen Sie dann, ob diese Defizite an fehlendem Talent oder „nur" an fehlendem Wissen und/oder nicht erworbenen Fähigkeiten und Fertigkeiten liegen. Lassen Sie sich ggf. auch Feedback von anderen Personen zu Ihren Stärken und Schwächen geben, um sich noch besser einschätzen zu können. Möchten Sie sich noch tiefer mit Ihren Stärken und Schwächen beschäftigen, können Sie auch eine strukturierte Stärkenanalyse durchführen. Ideen dazu finden Sie im zugehörigen Arbeitshandbuch.

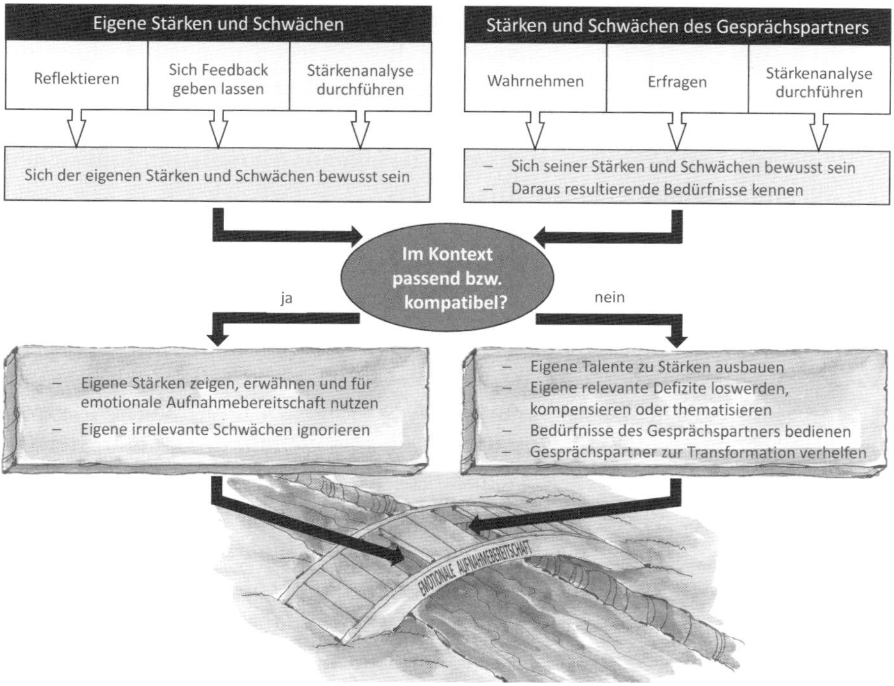

Egal, wie Sie Ihre Stärken und Schwächen identifiziert haben, werden Sie sich jeweils in einer konkreten Gesprächssituation bewusst, wie Ihre Stärken und Schwächen genau in diesem Kontext auf Ihren Gesprächspartner wirken könnten. Welche Ihrer Stärken sind eher hilfreich, welche eher kontraproduktiv (weil sie sich vielleicht in diesem Kontext als Schwächen erweisen) beim Herstellen von Aufnahmebereitschaft?

Werden Sie sich außerdem der Stärken und Schwächen Ihres Gesprächspartners bewusst. Dies können Sie erreichen, indem Sie den anderen genau beobachten und gezielt wahrnehmen oder indem Sie den Gesprächspartner dazu befragen (z. B. „Was fällt Ihnen in diesem Kontext sehr leicht? Womit haben Sie vielleicht Schwierigkeiten?"). Leiten Sie daraus mögliche Bedürfnisse und Erwartungen Ihres Gesprächspartners ab und fragen Sie sich, wie Sie kommunizieren und sich verhalten sollten, um diese zu bedienen. Passt es in den Kontext, können Sie mit Ihrem Gesprächspartner auch eine strukturierte Stärkenanalyse durchführen. Ideen dazu finden Sie im zugehörigen Arbeitshandbuch.

Zusammenfassend können Sie sich folgende Fragen stellen:

- Wie bewertet der Gesprächspartner Ihre Stärken und Schwächen mit seinen Wahrnehmungsfiltern im jeweiligen Kontext (was empfindet er als Stärke, was als Schwäche, was ist für ihn irrelevant)?
- Wie nimmt der Gesprächspartner seine eigenen Stärken und Schwächen in Relation zu Ihren wahr?
- Welche Bedürfnisse und Erwartungen ergeben sich aus den Stärken und Schwächen des Gesprächspartners im jeweiligen Kontext?

Mit Stärken bzw. Schwächen umgehen

- Ihre eigenen Stärken, welche im Kontext passend und kompatibel zum Gesprächspartner sind, können Sie für das Schaffen von emotionaler Aufnahmebereitschaft nutzen, indem Sie diese *zeigen* oder *erwähnen*.
- Dafür sollten Sie Ihre Talente zu Stärken *ausbauen*.
- Stärken, die im Kontext nicht wirkungsvoll oder inkompatibel zum Gesprächspartner sind – sich im Kontext also als Defizite oder Schwächen zeigen –, sollten Sie *loswerden*, *kompensieren* oder, falls dies nicht möglich ist oder Sie dies nicht wollen, zumindest im Gespräch *thematisieren*.
- Die Bedürfnisse und Erwartungen, die aus den Stärken und Schwächen des Gesprächspartners resultieren, sollten Sie bedienen.
- Zusätzlich gibt es noch die Möglichkeit, Ihrem Gesprächspartner zur *Transformation* zu verhelfen. Dies heißt, ihn dabei zu unterstützen, gewisse Defizite, die er bisher als negativ bewertet hat, nicht mehr als relevant anzusehen. Eine Transformation kann aber auch bedeuten, dass der Gesprächspartner geistige Verknüpfungen (z. B. mangelnde analytische Fähigkeiten gleichbedeutend mit mangelnder Intelligenz) auflöst,

welche seine Aufnahmebereitschaft zu Ihnen beeinträchtigen können. Die Vorgehensweise hierfür ist weiter unten beschrieben.

1. Eigene Stärken zeigen oder erwähnen
Da sich eine Stärke, wie im Theorieteil beschrieben wurde, sowohl aus Talent als auch aus Wissen, Fähigkeiten und Fertigkeiten zusammensetzt, kann „die eigenen Stärken zeigen oder erwähnen" zweierlei bedeuten.

Wenn Sie Ihre Stärken zeigen, kann Sie dies dabei unterstützen, emotionale Aufnahmebereitschaft bei Ihrem Gesprächspartner herzustellen. Zum einen, da Sie über direkt wirkende Stärken wie „Einfühlungsvermögen", „Anpassungsfähigkeit" oder „Kontaktfreude" Ihre kommunikative Kompetenz ausspielen können. Zum anderen, weil Sie Ihre Stärken kompetent wirken lassen und so indirekt die emotionale Aufnahmebereitschaft des Gesprächspartners beeinflussen können.

Doch auch Teilaspekte einer Stärke, wie Wissen oder Erfahrung (die zu Fähigkeiten und Fertigkeiten führen kann), können beim Herstellen von Aufnahmebereitschaft helfen, wenn Sie diese aktiv erwähnen, sofern sie in den Kontext passen und für den Gesprächspartner relevant sind. Bewerben Sie sich z. B. bei jemandem als Tagesmutter, wird die Mutter, die ihr Kleinkind betreuen lassen möchte, u. a. wahrscheinlich Ihre Fähigkeit im Umgang mit kleinen Kindern interessieren. Erwähnen Sie hier z. B., dass Sie, neben dem theoretischen Wissen, das Sie durch eine Fortbildung erfahren haben, auch Erfahrungen mit eigenen Kindern haben, wird sich dies vermutlich positiv auf die Berechtigung und Aufnahmebereitschaft bei der Mutter auswirken.

2. Eigene Stärken ausbauen
Was braucht es, um aus einem Talent eine echte Stärke zu entwickeln? Die Schlagworte heißen Wille und Disziplin. Diese sind nötig, um sich die Zeit zu nehmen, die für das Üben und Entwickeln von Fertigkeiten und zum Erweitern von Wissen aufgewendet werden muss, um das Talent zu vervollkommnen. Wille und Disziplin entstehen dabei meist aus einer „Initialzündung" (57). Dies kann einerseits eine prägende Situation sein, die mit starkem Schmerz oder intensiver Freude verbunden ist. Andererseits können aber auch Vorbilder, die imitiert werden, den Impuls zur Entwicklung einer Stärke bilden. Beiden Fällen ist gemeinsam, dass dabei als Startpunkt eine Emotion gelöst wird. Nach der 10.000-Stunden-Regel muss sich ein Mensch über einen sehr langen Zeitraum mit einer Sache

beschäftigen und dabei das notwendige Feedback bekommen, um Anpassungen vorzunehmen, um darin wirklich gut zu werden und schließlich eine echte Stärke zu entwickeln und Spitzenleistung zu erzielen (58). Dabei geht es nämlich nicht nur darum, einfach viel, sondern auch optimal zu trainieren.

Egal, ob nun Talent unveränderbar ist oder entwickelt werden kann: Wille und Disziplin schlagen Talent. D. h. hat ein Mensch nur mäßiges Talent für eine Sache, aber einen unbedingten Willen und die notwendige Disziplin, um sich darin zu verbessern, wird er nach gewisser Zeit besser sein als jemand mit hohem Talent, der sich darauf ausruht und nicht trainiert.

Je ausgereifter eine Stärke ist, desto schwieriger wird es, diese noch weiter zu verbessern. Eine Möglichkeit, um eine Stärke trotzdem erfolgreich weiterzuentwickeln, ist der Einsatz von indirekten Strategien. Was dies bedeuten kann, zeigt nachfolgendes Beispiel aus dem Spitzensport: Der äthiopische Langstreckenläufer und mehrfache Olympiasieger Haile Gebrselassie absolvierte neben seinem standardmäßigen Lauftraining, also dem *direkten* Training seiner Stärke, auch noch zusätzliches Kraft- sowie Atmungs- und Mentaltraining. So bildeten sich neue neuronale Bahnen im Gehirn aus, die ihn in seiner eigentlichen Stärke, dem Laufen, unterstützten. Sein Stärkenniveau wurde *indirekt* noch verbessert. Bei Spitzensportlern ist dies heutzutage Standard. Auch Sie können eine Stärke nicht nur *direkt* trainieren, sondern durch bestimmte zugeordnete Tätigkeiten und Übungen, die nur bedingt mit der eigentlichen Stärke zu tun haben, auch *indirekt* weiterentwickeln.

3. Eigene Defizite loswerden, kompensieren oder thematisieren

a) Eigene Defizite loswerden oder kompensieren

Eigene Defizite und Stärken, welche im Kontext eine Schwäche darstellen oder inkompatibel zum Gesprächspartner sind, sollten Sie, wenn es möglich ist und Sie dies auch wollen, *loswerden* oder *kompensieren*. Dafür müssen Sie zunächst differenzieren, ob das Defizit durch ein mangelndes Talent oder durch fehlendes Wissen, Fähigkeiten und Fertigkeiten verursacht wird. Geht es um Ersteres, können Sie das Defizit lediglich kompensieren, um trotzdem Aufnahmebereitschaft bei Ihrem Gesprächspartner herzustellen. Gibt Ihnen Ihr Gesprächspartner hingegen aufgrund von mangelndem Wissen oder fehlenden Erfahrungen, Fähigkeiten und Fertigkeiten keine Aufnahmebereitschaft, können Sie gezielt daran arbeiten und diese weiter ausbauen. Dafür brauchen Sie den entsprechenden Willen und die erforderliche Disziplin. Außerdem müssen Sie sich die Zeit nehmen, die es für das Üben und Entwickeln von Fertigkeiten und zum Erweitern von Wissen braucht. Die Vorgehensweise ist dann analog zum Punkt „Eigene Talente zu Stärken ausbauen".

Manchmal ist die Ursache eines Defizits nicht so leicht einzuschätzen. Unser Rat dazu lautet: Wenn Sie bereits Wissen und Erfahrung aufgebaut haben, dabei die angewandte (Lern-)Strategie durch fachkundiges Feedback überprüfen lassen haben und Ihre Leistung immer noch unterdurchschnittlich ist, ist höchstwahrscheinlich ein geringes Talent die Ursache.

Resultiert ein Defizit aus einer tatsächlichen Schwäche, im Sinne von mangelndem Talent, und wollen Sie diese nicht akzeptieren, weil Sie Ihnen beim Aufbau von emotionaler Aufnahmebereitschaft im Weg steht, können Sie eine Schwäche mit einer der folgenden Strategien kompensieren (adaptiert nach (56)):

- Durch den Aufbau von Wissen, Fähigkeiten und Fertigkeiten ein wenig besser in der Schwäche werden
- Hilfsmittel einsetzen
- Eine Stärke einsetzen, um eine Schwäche zu überwinden
- Einen Partner zur Ergänzung finden

Durch den Aufbau von Wissen, Fähigkeiten und Fertigkeiten ein wenig besser in der Schwäche werden: Dies macht Sinn, wenn die Schwäche eine Grundanforderung für den Aufbau von emotionaler Aufnahmebereitschaft darstellt. Wenn Sie z. B. auf den Gebieten „Einfühlungsvermögen" und „Kommunikationsfähigkeit" keine ausgeprägten Talente besitzen, sollten Sie an sich arbeiten, um etwas besser zu werden. Dies wird höchstwahrscheinlich keinen Spaß machen und Sie werden in diesen Aspekten wahrscheinlich nie herausragend werden. Es geht aber dabei nur darum, so „stark" zu werden, dass diese Schwächen nicht alle Ihre großen Stärken, die Sie gewinnbringend zum Herstellen von emotionaler Aufnahmebereitschaft einsetzen können, aufheben. Welches Wissen sollten Sie also aufbauen, welche Fähigkeiten und Fertigkeiten (z. B. wirkungsvolle Fragen stellen) entwickeln?

Hilfsmittel einsetzen: Ein Hilfsmittel soll Sie davon abhalten, sich um Ihre Schwäche zu sorgen, und dadurch Zeit und Energie freisetzen, um Ihre Stärken entfalten zu können. Ein Hilfsmittel kann dabei alles Mögliche sein: ein Terminplaner, der einem unstrukturierten Menschen durchs Leben hilft, eine spezielle Beruhigungstechnik, die die Nervosität vor wichtigen Meetings im Zaum hält, oder einfach nur ein Karteikärtchen, das Sie in einem Gespräch daran erinnert, Fragen zu stellen. Welches Hilfsmittel oder System verwenden Sie vielleicht bereits, um eine Ihrer Schwächen zu kompensieren?

Eine Stärke einsetzen, um eine Schwäche zu überwinden: Stärken können dazu führen, dass andere Schwächen nicht mehr zutage treten. So gibt es z. B. Menschen, die stottern und gleichzeitig über die Stärken „Bedeutsamkeit" und „Kommunikationsfähigkeit" verfügen. Bei ihnen führt der Druck, vor einer großen Menschenmenge zu sprechen, nicht wie bei vielen anderen Menschen dazu, dass sie nervös werden, sondern dass sie sich energiegeladen fühlen und locker werden. Dadurch können sie in diesem Kontext fließend sprechen. Im Alltag können sie dies nutzen, indem sie sich vor einem Gespräch immer vorstellen, dass sie vor Hunderten von Menschen sprechen. Welche Ihrer Stärken kann diese Art der Kompensation bei Ihren Schwächen bewirken?

Einen Partner zur Ergänzung finden: In Kontexten, wo Sie mit jemanden gemeinsam agieren, können Sie sich jemanden suchen, der genau dort Stärken besitzt, wo Sie Schwächen haben. Angenommen, Sie haben das Talent „Autorität", die Talente „Behutsamkeit" und „Harmoniestreben" sind hingegen bei Ihnen nicht so stark ausgeprägt. In einem Gespräch wird es Ihnen dadurch wahrscheinlich leichtfallen, Ihre Meinung zu äußern oder Entscheidungen zu treffen. Es kann aber zum Entzug von Aufnahmebereitschaft kommen, wenn Sie dabei zu wenig behutsam vorgehen oder nicht nach Übereinstimmungen oder Verständnis suchen. Und genau dafür könnten Sie sich einen Menschen mit genau diesen Stärken an die Seite holen, der ausgleichend wirkt. Wen können Sie in welchem Kontext als Partner zur Ergänzung finden?

b) Eigene Defizite thematisieren

Eigene relevante Defizite thematisieren sollten Sie, wenn Ihre Bemühungen, diese loszuwerden oder zu kompensieren, erfolglos waren oder wenn Sie diese schlichtweg akzeptieren und überhaupt nicht daran arbeiten wollen. Im Gespräch können Sie das relevante Defizit thematisieren und gleichzeitig eine Ihrer Stärken erwähnen. In der Praxis können Sie dabei z. B. wie folgt vorgehen:

- „Was ist Ihnen denn an unserer Zusammenarbeit wichtig?"/„Was ist dir an unserer Beziehung/Freundschaft/ ... wichtig?"
- „Mir ist aufgefallen, dass Ihnen/dir ... sehr leichtfällt, sehe ich das richtig?"
- „Ich kann ... nicht besonders gut, dafür habe ich eine Stärke in ..."
- „Welche Möglichkeiten sehen Sie/ siehst du, diese beiden Stärken zu verbinden, um sie gewinnbringend einzusetzen?"

Dies geht allerdings nur, wenn Ihre Stärke, die Sie thematisieren, relevant für den Kontext ist und gleichzeitig für den Kontext nicht zwingend eine Stärke in Ihrem Defizit notwendig ist. Nehmen Sie z. B. als Team an einem sportlichen Wettkampf teil und Sie erwähnen, dass Sie ein Defizit in der „Wettbewerbsorientierung" haben, dafür aber „musikalisch sehr begabt sind", wird dies vermutlich die Aufnahmebereitschaft des Gesprächspartners nicht positiv beeinflussen. Wenn Sie hingegen z. B. nicht so gute „Fachkenntnisse" mitbringen wie Ihr Gesprächspartner, dafür aber eine sehr gute „Kommunikationsfähigkeit" haben, können sich daraus in einem gemeinsamen Kundenbesuch sehr zielführende Synergien ergeben, die die Aufnahmebereitschaft fördern.

4. Bedürfnisse und Erwartungen aus Stärken und Schwächen des Gesprächspartners bedienen

Wie bereits im Theorieteil beschrieben, können sich sowohl aus den Stärken als auch aus den Schwächen Ihres Gesprächspartners entsprechende Bedürfnisse und Erwartungen ergeben. Diese sollten Sie durch Ihre Kommunikation und Ihr Verhalten bedienen, um emotionale Aufnahmebereitschaft bei Ihrem Gesprächspartner herzustellen. Wie dies in der Praxis funktionieren kann, zeigen nachfolgend einige Beispiele:

- Bei einem analytisch begabten Menschen sollten Sie sein Bedürfnis nach genauen, gut belegten Zahlen und Fakten befriedigen und ihm die Logik

von Entscheidungen, die ihn betreffen, erklären.
- Einen anpassungsfähigen Menschen sollten Sie mit kurzfristigen Aufgaben betrauen, die sofortiges Handeln verlangen.
- Einem Autorität ausstrahlenden Menschen sollten Sie einen möglichst großen Entscheidungsspielraum geben.
- Bei einem behutsamen Menschen sollten Sie Aufgaben von ihm fernhalten, die schnelle Entscheidungen erfordern, und ihn stattdessen in ein Team einbinden.
- Einem disziplinierten Menschen sollten Sie die Möglichkeit bieten, in eine planlose oder chaotische Situation Struktur zu bringen.

5. Gesprächspartner zur Transformation verhelfen
„Zur Transformation verhelfen" bedeutet, dem Gesprächspartner bewusst zu machen, wie seine eigenen Wahrnehmungsfilter und seine eigenen Stärken zu dem beitragen, was er als Stärke und was als Schwäche empfindet. Helfen Sie ihm, die Effekte zu erkennen, die ihn in seiner Wahrnehmung limitieren. Dies soll ihn dabei unterstützen, gewisse Defizite, die er bisher bei Ihnen wahrgenommen hat, nicht mehr als relevant anzusehen. Dazu kann es nötig sein, zwei Aspekte Ihrer Person zu entkoppeln, sodass dies keinen negativen Einfluss mehr auf seine Aufnahmebereitschaft hat. Ein Beispiel wäre wie folgt: Sie tun sich schwer damit, fehlerfrei zu schreiben, und Ihr Gesprächspartner setzt dieses Defizit mit mangelnder Intelligenz gleich. Als Folge kann es sein, dass er Ihnen die Aufnahmebereitschaft entzieht. Ziel der Transformation ist es, dem Gesprächspartner emotional bewusst zu machen, dass dieses Verbinden zweier Aspekte so einfach nicht richtig ist. Am besten funktioniert dies, indem Sie ihm eine Ihrer Stärken aufzeigen können – entweder im Rahmen der Zusammenarbeit oder der Beziehung oder indem Sie diese analog zum Punkt „Eigene Defizite thematisieren" ansprechen.

DAS WICHTIGSTE IN KÜRZE

- ☐ Stärken sind etwas, das konstante, nahezu perfekte Leistungen bei einer bestimmten Tätigkeit ermöglicht.
- ☐ Eine Stärke ist ein mit Wissen, Fähigkeiten und Fertigkeiten ausgebautes Talent.
- ☐ Stärken können direkt und indirekt beim Herstellen von Aufnahmebereitschaft helfen, je nachdem, was vom Gesprächspartner im jeweiligen Kontext als Stärke wahrgenommen wird.

- Stärken und Schwächen wirken oftmals nicht absolut, sondern in Relation zum Gesprächspartner.
- Eine Schwäche ist nur dann eine wirkliche Schwäche, wenn fehlendes Talent dahintersteckt.
- Durch die Stärken und Schwächen eines Menschen können sich besondere Bedürfnisse und Erwartungen an einen Gesprächspartner ergeben.
- Um emotionale Aufnahmebereitschaft bei Ihrem Gesprächspartner herzustellen, sollten Sie seine Bedürfnisse und Erwartungen aus seinen Stärken und Schwächen bedienen. Dafür sollten Sie Ihre Stärken nutzen und Ihre Defizite loswerden, kompensieren oder zumindest thematisieren.

BEISPIELE: ANWENDUNG IN DER DIGITALEN KOMMUNIKATION

- Schriftliche digitale Kommunikation ist oftmals zu kurz (z. B. Instant Messaging, SMS), um die Stärken des Kommunikationspartners einschätzen zu können.
- Beim Verfassen eines Textes (z. B. E-Mail) sind andere Fähigkeiten (Schreiben) gefordert als beim Sprechen während einer Kommunikation von Angesicht zu Angesicht. Dies kann – abhängig von den eigenen Stärken – sowohl ein Vor- als auch ein Nachteil sein.
- Hat ein Mensch wenig Erfahrung (Fähigkeiten und Fertigkeiten) in der digitalen Kommunikation, kann er dies als Schwäche wahrnehmen und seine Bereitschaft, online zu kommunizieren, sinkt.
- Die Bedürfnisse aus den Stärken können digital mehr oder weniger bedient werden:
  - Einem Menschen mit der Stärke „Einfühlungsvermögen" könnten z. B. die nonverbalen Signale des Kommunikationspartners fehlen.
  - Ein Mensch mit der Stärke „Zukunftsorientierung" findet es vielleicht anregend, neue Kommunikationsformen auszuprobieren.

VERTIEFENDE LITERATUR

Marcus Buckingham: Entdecken Sie Ihre Stärken jetzt! Das Gallup-Prinzip für individuelle Entwicklung und erfolgreiche Führung. Frankfurt, Campus Verlag, 2011

Svenja Hofert: Was sind meine Stärken? Entdecke, was in dir steckt (Dein Erfolg). Offenbach, GABAL Verlag, 2016

Daniel Coyle: Die Talent-Lüge: Warum wir (fast) alles erreichen können. Bergisch Gladbach, Lübbe Verlag, 2009

Malcolm Gladwell: Überflieger: Warum manche Menschen erfolgreich sind – und andere nicht. Frankfurt, Campus Verlag, 2009

3.2 Soziale Filter

Soziale Filter werden durch die Gesellschaft, in der ein Mensch lebt, und die (kulturelle und soziale) Erziehung, die ihm zuteilwurde, geprägt. Selbst bei gleicher Physiologie kann die Wahrnehmung, je nach den Erfordernissen und Traditionen der Mitwelt, sehr verschieden sein. Die Wahrnehmung eines australischen Ureinwohners unterscheidet sich z. B. mit Sicherheit von der eines New Yorkers. Somit werden auch bestimmte Situationen und Verhaltensweisen unterschiedlich bewertet und dementsprechend die Themen Berechtigung und Aufnahmebereitschaft beeinflusst. Einige wichtige soziale Filter sind nachfolgend beschrieben.

Beachten Sie bitte: Es gibt manche Überschneidung zwischen den sozialen und individuellen Filtern. Hat jemand z. B. den Wert „Vertrauen“, stellt sich die Frage, ob dieser durch die Kultur, in der er aufgewachsen ist, oder durch seine individuelle Prägung entstanden ist. Meist spielen beide Einflüsse eine Rolle. In den Kapiteln zu den sozialen Filtern wird deshalb an entsprechender Stelle auf die Einflüsse durch die individuellen Filter hingewiesen.

3.2.1 Wirkung

„Wer auf andere Leute wirken will, der muss erst einmal in ihrer Sprache mit ihnen reden."
(Kurt Tucholsky)

Hat der ein Problem mit mir?
Klaus Möller schaute kurz auf seine Uhr. Viertel vor elf, und das an einem Freitagvormittag, an dem sich nichts, aber auch gar nichts tat. Ein einziger Anruf seit acht Uhr in der Früh. Möller arbeitete bei der Firma Meier & Co als Abteilungsleiter für Großkunden. 15 Außendienstmitarbeiter standen unter Möllers Kommando. Meier & Co war als Sportanlagen- und Sportartikel-Großhändler der unangefochtene Marktführer der Branche in Deutschland. Ihr neuer Chef, Dr. Frank Meier, der jüngere Sohn des Firmengründers, hatte es sich auf seine Fahne geschrieben, möglichst bald ins benachbarte Ausland zu expandieren.

Klaus Möller liebte seinen Job. Kein Wunder, kam er doch mehr oder weniger direkt von der Quelle. Als Vorstand des Fußballvereins seiner Heimatgemeinde und Fußballtrainer der Jugend U18 ging er fast täglich auch mit dem Zeug um, das er im Job verkaufte. Möller war ein redseliger und vor allem geselliger Typ. Mit nicht zu übersehendem „Wohlstandsbäuchlein" ordnete ihn jeder gleich in die Kategorie „gemütlich" ein. Klaus Möller beschloss, sich noch einen Kaffee zu holen, und machte sich auf zur Küche. Das tat er schon zum dritten Mal an diesem Tag. Nicht dass er nun kaffeesüchtig gewesen wäre - nein, aber immer, wenn Möller den langen Gang von seinem Büro zur Küche entlangmarschierte, traf er jemanden, mit dem er ein Schwätzchen halten konnte. So auch dieses Mal. Auf halbem Wege kam ihm ein Kollege aus dem Lager entgegen.

„Na Werner, wie läuft es so?", fragte ein überaus gut gelaunter Klaus Möller und grinste über das gesamte breite Gesicht mit dem fein gezwirbelten Schnurrbart.

„Ich schlag mich bestmöglich durch!", antwortete Lagermeister Werner Lippmann. „Und wie geht es dir?"

„Na, am liebsten gut!", antwortete Möller und sein breites Grinsen wurde noch breiter. Werner Lippmann musste auch lachen. Typisch Möller, dieser Spruch, mag er sich wohl gedacht haben.

„Du, sag mal, Werner, spielt eure U18 morgen nicht gegen uns?", führte Möller dann auch gleich das Gespräch weiter.

„So ist es, mein Freund!"

„Na, dann zieht euch mal warm an! Meine Jungs zeigen euch schon, wo der Bartel den Most holt."

„Träum weiter!", lachte Werner Lippmann, der als Vereinspräsident in direkter Konkurrenz zu Möller stand. Im Ort der beiden gab es nämlich zwei Fußballvereine, den TSV und den FV. Möller war Präsident des TSV, sein Kollege Lippmann der des FV.

„Wirst schon sehen!", setzte Möller nach, stellte sich etwas bequemer hin und wollte gerade eine Fachsimpelei über Fußball beginnen.

„Du, sei mir nicht böse", unterbrach Lippmann. „Ich muss weiter zum Appel, was klären."

„Sorry, Werner, ich will dich nicht aufhalten!"

„Man sieht sich!", meinte Werner Lippmann und ging eilig weiter. Und Klaus Möller schlenderte gemütlich weiter Richtung Küche. Da kam ihm Frau Andres aus der Buchhaltung entgegen. „Ja die Annegret! Sieht man dich auch mal wieder. Wie geht es deinem Hund? Frisst er wieder?"

Annegret Andres war ein williges Opfer. Sie ließ sich auf einen kleinen Plausch mit ihrem redseligen Kollegen ein, was dieser sichtlich genoss.

Nach dem Schwätzchen mit Annegret wollte Klaus Möller gerade die Küche betreten, als etwas weiter vorne Dr. Frank Meier schnellen Schrittes um die Ecke kam. Möller wartete einen Moment, bis der große, schlanke Geschäftsführer näherkam.

„Guten Tag, Herr Dr. Meier!", grüßte Klaus Möller seinen Chef freundlich. „Schön, dass ich Sie auch mal wieder treffe. Wie geht es Ihnen denn? Was macht die Familie?"

Dr. Meier verlangsamte seinen schnellen Schritt nicht und sah nur auf seine Armbanduhr. So intensiv, als suche er dort was Bestimmtes. Auf der Höhe von Klaus Möller schaute Dr. Meier diesem einen Moment lang direkt in die Augen.

„Guten Tag!", erwiderte der Chef flüchtig. Er blieb jedoch weder stehen noch machte er sonst irgendwelche Anstalten, auf die Frage Möllers nach seinem Wohlbefinden zu reagieren. Er setzte seinen Weg ohne ein weiteres Wort fort und ließ einen völlig verdutzten Möller zurück. „Nanu, was war das denn jetzt?", dachte er sich dann. „Rennt da einfach an mir vorbei und antwortet nicht? Hat der ein Problem?"

Die Situation beschäftigte Klaus Möller noch den ganzen restlichen Vormittag. Bis zum Feierabend gegen 15:00 Uhr. Und darüber hinaus noch übers ganze Wochenende. Selbst am Samstagnachmittag, als er daheim den Rasen mähte, musste Möller an den „Vorfall" vom Freitagvormittag im Büro denken. Es ließ ihm einfach keine Ruhe, dass sein Chef, zu dem er doch immer ein gutes Verhältnis gehabt hatte, ihn einfach stehen gelassen hatte. Noch beim Abendessen mit seiner Frau kreisten seine Gedanken um diese Begebenheit.

„Meinst du, der ist irgendwie sauer auf mich?", fragte er seine Frau.

„Warum sollte der Dr. Meier denn auf dich sauer sein?"

„Das weiß ich eben nicht!", sagte Klaus Möller kleinlaut und klang fast ein wenig verzweifelt. „Ich hab ihm doch nichts getan!"

„War da vielleicht irgendeine Situation, in der du dich …, na sagen wir, danebenbenommen hast?"

„Ich wüsste nicht was!", meinte Klaus Möller und dachte nach. „Also der hat sicherlich ein Problem mit mir. Ich weiß aber beim besten Willen nicht, welches!"

„Dann frag ihn doch einfach!", schlug Frau Möller vor.

Gleich am Montagmorgen meldete sich Klaus Möller dann auch bei der Sekretärin von Dr. Meier an und bat um ein Gespräch. Er war ein bisschen nervös, als er ins Vorzimmer zu Frau Krachl kam, die er auch schon seit vielen Jahren kannte. Anders als sonst hatte Klaus Möller keinen lockeren Spruch auf den Lippen, und selbst als die Sekretärin ihm eine Steilvorlage gab, indem sie einen Zeitungsartikel über seinen Verein ansprach, reagierte Möller kaum. Dann durfte er eintreten:

„Was kann ich für Sie tun, Herr Möller?", fragte der Geschäftsführer, der an seinem großen Schreibtisch saß und gerade die Post durchsah. „Sie haben um dieses Gespräch gebeten. Was gibt es denn so Dringendes?"

„Ich wollte eigentlich nur fragen ...", begann Möller vorsichtig, druckste ein wenig herum und tat sich schwer, die richtigen Worte zu finden.

„Bitte, was wollen Sie mich fragen?"

„Ob ich Sie irgendwie verärgert habe oder so was?"

„Warum sollten Sie mich verärgert haben und womit?", wollte Dr. Meier wissen und sein fragender Blick zeigte, dass er äußerst verwundert war.

„Das weiß ich eben nicht."

„Wie kommen Sie denn überhaupt darauf, dass ich verärgert bin?", hakte der Chef nach und lehnte sich in seinem wuchtigen Ledersessel zurück.

„Na ja, am Freitag ..."

„Was war denn am Freitag?"

„Am späten Vormittag ... Ich habe Sie draußen auf dem Gang vor der Küche gegrüßt und Sie gefragt, wie es Ihnen geht. Sie haben nicht geantwortet und sind einfach weitergegangen."

„Am Freitag haben wir uns getroffen?", fragte Dr. Meier erstaunt. „Sind Sie da sicher?"

„Ja! Ganz sicher", antwortete Möller. „Am Vormittag auf dem Gang vor der Küche. Sie haben mich einfach stehen lassen."

Dr. Meier schaute Möller erstaunt und fragend zugleich an. Er dachte scharf nach und schüttelte dann den Kopf. „Nein, Herr Möller. Ich kann mich nicht erinnern, Sie getroffen zu haben. Und schon gar nicht, dass ich an Ihnen wortlos vorbeigegangen bin."

***

In der Geschichte fühlte sich Klaus Möller von Herrn Dr. Meier ignoriert und zurückgewiesen. Er vermutete sogar, sein Chef habe etwas gegen ihn. Dr. Meier jedoch konnte sich an das Treffen, das Möller so lange beschäftigte, nicht einmal mehr erinnern. Was war passiert? Möllers Fokus lag auf der Pflege der sozialen Beziehung, Dr. Meier war hingegen in Gedanken vielleicht mit den Ergebnissen, die er im nächsten Termin präsentieren wollte, beschäftigt. Wir formulieren das so: In der Situation sind zwei Menschen aufeinandergetroffen, in denen verschiedene Wirkungsanteile aktiv waren. Durch die Ereignisse konnte es passieren, dass Herr Möller seine Aufnahmebereitschaft Herrn Meier gegenüber entzog, weil er sich nicht wertgeschätzt fühlte. Dr. Meier hingegen war sich keiner Schuld bewusst.

FAKTEN

Jeder Mensch trägt zwei verschiedene Wirkungsanteile in sich, die je nach Kontext unterschiedlich stark ausgeprägt sein können. Der eine Anteil fokussiert mehr auf die Beziehung zu anderen Menschen, der andere auf Ergebnisse. Hier kann als Analogie das Modell von Hund und Katze dienen (60):

Verhalten im Hunde- bzw. Katzenanteil

Denken Sie an die typischen Eigenschaften und Verhaltensweisen eines Hundes – ein gehorsamer und treuer Freund, der das Leben im Rudel genießt. Wenn Sie ihn rufen, kommt er zu Ihnen, da ihm die Beziehung am Herzen liegt. Eine Katze hingegen zeichnet sich eher durch ihre Unabhängigkeit und ihren starken eigenen Willen aus. Sie ist mitunter eigensinnig und meist schwer zu erziehen. Wenn Sie sie rufen, liegt es an der Katze, ob und wann sie reagiert. Dies wird auch in nachfolgendem Bild deutlich:

Diese typischen Verhaltensweisen lassen sich in der Analogie auf den Menschen übertragen. Jeder trägt dabei einen Hunde- und einen Katzenanteil in sich, die kontextabhängig wirken. Keiner der Anteile ist gut oder schlecht, die unterschiedliche Wirkung kann aber beim Aufeinandertreffen zu Irritationen, Missverständnissen und in der Konsequenz zum Entzug von Berechtigung und Aufnahmebereitschaft führen.

Für Menschen, in denen gerade der Hundeanteil aktiv ist, stehen Beziehungen im Mittelpunkt. Dadurch wird der Mensch nahbar, will andere zufriedenstellen und handelt eher nach Gefühl. Wenn andere Menschen unglücklich erscheinen oder keine entsprechende Gegenreaktion liefern – was bei Menschen, in denen gerade der Katzenanteil aktiv ist, zuweilen passiert –, vermutet der Mensch häufig, dass er etwas falsch gemacht hat. Dadurch will er meist noch mehr gefallen und besonders gut mit dem anderen auskommen. Mit aktivem Hundeanteil sind Menschen manchmal so beschäftigt mit der Beziehungspflege, dass die Ergebnisse leiden. Dieses Verhalten irritiert hingegen Menschen mit aktivem Katzenanteil, und es kann passieren, dass diese dadurch die Berechtigung und Aufnahmebereitschaft entziehen.

Für Personen, bei denen gerade der Katzenanteil wirkt, zählen Ergebnisse. Sie sind dann eher distanziert, sehr effizient und schauen meist strikt auf Zahlen, Daten und Fakten. Der Katzenanteil führt auch dazu, dass ein Mensch sehr schnell vergisst. Dies passiert vor allem dann, wenn er Begebenheiten keine so große Beachtung beimisst, oder interessanterweise auch, wenn es mit einem persönlichen Misserfolg zu tun hat. Diese Eigenart kann schließlich dazu führen, dass ein Mensch mit gerade aktivem Hundeanteil sich abgelehnt und zurückgesetzt fühlt. Eine mangelnde emotionale Aufnahmebereitschaft ist die Folge.

Alle Leser, deren Hundeanteil gerade wirkt, ermuntern wir hiermit weiterzulesen. Dieses Kapitel wird ihnen dabei helfen, Menschen mit aktivem Katzenanteil, die dadurch oftmals arrogant oder mit sich selbst beschäftigt erscheinen, besser zu verstehen und deren Aufmerksamkeit und Aufnahmebereitschaft zu gewinnen.

Alle Leser mit aktivem Katzenanteil werden sowieso tun, was sie für richtig halten. Sie selbst wissen am besten, ob sie die Lektüre weiter fortsetzen wollen und die Inhalte als Herausforderung begreifen wollen.

Jeder Mensch trägt einen Hunde- und einen Katzenanteil in sich, der je nach Situation und Gesprächspartner unterschiedlich ausgeprägt ist.

Hunde- und Katzenanteil sind Endpunkte eines Kontinuums, keine starren Schablonen. Wie bereits beschrieben, trägt jeder Mensch einen Hunde- und einen Katzenanteil in sich, welche seine Wirkung kontextabhängig steuern. Es kann sein, dass bei einem Manager im Beruf meist der dominante Katzenanteil wirkt. Sitzt er hingegen am Abend mit seiner Familie beim Essen und erkundigt sich nach dem Tag der Kinder, kann er dies durchaus aus seinem harmonieliebenden Hundeanteil heraus tun und dementsprechend wirken.

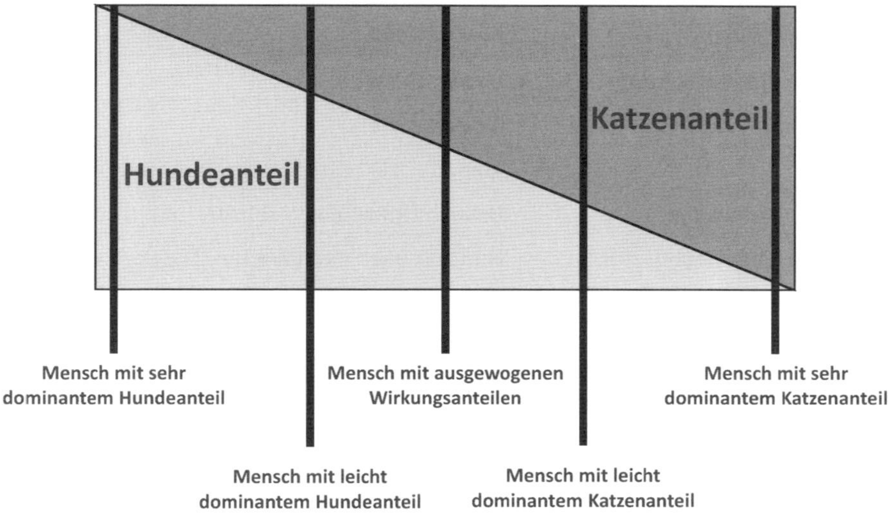

Wie häufig der Hunde- oder der Katzenanteil aktiv und wie dominant die jeweiligen Anteile ausgeprägt sind, ist von Mensch zu Mensch verschieden. Dabei spielt auch die Relation von Menschen zueinander eine maßgebliche Rolle. Kommt jemand z. B. aus einer Familie mit sehr dominanten Hundeanteilen und ist dort die faktenorientierteste Person, nehmen die Familienmitglieder sein Verhalten eher als katzenartig wahr. Im beruflichen Alltag – ohne sein Verhalten zu ändern – unter einer Schar von sehr ergebnisorientierten und womöglich unnahbaren Führungspersönlichkeiten wirkt er hingegen eventuell hundeartig.

Die Art und Weise, wie Sie auf andere wirken – also ob gerade eher Ihr Hunde- oder Katzenanteil hervorsticht –, hängt von folgenden Faktoren ab:

- Ihrem Denken und Verhalten,
- Ihrer Sprache und Stimmmodulation,
- Ihrer Körpersprache.

Und genau diese unterschiedlichen Eigenschaften und Verhaltensweisen können, wie bereits beschrieben, die Aufnahmebereitschaft Ihres Gesprächspartners beeinflussen. Die Eigenheiten im Denken und Handeln, welche vom Hunde- und Katzenanteil verursacht werden, sind in nachfolgender Tabelle gegenübergestellt:

Hundeanteil	Katzenanteil
Denkt gleichberechtigt	Denkt hierarchisch
Ist nahbar	Ist distanziert
Mag persönliche Beziehungen	Mag klar verteilte Rollen und Funktionen
Braucht Vertrauen	Braucht klare Zielvereinbarungen
Handelt eher nach Gefühl	Handelt eher nach Zahlen/Daten/Fakten
Möchte gefallen	Möchte respektiert werden
Sucht Unterstützung	Sucht Verantwortungsbewusstsein
Zeigt Mitgefühl	Gibt Feedback
Ist kompromissbereit	Bleibt bei seiner Linie

Große Unterschiede bilden zudem der Grad an Anpassungsfähigkeit und an Unabhängigkeit, den die beiden Anteile mitbringen. Sie erinnern sich: Wenn Sie einen Hund rufen, kommt er in der Regel, rufen Sie hingegen eine Katze, entscheidet diese tendenziell selbst, ob sie darauf reagiert. Bezogen auf einen Menschen bedeutet dies, dass er mit gerade wirkendem Hundeanteil kein Problem damit hat, sich anzupassen und ggf. unterzuordnen. Ein aktiver Katzenanteil hingegen führt dazu, dass sehr viel Wert auf Eigenständigkeit und Unabhängigkeit gelegt wird. Dies verhindert manchmal die notwendige Anpassungsfähigkeit.

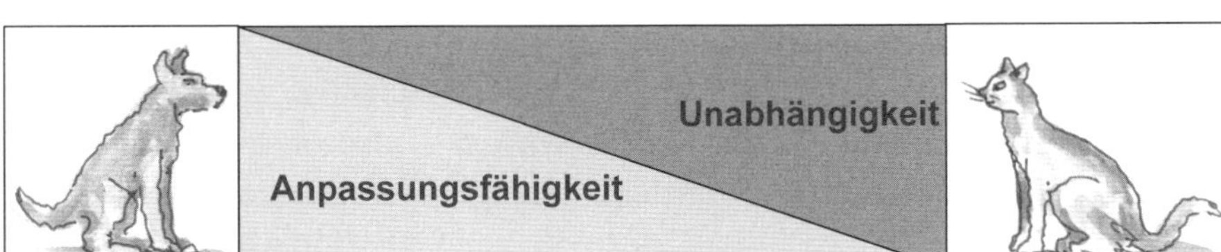

Körpersprache und Stimme im Hunde- bzw. Katzenanteil

Je nachdem, ob bei einem Menschen gerade der Hunde- oder Katzenanteil aktiv ist, verändert sich nicht nur sein Verhalten, sondern auch maßgeblich die Wirkung seiner Körpersprache und sein Stimmmuster (60).

Die Stimme bei aktivem Hundeanteil klingt rhythmisch und die Intonation steigt am Satzende an. Dies wirkt zugänglich und vermittelt ein Gefühl von Freundlichkeit und Wärme. Der Kopf bewegt sich beim Sprechen dabei oft hin und her. Dieses Stimmmuster führt z. B. beim freundlichen Bordpersonal des Flugzeugs dazu, dass sich die Passagiere an Bord umsorgt und wohl fühlen: „Herzlich willkommen an Bord, was darf ich Ihnen zum Trinken anbieten?“

Das typische Stimmmuster bei aktivem Katzenanteil hat hingegen einen flachen Intonationsverlauf und fällt am Ende von Sätzen nach unten ab. Dabei sinkt manchmal das Kinn ein wenig mit nach unten. Der Kopf wird gerade und ruhig gehalten. Die Stimme wirkt glaubwürdig und vermittelt ein Gefühl von Sicherheit. Sie kennen dieses Verhalten z. B. von Piloten, die Kompetenz und Sicherheit vermitteln sollen: „Hier spricht der Kapitän, bitte bleiben Sie am Platz, bis die Anschnallzeichen erlöschen …“.

Mensch mit aktivem Hundeanteil (zugängliche Stimme)	**Mensch mit aktivem Katzenanteil (glaubwürdige Stimme)**

Die unterschiedlichen Stimmmuster verursachen beim Gesprächspartner eine bestimmte Wirkung und bilden – neben den nachfolgenden körpersprachlichen Merkmalen – wichtige Erkennungszeichen für die beiden unterschiedlichen Wirkungsanteile. Die Unterschiede in der Körpersprache sind in folgender Tabelle dargestellt:

	Mensch mit aktivem Hundeanteil	**Mensch mit aktivem Katzenanteil**
Körper	Ist dem anderen zugewandt	Sitzt oder steht sehr aufrecht
Kopf	Vorwärts oder seitwärts geneigt	Gerade
Beim Zuhören	Nickt, gibt zustimmende Laute von sich	Kopf still, schweigt
Handgelenke	Gebeugt	Gerade

Körperhaltung mit aktivem Hundeanteil

Körperhaltung mit aktivem Katzenanteil

Die glaubwürdige Katzenanteil-Körpersprache und das Stimmmuster wirken auf den Gesprächspartner meist so, dass Informationen nur in eine Richtung gesendet werden und es keinen Raum für Diskussionen gibt. Die zugängliche Hundeanteil-Körpersprache und das Stimmmuster hingegen vermitteln den Eindruck, dass Interesse an einem Dialog da ist.

ANWENDUNG

Wie Sie mit den Wirkungsanteilen – Hund und Katze – beim Herstellen von Aufnahmebereitschaft umgehen können, ist nachfolgend zusammengefasst.

Im ersten Schritt sollten Sie bei sich selbst grundsätzlich darüber nachdenken, wie dominant welcher Wirkungsanteil ausgeprägt ist. Dafür können Sie reflektieren, in welchen Situationen und Kontexten bzw. auch wie oft bei Ihnen tendenziell eher der Hundeanteil aktiv ist und wann eher der Katzenanteil wirkt. Wie zeigt sich dies jeweils anhand Ihres Verhaltens, Ihrer Körpersprache und Ihrer Stimme? Hilfreich ist hier oftmals auch, sich von anderen Personen ein Feedback dazu geben zu lassen.

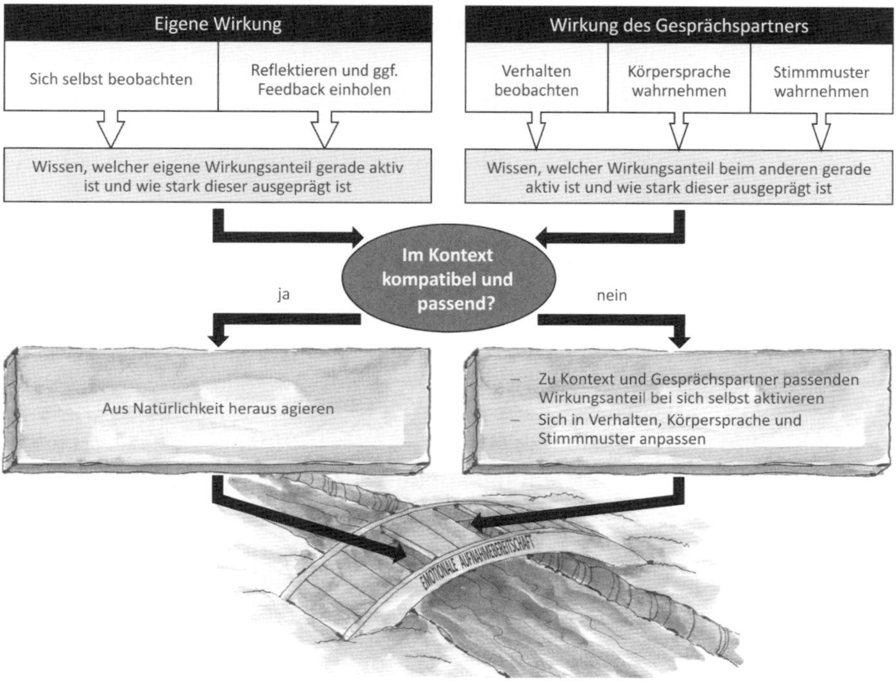

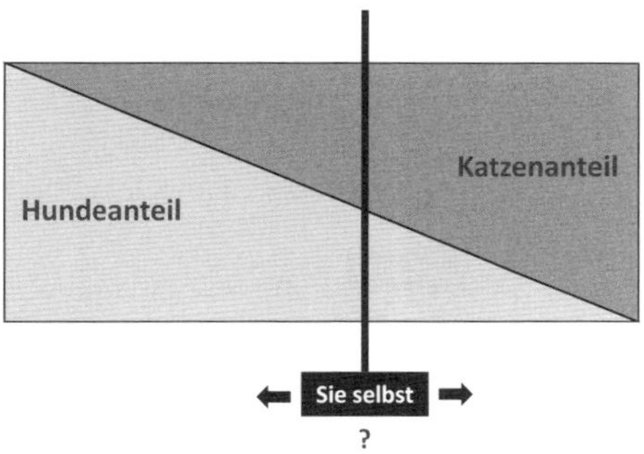

Zusätzlich zur grundsätzlichen Einschätzung Ihrer Wirkungsanteile sollten Sie in einer spezifischen (Gesprächs-)Situation beobachten, welcher Wirkungsanteil gerade aktiv ist und wie dadurch Ihr Verhalten, Ihre Körpersprache und Ihre Stimme beeinflusst werden. Fragen Sie sich, worauf Sie gerade fokussiert sind: Sind es Ergebnisse oder die zwischenmenschliche Beziehung? Wenn es zum Kontext passt, können Sie Ihren Gesprächspartner auch direkt nach Ihrer Wirkung fragen: „Wie nehmen Sie mich gerade wahr? Wie wirke ich auf Sie?“

Sind Sie sich Ihres aktuell wirkenden Anteils bewusst, sollten Sie einschätzen, welcher Wirkungsanteil gerade bei Ihrem Gesprächspartner aktiv ist. Achten Sie hierfür z. B. darauf, wie nahbar und kompromissbereit dieser ist (Verhalten), ob er am Satzende mit der Stimme nach oben oder unten geht

(Stimmmuster) oder auch, ob er Ihnen eher zugewandt oder sehr aufrecht gegenübersitzt (Körpersprache) – siehe Tabellen im Faktenteil.

Überprüfen Sie dann, ob die bei Ihnen und Ihrem Gesprächspartner aktivierten Wirkungsanteile **zueinander kompatibel** und Ihre eigenen Anteile **im Kontext passend** sind.

Zueinander kompatibel heißt in der Regel, dass Sie beide gerade den gleichen Wirkungsanteil aktiviert haben. Normalerweise entsteht eher Aufnahmebereitschaft, wenn zwei Hundeanteile oder zwei Katzenanteile aufeinandertreffen (Ausnahmen sind weiter unten beschrieben).

Im Kontext passend ist davon abhängig, was Sie in einem Kontext erreichen wollen. Wollen Sie eher Beziehung aufbauen oder Ergebnisse erzielen?

Wie bereits beschrieben, geht es dabei nie um die absoluten Wirkungsanteile, sondern um die Relation zueinander. Nachfolgend sind dafür einige Beispiele mit Vorgehensempfehlungen dargestellt:

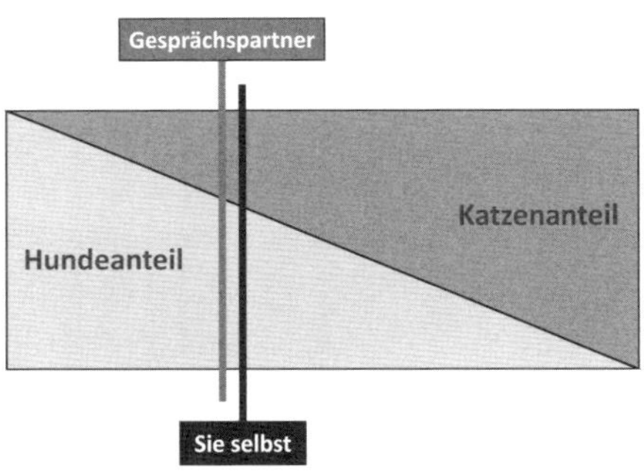

Sie und Ihr Gesprächspartner haben ähnlich ausgeprägte Wirkungsanteile. Wenn Sie Ihren Hundeanteil aktivieren, wirken Sie auf Ihren Gesprächspartner hundeartig und beziehungsorientiert, wenn Sie den Katzenanteil aktivieren, wirken Sie auf ihn katzenartig und ergebnisorientiert.

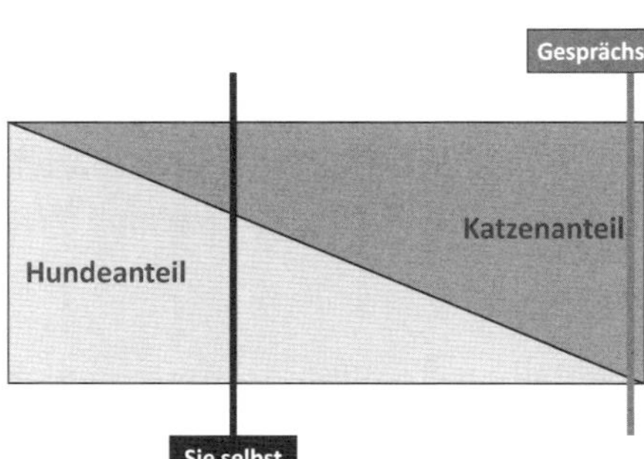

Der Katzenanteil Ihres Gesprächspartners ist sehr dominant und wesentlich stärker ausgeprägt als Ihrer. Dies hat zwei Dinge zur Folge:

- Ihr Gesprächspartner hat in den meisten Kontexten seinen Katzenanteil aktiviert.
- Sie sollten Ihren Katzenanteil in der Interaktion mit Ihrem Gesprächspartner sehr stark leben, um sich ihm anzunähern.

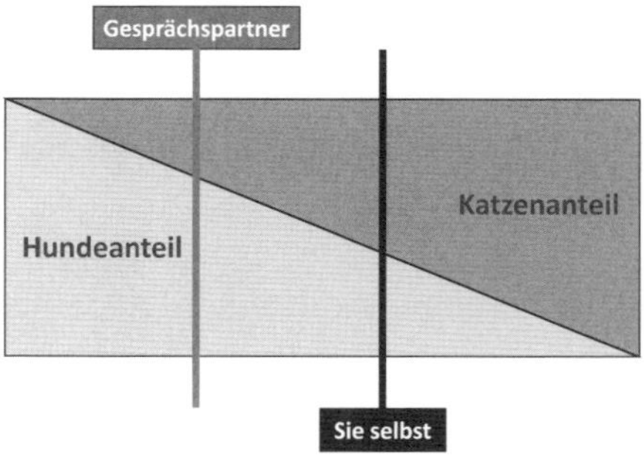

Der Hundeanteil Ihres Gesprächspartners ist dominanter ausgeprägt als Ihrer. Je nach Kontext sollten Sie sich ihm annähern. Dies gelingt Ihnen meistens, indem Sie Ihren Hundeanteil aktivieren. Ausnahmen bilden Kontexte, in denen bei Ihrem Gesprächspartner dessen Katzenanteil wirkt.

Grundsätzlich gilt: Ist Ihr Hundeanteil in einer Situation dominanter ausgeprägt als der Ihres Gesprächspartners, wird er Sie ggf. nicht ernstnehmen. Ist hingegen Ihr Katzenanteil dominanter, wird sich Ihr Gesprächspartner von Ihnen ggf. respektlos behandelt fühlen. In beiden Fällen müssen Sie Einbußen in der Berechtigung und Aufnahmebereitschaft in Kauf nehmen. Achten Sie deshalb immer darauf, wie Sie in Relation zu Ihrem Gegenüber wirken.

Ist Ihr aktuell aktiver Wirkungsanteil kompatibel zu dem Ihres Gesprächspartners und zum Kontext passend, können Sie ganz Sie selbst sein und aus Ihrer Natürlichkeit heraus agieren. Ist dies nicht der Fall, ist es wirkungsvoller, flexibel zu handeln und den adäquaten Wirkungsanteil bei sich selbst zu aktivieren. Dadurch passen Sie sich in Verhalten, Körpersprache und Stimmmodus an und schaffen so eine Basis für die emotionale Aufnahmebereitschaft Ihres Gesprächspartners.

1. Hundeanteil aktivieren

Um Ihren Hundeanteil zu aktivieren, kann es hilfreich sein, sich zu überlegen, in welchen Kontexten normalerweise Ihr Hundeanteil wirkt. So können Sie z. B. Verhaltensweisen oder Ihre innere Haltung auf den aktuellen Kontext übertragen (Verhalten, Körpersprache und Stimmmuster des Hundeanteils wurden bereits im Faktenteil beschrieben).

Achten Sie zusätzlich immer auf die Relation zu Ihrem Gesprächspartner und passen Sie sich ihm bezüglich Verhalten, Körpersprache und Stimmmuster an.

2. Katzenanteil aktivieren

Ihren Katzenanteil können Sie aktivieren, indem Sie die im Faktenteil beschriebenen Verhaltensweisen, Körpersprache und Stimmmuster anwenden.

Überlegen Sie sich auch hier, in welchen Kontexten Sie normalerweise Ihren Katzenanteil aktiviert haben, und übertragen Sie ggf. Verhaltensweisen oder Ihre innere Haltung auf den aktuellen Kontext. Beobachten Sie zusätzlich Ihren Gesprächspartner und passen Sie sich ihm an.

Nachfolgend finden Sie noch grundsätzliche Vorgehensweisen und Aspekte, die sich positiv auf die emotionale Aufnahmebereitschaft Ihres Gesprächspartners auswirken können, wenn dieser (in Relation zu Ihnen) einen dominanten Hunde- oder Katzenanteil aufweist:

3. Emotionale Aufnahmebereitschaft eines Menschen mit dominantem Hundeanteil gewinnen

Menschen mit dominantem Hundeanteil lieben Offenheit – es ist am wirkungsvollsten, Beziehungen zu ihnen auf direkte Art und Weise aufzubauen. Sie wünschen sich eine vertrauensvolle Beziehung, was sich oft automatisch ergibt, wenn der andere fühlt, dass Sie sich um ihn kümmern und ihn schätzen. In der Praxis kann dies z. B. durch Folgendes erreicht werden:

PERSÖNLICHE BEZIEHUNGEN VERBESSERN

- ⇨ In Gesprächen „voll anwesend" sein und einfühlsamen Blickkontakt aufrechterhalten
- ⇨ Zu Geburtstagen gratulieren und kleine Geschenke machen
- ⇨ In Erfahrung bringen, was dem anderen wichtig ist, und sich immer wieder mal danach erkundigen

MITARBEITER EHER WIE KOLLEGEN BEHANDELN

GEFÜHLSBETONTE ANERKENNUNG FÜR (GESPRÄCHS-)BEITRÄGE ZOLLEN

NICHTS ANORDNEN, SONDERN UM GEFALLEN BITTEN

WENIGER FÖRMLICH IN SPRACHE, KLEIDUNG UND HALTUNG SEIN

- ⇨ Im Gespräch als Feedback mit dem Kopf nicken und/oder ermutigende Laute von sich geben
- ⇨ Darauf achten, nicht zu formell gekleidet zu sein
- ⇨ Sich dem anderen zuneigen

ZUGÄNGLICHES STIMMMUSTER VERWENDEN

- ⇨ Weicher und sanfter sprechen
- ⇨ Am Satzende mit der Stimme nach oben gehen

---

4. Emotionale Aufnahmebereitschaft eines Menschen mit dominantem Katzenanteil gewinnen

Indem Sie die Analogie von menschlichen Verhalten auf das einer Katze anwenden, wird schnell deutlich, wie effektiv es ist, einen Menschen mit dominantem Katzenanteil zu faszinieren, indem Sie die Beziehung indirekt aufbauen. Eine Katze wendet sich oftmals stolz ab, wenn ihr z. B. Futter direkt hingestellt wird. Befindet sich das Futter jedoch unerreichbar auf einem Regal oder Tisch, wird die Katze plötzlich neugierig. Dies bedeutet, dass Sie für einen Menschen mit dominantem Katzenanteil dann interessant werden, wenn Sie ihm nicht sofort geben, was er will (z. B.: „Ich habe da ein paar interessante Informationen, wir können ja später darüber sprechen, kommen Sie bitte auf mich zu.").

Menschen mit einem dominanten Katzenanteil respektieren Sie dann, wenn Sie sie vorantreiben. Dies können Sie z. B. wie folgt erreichen:

FOKUS AUF PRODUKTIVITÄT UND EFFIZIENZ LEGEN
- ⇨ Verantwortung übernehmen und konkrete Ergebnisse präsentieren
- ⇨ Das Gefühl vermitteln, dass der andere entscheidet
- ⇨ Respekt höher bewerten als Beliebtheit

ARBEITSBEZIEHUNGEN BETONEN UND HIERARCHIEN EINHALTEN

DIE KATZE FORDERN UND NICHT VERSUCHEN, IHR ZU GEFALLEN

FÖRMLICH IN KLEIDUNG UND HALTUNG SEIN
- ⇨ Mit geradem Kopf den anderen direkt ansehen (kein Nicken, keine zustimmenden Laute oder Lächeln)
- ⇨ Auf förmliche, dem Anlass angemessene Kleidung achten
- ⇨ Aufrecht sitzen oder stehen

GLAUBWÜRDIGES STIMMMUSTER VERWENDEN
- ⇨ Eher flach und geschäftsmäßig sprechen
- ⇨ Am Satzende mit der Stimme nach unten gehen

Weiter oben wurde beschrieben, dass normalerweise eher emotionale Aufnahmebereitschaft entsteht, wenn zwei Hundeanteile oder zwei Katzenanteile aufeinandertreffen. Es gibt aber auch Situationen und Kontexte, wo Sie bewusst genau den anderen Wirkungsanteil bei sich aktivieren sollten. Einige Beispiele dafür finden Sie nachfolgend:

- Bei zwei Menschen, in denen gerade der Katzenanteil wirkt, kommt es aufgrund der dadurch aktivierten Ich-Bezogenheit zum Kräftemessen, was sich negativ auf die gegenseitige Aufnahmebereitschaft auswirken kann. Hier kann es sinnvoll sein, wenn einer bewusst in den Hundeanteil wechselt, um einen anderen Blickwinkel zu bekommen. Aber Vorsicht: Übertreiben Sie es nicht. Ein Mensch mit aktivem Katzenanteil nimmt oftmals Menschen mit aktivem Hundeanteil nicht ernst.

- Sie wollen ein Kritikgespräch führen. In diesem Fall sollten Sie auf alle Fälle Ihren Katzenanteil aktivieren bzw. etwas mehr „Katze sein" als Ihr Gesprächspartner, um die notwendige Distanz zu schaffen.
- Sie werden von jemandem geführt bzw. wollen von jemandem geführt werden (als Mitarbeiter von Ihrem Chef, als Spieler von Ihrem Trainer, ...). Dies funktioniert besser mit Ihrem Hundeanteil bzw. wenn Sie etwas mehr „Hund sind" als der andere.

DAS WICHTIGSTE IN KÜRZE

- ☐ Hund und Katze können als Analogie für die Wirkung von Menschen dienen.
- ☐ Jeder Mensch trägt zwei verschiedene kontextabhängige Wirkungsanteile in sich (Hund und Katze), die sich durch
  - Verhalten,
  - Körpersprache und
  - Stimmmuster unterscheiden.
- ☐ Wie häufig der Hunde- oder der Katzenanteil aktiv ist und wie dominant die jeweiligen Anteile ausgeprägt sind, ist von Mensch zu Mensch verschieden.
- ☐ Die Relation von Menschen zueinander spielt eine maßgebliche Rolle beim Herstellen von emotionaler Aufnahmebereitschaft.
- ☐ Überprüfen Sie, ob die bei Ihnen und Ihrem Gesprächspartner gerade aktivierten Wirkungsanteile zueinander kompatibel und Ihre eigenen Anteile im Kontext passend sind.
- ☐ Passen Sie ggf. Ihr Verhalten, Ihre Körpersprache und Ihr Stimmmuster an.

BEISPIELE: ANWENDUNG IN DER DIGITALEN KOMMUNIKATION

- ☐ Die körpersprachlichen Signale des Hunde- und Katzenanteils fallen weg (außer bei Video-Konferenzen) und können weder zum Einschätzen des Kommunikationspartners noch zum Herstellen von emotionaler Aufnahmebereitschaft verwendet werden.

- Bei rein textbasierter digitaler Kommunikation fällt zusätzlich das Stimmmuster weg und kann ebenfalls nicht genutzt werden.
- Kurze schriftliche digitale Kommunikation (z. B. Instant Messaging, SMS) wirkt „katzenartig".
  - Dies kann von Vorteil beim Herstellen von emotionaler Aufnahmebereitschaft bei einem Menschen mit aktivem Katzenanteil sein.
  - Bei einem Menschen mit aktivem Hundeanteil kann es sich hingegen tendenziell negativ auswirken.

VERTIEFENDE LITERATUR

Michael Grinder: Führung durch Charisma – Eine Analogie von Hunden und Katzen. Köln, Synergeia-Verlag, 2006

3.2.2 Kultur

„Kultur beginnt im Herzen jedes Einzelnen."
(Johann Nepomuk Nestroy)

Guter Nachbar, schlechter Nachbar?

Es war wunderschönes Sommerwetter, die Sonne schien vom strahlend blauen Himmel und das Thermometer zeigte 25 Grad im Schatten. Walter Wolfsteiner kam gerade von seinem täglichen Spaziergang zurück. Es gab viel zu erkunden in seiner neuen Heimat Kreuzlingen. Vor einer Woche hatten die Wolfsteiners ihr neues Einfamilienhaus in der kleinen, schmucken schweizerischen Stadt am Bodensee bezogen und sich damit einen lang gehegten Traum erfüllt. Vor vielen Jahren schon hatten sie beschlossen, in die Schweiz zu ziehen, wenn Walter Wolfsteiner seine Rente bekommen würde. Nun war das alles viel schneller gegangen als geplant. Wolfsteiners Firma war von einem amerikanischen Konzern übernommen worden und die neuen Inhaber hatten ihm angeboten, in den Vorruhestand zu gehen. Na ja, nicht nur angeboten, eher dazu gezwungen. Mit Geld! Eine stattliche Abfindung hatten sie ihm zugesagt, und just zu diesem Zeitpunkt war hier in Kreuzlingen das Haus verkauft worden. Die Wolfsteiners hatten sofort zugegriffen.

„Maja!", rief Walter Wolfsteiner, als er vorsichtig über die neu verlegten Gartenplatten ging und aufpasste, dass er nicht ins frisch angesäte Gras trat. Auf der schattigen Terrasse angekommen, ließ der Vorruheständler seinen Blick durch den ganzen Garten schweifen. Noch konnte man nur erahnen, wie idyllisch es hier einmal aussehen würde, wenn die vielen kleinen, von einem Gartendesigner ordentlich nach System gepflanzten Bäumchen erst einmal ihre volle Pracht erreichen würden.

„Ich bin hier!", tönte es aus dem Haus. Walter Wolfsteiner ging durch das offene große Glaselement hinein ins Wohnzimmer. Dort stand seine Frau vor der Vitrine und sortierte Geschirr ein. Mit einem Kuss meldete sich Herr Wolfsteiner von seinem täglichen Spaziergang zurück.

„Ah! Wie ich sehe, ist nun auch unser Hausrat endlich da!", meinte Herr Wolfsteiner erfreut. „Ist alles komplett?"

„Ja! Ist vorhin gekommen. Gerade, als du gegangen bist!"

Frau Wolfsteiner fragte ihren Mann, ob ihm gefiele, wie sie das Geschirr in der Vitrine drapiert hatte. Der bejahte das. Wie immer, denn in alles, was im Haus passierte, mischte er sich nicht ein.

„Du, der Herr Scheffel war vorhin da und hat uns zu einer Grillfeier eingeladen!", erzählte Frau Wolfsteiner.

„Scheffel? Wer ist das?"

„Unser Nachbar von nebenan!"

„Der!", entfuhr es Herrn Wolfsteiner, und augenblicklich verzog sich sein Gesicht von freundlich auf misslaunig. „Nein, da geh ich nicht hin!"

„Warum denn nicht?", fragte Frau Wolfsteiner überrascht und konnte sich gar keinen Reim auf die ablehnende Haltung ihres Mannes machen.

„Weil ich keine Lust habe!" Frau Wolfsteiner wollte das aber nicht so einfach akzeptieren, denn sie hatte in den letzten Tagen schon öfter mit ihren direkten Nachbarn einen Small Talk gehalten und fand diese sehr nett und sympathisch. Aber Walter Wolfsteiner blieb bei seiner Meinung. Er hatte keine Lust und er wollte da nicht hingehen. Am nächsten Samstagabend fand die Grillfeier dann auch ohne die ‚Neuen' statt.

Die Wolfsteiners lebten sich in den nächsten Wochen gut in ihrer neuen Heimat Kreuzlingen ein und pflegten auch zu allen Nachbarn einen guten Kontakt. Bis auf das Ehepaar Scheffel von nebenan. Vor allem Herr Wolfsteiner blockte alle ‚Annäherungsversuche' dieses Nachbarn ab. Dabei gab der sich wirklich alle erdenkliche Mühe, ihn zu kontaktieren. Doch an Walter Wolfsteiner biss er sich die Zähne aus. Außer dem obligatorischen ‚Grüezi', ließ sich der neue Nachbar nichts entlocken. Dabei gehörte Walter Wolfsteiner doch zu den geselligen und offenen Menschen und hatte normalerweise immer einen freundlichen Spruch auf den Lippen.

Mitte Juli, also knapp sechs Wochen, nachdem die Wolfsteiners nach Kreuzlingen gezogen waren, fand das alljährliche Sommerfest im Sportverein statt. Der Nachbar von gegenüber organisierte das immer und hatte selbstverständlich auch Frau und Herrn Wolfsteiner dazu eingeladen. Das Wetter spielte zum Glück mit, und es wurde ein wunderbarer, lauer Sommerabend. Die Stimmung war ausgelassen und fröhlich. Es duftete herrlich nach Gegrilltem und das Bier vom Fass, das einer der Anwohner, der bei einer Brauerei arbeitete, besorgt hatte, floss in Strömen. Die Wolfsteiners fühlten sich wohl im Kreise ihrer neuen Nachbarn, und Fußballfan Walter fand auch gleich eine Gruppe Gleichgesinnter. Die Männer hatten sich in der Nähe des Bierausschanks zu einer eifrig diskutierenden Runde gruppiert.

„Bei euch in Deutschland ist doch Bayern München das Maß aller Dinge, oder?", fragte Herr Bohmann, der Nachbar der Wolfsteiners von gegenüber.

„Oh nein!", antwortete Wolfsteiner, ein bekennender Fan von Borussia Dortmund, und klärte seine Schweizer Kollegen erst einmal über die aktuelle Situation im deutschen Fußball auf. Walter Wolfsteiner verstand eine Menge vom Rasenballsport und man hörte ihm interessiert zu, als er über Viererkette, Abseitsfallen und die Bundesliga allgemein referierte. Und wie es eben so ist, wenn Menschen dieselbe Wellenlänge haben, entstanden gegenseitige Sympathien. Herr Wolfsteiner ließ seinen Blick über die Tische schweifen und suchte in der Menge der ausgelassenen Gäste seine Frau. Er fand sie auch und verzog sofort ärgerlich sein Gesicht. „Was macht die bei diesem Kerl am Tisch", schoss es ihm durch den Kopf. Frau Wolfsteiner saß

am Tisch der Familie Scheffel. Als sie sich umdrehte, sah sie ihren Mann. Der arbeitete sofort mit Händen und Füßen und versuchte durch entsprechende Gesten seiner Frau klarzumachen, dass sie aufstehen und sich woanders hinsetzten sollte. Frau Wolfsteiner schaute verständnislos und zuckte mit den Schultern. Anscheinend verstand sie nicht, was ihr Mann für ein Problem hatte. Da Walter Wolfsteiner zu seiner wilden Gestik auch noch ziemlich böse dreinschaute, stand sie auf und ging zu ihm.

„Was ist denn los?", fragte sie.

„Musst du gerade am Tisch von dem sitzen?"

„Ja warum denn nicht?", fragte Frau Wolfsteiner. „Das sind doch unsere Nachbarn!"

„Die anderen Leute hier sind auch unsere Nachbarn!", konterte Herr Wolfsteiner. „Du kannst dich auch an einen anderen Tisch setzen!"

„Also ich weiß nicht, was du für ein Problem hast!", meinte Frau Wolfsteiner genervt. Doch um des lieben Familienfriedens willen setzte sie sich an den Tisch von Nachbarn, die zwei Häuser weiter wohnten. Es dauerte nicht lange, da gesellte sich auch Herr Wolfsteiner dazu, und es entwickelte sich ein nettes, abendfüllendes Gespräch, zu dessen Ende man sich gleich am nächsten Tag zu einem Schiffsausflug auf dem Bodensee verabredete.

Etwa drei Wochen nach dem Sommerfest hatte Walter Wolfsteiner die Idee, ein großes Grillfest zu veranstalten. Dazu ließ er eigens aus Deutschland eine Menge Thüringer Rostbratwürste ‚einfliegen'. Herr Wolfsteiner lud dazu alle Nachbarn ein. Alle? Nein, nicht alle! Die Scheffels von nebenan blieben außen vor. Zuerst merkte das Frau Wolfsteiner gar nicht. Es fiel ihr erst am Abend des Festes auf und sie beschloss, ihren Mann in einer ruhigen Minute darauf anzusprechen. Dies umso mehr, als sie ihre Nachbarin oft beim Bäcker traf und diese sie sicherlich fragen würde, warum sie und ihr Mann als Einzige nicht eingeladen worden waren. Außerdem waren ihr die Scheffels überaus sympathisch und sie verstand sich mit beiden gut.

Gesagt, getan! Gleich am nächsten Tag beim Mittagessen ergriff Frau Wolfsteiner die Gelegenheit und stellte ihren Gatten zur Rede.

„Jetzt sag mir endlich, warum du die Scheffels nicht magst, Walter. Ich kann das einfach nicht verstehen."

„Weil ich Rassisten nun einmal nicht ausstehen kann!", platzte der heraus. Frau Wolfsteiner reagierte überrascht, um nicht zu sagen: Sie war baff!

„Rassisten?", fragte sie erstaunt und bohrte nach. Warum hielt ihr Mann den Nachbarn Scheffel für einen Rassisten? Die Antwort war einfach: Bei den Scheffels stand vor dem Haus, auffällig und mitten im Vorgarten, ein großer Fahnenmast. Und dort war eine Schweizer Nationalflagge gehisst.

Die rote Fahne mit dem weißen Kreuz, etwa 3 x 1,5 Meter groß, wehte tagtäglich stolz und nicht übersehbar im Wind. Und das erinnerte Herrn Wolfsteiner an seine Jugendzeit in Dortmund. Ein damaliger Freund seines Vaters hisste immer die deutsche Flagge, war überzeugter Rechter, und als ewig Gestriger verschonte er seine Umwelt auch nicht mit allerlei Schimpftiraden. Solche Menschen waren Walter Wolfsteiner ein Dorn im Auge. Mit denen wollte er nichts zu tun haben.

Kurze Zeit darauf erzählte Frau Wolfsteiner ihrer Nachbarin davon und hoffte, die Sache endlich aufklären zu können. Frau Scheffel reagierte verblüfft: „Das bringt er damit in Verbindung? In der Schweiz ziert die Nationalflagge doch fast jeden zweiten Garten, schauen Sie sich doch mal um. Für uns ist das ein schönes Zeichen, wenn man stolz ist auf sein Land. Auf den Gedanken, dies mit Rassismus in Verbindung zu bringen, wäre ich doch nie gekommen. Ist das bei Ihnen in Deutschland so?“

Wie schnell ein Missverständnis doch aufgeklärt werden kann, wenn die Leute nur einmal miteinander reden. Als Frau Wolfsteiner ihrem Mann das erzählte, glaubte der, seinen Ohren nicht trauen zu können, und noch in derselben Minute eilte er rüber und klingelte bei den Scheffels.

„Mir ist das wirklich peinlich, Herr Nachbar!“, entschuldigte sich Herr Wolfsteiner und drückte sein tiefes Bedauern aus. Der Nachbar zeigte sich verständnisvoll und bat Herrn Wolfsteiner auf ein Glas herein. Die beiden Männer fanden schnell ihre gemeinsame Wellenlänge: Fußball. Auf das Malheur mit der Flagge angesprochen, erzählte Walter Wolfsteiner seinem ‚neuen Lieblingsnachbarn‘ die Geschichten von früher. Von dem alten, griesgrämigen Rechten und dessen Hetze auf alles, was nicht brauner Gesinnung war. Immer wenn ihn irgendwas daran erinnerte, sah Walter Wolfsteiner rot.

Die Missverständnisse zwischen den beiden waren somit schnell aus der Welt geschafft. Aus Herrn Scheffel und Herrn Wolfsteiner wurden dicke, aber wirklich sehr dicke Freunde. Und immer wenn die beiden irgendwo unterwegs waren und einen Fahnenmast in einem Garten stehen sahen, mussten sie herzhaft lachen.

***

Die Geschichte zeigt, wie es passieren kann, dass ein Mensch einem anderen Menschen keine Aufnahmebereitschaft gibt, weil er kulturell anders geprägt ist. Für einen Schweizer ist es vollkommen normal, eine Schweizer Flagge im Garten stehen zu haben, es ist für ihn ein Zeichen von gesundem Nationalstolz. Herr Wolfsteiner als Deutscher hingegen assoziierte das Aufstellen dieser Flagge mit Rassismus, noch dazu, weil seine kulturelle Prägung durch eine persönliche Erfahrung in der Vergangenheit untermauert wurde. Er verhinderte, dass Herr Scheffel eine Brücke der emotionalen Aufnahmebereitschaft zu ihm bauen konnte, da er ihn, ohne ihn wirklich zu kennen, alleine aufgrund eines Symbols als rassistisch abstempelte.

FAKTEN

Der Begriff „Kultur" wird in der Literatur sehr unterschiedlich verwendet und seine Bedeutung kann sehr vielschichtig sein. Es kann damit sowohl z. B. etwas bezeichnet werden, das ein Mensch gestaltend hervorbringt, als auch ein System von Regeln und Gewohnheiten, die das Zusammenleben und Verhalten von Menschen leiten (61). Der niederländische Experte für Kulturwissenschaften Geert Hofstede bezeichnet Kultur als „(...) die kollektive Programmierung des Geistes (...), die die Mitglieder einer Gruppe oder Kategorie von Menschen von einer anderen unterscheidet" (62). Übertragen auf das Thema der emotionalen Aufnahmebereitschaft bedeutet dies, dass die Kultur, der ein Mensch zugehörig ist, Einfluss darauf haben kann, wie er Aufnahmebereitschaft herstellt, aber auch, wodurch er aufnahmebereit wird.

„Es treffen sich keine Kulturen, sondern Menschen." (übersetzt nach Edwin Hoffman)

Dazu möchten wir hinzufügen, dass die von Hofstede genannte „kollektive Programmierung" immer nur einen Teil der Persönlichkeit eines Menschen darstellen kann und sich keineswegs bei jeder zur Kultur zugehörigen Person gleich äußert. Jeder Mensch ist individuell und hat persönliche Werte und Überzeugungen (vgl. Kapitel „Werte und Wertekonflikte"). Jeder Mensch besitzt ferner die Möglichkeit, von gängigen Regeln und Verhaltensweisen seiner Kultur abzuweichen oder etwas zu verändern. Auch wäre es zu einfach, das Verhalten eines Menschen einfach aus seinem kulturellen Hintergrund heraus zu erklären. Gemäß einem Zitat von Edwin Hoffman („Cultures don`t meet, people do"), einem Experten für interkulturelle Kommunikation, treffen in einem Gespräch nämlich immer Personen aufeinander, keine Kulturen (63). Nicht die Kultur selbst, sondern die Kommunikation, der Kontext sowie die Einzigartigkeit des Menschen stehen im Zentrum. Sie sollten also nicht den Fehler begehen und Verallgemeinerungen im Sinne von „Deutsche sind so ..." treffen. Seien Sie sich aber bewusst, dass Ihr Gesprächspartner Sie aufgrund Ihres kulturellen Hintergrundes in eine Schublade stecken könnte. Generalisierungen können schon aufgrund von wenigen Begegnungen Ihres Gesprächspartners mit anderen Menschen aus Ihrer Kultur, oder schlichtweg aus Vorurteilen, entstehen.

Kultur steht dabei keineswegs nur in Verbindung mit einer Nation oder ethnischen Gruppe. Kultur ist vielmehr ein Kollektiv, welches Bedeutungen, Erfahrungen, Werte, Symbole, Wissen und Praktiken teilt (63). Dieses Kollektiv kann die regionale, religiöse oder sprachliche Zugehörigkeit, das Geschlecht, die Generation, die Ausbildung oder auch das Unternehmen sein. Kulturelle Unterschiede können sogar zwischen verschiedenen Abteilungen eines Unternehmens bestehen. Vielleicht haben Sie z. B. schon Diskussionen zwischen Fertigung und Vertrieb miterlebt …

Jeder Mensch gehört immer verschiedenen Kollektiven und dadurch Kulturen an, er ist sozusagen in sich multikulturell. Welche seiner sozialen Identitäten Ihr Gesprächspartner dabei annimmt, hängt stark vom Kontext ab: Sieht er sich z. B. in der konkreten Situation als Deutscher, Mann, Vater, …?

Kulturelle Ausprägungen

Kulturelle Ausprägungen können sich in der Praxis durch Symbole, Helden, Rituale, Grundüberzeugungen und Werte manifestieren (adaptiert nach (62)). Diese lassen sich als konzentrische Kreise darstellen, wobei die Symbole die oberflächlichste und Werte die am tiefsten gehende Manifestation bilden. Während die äußeren drei Schichten unter „Praktiken“ zusammengefasst werden können und nach außen sichtbar werden, bleiben die Grundüberzeugungen und Werte oftmals verborgen und zeigen sich oft erst dann, wenn es zum Entzug von Aufnahmebereitschaft gekommen ist.

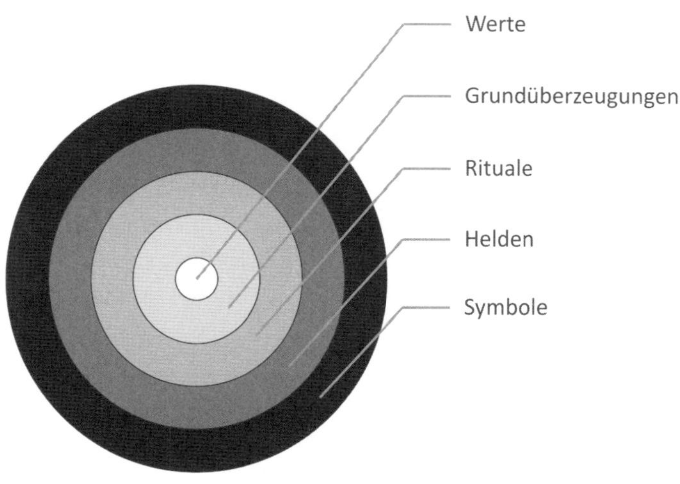

Symbole sind Worte, Gesten, Bilder oder Objekte, die eine bestimmte Bedeutung haben. Diese wird oftmals nur von denjenigen erkannt, die der gleichen Kultur angehören. Symbole sind leicht veränderbare Manifestationen einer Kultur. Beispiele dafür sind Nationalfarben, das Peace-Zeichen oder bestimmte Gesten.

Helden sind Personen (tot oder lebendig, echt oder fiktiv), die Eigenschaften besitzen, welche in einer Kultur hoch angesehen sind. Steve Jobs ist z. B. eine Ikone des „American Dream".

Rituale sind kollektive Tätigkeiten, die für das Erreichen der angestrebten Ziele eigentlich überflüssig sind, innerhalb einer Kultur aber als sozial notwendig erachtet werden. Sie werden folglich um ihrer selbst willen ausgeübt. Beispiele hierfür sind verschiedene Formen des Grüßens, Essensgewohnheiten oder Zeiteinteilungen.

Grundüberzeugungen (vgl. Kapitel „Grundüberzeugungen") sind in diesem Fall kulturell bedingte Theorien, warum etwas so und nicht anders ist oder sein muss. Beispiel aus der Anfangsgeschichte dieses Kapitels wäre die Grundüberzeugung: „Wer sich eine Nationalflagge in den Garten stellt, ist ein Rassist."

Werte bestimmen, was in einer Kultur als gut/schlecht oder richtig/falsch empfunden wird. Dazu zählen z. B. auch das Verständnis von Führung und Hierarchie oder die Einstellung zum Umgang mit Zeit.

Kulturell geprägte Werte
Bei den kulturell geprägten Werten können nach Hofstede wiederum folgende sechs Dimensionen unterschieden werden (64). Diese sollten zum Herstellen von Aufnahmebereitschaft bedacht und dadurch bedingte Unterschiede in Kommunikation und Verhalten respektiert werden.

- Machtdistanz
- Individualismus vs. Kollektivismus
- Maskulinität vs. Femininität
- Ungewissheitsvermeidung
- Kurzfristige vs. langfristige Orientierung
- Nachgiebigkeit vs. Beherrschung

Machtdistanz: Wie wird in einer Kultur mit Macht, mit Ungleichheit umgegangen? Hohe Machtdistanz steht dafür, dass z. B. Macht und Geld sehr ungleich verteilt sind, geringe Machtdistanz dafür, dass diese gleichmäßiger verteilt werden.

Individualismus vs. Kollektivismus: Wird Individualismus oder Kollektivismus in einer Kultur bevorzugt? Steht Individualismus im Vordergrund, sind in der Kultur Selbstbestimmung, Ich-Erfahrung und Eigenverantwortung sehr wichtig. Wird hingegen Kollektivismus bevorzugt, dominiert das Wir-Gefühl und die Integration in jede Art von Netzwerken.

Maskulinität vs. Femininität: Ist eine Kultur eher maskulin oder eher feminin geprägt? Ist eine maskuline Prägung gegeben, stehen „typisch männliche" Werte wie Konkurrenzbereitschaft und Selbstbewusstsein im Vordergrund. Ist eine Kultur hingegen weiblich geprägt, werden mehr „typisch weibliche" Werte wie Fürsorge, Kooperation und Bescheidenheit gelebt.

Ungewissheitsvermeidung: Wie wird in einer Kultur mit Unsicherheit umgegangen? Wie hoch ist die Abneigung gegenüber unvorhergesehenen Situationen? Kulturen mit einer hohen Ungewissheitsvermeidung zeichnen sich durch eine Vielzahl an festgeschriebenen Regelungen, Gesetzen oder Richtlinien aus. Eine Kultur mit geringer Ungewissheitsvermeidung akzeptiert Unsicherheit, ist tolerant und hat wenige Regeln.

Kurzfristige vs. langfristige Orientierung: Wie groß ist der zeitliche Planungshorizont einer Kultur? In einer Kultur mit kurzfristiger Orientierung dominieren Werte wie Flexibilität und Egoismus. Eine Kultur, die langfristig ausgerichtet ist, steht mehr für Werte wie Sparsamkeit und Beharrlichkeit.

Nachgiebigkeit vs. Beherrschung: Ist eine Kultur eher durch Nachgiebigkeit oder durch Beherrschung geprägt? Ist eine Kultur durch Nachgiebigkeit geprägt, werden grundlegende Bedürfnisse und Wünsche ungehindert befriedigt, Freizeit und individueller Freiheit wird ein hoher Stellenwert beigemessen. Steht Beherrschung im Vordergrund, werden Bedürfnisse eher kontrolliert und auf Disziplin und Fleiß geachtet.

Kulturell bedingte Schwierigkeiten in der Kommunikation

Treffen zwei Personen unterschiedlicher kultureller Herkunft aufeinander, werden von beiden die eigenen erlernten Gesten, Rituale oder Wertvorstellungen oftmals gar nicht hinterfragt, sondern als allgemeingültig und selbstverständlich angesehen. Was dabei einer Person als völlig normal erscheint, kann auf jemand anderen absurd wirken. Beispiele dafür sind, wie jemand grüßt oder sich bedankt, wann gelächelt wird, welche Kleidung oder Schuhe angemessen sind (vgl. Kapitel „Erscheinungsbild"), welche Kopfbewegung „ja" oder „nein" bedeutet, wann Körperkontakt in der Öffentlichkeit erwünscht oder verpönt ist oder was als unhöflich empfunden wird. Daraus können Irritationen oder auch Missverständnisse entstehen, welche wiederum einen Entzug der Aufnahmebereitschaft zur Folge haben können.

Kulturell bedingte Probleme beim Herstellen von Aufnahmebereitschaft können also in zwei Dimensionen entstehen: Ihr Gesprächspartner ist nicht aufnahmebereit oder entzieht Ihnen Aufnahmebereitschaft, weil

1. SIE die Symbole, Helden, Rituale, Grundüberzeugungen und Werte SEINER Kultur missachten, ablehnen oder nicht respektieren.

Beispiele:
- Sie kommen aus einem Unternehmen, in dem es üblich ist, alle Kollegen und Vorgesetzten zu duzen, und tun dies dementsprechend auch bei Ihrem Gesprächspartner. Dieser kommt hingegen aus einem Unternehmen, in dem das „Sie" üblich ist.
- Sie sind Amerikaner und übersetzen in einem Gespräch mit einem Deutschen das gebräuchliche englische Wort „Leader" mit „Führer", um z. B. Ihre Stellung im Unternehmen zu beschreiben.
- Sie sind Spanier und gewohnt, etwa eine Viertelstunde zu spät zu einem Termin zu kommen, Ihr deutscher Gesprächspartner empfindet dies als unhöflich oder respektlos.

2. ER durch Symbole, Helden, Rituale, Grundüberzeugungen und Werte IHRER Kultur irritiert ist oder diese ablehnt.

Beispiele:
- In Ihrem Freundeskreis ist es üblich, andere mit Umarmung zu begrüßen, weshalb Sie den neuen Partner einer guten Freundin ebenfalls umarmen. Dieser ist dadurch irritiert.

- Sie haben einen Dialekt oder Akzent, der beim Gesprächspartner negativ belegt ist, weil er in der Vergangenheit mit einer Person, welche den gleichen Dialekt oder Akzent hatte, schlechte Erfahrungen gemacht hat.
- Ihr Nachname deutet auf Ihre kulturelle Herkunft hin, und Sie werden dadurch vom Gesprächspartner abgelehnt.

ANWENDUNG

Ziel dieses Kapitels ist es nicht, Ihre „interkulturelle Kompetenz" im klassischen Sinne zu steigern oder Ihnen konkrete Anleitungen zu geben, wie Sie mit welcher Kultur umgehen sollen. Vielmehr möchten wir Sie zum einen dabei unterstützen, Ihre Selbstreflexion zu steigern, sodass Sie sich Ihrer eigenen Kultur-Manifestationen bewusst werden. Zum anderen geht es darum, Ihre Aufmerksamkeit gegenüber den Kultur-Manifestationen des anderen zu erhöhen.

Das Vorgehen beim Beachten kultureller Aspekte zur Herstellung von emotionaler Aufnahmebereitschaft können Sie sich zusammengefasst wie folgt vorstellen:

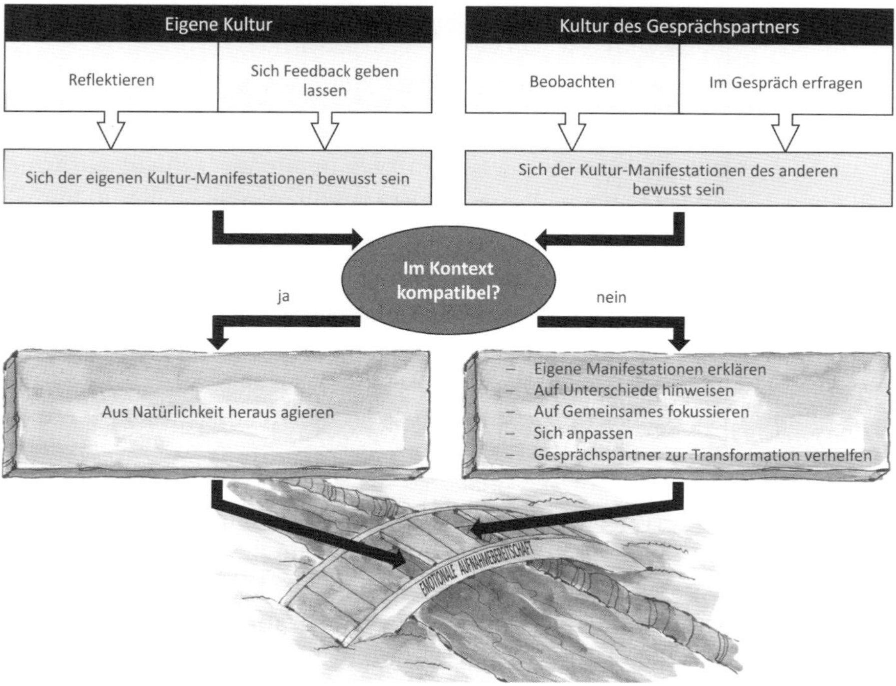

Eigene Kultur-Manifestationen reflektieren

Erster wichtiger Schritt ist, sich der eigenen Kultur-Manifestationen bewusst zu werden. Dafür können Sie z. B. anhand folgender Fragen reflektieren, durch welche Symbole, Helden, Rituale, Grundüberzeugungen und Werte sich Ihre Kultur(en) im jeweiligen Kontext zeigt/zeigen:

Manifestation	Beispielfragen
Symbole	Welche Redewendungen sind typisch für meine Kultur? Welche Bedeutung haben diese? Welche kulturtypische Mimik und Gestik setze ich ein? Welche speziellen Bilder oder Objekte verwende ich?
Helden	Wer steht für die Grundüberzeugungen und Werte meiner Kultur? Wie und wann erwähne ich die Person(en)?
Rituale	Welche Art des Grüßens ist üblich in meiner Kultur? Welche (Ess-)Rituale gibt es? Wie ist in meiner Kultur der Umgang mit Zeit?
Grundüberzeugungen	Wie habe ich mich in meiner Kultur als Person zu verhalten? Was wird z. B. von einem Team erwartet? Welche Rollen sind in meiner Kultur wie definiert?
Werte	Wie wird in meiner Kultur mit Macht, mit Ungleichheit umgegangen? Wird Individualismus oder Kollektivismus in meiner Kultur bevorzugt? Ist meine Kultur eher maskulin oder eher feminin geprägt? Wie wird in meiner Kultur mit Unsicherheit umgegangen? Wie groß ist der zeitliche Planungshorizont meiner Kultur? Ist meine Kultur eher durch Nachgiebigkeit oder durch Beherrschung geprägt?

Alternativ können Sie jemanden, der einer anderen Kultur angehört, bitten, Ihnen ein Feedback dazu zu geben, was er als typisch für Ihre Kultur wahrnimmt.

Kultur-Manifestationen des Gegenübers wahrnehmen

Zusätzlich sollten Sie den Gesprächspartner genau beobachten und wahrnehmen, wie sich darin die Symbole, Helden, Rituale, Grundüberzeugungen und Werte seiner Kultur zeigen. Dafür können Sie sich die oben aufgeführten Fragen auf den Gesprächspartner bezogen stellen. Bei Unsicherheit sollten Sie dies ansprechen und/oder beim Gesprächspartner konkret nachfragen (z. B. „Ist es in Ihrem Unternehmen üblich, sich zu duzen?").

Bei Manifestationen, die im aktuellen Kontext kompatibel sind (z. B. Art des Begrüßens), agieren Sie einfach aus Ihrer Natürlichkeit heraus. Gibt es Unterschiede, können folgende Strategien beim Aufbau von emotionaler Aufnahmebereitschaft helfen:

- Eigene Manifestationen erklären (z. B. „Ich mache das, weil ...", „In meiner Kultur bedeutet dies ...")
- Die Wirkung auf den anderen abfragen („Wie kommt ... bei Ihnen an?", „Wie wirkt ... auf Sie?")
- Unterschiede deutlich machen, zulassen und respektieren („Ich nehme wahr, dass wir hier unterschiedliche Vorgehensweisen/Normen/ ... haben, wie wollen wir damit umgehen?")
- Auf Gemeinsames fokussieren („Wir sind ja beide Mütter/Fußballfans/ Führungskräfte/ ...")
- Sich anpassen (z. B. „Sie" verwenden, obwohl Sie normalerweise duzen)
- Zur Transformation verhelfen

„Harmonie muss nicht auf Gleichartigkeit beruhen, Harmonie durch Ergänzung erschließt viel mehr Möglichkeiten. Allerdings muss man dafür den Glauben aufgeben, Andersartigkeit sei dringend änderungs- oder zumindest kritikbedürftig."
(Peter Hohl)

Zur Transformation verhelfen bedeutet, dass Sie den Gesprächspartner dabei unterstützen, seine negativen Prägungen, die mit Ihrer Kultur assoziiert sind, zu hinterfragen und aufzulösen. Dabei kann helfen, Ihre eigenen kulturellen Manifestationen zu erklären. Oftmals werden Dinge abgelehnt, einfach nur, weil sie nicht verstanden werden. Eine weitere Möglichkeit ist, dem Gesprächspartner seine Generalisierung bewusst zu machen. Zeigen Sie auf, dass Sie zwar Ihrer Kultur angehören, dass Sie aber ein Mensch mit individuellen Werten sind, die Sie genauso oder noch stärker prägen als Ihre Kultur. Helfen Sie Ihrem Gesprächspartner auch dabei zu erkennen, dass es in Ihrer Kultur Aspekte gibt, die seine Kultur positiv ergänzen können, oder zeigen Sie Menschen auf, mit denen er beispielsweise bereits gut zusammenarbeitet oder sich versteht. Passend ist hier ein Zitat des bekannten Aphoristikers Peter Hohl: „Harmonie muss nicht auf Gleichartigkeit beruhen. Harmonie durch Ergänzung erschließt viel mehr Möglichkeiten. Allerdings muss man dafür den Glauben aufgeben, Andersartigkeit sei dringend änderungs- oder zumindest kritikbedürftig."

Ist es bereits zu einem Missverständnis durch Ihre unterschiedliche kulturelle Prägung gekommen und wurde Ihnen dadurch die Aufnahmebereitschaft Ihres Gesprächspartners entzogen, sollten Sie dies offen zur Sprache bringen, Schuldzuweisungen vermeiden und darauf achten, dass beide Seiten das Gesicht wahren können.

Missverständnisse beinhalten ein hohes Potenzial für eine Konflikteskalation. Werden diese aber erkannt und aufgelöst, kann dies zu einer besseren Verständigung zwischen den beteiligten Kulturen beitragen (so wie auch in der Anfangsgeschichte dieses Kapitels beschrieben).

DAS WICHTIGSTE IN KÜRZE

- Kultur ist ein Kollektiv, welches Bedeutungen, Erfahrungen, Werte, Symbole, Wissen und Praktiken teilt (z. B. Nation, Geschlecht, Unternehmen, ...).
- Die Kultur, der ein Mensch zugehörig ist, kann Einfluss darauf haben, wie er Aufnahmebereitschaft herstellt, aber auch, wodurch er aufnahmebereit wird.
- Jeder Mensch gehört verschiedenen Kulturen an und hat zusätzlich individuelle Werte und Überzeugungen, die ihn genauso prägen wie seine Kultur(en).
- Kulturelle Unterschiede können sich in der Praxis durch Symbole, Helden, Rituale, Grundüberzeugungen und Werte manifestieren.
- Ihr Gesprächspartner könnte Sie aufgrund Ihres kulturellen Hintergrunds in eine Schublade stecken.
- Um Missverständnisse durch unterschiedliche kulturelle Prägungen zu vermeiden und trotzdem Aufnahmebereitschaft herstellen zu können, gibt es verschiedene Strategien, die Sie kontextabhängig einsetzen können.

BEISPIELE: ANWENDUNG IN DER DIGITALEN KOMMUNIKATION

- Nonverbale kulturelle Aspekte, wie z. B. eine Begrüßungsgeste, fallen weg (außer bei Video-Konferenzen) und können weder zum Einschätzen des Kommunikationspartners noch zum Herstellen von emotionaler Aufnahmebereitschaft verwendet werden.
- Bei rein textbasierter digitaler Kommunikation fallen auditive Aspekte, wie ein Akzent oder gesprochener Dialekt, weg, was sich sowohl vor- als auch nachteilig auf die emotionale Aufnahmebereitschaft des Kommunikationspartners auswirken kann.
- Einige kulturelle Symbole wie z. B. Gesten können nicht digital übertragen werden (außer bei Video-Konferenzen), andere können gut durch z. B. Emoticons ersetzt werden und rücken dadurch in den Vordergrund.

VERTIEFENDE LITERATUR

Geert Hofstede, Gert J. Hofstede: Lokales Denken, globales Handeln. Interkulturelle Zusammenarbeit und globales Management. München, dtv Verlag, 2011

Edwin Hoffman: Interkulturelle Gesprächsführung: Theorie und Praxis des TOPOI-Modells. Wiesbaden, Springer Verlag, 2015

3.2.3 Umgangsformen

„Viele Menschen sind gut erzogen, um nicht mit vollem Mund zu sprechen, aber sie haben keine Bedenken, es mit leerem Kopf zu tun."
(Orson Welles)

Wenn der Schein trügt

„Würden Sie das als eine Ihrer Stärken bezeichnen, Frau Jahn?", fragte Katrin Thienel. Die 47-jährige Personalchefin der Mendel-IT-Technik GmbH stellte die Frage nach den Stärken der potenziellen Mitarbeiter immer gegen Schluss eines Bewerbungsgesprächs. Wie gewohnt saß sie am Kopf des langen Tisches in dem gut klimatisierten Besprechungsraum der Firma. Zu ihrer Rechten verfolgte Dietmar Flögel, der Verkaufs- und Außendienstleiter der Firma, das Gespräch und die Antworten der 35-jährigen Birgit Jahn. Sie war die Vorletzte von fünf Bewerbern auf die neue Stelle als Außendienstmitarbeiter/-in der Firma Mendel.

„Ja, das ist sicher eine meiner Stärken!", antwortete Frau Jahn selbstbewusst. „Ich gehe gerne mit Menschen um und ich glaube behaupten zu können, dass ich mich auch gut auf andere Leute einstellen kann!"

„Welche Stärken würden Sie sich selbst sonst noch zurechnen?", wollte Katrin Thienel weiter wissen. Die adrette blonde Frau Jahn zählte einige

weitere Dinge auf, die sie ihrer Ansicht nach gut konnte, darunter unter anderem Verlässlichkeit, Fleiß und natürlich Erfahrung im Verkauf. Frau Jahn machte auf die beiden Mendel-Mitarbeiter einen guten Eindruck. Sie war sympathisch, wortgewandt und wusste, wie sie sich zu präsentieren hatte. Alles in allem erfüllte sie die Anforderungen, die die neue Stelle mit sich brachte.

Für jedes der individuellen Bewerbungsgespräche hatten sich Frau Thienel und Herr Flögel jeweils eine Stunde Zeit genommen. So auch für Frau Jahn. Als das Gespräch gegen 10:25 Uhr beendet war, verabschiedete sich Frau Thienel mit den Worten: „Vielen Dank für das Gespräch, Frau Jahn. Wir kommen in Kürze auf Sie zu!" Herr Flögel verabschiedete sich ebenfalls und beide begleiteten die Bewerberin hinaus.

Achim Reichenbach saß in dem kleinen Warteraum für Besucher, unmittelbar neben dem Eingang der Firma Mendel. Er schaute auf die Uhr, gleich halb elf. Der große, schlanke, sportlich-elegante Mann mit dem leicht graumelierten Haar rückte die hellblaue Krawatte zurecht, die wie das Tüpfelchen auf dem „i" perfekt zu seinem dunkelblauen Anzug passte. Die Tür ging auf und Katrin Thienel kam herein.

„Herr Reichenbach?", fragte die Personalchefin und war angenehm berührt von dem überaus gut aussehenden Mann, der ohne Probleme auch bei einem Casting für Männermodels hätte vorsprechen können. Bisher kannte sie ihn ja nur von einem Portrait des Bewerbungsfotos. „Mein Name ist Katrin Thienel. Wir haben telefoniert!"

„Achim Reichenbach!", stellte sich dieser vor und gab Frau Thienel die Hand. Als sie dieses ‚Bild von einem Mann' in voller Größe und Pracht vor sich stehen sah und seinen kräftigen Händedruck spürte, war sie sehr angetan. Frau Thienel bat den letzten der fünf Bewerber, ihr zu folgen. Im Besprechungszimmer saß Dietmar Flögel, und als Frau Thienel Herrn Reichenbach hereinbat, stand Flögel sofort auf. Er war nicht weniger beeindruckt von dieser charismatischen Person, stellte sich vor und bot Herrn Reichenbach einen Platz an. Während sich der vielversprechende Bewerber setzte, kreuzten sich die Blicke von Herrn Flögel und Katrin Thienel. Beide gaben sich mit entsprechenden Gesten zu verstehen, dass sie mehr als beeindruckt von ihm waren. Und so nahm das Bewerbungsgespräch seinen Lauf.

Zuerst fragten die Entscheider routinemäßig die wichtigsten Eckpunkte ab. Bereits nach ein paar Fragen stand fest: Reichenbach schien der absolut richtige Mann für den Posten zu sein. Ein eleganter, eloquenter Außendienstmann, der sich und seine Firma perfekt repräsentieren konnte. Die Tatsache, dass er lange Zeit beim direkten Konkurrenten Point One auch Drucker und andere IT-Geräte verkauft, damit also auch spezielle Erfahrungen in der Branche hatte, machte das Bild perfekt. Dazu hatte Herr Reichenbach die Fähigkeit, seine Gegenüber so in seinen Bann zu ziehen, dass er schnell die Führung des Gesprächs übernahm. Es ging nicht mehr nur darum, routinemäßig alle Fragen abzuspulen. Nein, man schweifte hier und da schon mal ab und verlor sich in Details. Das Bewerbungsgespräch dauerte auch nicht nur maximal eine Stunde, wie bei allen anderen, sondern etwas mehr als anderthalb Stunden.

„Gut, dann bedanke ich mich sehr für das aufschlussreiche Gespräch, Herr Reichenbach", sagte Flögel zum Abschluss. „Wir lassen schnellstmöglich von uns hören!"

„Ich danke Ihnen!", antwortete Achim Reichenbach, stand auf, knöpfte sein elegantes Jackett zu und reichte Frau Thienel die Hand. Die erwiderte dies mit einem Lächeln und genoss erneut den männlich-festen Händedruck des „neuen Mitarbeiters". Beim Hinausgehen schaute Frau Thienel auf die Uhr.

„Haben Sie jetzt noch was vor, Herr Reichenbach?", fragte sie. Er hatte nichts vor. „Es ist Mittagszeit! Dürfen wir Sie zum Essen in unsere betriebseigene Kantine einladen?"

„Oh ja!", pflichtete Herr Flögel ihr bei.

„Bingo", dachte sich Achim Reichenbach. „Den Job habe ich sicher!" Er nahm dankend an und folgte seinen beiden „zukünftigen Chefs" in die große Kantine. An der Essensausgabe holte sich Frau Thienel ein Wiener Schnitzel mit Kartoffelsalat, Flögel einen Kalbsbraten und Achim Reichenbach einen großen Burger mit Pommes. Dazu nahmen alle drei noch die Tagessuppe mit auf ihr Tablett.

Die Unterhaltung verlief während des Essens in derselben Weise: sehr angenehm und informativ. Vertriebschef Flögel weihte Reichenbach in viele firmeninterne Vorhaben ein. Das signalisierte diesem, dass es wohl beschlossene Sache war, dass sie ihn einstellten. Natürlich konnten sie das zu diesem Zeitpunkt ja noch nicht offiziell sagen und mussten den Dienstweg einhalten. Aber mit ein bisschen Menschenkenntnis und Erfahrung durfte man dieses Verhalten durchaus so werten.

Am darauffolgenden Samstagmorgen saß Achim Reichenbach mit seiner Lebensgefährtin zu Hause beim Frühstück. Gerade hatte er die Post geholt.

„Ah, schau einer an, ein Brief von der Firma Mendel! Die haben ja wirklich schnell geantwortet. Dann ist die Sache wohl gebongt!", sagte er erfreut und siegessicher, machte den Brief auf und begann zu lesen. Die anfäng-

liche Vorfreude schlug allerdings schnell ins Gegenteil um. Achim Reichenbach fiel buchstäblich das Kinn auf die Brust und er schüttelte verständnislos den Kopf. „Das kann doch wohl nicht wahr sein!"

„Was ist denn?", fragte seine Lebensgefährtin. Reichenbach legte den Brief vor sich hin und schaute seine Freundin mit großen Augen und weit geöffnetem Mund an.

„Die nehmen mich nicht!"

„Nee, oder?" Reichenbachs Lebensgefährtin war mindestens genauso überrascht wie er selbst. Nach alldem, was sie in den letzten Tagen von ihrem Freund gehört hatte, war auch sie davon ausgegangen, dass er den Job sicher bekommen würde. Die beiden sprachen noch einmal darüber und Reichenbach ließ den Termin vom vergangenen Montag Revue passieren. Erzählte davon, wie angetan Frau Thienel und Herr Flögel von ihm gewesen waren und dass dieses Gespräch einfach perfekt verlaufen war. Und dass sie ihn anschließend auch noch zum Essen eingeladen hatten.

„Oh mein Gott!", entfuhr es der Lebensgefährtin. Die blonde 45-jährige Frau seufzte und schüttelte den Kopf. „Na dann ist mir alles klar!"

„Wie jetzt?", fragte Reichenbach.

„Wenn du dich bei denen so benommen hast wie sonst, wenn wir essen, dann wundert mich gar nichts!"

Mit energischem Blick und strenger Stimme hielt die blonde Frau ihrem Freund eine wahre Standpauke über seine katastrophalen Manieren beim Essen. Reichenbach ließ das kleinlaut über sich ergehen und erinnerte sich bei diversen Stichworten seiner Freundin an das Essen in der Kantine.

„Hast du eine Suppe gegessen?" Ja, Achim Reichenbach hatte eine Suppe gegessen, und sofort sah er das nahezu entsetzte Gesicht von Frau Thienel vor seinem geistigen Auge, wie es ihr plötzlich die Sprache verschlug. Reichenbach hatte noch einen kleinen Rest Suppe im Teller, den man mit dem Löffel nur schlecht essen konnte. Also nahm er mit beiden Händen den Teller, führte ihn zum Mund und schlürfte die Suppe daraus.

„Brauchen Sie einen Löffel?", hatte der ebenso entsetzt dreinschauende Vertriebschef Flögel noch gefragt. Worauf Achim antwortete: „Nein danke! Hab ich selber! Aber damit krieg ich den Rest nicht!"

„Und die Serviette hast du auch wieder vergessen, oder?"

„Mist", dachte sich Reichenbach, und wieder sah er Herrn Flögel vor sich, wie der ihn anstarrte, als ihm die Sauce vom Burger den rechten Mundwinkel herunterlief. Die Unart hatte er sich schon längst abgewöhnen wollen, hatte in jenem Moment aber wieder mal nicht daran gedacht und sich einfach mit der linken Hand den Mund abgewischt. Mit einem leicht angewiderten Gesichtsausdruck hatte ihm Frau Thienel eine Serviette ge-

reicht. Er hatte das nur kommentiert mit einem lapidaren: „Danke, geht schon!“

„Hat dich einer von den beiden während des Essens angesprochen?“, fragte Reichenbachs Lebensgefährtin. Dann seufzte sie erneut und schüttelte verzweifelt den Kopf, als ob sie schon ahnen würde, dass Herr Flögel zwischen den Mahlzeiten zu Achim gesagt hatte: „Wir stellen unser Berichtswesen übrigens ab nächstem Monat auf Excel um.“

„Hmmhhh, jjoooahhh ..., guuudd ...“, hatte Achim daraufhin mit einem vollen Mund gemurmelt. Er hatte wie ein Hamster ausgesehen, der gerade Proviant für den Winterschlaf besorgt.

„Jetzt essen Sie doch erst einmal in Ruhe runter!“, hatte Frau Thienel dann sichtlich genervt zu ihm gesagt.

Nachdem die Standpauke vorüber war und Achim Reichenbachs Lebensgefährtin vorschlug, dass er doch einmal einen speziellen Benimmkurs absolvieren sollte, saß der so Gescholtene nun im wahrsten Sinne des Wortes da wie ein begossener Pudel. Er musste sich ja eingestehen, dass seine Freundin recht hatte. Das sollte sich dann auch am darauffolgenden Montag bestätigen. Reichenbach rief bei Frau Thienel an und versuchte zu retten, was nicht mehr zu retten war.

„Ich hätte Ihnen das nicht gesagt, wenn Sie mich nicht explizit darauf angesprochen hätten, Herr Reichenbach!“, meinte Frau Thienel am anderen Ende der Leitung. „Ja, aus diesem Grund haben wir uns gegen Sie entschieden.“

„Aber ich kann doch Manieren beim Essen ganz einfach lernen!“

„Herr Reichenbach“, sagte Frau Thienel „Sie sind über fünfzig! Also wenn Sie mich fragen: Was Hänschen nicht gelernt hat, das lernt Hans nimmermehr!“

***

An dieser Beispielgeschichte können Sie gut erkennen, wie das Essverhalten von Herrn Reichenbach zum Entzug von Aufnahmebereitschaft führte, und das, obwohl er im Vorfeld durch sein Erscheinungsbild, seine Fachkompetenz und seine kommunikativen Fähigkeiten zunächst erfolgreich emotionale Aufnahmebereitschaft bei Frau Thienel und Herrn Flögel hergestellt hatte.

Das Essverhalten gehört neben anderen Aspekten zu den Umgangsformen eines Menschen. Die Umgangsformen können – neben anderen Filtern – auch über die Aufnahmebereitschaft eines Menschen entscheiden, und zwar sowohl im negativen als auch im positiven Sinne.

FAKTEN

Etikette beschreibt Regeln für den sozialen Umgang, die persönlichen Umgangsformen eines Menschen können davon abweichen.

Umgangsformen können als das Verhalten im Zusammenhang mit anderen Menschen bezeichnet werden. Sie sind die Art und Weise, wie ein Mensch bestimmte soziale Situationen tatsächlich handhabt, also z. B. wie er jemanden begrüßt. Etikette wird oft fälschlicherweise synonym mit dem Begriff „Umgangsformen" verwendet, unterscheidet sich davon jedoch dadurch, dass Etikette geschriebene oder ungeschriebene Regeln für den sozialen Umgang beschreibt, also z. B., wie jemand in einer bestimmten Situation zu begrüßen ist (7; 65). Wie sich ein Mensch – unabhängig von der vorgeschriebenen Etikette – tatsächlich verhält und auch, was er als gute und schlechte Umgangsformen empfindet, ist aber individuell. Das kann z. B. durch die Erziehung und auch die Kultur, in der er groß geworden ist, beeinflusst sein (vgl. Kapitel „Kultur"). In der Geschichte hätte es sich z. B. laut Etikette gehört, den letzten Rest Suppe mit dem Löffel aufzunehmen oder ihn im Teller zu lassen. Dessen ungeachtet legt Herr Reichenbach eine Umgangsform an den Tag, mit der er die Etikette ignoriert und damit seine potenziellen Arbeitgeber vor den Kopf stößt.

Gute Umgangsformen zu haben bedeutet, je nach Situation angemessen reagieren zu können. Dies schließt nicht nur das Verhalten an bestimmten Orten, wie Arbeitsplatz, Schule oder Abendessen in einem Sternerestaurant, ein (Beachtung der Etikette), sondern auch grundsätzliches gutes Benehmen als eine Art Geisteshaltung (beispielsweise, sich bei jemandem zu entschuldigen, wenn man ihn versehentlich auf der Straße angerempelt hat). Was dabei von Ihrem Gegenüber als angemessen empfunden wird und somit zu seiner emotionalen Aufnahmebereitschaft beiträgt, ist hochgradig abhängig vom Kontext und den Wahrnehmungsfiltern (Werte, Grundüberzeugungen, ...) des anderen. Die Herausforderung dabei ist, dass Umgangsformen also auch dann von Ihrem Gegenüber negativ bewertet werden können, wenn Sie sich zu 100 % an die Etikette halten. Umgangsformen sind nämlich für jemand anderen genau genommen dann „schlecht" und haben einen negativen Einfluss auf die Aufnahmebereitschaft Ihres Gegenübers, wenn Ihr Verhalten von den erwarteten Umgangsformen des Gegenübers abweicht. Folgendes Beispiel macht dies deutlich: Würde es die Etikette vielleicht vorschreiben, dass am Tisch beim Essen gewartet wird, bis alle sitzen, könnte der individuelle Wert „Freiheit" Ihres Gegenübers genau diese „Regel" ablehnen. In diesem Fall wäre es für die Aufnahmebereitschaft des anderen sogar förderlich, wenn Sie von der Etikette abwichen.

Beispiele für die beiden oben aufgeführten Aspekte „Etikette" und den Teil der Umgangsformen, der als grundsätzliches „gutes Benehmen" bezeichnet werden kann, sind in nachfolgender Tabelle dargestellt:

Etikette	**Gutes Benehmen**
Begrüßungsregeln	Höflichkeit
Tischmanieren	Fehler eingestehen
Umgang mit „Du" und „Sie"	Sich entschuldigen
„Business-Etikette"	Taktgefühl
z. B. Umgang mit Hierarchie/Titeln	Hilfsbereitschaft
z. B. Umgang mit Visitenkarten	Selbstreflexion
Verhalten beim Sport	Grenzen respektieren
Kleiderordnung (Dresscode)	Aufmerksamkeit
Verhalten bei besonderen Anlässen	Achtsamkeit
Spielregeln	Andere ausreden lassen

Wie bereits erwähnt, legt die Etikette geschriebene oder ungeschriebene Regeln für den sozialen Umgang fest. Diese Regeln geben ein Gefühl von Sicherheit und erleichtern den Umgang miteinander. Viele Benimmregeln haben sich über Jahrhunderte entwickelt und sind teilweise sogar in Gesetzen juristisch festgehalten (z. B. Einhaltung von Ruhezeiten in Mehrfamilienhäusern). Wer kennt nicht den Vater des guten Tons, Freiherr von Knigge, und seinen Bestseller „Über den Umgang mit Menschen" aus dem Jahre 1788. Natürlich hat sich seit damals viel verändert, das Anliegen, dass Menschen reibungslos und so angenehm wie möglich miteinander umgehen und leben sollen, ist aber genauso aktuell wie damals. Egal, ob es dabei um den beruflichen Kontext, zwischenmenschliche Beziehungen oder auch den Sport geht.

„Etikette-Regeln"

Immer wieder gibt es Situationen, in denen bestimmte Umgangsformen erwartet werden. Ganz gleich, ob es um das erste Treffen mit den zukünftigen Schwiegereltern, das Essen mit dem Chef oder den täglichen E-Mail-Verkehr geht: Wer weiß, wie er sich verhalten soll, strahlt Selbstsicherheit und Selbstvertrauen aus. Wir haben nachfolgend einige wichtige Regeln zusammengestellt. Uns geht es an dieser Stelle allerdings nicht darum, Ihnen die Etikette in verschiedenen Situationen näherzubringen, dafür gibt es genug einschlägige Literatur. Wir möchten Ihnen vielmehr anhand einiger Beispiele aufzeigen, wie sich das Einhalten und Übergehen verschiedener „Regeln" auf die emotionale Aufnahmebereitschaft eines anderen Menschen auswirken kann (adaptiert und erweitert nach (66; 67)).

Begrüßung: Hier kommt es laut Etikette auf die richtige Reihenfolge an, denn im Gegensatz zum Privatleben wird im beruflichen Kontext immer zuerst die ranghöchste Person begrüßt, auch wenn eine Dame anwesend ist. Danach gilt: Ältere Personen werden vor jüngeren und Damen vor Herren gegrüßt. Halten Sie sich nicht an die Gepflogenheiten, und jemand anderem wären diese wichtig, kann sich jemand zurückgesetzt fühlen und Ihnen, womöglich bereits bevor ein Gespräch begonnen hat, die Berechtigung und/oder Aufnahmebereitschaft entziehen.

Der Händedruck sollte weder zu fest noch zu lose noch zu lange sein – ein paar Sekunden genügen. Schütteln Sie die Hand eines anderen zu lange, kann sich dieser verunsichert oder unwohl fühlen. Beides keine guten Voraussetzungen für emotionale Aufnahmebereitschaft.

Distanz: Jeder Mensch hat eine bestimmte Distanzzone, also einen Mindestabstand, den es im Gespräch zu ihm einzuhalten gilt. Unterschiede im Empfinden sind individuell, oftmals aber auch kulturell beeinflusst. Im deutschen Kulturkreis liegt die Wohlfühldistanz bei etwa einer Armlänge – je nachdem, wie vertraut jemand ist. Das ist allerdings nur ein Richtwert, beobachten Sie in jedem Fall, wie der andere auf eine bestimmte Distanz körpersprachlich reagiert. Mit etwas Feingefühl können Sie gut einschätzen, ob er tendenziell eher ausweicht oder näherkommt.

Tischmanieren: Beim Essen gibt es viele Regeln – vom richtigen Umgang mit dem Besteck bis hin zum Platz der Serviette –, viel wichtiger sind meist aber grundsätzliche Verhaltensweisen. Wenn Sie sich wie eine Hyäne auf das Essen stürzen, sich selbst als Erstes etwas nehmen, mit vollem Mund sprechen und eine andere Person mit unangebrachten Themen am Tisch quälen, wird sich dies meist negativ in Sachen Aufnahmebereitschaft auswirken. Wenn Sie hingegen mit guten Tischmanieren glänzen, können Sie wertvolle Punkte sammeln. Ein Missgeschick, wie das Umstoßen eines Glases, ist dann meist auch nicht schlimm, vor allem, wenn Sie souverän reagieren.

Anrede „Du" und „Sie": Gemäß Etikette sollten Fremde zunächst gesiezt werden und das Du-Anbieten gemäß denselben Regeln wie beim Begrüßen erfolgen. D. h. der Ranghöhere bietet ggf. das „Du" an, genauso wie der Ältere dem Jüngeren. Bei gleichrangigen Personen, die sich in einem ähnlichen Alter befinden, kann jeder das „Du" anbieten. Gerade bei diesem Thema geht die Einstellung von Menschen weit auseinander. Wird der eine schneller aufnahmebereit, wenn ihm das „Du" angeboten wird, kann es bei jemand anderem zum Entzug von Aufnahmebereitschaft führen. Achten Sie hier jeweils darauf, welche Signale vom anderen kommen, und fragen Sie ggf. nach, wie der andere dies am liebsten handhaben möchte.

Anrufe: Egal ob beruflich oder privat – während wichtigen Gesprächen sollten Anrufe nur in dringenden Fällen angenommen werden. Wer bei einem Treffen ständig ans Telefon geht, zeigt damit, dass alles andere wichtiger ist als die aktuelle Zusammenkunft. Außerdem sorgt das Klingeln des Mobiltelefons für Unruhe und kann das Fortschreiten der Konversation verhindern. Dies kann einen sehr negativen Einfluss auf die Aufnahmebereitschaft des Gesprächspartners haben. Ebenso kann es vom Gesprächspartner bereits als unhöflich wahrgenommen werden, wenn das Smartphone demonstrativ auf dem Tisch liegt. Seien Sie sich auch bewusst, welchen Eindruck Ihr Klingelton erweckt. Meldet sich Ihr Smartphone z. B. mit einem „Ballermann-Party-Hit" und Sie befinden sich gerade in einem wichtigen Kundengespräch, könnte Ihr Gesprächspartner Ihnen bereits dadurch die Aufnahmebereitschaft entziehen. Abhängig von Ihrem Gesprächspartner und in einem anderen Kontext könnte der gleiche Klingelton hingegen positiv wirken.

Mailbox: Wenn Sie die Mailbox oder den Anrufbeantworter Ihres Gesprächspartners erreichen, ersparen Sie ihm unnötiges, zeitraubendes Nachfragen und hinterlassen Sie ggf. auch Ihre Rückrufnummer. Sprechen Sie ihm also die notwendigen „Ws" aufs Band: Wer? Wem? Wann? Wo? Was? Warum? Wie? Dies kann die Aufnahmebereitschaft des anderen steigern. Falls es Ihnen schwerfällt, auf eine Mailbox zu sprechen, notieren Sie sich die „Ws" ggf. auch im Vorfeld. So denken Sie an alles und vermeiden es, womöglich ein zweites Mal draufzusprechen, weil Sie etwas vergessen haben.

Sport: Im Sport gibt es in der Regel „Spielregeln" und in vielen Sportarten sogar ganze Regelwerke an Benimmregeln (z. B. Golf), die es zu beachten gilt. Halten Sie sich daran, schon deshalb, um andere nicht zu gefährden. Zusätzlich fällt im Zusammenhang mit Sport häufig der Begriff „Fairness". Dieser ist ein Synonym für Aufrichtigkeit, Anstand, Redlichkeit und Offenheit. Sie sollten sich also entsprechend fair verhalten und, wenn Sie verlieren, dem Gewinner zum Sieg gratulieren. Andernfalls könnten Sie seine Aufnahmebereitschaft verlieren. Bei manchen Menschen ist es verpönt, während des Sports über geschäftliche Angelegenheiten zu sprechen – schließlich soll der Sport ja oftmals dazu dienen, sich zu erholen oder abzuschalten. Halten Sie sich nicht daran, werden Sie ebenfalls Negativpunkte bei der Aufnahmebereitschaft sammeln.

Visitenkarte: Bei Geschäftstreffen werden üblicherweise Visitenkarten ausgetauscht. Nehmen Sie sich ein wenig Zeit, um die Visitenkarte, die Sie von Ihrem Gesprächspartner erhalten haben, anzuschauen, und stecken Sie diese dann sorgfältig weg. Die Visitenkarte ungesehen in die Tasche zu stecken oder diese womöglich zu knicken oder zu verknittern, könnte als mangelnde Wertschätzung vom Gesprächspartner empfunden werden, was im Herabsetzen seiner Aufnahmebereitschaft Ihnen gegenüber enden kann.

Wie bereits beschrieben, sind gute Umgangsformen aber weitaus mehr als z. B. zu wissen, welches Besteck beim Essen für welchen Gang benutzt wird. Gutes Benehmen bedeutet auch, mit einer Reihe von sozialen Kompetenzen ausgestattet zu sein. Dazu gehört beispielsweise, dass Sie sich Fehler eingestehen und Ihrem Gegenüber signalisieren können, dass Sie sich Ihres Fehlverhaltens bewusst sind. Eine gute Selbstreflexion, Aufmerksamkeit, Achtsamkeit sowie das Bewusstsein dafür, wann Sie Ihr Gegenüber durch Ihr Verhalten gekränkt oder verletzt haben, bilden dafür die Basis.

Auch **Höflichkeit** nimmt bei den Umgangsformen einen hohen Stellenwert ein. Damit ist ein rücksichtsvolles Verhalten gemeint, welches Respekt vor Ihrem Gegenüber zum Ausdruck bringt (z. B. jemand anderem die Tür aufhalten). Höflichkeit kann sowohl auf Schonung und Entlastung bedacht sein (z. B. jemanden nicht zu etwas zu drängen) als auch auf Aufmerksamkeit und Neugierde (z. B. jemandem interessiert zuzuhören) (68).

> *„Takt besteht darin, dass man weiß, wie weit man zu weit gehen darf."*
> *(Jean Cocteau)*

Höflich zu sein bedeutet auch, dass Sie sich selbst mal zurücknehmen und stattdessen beobachten. Dies kann vor allem dann wichtig sein, wenn es darum geht, seine Umgangsformen an unerwartete Situationen anzupassen. Dafür ist auch ein gewisses Maß an Taktgefühl nötig. Dies ist die Fähigkeit, mit anderen Menschen in Kontakt zu treten, ohne sie zu brüskieren, zu beschämen oder ihnen unangemessen zu nahe zu treten (69). Sie sollten dafür erspüren, welche „Grenzen" Ihr Gegenüber hat, diese respektieren und nicht überschreiten. Ein passendes Zitat hierfür stammt vom französischen Schriftsteller Jean Cocteau: „Takt besteht darin, dass man weiß, wie weit man zu weit gehen darf."

Welche Grenzen jemand hat und auch welche Erwartungen er an die Umgangsformen einer anderen Person hat, ist für jeden Menschen anders und nicht objektiv ermittelbar, trotzdem gibt es auch bestimmte „Basics" an gutem Benehmen, die nahezu allgemeingültig sind – zumindest in Deutschland. So empfinden es, laut einer Emnid-Umfrage, 97,8 % aller Deutschen als wichtig, andere im Gespräch ausreden zu lassen (unabhängig von Geschlecht, Bildungstand, ...). Auch Hilfsbereitschaft (z. B. älteren Menschen mit dem Gepäck helfen oder ihnen einen Platz anbieten, Müttern den Kinderwagen anheben, ...) wird als ähnlich wichtig angesehen (67).

Interkulturelle Unterschiede

Es gibt Umgangsformen, die sich weltweit gewinnbringend einsetzen lassen, andere können hingegen, je nach Land oder Kultur, stark differieren. Hier besteht die Gefahr von Missverständnissen und dem Entzug von Aufnahmebereitschaft. Um abweichende Regeln erkennen zu können, bedarf es des Bewusstseins der eigenen Umgangsformen. Dies, kombiniert mit Empathie und interkultureller Kompetenz, hilft im Umgang mit den Unterschieden. Wir möchten hierfür nachfolgend lediglich einige simple Beispiele aufführen (67). Falls Sie Aufnahmebereitschaft bei jemandem mit anderem kulturellen Hintergrund herstellen wollen, informieren Sie sich über die jeweiligen Gepflogenheiten mit z. B. entsprechender Literatur.

- In Spanien gelten bei privaten Einladungen 30 Minuten Verspätung eher als Selbstverständlichkeit als in Deutschland.
- In den USA eine Hand in der Hosentasche zu haben, während man mit der anderen gestikuliert, gilt nicht als unhöflich.
- In Japan ist es üblich, sich zur Begrüßung zu verbeugen – je höherrangig der Begrüßte ist, desto tiefer sollte die Verbeugung ausfallen.
- In Frankreich wird im Alltag oftmals nicht einfach mit „ja" oder „nein", also „oui" oder „non" geantwortet, sondern z. B. mit „oui, Madame" oder „non, Monsieur".
- In Österreich werden gerne Titel verwendet. Oftmals werden Menschen auch mit dem Berufstitel angesprochen: „Herr Doktor", „Herr Oberstudienrat", ...

Verbale und nonverbale Umgangsformen
Unabhängig von kulturellen oder individuellen Besonderheiten können Umgangsformen in einen verbalen und in einen nonverbalen Bereich eingeteilt werden. Im verbalen Bereich geht es neben „Zauberwörtern" wie „Danke" und „Bitte", welche den Gesprächspartner in der Regel wohlwollender stimmen, darum, sich an die sprachlichen Umgangsformen des Gegenübers anpassen zu können. Damit sind auch Fachbegriffe im beruflichen Kontext, Kommandos im Sport, eine altersgemäße Sprache oder Abkürzungen (z. B. LOL = laughing out loud) in Chats etc. gemeint. Meist trägt hier eine gelungene Anpassung zur Aufnahmebereitschaft bei, die Unkenntnis von Begrifflichkeiten, die für den anderen wichtig sind, kann hingegen zum Entzug von Berechtigung und Aufnahmebereitschaft führen.

Der nonverbale Bereich der Umgangsformen erstreckt sich vom Händegeben bei der Begrüßung über das Aufhalten der Türe bis hin zum Verhalten, wenn Sie gähnen oder niesen müssen. Auch Verhaltensweisen, wie z. B. während eines Gesprächs den Laptop aufzuklappen, ist Teil Ihrer nonverbalen Umgangsformen. Schließlich bildet auch Ihre Kleidung noch einen nonverbalen Aspekt. Dieser wird im Kapitel „Erscheinungsbild" vertieft.

ANWENDUNG

Wie Sie Umgangsformen gezielt zum Aufbauen von emotionaler Aufnahmebereitschaft nutzen und Fettnäpfchen umschiffen können, ist hier näher erläutert.

1. Eigene Umgangsformen erkennen
Erster wichtiger Schritt ist, sich der eigenen Umgangsformen bewusst zu werden. Besonders wichtig sind dabei die Punkte, in denen Ihre Umgangsformen, z. B. aufgrund von eigenen Werten oder Überzeugungen, in einem bestimmten Kontext von einer gängigen Etikette abweichen. Lassen Sie sich hierfür am besten auch ein Feedback geben, oftmals sind einem die eigenen Umgangsformen so vertraut, dass sie als „normal" empfunden werden. Auch sind einem manche Verhaltensweisen (wie z. B. Sprechen mit vollem Mund) überhaupt nicht bewusst.

2. Umgangsformen des anderen beobachten/erfragen
Zusätzlich sollten Sie den Gesprächspartner genau beobachten und wahrnehmen, welche Umgangsformen er pflegt und welche Erwartungen sich ggf. daraus an Ihre Umgangsformen ergeben. Bei Unsicherheit sollten Sie

dies ansprechen und/oder beim Gesprächspartner konkret nachfragen (z. B. „Ist es in Ordnung, wenn ich dich zur Begrüßung umarme?").

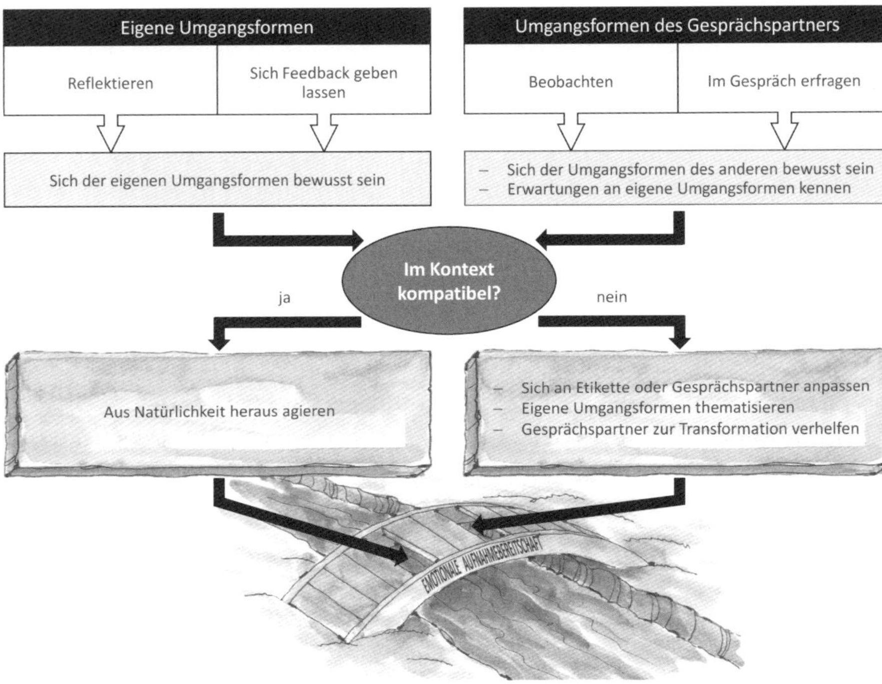

Nachfolgend finden Sie eine Zusammenstellung von Beispielfragen, welche Sie dabei unterstützen können, zu beurteilen, welche Aspekte Ihrer Umgangsformen im Kontext kompatibel zu Ihrem Gesprächspartner sind. Fragen Sie sich dabei jeweils auch, ob die durch Ihren Gesprächspartner gewünschten Umgangsformen der gängigen Etikette entsprechen oder ob Sie davon abweichen sollten, um die Aufnahmebereitschaft zu fördern.

	Beispielfragen
Kleidung	Welchen „Dresscode" gibt es? Passt meine Kleidung zum Anlass? Wie bin ich in Relation zu meinem Gesprächspartner gekleidet?

Sprache und Inhalt	Duze oder sieze ich meinen Gesprächspartner? Mit welchem Titel spreche ich meinen Gesprächspartner an? Welche Fachbegriffe oder Abkürzungen kenne ich? Beginne ich das Gespräch mit Small Talk oder komme ich direkt auf den Punkt? Welche Gesprächsthemen wähle ich? Welche Tabu-Themen vermeide ich?
Körper-sprache	Welche Distanz wahre ich zu meinem Gesprächspartner? Was signalisiere ich mit meiner Körpersprache? Welche Körpersprache könnte von meinem Gesprächspartner als höflich, welche als unhöflich wahrgenommen werden?
Verhalten	Wie begrüße ich meinen Gesprächspartner? Was empfindet mein Gesprächspartner als höflich, was als unhöflich? Welche Erwartungen an mein Verhalten hat mein Gesprächspartner?

Bei Umgangsformen, die im aktuellen Kontext kompatibel sind (z. B. Dresscode), brauchen Sie nichts weiter zu beachten. Bei der Kompatibilität ist meist weniger entscheidend, ob etwas genau der Etikette entspricht, sondern mehr, welche Umgangsformen Ihr Gesprächspartner pflegen will. Sind Sie z. B. auf eine Feier eingeladen, auf deren Einladungskarte stand, dass um „festliche Kleidung" gebeten wird, und Sie tragen eine zerschlissene Jeans, kann dies – je nach persönlicher Einstellung Ihres Gesprächspartners – als positiv oder negativ wahrgenommen werden. Dementsprechend kann die emotionale Aufnahmebereitschaft dadurch vermindert oder sogar gesteigert werden. Legt Ihr Gesprächspartner überhaupt keinen Wert auf Dresscodes, wird es wahrscheinlich seine Aufnahmebereitschaft gar nicht beeinflussen.

Nehmen Sie relevante Unterschiede in den Umgangsformen zwischen sich und Ihrem Gesprächspartner wahr, können Sie *sich anpassen* (an Etikette oder besser an die Umgangsformen Ihres Gesprächspartners), Ihre *abweichenden Umgangsformen thematisieren* oder Ihrem *Gesprächspartner zur Transformation verhelfen*.

Sich an die Etikette oder die Umgangsformen des Gesprächspartners anpassen

Um sich anpassen zu können, sollten Sie für einige Voraussetzungen sorgen, welche Sie anhand nachfolgender Beispielfragen reflektieren können:

Voraussetzung	Beispielfragen
Die Situation/den Kontext genau identifizieren	Wer ist mein Gesprächspartner? Wie stehen wir miteinander in Beziehung? Wo treffen wir uns? Gibt es eine „offizielle Etikette", die es einzuhalten gilt?
Über das adäquate Hintergrundwissen verfügen	Welche Umgangsformen sind angebracht? Wo kann ich mir ggf. Wissen darüber aneignen?
Dieses Wissen anwenden können	Kann ich die erwarteten Umgangsformen in der Praxis umsetzen oder fehlen mir Fähigkeiten (z. B. fehlende Technik beim Sport) oder „Hilfsmittel" (z. B. Dresscode nicht einhalten können, weil man keinen Smoking besitzt)?
Durch Selbstreflexion und Empathie sich und seine Umgebung einordnen	Wie gut gelingt es mir, mich an die erwarteten Umgangsformen anzupassen? Hält sich mein Gesprächspartner an die „offizielle Etikette" bzw. legt er Wert darauf? Wie und wodurch kann ich mich anpassen? Welchen Einfluss hat es, wenn mir dies nicht gelingt?

Als Beispiel kann hier das Essen einer Weißwurst dienen. Hierfür gibt es nämlich sogar ganze – teilweise nicht ganz ernst gemeinte – Abhandlungen. Der Kontext könnte sein, dass Sie mit einem guten alten Freund, der im Gegensatz zu Ihnen ein gebürtiger Bayer ist, in einem Münchner Wirtshaus sitzen. Hintergrundwissen könnte sein, dass die Weißwurst als Stück („3 Stück Weißwürste, bitte") und nicht als Paar (und außerdem immer in ungerader Stückzahl) bestellt wird. Gegessen wird sie mit süßem Senf und auf keinen Fall mit Ketchup. Methoden, um Weißwürste zu essen, gibt es viele, die klassische Art sieht vor, dass sie ausgesaugt („gezuzelt") wird. Nun kann es sein, dass Sie dieses Wissen zwar haben oder es sich aneignen, dieses jedoch (noch) nicht anwenden können, weil Sie nicht geübt darin sind, eine Wurst so zu essen. Ob dies jetzt einen Einfluss auf die Aufnahmebereitschaft Ihres guten alten Freundes hat, kann davon abhängen, ob er diese Technik selbst überhaupt beherrscht, anwenden will bzw. ob es ihm vielleicht sogar vollkommen egal ist.

Eigene Umgangsformen thematisieren

Wenn Sie Ihre Umgangsformen nicht ändern möchten, weil dies z. B. gegen Ihre persönlichen Überzeugungen spricht, sollten Sie dies thematisieren, um nicht zu riskieren, die Aufnahmebereitschaft Ihres Gesprächspartners zu verlieren. Dafür können Sie zum Beispiel erklären, weshalb Sie etwas so handhaben (z. B. „Ich mache das, weil mir xy sehr wichtig ist."). Manche Umgangsformen werden abgelehnt, einfach nur, weil sie nicht verstanden werden. Dabei kann es auch hilfreich sein, die Wirkung auf den anderen abzufragen (z. B. „Wie kommt xy bei Ihnen/dir an?"). Auch die Möglichkeit, Unterschiede konkret zu thematisieren, besteht (z. B. „Ich nehme wahr, dass wir hier unterschiedliche Umgangsformen pflegen, wie wollen wir damit umgehen?").

Gesprächspartner zur Transformation verhelfen

Zur Transformation verhelfen bedeutet, dass Sie den Gesprächspartner dabei unterstützen, etwas, das er bisher als „schlechte" Umgangsform wahrgenommen hat, zu hinterfragen und dadurch als neutral oder sogar positiv wahrzunehmen. Angenommen, Sie laufen zu Hause gerne in Jogginghosen herum, weil Sie sich darin sehr wohl fühlen. Ihr Partner ist aber durch seine Erziehung so geprägt, dass „man Jogginghosen nur zum Sport trägt", und stört sich demnach an Ihren Jogginghosen. Für ihn gehört es zu guten Umgangsformen, auch zu Hause gut gekleidet zu sein, und er entzieht Ihnen regelmäßig die Aufnahmebereitschaft, wenn Sie in Jogginghosen etwas mit ihm besprechen wollen. Zur Transformation verhelfen können Sie ihm z. B., indem Sie ihm seine Prägung durch die Erziehung aufzeigen (nicht mit erhobenem Zeigefinger, sondern mit entwickelnden Fragen!) oder auch, indem Sie ihm Ihre Gründe für das Tragen der Jogginghosen genauer erläutern.

Natürlich wird dies nicht bei allen Umgangsformen funktionieren – vor allem wenn sie stark von der gängigen Etikette abweichen –, einen Versuch ist es aber oftmals wert.

DAS WICHTIGSTE IN KÜRZE

- „Umgangsformen“ sind die Art und Weise, wie ein Mensch bestimmte soziale Situationen tatsächlich handhabt, also z. B., wie er jemanden begrüßt.
- „Etikette“ sind geschriebene oder ungeschriebene Regeln für den sozialen Umgang, also z. B., wie jemand in einer bestimmten Situation zu begrüßen ist.
- Zu guten Umgangsformen zählt neben Beachtung der Etikette ein grundsätzliches „gutes Benehmen“, wie z. B. Höflichkeit, als eine Art Geisteshaltung.
- Was von Ihrem Gegenüber als gute Umgangsformen empfunden wird und somit zu seiner emotionalen Aufnahmebereitschaft beiträgt, ist abhängig vom Kontext und seinen Wahrnehmungsfiltern.
- Umgangsformen können je nach Land und Kultur deutlich differieren.
- Um emotionale Aufnahmebereitschaft bei Ihrem Gesprächspartner herzustellen, sollten Sie sich bei abweichenden Umgangsformen an ihn anpassen oder zumindest die Unterschiede thematisieren.

BEISPIELE: ANWENDUNG IN DER DIGITALEN KOMMUNIKATION

- Manche Umgangsformen, wie z. B. das Essverhalten, kommen nicht zum Tragen.
- Es gibt spezielle Umgangsformen, die auch unter dem Begriff „Netiquette“ (ein Zusammenschluss aus dem englischen *net* für das „Netz“ und dem französischen *etiquette* für „Verhaltensregeln“) zusammengefasst werden. Diese beziehen sich auf Themen wie
  - Zwischenmenschliches
  - Lesbarkeit
  - Technik
  - Sicherheit
  - Rechtliches.
- Die Kommunikation erfolgt teils anonymer, was einen Einfluss auf die persönlichen Umgangsformen haben kann (z. B. aggressiveres Auftreten).

VERTIEFENDE LITERATUR

Silke Schneider-Flaig: Der neue große Knigge: Richtige Umgangsformen privat und im Beruf. München, Compact Verlag, 2016

Anke Quittschau, Christina Tabernig: Business-Knigge: Die 100 wichtigsten Benimmregeln. Freiburg, Haufe-Lexware, 2015

3.2.4 Erscheinungsbild

„Wie du kommst gegangen, so wirst du empfangen."
(Johann Wolfgang von Goethe)

Geschniegelt und gebügelt

Wunderschön liegt das Aschtal inmitten einer herrlich grünen Landschaft. Eingebettet zwischen dichten Laubwäldern schlängelt sich die Asch durch eine sanfte Hügelkette. Es ist ein wunderschönes und stark frequentiertes Ausflugsziel für Bewohner der nahegelegenen Großstadt. Wer hier Wanderungen unternimmt oder mit dem Rad fährt, erlebt Natur pur, wie aus dem Bilderbuch. Hoch über dem Aschtal thront Schloss Banz. Hier war schon immer der Geldadel unter sich, und so ist es bis heute geblieben. Seit den 1950er Jahren ist Schloss Banz eine private Eliteuniversität mit ange-

schlossenem Internat. Hier werden die Sprösslinge der Reichen ausgebildet und auf ein adäquates und standesgemäßes Leben vorbereitet. Natürlich ist ‚Otto Normalsterblich' nicht wirklich willkommen. Hohe Zäune und das hauseigene Sicherheitspersonal sorgen dafür, dass sich das ‚gemeine Volk' fernhält.

Zu den privilegierten Studenten gehört auch Constantin König. Der 28-Jährige wird hier auf Banz, wie viele andere junge Frauen und Männer aus entsprechend gut situierten Familien auch, auf eine Karriere als ‚Elite' vorbereitet. Constantin studiert Wirtschaftswissenschaften. Das liegt ganz in der Tradition seiner Familie, der mit der Kanzlei König & Partner eine der größten überregional tätigen Steuer- und Wirtschaftsprüfungssozietäten mit Niederlassungen in jeder deutschen Großstadt gehört. Die Ambitionen seines Vaters, Dr. h.c. Pierre König, gehen selbstverständlich in die Richtung, dass Constantin Steuerberater und Wirtschaftsprüfer wird und nach dem Studium in die elterliche Großkanzlei eintritt. Wie auch schon sein älterer Bruder Alexander, ebenfalls ein ehemaliger Schüler des Internats Schloss Banz und späterer Student. Doch Constantin hat eigene Pläne: Er will zu einer international tätigen Unternehmensberatung, die weltweit führend auf dem Gebiet der Management- und Strategieberatung ist. Was auch sonst? Wenn schon, denn schon. Kleine Brötchen backen liegt nicht im Naturell eines Mitglieds der Familie König. Darauf haben König senior und seine Frau, als geborene von Haalen, Tochter eines alten Adelsgeschlechts, ihre beiden Söhne und deren Schwester von Kindesbeinen an ‚gedrillt'. Wie seinem Bruder und der Schwester fehlte es Constantin an nichts. Vor allem nicht an Geld. Alles, was man kaufen kann, bekam er. Von klein auf war der Familienname für Constantin Programm: Du bist etwas Besseres, du bist ein Mitglied der Familie König. Neben der strengen Ausbildung im Internat sorgte die Mutter für entsprechend adäquates Benehmen und Manieren.

Es ist früher Nachmittag an einem sonnigen Freitag. Constantin König fährt mit seinem schwarzen Porsche Cabrio die zwei Serpentinen des Kieswegs hoch zum Schloss Banz und parkt die Luxuskarosse auf dem Stellplatz, der eigens für die Studenten angelegt wurde. Schaut man sich hier um, sieht man nur das Feinste vom dem, was der Automarkt zu bieten hat. Constantin hat heute eine abschließende Besprechung mit seinem Betreuer. Es geht um das Praktikum, das jeder im letzten Drittel des Studiums absolvieren muss. Constantin König soll für vier Wochen ein Projekt in einer speziellen Einrichtung übernehmen. Diese hat das Ziel, schwer erziehbaren Jugendlichen und Menschen ohne Schulabschluss wieder eine Perspektive für die

Zukunft zu vermitteln. Constantins Betreuer erwartet ihn schon in seinem Büro, und nach einem kurzen Small Talk widmet man sich den Details.

Am darauffolgenden Montag findet in besagter Einrichtung die Eröffnungsveranstaltung statt. Constantin legt stets größten Wert auf teure und elegante Kleidung. Auch das ist bei der Familie König eine Tradition. ‚Wie du aussiehst, wirst du angesehen' war seit jeher ein Leitspruch seines Vaters, und so beschließt Constantin, zu dieser Eröffnungsveranstaltung einen dunkelblauen Zweireiher mit dezent dunkelroter Krawatte und passendem Einstecktuch zu tragen. Diese mehr oder weniger auf die schiefe Bahn geratenen jungen Menschen sollen auch sehen, was man erreichen und wie man aussehen kann, wenn man sich Mühe gibt und zielstrebig arbeitet. Sie sollen ein lebendiges Beispiel bekommen, was mit Leistung und Disziplin im Leben alles möglich ist. Er hofft, schon durch seine noble Erscheinung bei den schwer erziehbaren Jugendlichen einen ‚Aha-Effekt' zu erzielen. Sie sollen ein Vorbild in ihm sehen und ihm nacheifern wollen. Gegen 9:30 Uhr fährt Constantin König mit seinem schwarzen Porsche bei der Einrichtung vor. Ein paar Meter vom Eingang entfernt steht eine Gruppe männlicher Jugendlicher. Die Jungs tragen alte Jeans, T-Shirt oder Hemd und sehen so richtig ‚klischeemäßig' aus. Wie Schlägertypen, denen man keinesfalls bei Dunkelheit alleine auf einem Bahnsteig oder in der U-Bahn begegnen möchte. Als der schwarze Porsche vorfährt, erregt dieser natürlich ihre Aufmerksamkeit.

„Was kommt denn da für einer?", fragte einer der Jugendlichen, als Constantin aussteigt.

„Sicher hat der sich verfahren!", antwortete ein anderer mit stoppeligen Haaren und einer Baseball-Mütze auf dem Kopf.

Constantin nimmt seine lederne Aktentasche und geht Richtung Eingang. Mit einem eher abwertenden, verständnislosen Blick mustert er die Jugendlichen, bleibt kurz stehen und schließt seinen Porsche lässig mit der Fernbedienung ab. Als Constantin durch die Eingangstür geht, hört er im Hintergrund einen der Jugendlichen sagen: „Hey Eddie, weißt du, was ich gerne von Beruf wäre? Sohn!" Constantin schüttelt nur den Kopf und geht hinein.

Constantin wird bereits vom Einrichtungsleiter Dr. Manfred Kurt erwartet.

„Mein Name ist Constantin König von der Universität Schloss Banz!", stellt sich Constantin vor. „Ich bin der Projektleiter!"

Dr. Kurt, ein Mann Mitte fünfzig mit langen, ungepflegt wirkenden Haaren und Dreitagebart, in Jeans, ausgelatschten Lederschlappen und einem ungebügelten Hemd gekleidet, mustert den eleganten jungen Mann von Kopf bis Fuß.

„Sie sind Herr König?“, fragt Dr. Kurt mit einem Klang in der Stimme, der Bände spricht. Er mustert Constantin ein weiteres Mal und der ungläubige Gesichtsausdruck verrät Constantin, dass der Einrichtungsleiter eine Art Problem mit dem hat, was er sieht. „Aha ...“

„Was ist? Haben Sie jemand anderen erwartet?“, fragt Constantin.

„Nein, nein ..., wir können uns die Projektleiter ja nicht aussuchen!“

Nach einer kurzen Besprechung führt Dr. Kurt Constantin in einen großen Raum. Eine Art großes Klassenzimmer, in dem an die 20 Jugendliche mehr oder weniger gelangweilt auf ihren Stühlen herumlümmeln.

„Das ist Herr König, der Projektleiter!“ Mit diesen Worten stellt Dr. Kurt Constantin den Jugendlichen vor. Sofort wird es unruhig im Raum. Einige der Jugendlichen lachen, schütteln den Kopf und es gibt auch hier und da ein paar abfällige Bemerkungen. Dr. Kurt bittet um Ruhe, hat aber nur mäßigen Erfolg. Vorne in der ersten Reihe sitzen zwei der jungen Männer, die Constantin schon draußen vor dem Eingang gesehen hat, und reißen abfällige Witze über ‚diesen geschniegelten Typ'. Dem Einrichtungsleiter ist das sichtlich peinlich und er mahnt erneut. Nun in scharfer Form, und er droht gar mit Disziplinarmaßnahmen. Doch auch das bewirkt nur wenig. Constantin beginnt mit seinem Referat, an dem er wochenlang gearbeitet hat. Immer wieder schaut er in die Runde und erkennt: Keiner hört ihm richtig zu. Im Gegenteil, es werden weiter Witze gerissen, einige Jugendliche grinsen sich einen ab und schütteln den Kopf. Immer wieder unterbricht Constantin seinen Vortrag, damit Dr. Kurt versuchen kann, die Jungs zu besänftigen.

„Was bildet sich dieser geschniegelte Typ denn eigentlich ein?“, fragt auf der hinteren Bank einer, der ein grünes Cap verkehrt herum auf dem Kopf hat. „Labert uns da mit seinem geschwollenen Gerede voll.“

„Hey Alder, du siehst aus wie der Typ von der Humbug-Mülleimer!“, ruft ein anderer Jugendlicher und alle lachen. „Warum versuchst du nicht gleich, uns eine Versicherung zu verkaufen?“

Fix und fertig mit seiner Welt, beendet Constantin nach einer knappen dreiviertel Stunde sein Referat. Er weiß: Seinen Vortrag hat er voll gegen die Wand gefahren. Keiner von denen hier hat ihn ernst genommen. Im Gegenteil, die lehnen ihn kategorisch ab. Am Anfang war er noch ziemlich euphorisch, jetzt fühlt er sich gedemütigt bis ins Mark. Constantin fragt sich, wie er hier die nächsten vier Wochen überstehen und das ihm anvertraute Projekt zumindest halbwegs über die Bühne bringen soll.

„Vielleicht hätten wir im Vorfeld absprechen sollen, wie Sie sich kleiden, Herr König!“, sagte Dr. Kurt, als er mit Constantin zu seinem Büro geht.

„Was meinen Sie?“, will Constantin wissen.

„Das sind schwer erziehbare Jugendliche!", erklärte der Einrichtungsleiter. „Die kommen aus schwierigen familiären Verhältnissen und mit Sicherheit aus einer sozialen Schicht, die Leute wie Sie nur aus dem Fernsehen kennen. Sie sind meines Erachtens ein wenig ..., wie sagt man doch auf Neudeutsch: overdressed?"

***

Die Geschichte verdeutlicht, wie das Erscheinungsbild und der erste Eindruck eines Menschen dazu führen können, dass ihm jemand die emotionale Aufnahmebereitschaft entzieht. Dabei ist Constantin König durchaus für sich stimmig und gut gekleidet, aber eben nicht passend zum Kontext. Hätte er eine ähnliche Eröffnungsveranstaltung z. B. in einer Kanzlei gehabt, wäre dasselbe Erscheinungsbild wahrscheinlich sogar nützlich dabei gewesen, emotionale Aufnahmebereitschaft herzustellen.

FAKTEN

> *Zum Erscheinungsbild zählen physiologische Faktoren, die Körpersprache und der Stil eines Menschen.*

Wie schon Johann Wolfgang von Goethe mit seinem Zitat: „Wie du kommst gegangen, so wirst du empfangen" treffend beschreibt, bildet das erste und wichtigste Signal in der Face-to-Face-Kommunikation das äußere Erscheinungsbild. Anhand dessen treffen Menschen innerhalb weniger Millisekunden die Entscheidung, ob sie eine Person z. B. als sympathisch, kompetent und selbstbewusst einschätzen und auch, ob sie dieser Person die Berechtigung geben. Dabei stehen zunächst Äußerlichkeiten wie z. B. Haltung, Figur, Kleidung, Stil und Frisur im Vordergrund. Dann kommen andere Aspekte wie Stimme, Mimik und Gestik hinzu, welche das Gesamtbild vervollständigen (70). Das Wort „Erscheinungsbild" ist dafür eine interessante Wortzusammensetzung: „Erscheinung" und „Bild". Wenn einem Menschen jemand oder etwas erscheint, sorgen seine Wahrnehmungsfilter dafür, dass Informationen gesammelt und diese schlussendlich zu einem Gesamtbild zusammengeführt werden. Anhand dieses Bildes wird überprüft, ob der andere in das eigene „System" passt und entsprechende Gefühle entwickeln sich. Die Bewertung hängt dabei z. B. von den persönlichen Erfahrungen und Werten eines Menschen ab (vgl. Kapitel „Werte und Wertekonflikte") und wird unter anderem auch durch die Kultur geprägt (vgl. Kapitel „Kultur").

Die Bewertung des Erscheinungsbildes eines anderen Menschen kann dabei stark kontextabhängig sein. Arbeiten Sie z. B. als Ernährungsberater oder sind Sie Personal Trainer, können eine schlanke Figur und ein durchtrainierter Körper ziemlich sicher die Aufnahmebereitschaft Ihrer Klienten fördern. Bzw. negativ betrachtet: Verfügen Sie nicht über eine entsprechend schlanke Figur, kann es sein, dass Ihnen die Klienten die emotionale Aufnahmebereitschaft und Berechtigung entziehen. Arbeiten Sie hingegen z. B. als Koch, wird die Figur höchstwahrscheinlich eher keine Rolle spielen bzw. wäre es vielleicht sogar gar nicht besonders förderlich für die Aufnahmebereitschaft, wenn Sie zu schlank sind. Falten können in Situationen von Vorteil sein, wenn eine gewisse Reife erwartet wird, z. B. bei einem Geschäftsführer oder dem Trainer einer Mannschaft. Sie können aber von Nachteil sein, wenn es z. B. um den Vertrieb von Kosmetikprodukten geht. Die Aufnahmebereitschaft kann entsprechend positiv oder negativ beeinflusst werden.

Bei der Wahrnehmung des Erscheinungsbildes eines Menschen wirkt eine Vielzahl an kognitiven Verzerrungen. Allen voran kommt der Primär-Effekt zu tragen. Dieses bereits im Kapitel „Kognitive Verzerrungen" beschriebene Gedächtnisphänomen führt dazu, dass der erste Eindruck nur schwer revidiert wird. Wirkt also Ihr Erscheinungsbild negativ auf Ihren Gesprächspartner, kann es sein, dass Sie Schwierigkeiten haben, emotionale Aufnahmebereitschaft bei ihm herzustellen, auch wenn Sie später z. B. durch Fachkompetenz glänzen.

Der Halo-Effekt spielt ebenfalls eine entscheidende Rolle. Er führt dazu, dass die Wahrnehmung einer anderen Person sich an einer hervorstechenden Einzeleigenschaft (z. B. Größe) orientiert und diese dann andere Eigenschaften der Person – im positiven aber auch negativen Sinne – „überstrahlt". Beispielsweise kann es sein, dass eine große Person automatisch für selbstbewusst und durchsetzungsstark gehalten wird. Die Berechtigung und Aufnahmebereitschaft bezüglich einer Person kann also schon durch einen einzelnen Faktor sowohl positiv als auch negativ massiv beeinflusst sein.

Schon die Urmenschen mussten schnell einschätzen, ob ein Mensch Freund oder Feind ist. Damals wie heute gilt dabei die Regel, dass Menschen andere oftmals dann als sympathischer erachten, wenn sie ihnen möglichst ähnlich sind – der Einfluss dieses Phänomens auf die Aufnahmebereitschaft wurde bereits im Kapitel „Kognitive Verzerrungen" als Ähnlichkeitsfehler beschrieben. Nicht umsonst gibt es in manchen Unternehmen eine bestimmte Business-Etikette, die z. B. das Tragen von Anzügen voraussetzt.

Doch was prägt überhaupt alles das Erscheinungsbild eines Menschen? Um die einzelnen Aspekte besser einordnen zu können, lässt sich das Erscheinungsbild in die Kategorien *physiologische Faktoren, Körpersprache* und *Stil* untergliedern.

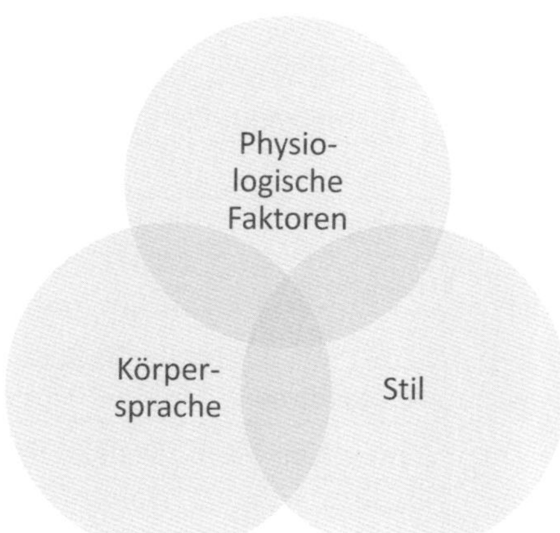

Physiologische Faktoren, Körpersprache und Stil stehen dabei gegenseitig in Wechselwirkung miteinander. So kann es z. B. sein, dass der Stil die Körpersprache und langfristig auch physiologische Faktoren beeinflusst. Beispiel hierfür wäre das Tragen hochhackiger Schuhe bei Frauen. Die Absatzerhöhung (Stil) führt automatisch zu einer Veränderung der Körperhaltung, es kommt unweigerlich z. B. zu einem Hohlkreuz. Auch der Gang verändert sich

(Körpersprache). Langfristig kann dies zusätzlich physiologische Faktoren beeinflussen. Es kann z. B. zu Beschwerden in der Lendenwirbelsäule oder zu einer Verkürzung der Wadenmuskulatur kommen. Physiologische Faktoren wie das Alter oder die Gesundheit haben umgekehrt ebenso einen Einfluss auf die Körpersprache (z. B. gekrümmte Haltung durch ein Rückenleiden) und den Stil (eine 50-Jährige wird z. B. in der Regel ein anderes Outfit wählen als eine 20-Jährige). Auch z. B. eine wiederholte mimische Körpersprache wie Stirnrunzeln wird sich langfristig als physiologischer Faktor (Falten) bemerkbar machen.

In nachfolgender Tabelle sind einige Beispiele für Aspekte der drei Kategorien zusammengefasst:

Physiologische Faktoren (siehe auch Kapitel „Genetische Voraussetzungen")	Alter
	Geschlecht
	Körpergröße
	Körperbau
	Physiognomie (Gesichtszüge)
	Stimme (physiologische Gegebenheiten)
	Körpergeruch
Körpersprache	Körperhaltung
	Augenbewegungen
	Mimik
	Gestik
Stil	Kleidung
	Frisur
	Accessoires
	Sprechverhalten (Dialekt, Stimmfarbe, ...)
	Körperpflege

Die drei Kategorien sind nachfolgend noch etwas genauer beschrieben.

Physiologische Faktoren: Bei den physiologischen Faktoren geht es um direkt wahrnehmbare körperliche Merkmale, wie Größe oder Körperbau, die einen Einfluss auf das Erscheinungsbild eines Menschen haben. Details hierzu sind im Kapitel „Genetische Voraussetzungen" beschrieben.

Körpersprache: Mit Körpersprache sind hier sowohl unbewusste als auch bewusste Signale des Körpers gemeint, die das Erscheinungsbild eines Menschen beeinflussen. Ein Beispiel für ein unbewusstes Signal ist der körperliche Ausdruck, durch den sich eine Emotion bei einem Menschen zeigt (z. B. Stirnrunzeln bei Skepsis). Ein bewusstes Signal ist z. B. Gestik, die absichtlich eingesetzt wird, um eine Aussage zu untermauern. Die Körpersprache eines Menschen wird – neben weiteren individuellen Faktoren – durch den präferierten Sinneskanal (siehe Kapitel „Sinneskanäle") und den gerade aktiven Wirkungsanteil (siehe Kapitel „Wirkung") geprägt. Da nach der bereits beschriebenen Theorie des „Embodiments" das Empfinden eines Menschen mehr oder weniger direkt von seiner Körpersprache gespiegelt wird, hat auch der sogenannte Ressourcenzustand einen großen Einfluss darauf (siehe Kapitel „Ressourcenzustand"). Vergleichen Sie doch z. B. einmal Ihre Körpersprache, wenn Sie müde sind, mit der, wenn Sie sich topfit fühlen … Zusätzlich spielt natürlich auch die innere Haltung eine Rolle.

Ausgehend von diesen Faktoren wird, wie nachfolgend dargestellt, eine Kaskade in Gang gesetzt, die letztendlich in den Themen Berechtigung und Aufnahmebereitschaft endet.

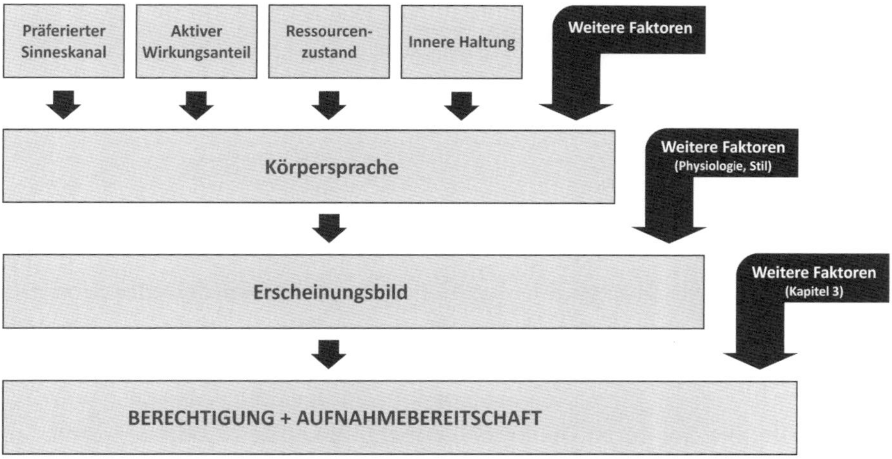

Die eben beschriebenen Faktoren beeinflussen Ihre Körpersprache. Diese wiederum trägt – zusammen mit Ihren physiologischen Faktoren und Ihrem Stil – zu Ihrem Erscheinungsbild bei. Neben den anderen in Kapitel 3 beschriebenen Filtern zur emotionalen Aufnahmebereitschaft entscheidet dies schließlich darüber, ob Ihnen eine andere Person die Berechtigung und Aufnahmebereitschaft schenkt oder nicht.

Stil: Der Begriff „Stil" fasst hier neben der Kleidung z. B. auch Aspekte wie die Körperpflege oder das persönliche Sprechverhalten zusammen. Mit Ihrem Stil definieren Sie sich gegenüber anderen Menschen, er ist Teil der Selbstinszenierung. Außerdem zeigen Sie damit, wie Sie die jeweilige Situation einschätzen und bewerten und wie Ihr Verhältnis zu den Beteiligten aussieht. Wenn Sie beispielsweise in einer Besprechung einen Anzug oder ein Kostüm tragen, machen Sie damit eine andere „Aussage", als wenn Sie in Jeans und T-Shirt erscheinen. Mit Ihrem Stil machen Sie dem Gesprächspartner gegenüber Aussagen zu folgenden Punkten (erweitert und adaptiert nach (71)):

Selbst- und Fremdwahrnehmung	Wie Sie sich selbst sehen (Selbstbild)
	Wie Sie gerne von anderen gesehen werden wollen (erhofftes Fremdbild)
	Wie Sie gerne sein würden (Idealbild)
Situation und Beziehung	Ob Sie die Situation als wichtig oder unwichtig, alltäglich oder besonders wahrnehmen
	Ob Sie die Beteiligten als über-, gleich- oder untergeordnet ansehen
Überzeugungen und Werte, z. B.	Es ist Ihnen wichtig, perfekt/modisch/besonders/... auszusehen.
	Aussehen ist für Sie nebensächlich.
	Das Aussehen muss für Sie zum Anlass passen.

ANWENDUNG

Wie Sie Ihr Erscheinungsbild in einer konkreten Gesprächssituation zur Herstellung von Aufnahmebereitschaft nutzen bzw. dafür sorgen können, dass es nicht hinderlich ist, finden Sie nachfolgend zusammengefasst:

Die Signale, die Sie durch Ihr Erscheinungsbild senden, können Sie nur an den Gesprächspartner anpassen oder verändern, wenn sie Ihnen bewusst sind. Natürlich werden Ihnen Aspekte wie Ihr Alter, Geschlecht und Körpergröße bewusst sein. Wie sieht es aber z. B. mit Ihrer Körperhaltung oder Ihrer Gestik aus? Sind Sie sich zu jedem Zeitpunkt bewusst, was Sie tun, und vor allem, wie dies auf andere wirkt? Leider erhalten Menschen hierzu selten (ehrliches) Feedback. Machen Sie sich also zunächst ein Bild von sich selbst. Dafür können Sie sich z. B. vor einem Spiegel beobachten, mit einer Kamera aufnehmen oder sich ein Feedback von einem Menschen geben lassen, dem Sie vertrauen. Sorgen Sie dafür, dass Sie eine realistische Einschätzung zur

Wirkung Ihrer physiologischen Faktoren, Ihrer Körpersprache und Ihres Stils bekommen. Reflektieren Sie – vor und während einer Gesprächssituation –, wie diese Wirkung zum aktuellen Kontext passt. Ist Ihr Erscheinungsbild für die Situation stimmig, sollten Sie dieses *beibehalten* und *nutzen*. Passt es hingegen nicht, sollten Sie es – sofern Sie dazu bereit sind – *verändern*, *kompensieren* oder zumindest dem Gesprächspartner gegenüber *thematisieren*. Mögliche Vorgehensweisen und Ideen dazu finden Sie weiter unten.

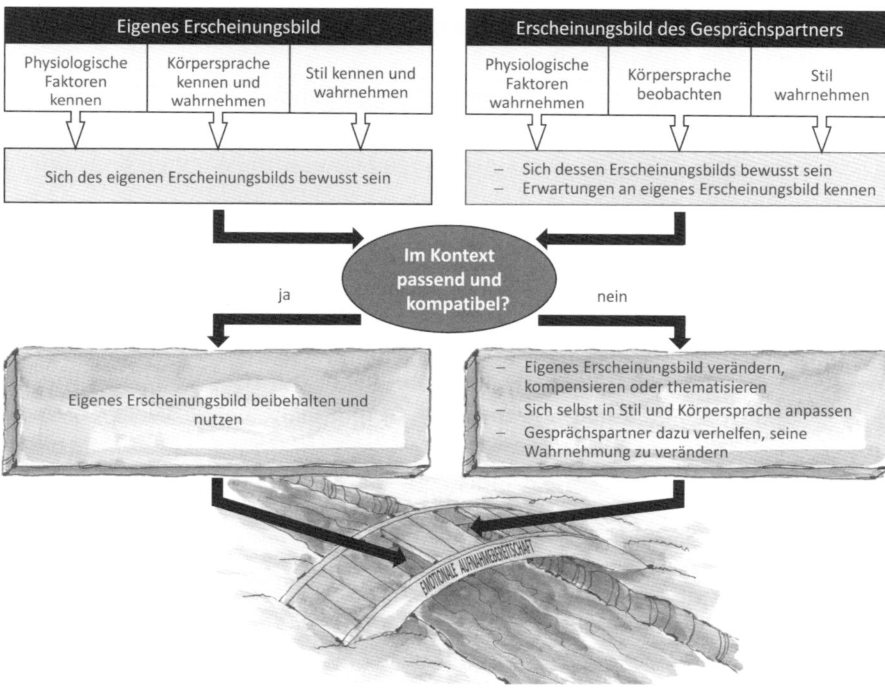

Bei Ihrem Gesprächspartner sollten Sie ebenfalls die Kategorien „Physiologische Faktoren", „Körpersprache" und „Stil" wahrnehmen. Dadurch können Sie ggf. etwas über ihn herauszufinden, das beim Herstellen von Aufnahmebereitschaft hilfreich sein kann. Denn genau wie Sie macht er durch sein Erscheinungsbild eine „Aussage" zu Selbst- und Fremdwahrnehmung, zu Situation und Beziehung und zu seinen Überzeugungen und Werten (siehe Theorieteil).

Zusätzlich sollten Sie das Erscheinungsbild des Gesprächspartners in Relation zu Ihrem eigenen setzen. Dabei geht es keinesfalls darum, einen Vergleich im Sinne von „Wer hat das bessere Erscheinungsbild?" anzustellen, sondern abzugleichen, wie kompatibel die Erscheinungsbilder sind. Beispiele hierfür finden Sie nachfolgend:

- **Physiologische Faktoren:** Sind Sie wesentlich größer oder kleiner als Ihr Gesprächspartner, kann dies für beide Seiten unangenehm sein und die Aufnahmebereitschaft negativ beeinflussen. Die Größe kann sich aber, bedingt durch den Halo-Effekt, auch positiv auf die Aufnahmebereitschaft auswirken.
- **Körpersprache**: Ähneln Ihr Gesprächspartner und Sie sich in Körperhaltung und der Häufigkeit und Intensität von Mimik und Gestik, kann dies Vertrauen aufbauen. Unterschiede, die z. B. durch den präferierten Sinneskanal auftreten, können hingegen hinderlich beim Herstellen von Aufnahmebereitschaft sein.
- **Stil**: Geht ein Gesprächspartner im Jogginganzug und der andere im Anzug in ein Gespräch, kann dies zu einem Entzug der Berechtigung und Aufnahmebereitschaft eines Gesprächspartners führen, weil der andere entweder over- oder underdressed ist.

Sind die Erscheinungsbilder kompatibel, können Sie Ihr eigenes Erscheinungsbild beibehalten und dieses zum Aufbauen von emotionaler Aufnahmebereitschaft beim Gesprächspartner nutzen. Reicht die Kompatibilität nicht aus, sollten Sie *Ihr eigenes Erscheinungsbild verändern* (wenn Sie dies wollen) oder *kompensieren* bzw. *thematisieren*. Außerdem sollten Sie sich *in Stil und Körpersprache an Ihren Gesprächspartner angleichen* – natürlich alles im Rahmen Ihrer Fähigkeiten und Ihrer persönlichen Überzeugungen (z. B. Werte).

1. Ihr Erscheinungsbild verändern oder kompensieren

Die unterschiedlichen Aspekte des Erscheinungsbildes lassen sich nach dem Grad ihrer Beeinflussbarkeit einteilen – von nicht/kaum bis direkt beeinflussbar. Je nachdem können Sie die Aspekte verändern oder kompensieren.

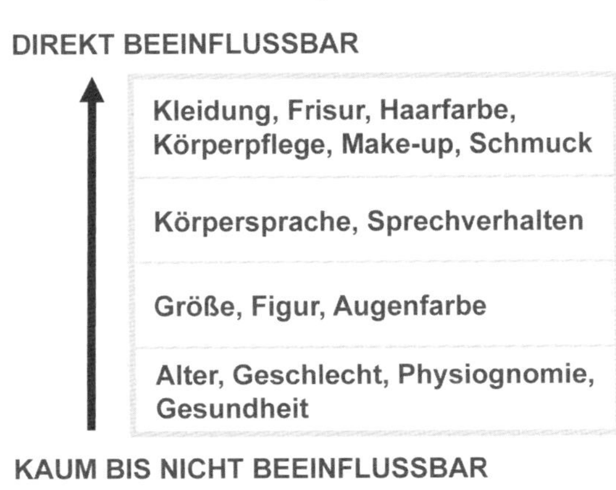

Erscheinungsbild verändern

Das Alter selbst ist z. B. natürlich nicht beeinflussbar. Es kann aber durch verschiedene Maßnahmen (Sport, gesunde Lebensführung, Beauty-Anwendungen, operative Eingriffe, ...) dessen optische Manifestation beeinflusst werden. Geschlecht und Physiognomie eines Menschen können ebenfalls nur mit (schweren) operativen Eingriffen verändert werden. Der Gesundheitsstatus ist einerseits genetisch bedingt, andererseits durch die Lebensführung beeinflussbar (vgl. Kapitel „Genetische Voraussetzungen"). Auch auf Körpergröße (Schuhe mit Absätzen), Figur (Sport, Diät) und Augenfarbe (farbige Kontaktlinsen) kann Einfluss genommen werden. Eine Veränderung der Körpersprache und des Sprechverhaltens ist durch ein entsprechendes Training ebenfalls gut möglich. Bei Kleidung, Frisur etc. sind schließlich in Bezug auf Veränderungsmöglichkeiten nahezu keine Grenzen mehr gesetzt.

Die Möglichkeiten, das Erscheinungsbild zu beeinflussen, haben im Laufe der Zeit zugenommen. Längst sind es nicht mehr nur Kleidung und Frisur, die in puncto Aussehen variiert werden. Vielmehr haben viele Fitness-, Beauty- und Wellnessangebote sowie auch die plastische Chirurgie direkte und indirekte Auswirkungen auf das Erscheinungsbild. Ziel dieses Buches ist es keinesfalls, Sie zu einer OP zu drängen oder Sie von einer Diät zu überzeugen, also Ihre physiologischen Merkmale zu verändern, um in Sachen Aufnahmebereitschaft einen Schritt nach vorne zu machen. Wir möchten den Fokus gerne auf die direkter beeinflussbaren Aspekte Körpersprache und Stil legen. Zusätzlich erhalten Sie einige Anregungen, wie Sie physiologische Faktoren mit dem Stil kompensieren können.

Um in einem Gespräch körpersprachlich souverän und positiv auf Ihren Gesprächspartner zu wirken, können Sie vor und während eines Gesprächs in die im Theorieteil beschriebene Kaskade eingreifen und so Ihre Körpersprache bewusst verändern:

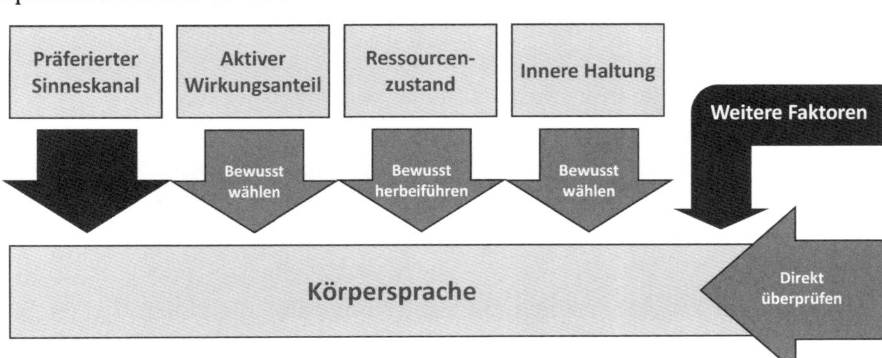

Sie können dabei vor allem an folgenden Stellen wirkungsvoll Einfluss nehmen:

- **Aktiver Wirkungsanteil:** Wählen Sie bewusst, welchen Ihrer Wirkungsanteile (Hund oder Katze) Sie bei sich aktivieren (siehe Kapitel „Wirkung").
- **Ressourcenzustand:** Führen Sie bewusst einen ressourcenreichen Zustand herbei (Vorgehensweise im Kapitel „Ressourcenzustand" beschrieben).
- **Innere Haltung:** Wählen Sie bewusst Ihre innere Haltung.
- **Körpersprache:** Nehmen Sie im Verlauf des Gesprächs Ihre Körpersprache immer wieder wahr und überprüfen Sie diese.

Bezüglich der Kategorie „Stil" sollte Ihnen stets bewusst sein, dass Sie über Kleidung, Accessoires, aber z. B. auch über Ihren Dialekt oder Ihre Körperpflege nonverbale Botschaften an die Umgebung senden und Sie damit beitragen können, ernstgenommen zu werden und die Aufnahmebereitschaft anderer Menschen zu erhalten. Es geht dabei zum einen darum, (positiv) wahrgenommen zu werden, und zum anderen darum, einen stimmigen Eindruck zu hinterlassen. Auch die Anpassung an kulturelle Bekleidungsregeln („Dresscodes") kann für die Herstellung von Berechtigung und Aufnahmebereitschaft wichtig sein.

Nachfolgend finden Sie deshalb einige Anregungen, worauf es beim Stil zu achten gilt und was Sie verändern können (70). Für weitere Informationen nutzen Sie bitte die Literatur am Ende des Kapitels.

Kleidung:
- Ihre Kleidung sollten Sie mit einem wachen Auge und einer sicheren Hand für entsprechende Anlässe auswählen. Halten Sie sich – soweit Sie dies mit sich selbst vereinbaren können – an Dresscodes, wählen Sie aber auf jeden Fall Kleidung, in der Sie sich wohlfühlen und die zu Ihrem Typ passt.
- Achten Sie im Business-Kontext auf die grundsätzlichen Regeln:
  - □ Je höher die Position, desto dunkler der Anzug.
  - □ Mit steigender Hierarchie lässt die Toleranz nach oben nach.
  - □ Von Spitzenkräften wird auch Spitzengarderobe erwartet.
  - □ Nutzen Sie „Kompetenzfarben": z. B. Schwarz-Weiß-Rot erzeugt eine Wirkung von Macht, Blau-Weiß erzeugt Vertrauen, Grau-Weiß wirkt sachlich.
- Unpassende oder abgetragene Schuhe ruinieren jedes Outfit. Tragen Sie

Schuhe, die in der Situation angemessen sind, und achten Sie darauf, dass diese sauber sind.
- Achten Sie bei Accessoires (auch der Stift, mit dem Sie schreiben!) darauf, dass diese zum Kontext passen und wertig wirken. Nutzen Sie adäquate Taschen etc., die sowohl für den Anlass stimmig sind als auch sicherstellen, dass Dokumente, die Sie dem Gesprächspartner vorlegen, nicht verschmutzt oder verknittert werden.
- Stellen Sie sicher, dass Ihre Brille sauber und frei von Fingerabdrücken ist.

Körper:
- Ihre Frisur sollte nicht nur zu Gesicht und Kopfform, sondern zu den gesamten Körperproportionen passen. Entscheiden Sie auch, ob Sie die Haare offen tragen wollen oder diese zusammenbinden.
- Hände sind zusammen mit dem Gesicht die wichtigste soziale Kontaktfläche. Gepflegte Hände sind dadurch ein wichtiger Bestandteil des Erscheinungsbildes.
- Ihre Körperpflege sollte stets einwandfrei sein. Wer unterhält sich schon gerne mit jemandem, der fettige Haare hat oder nach Schweiß riecht?
- Entscheiden Sie, in welchen Situationen ein Dialekt angebracht und förderlich für die Aufnahmebereitschaft ist und wann dieser eher störend wirkt.
- Falls nötig, trainieren Sie Ihre Sprache und Stimme durch Stimmbildungstrainings oder Rhetorikkurse.

Holen Sie sich im Zweifelsfall professionelle Hilfe und nehmen Sie z. B. eine Stilberatung in Anspruch. Denn: Müssen Sie sich über Ihr Outfit keine Gedanken machen, haben Sie den Kopf frei für das Gespräch und wirken nicht verkrampft, weil Sie z. B. ständig an sich herumzupfen.

Erscheinungsbild kompensieren

Ist eine Veränderung des Erscheinungsbildes nicht möglich, können Sie dieses oftmals zumindest kompensieren. Dies betrifft vor allem die nicht/kaum beeinflussbaren Aspekte des Erscheinungsbildes, wie Alter, Geschlecht, Körpergröße, Körperbau und Physionomie. Anregungen, wie Sie diese mit Ihrem Stil kompensieren können, finden Sie in der vertiefenden Literatur am Ende des Kapitels. Zusätzliche Ideen, wie Sie Ihre physiologischen Faktoren kompensieren können, finden Sie im Kapitel „Genetische Voraussetzungen".

2. Ihr Erscheinungsbild thematisieren

Ihr Erscheinungsbild sollten Sie thematisieren, wenn

- sich Ihr Erscheinungsbild nicht verändern lässt, z. B. weil Ihre Physiologie dies nicht zulässt oder Sie keine andere Kleidung dabeihaben,
- eine Kompensation keinen ausreichenden Effekt erzielt,
- Sie sich nicht anpassen wollen (weil z. B. Ihre Werte dagegensprechen).

Wie Sie dies machen können, zeigt folgendes Beispiel:

Angenommen, Sie haben eine auffällige Narbe im Gesicht und nehmen wahr, dass Ihr Gesprächspartner diese intensiv mustert. Vielleicht fragt er sich, woher diese kommt, und ist dadurch vom eigentlichen Thema abgelenkt. Um zu verhindern, dass sich diese Ablenkung negativ auf die emotionale Aufnahmebereitschaft des Gesprächspartners auswirkt, könnten Sie z. B. Folgendes sagen und fragen (wenn Sie dies wollen): „Bevor wir anfangen, würde ich gerne etwas ansprechen. Ich habe ja eine ziemlich auffällige Narbe im Gesicht. Bei meinem letzten Gespräch, das ich (im gleichen Kontext) mit jemand anderem geführt habe, hatte ich es vergessen anzusprechen und mein Gesprächspartner war dadurch abgelenkt. Möchten Sie, dass ich Ihnen kurz dazu etwas sage?“

3. Ihren Stil Ihrem Gegenüber anpassen

Der Stil eines Menschen ist zum einen z. B. durch seine individuellen Werte und Grundüberzeugungen geprägt, er wird zum anderen aber auch durch die (Unternehmens-)Kultur und den Kontext beeinflusst. Was in Ihrer konkreten Gesprächssituation im Vordergrund steht, kann dabei unterschiedlich sein. Beispielsweise kann es sein, dass der Stil eines Menschen durch seinen Wert „Wohlfühlen“ und seine Grundüberzeugung „Kleidung muss vor allem bequem sein“ definiert ist, die Kultur in seinem Unternehmen jedoch formelle Kleidung vorsieht. Ist es ein normaler Arbeitstag, wird er vielleicht seine individuellen Präferenzen in den Vordergrund stellen und ein Outfit wählen, das zwar die formellen Anforderungen erfüllt, aber in erster Linie bequem ist. Muss er jedoch zu einem Vorstandsmeeting (Kontext), legt er eine Krawatte an, obwohl ihm dies eigentlich zuwiderläuft.

Wenn Sie sich an den Stil Ihres Gesprächspartners anpassen wollen, sollten Sie, wenn möglich, all diese Aspekte berücksichtigen. In der Praxis können Sie sich hierfür folgende Fragen stellen:

Fragen	Beispiele:
Welche Erwartungen hat der Gesprächspartner (z. B. bedingt durch seine Werte und Grundüberzeugungen)?	Es gibt Patienten, die erwarten, dass ein Arzt einen weißen Kittel trägt. Sind Sie also z. B. Hausarzt und wissen, dass dies für einen Patienten ein Zeichen von Kompetenz darstellt, wäre es förderlich für dessen Aufnahmebereitschaft, wenn Sie einen weißen Kittel tragen würden.
Gibt es Bekleidungsregeln (im Unternehmen / in der Kultur / in der Branche, ...)?	In manchen Unternehmen herrscht „Krawattenpflicht". Orientieren Sie sich nicht daran, fallen Sie unangenehm auf und die Aufnahmebereitschaft Ihnen gegenüber könnte sinken.
Was erfordert der Kontext?	Sind Sie von einem Geschäftspartner, der Sie normalerweise mit Anzug und Krawatte empfängt, zum Golfspielen eingeladen, sollten Sie ein Golf-Outfit der formellen Kleidung vorziehen. Ansonsten könnten Sie die Aufnahmebereitschaft verlieren.
Wie kleidet sich der Gesprächspartner?	Treffen Sie sich mit jemandem zu einem Date und kommen total over- oder underdressed im Vergleich zu Ihrem Dating-Partner, kann dies zu einem Verlust der Aufnahmebereitschaft führen. Sie bekommen dadurch ggf. kein zweites Date.
Was an meinem Stil könnte dazu führen, dass sich mein Gesprächspartner unwohl fühlt?	Wenn Sie als Frau z. B. sehr groß sind und wissen, dass Sie ein Gespräch mit einem Mann haben, der ein gutes Stück kleiner ist als Sie, sollte Sie nicht noch hohe Schuhe anziehen. Andernfalls könnte die Aufnahmebereitschaft Ihres Gesprächspartners unnötig reduziert werden.

4. Ihre Körpersprache Ihrem Gegenüber anpassen

Haben Sie schon während einer angenehmen Unterhaltung mit einer anderen Person festgestellt, dass z. B. Ihre Körper die gleiche Haltung angenommen haben? In diesem Fall haben Sie und Ihr Gesprächspartner einen vertrauensvollen Kontakt mit wechselseitiger empathischer Aufmerksamkeit hergestellt. In der Regel passt sich dadurch die verbale und nonverbale Kommunikation an. Durch die Spiegelneurone (siehe Kapitel „Empathie") geschieht dies ganz automatisch, wenn Menschen miteinander in Kontakt treten. Die Anpassung ist aber umso stärker, je positiver der Kontakt durch den Einzelnen bewertet wird (6).

Umgekehrt heißt das, dass Sie Vertrauen und emotionale Aufnahmebereitschaft aufbauen können, wenn Sie Ihre Körpersprache an Ihren Gesprächspartner anpassen. Dafür müssen Sie nur Ihre natürlichen Fähigkeiten, die Sie unbewusst tagtäglich nutzen, bewusst anwenden und verfeinern. Passen Sie sich also einfühlsam und mit Respekt an die Körpersprache Ihres Gesprächspartners an, unterlassen Sie aber ein übertriebenes und wahlloses Kopieren seiner Bewegungen. Dies wird von Menschen nämlich in der Regel als Angriff verstanden und kann zum Entzug von Aufnahmebereitschaft führen.

Die Körpersprache Ihres Gesprächspartners wird neben individuellen Faktoren auch durch seinen präferierten Sinneskanal (siehe Kapitel „Sinneskanäle“) und seinen gerade aktiven Wirkungsanteil (siehe Kapitel „Wirkung“) geprägt. Wie Sie sich hier angleichen können, ist in den jeweiligen Kapiteln beschrieben.

5. Dem Gesprächspartner dazu verhelfen, seine Wahrnehmung zu verändern

Jemandem dazu verhelfen, seine Wahrnehmung zu verändern, bedeutet, ein Umdenken bei ihm herbeizuführen, das dazu führt, dass er von ihm wahrgenommene „Schwächen“ Ihres Erscheinungsbildes nicht (mehr) in den Vordergrund stellt oder negativ bewertet. Unterstützen Sie Ihren Gesprächspartner dabei, seine Vorannahmen und negativen Prägungen, welche mit Ihrem Erscheinungsbild assoziiert sind, zu hinterfragen und aufzulösen. Dafür kann es hilfreich sein, Ihrem Gesprächspartner seine Werte (z. B. seine „Konventionalität“ trifft auf Ihre „Extravaganz“) oder seine Grundüberzeugungen (z. B. „Kleine Menschen sind …“ oder „Ein Mann ohne Krawatte ist …“), die zu Generalisierungen führen, bewusst zu machen. Betrifft die mangelnde Kompatibilität Teile Ihres Erscheinungsbildes, die Sie zwar ändern könnten, aber nicht wollen (z. B. Frisur, Tattoos, spezieller Kleidungsstil), kann es helfen zu erklären, warum Sie diese haben. Oftmals werden Dinge abgelehnt, einfach nur, weil sie nicht verstanden werden.

Ziel ist auf jeden Fall, in der Wahrnehmung Ihres Gesprächspartners zwei Attribute Ihrer Person voneinander zu entkoppeln (z. B. „Alter“ von „Kompetenz“ oder „Aussehen“ von „Intelligenz“).

DAS WICHTIGSTE IN KÜRZE

- Anhand des Erscheinungsbildes treffen Menschen innerhalb weniger Millisekunden die Entscheidung, ob sie eine Person z. B. als sympathisch, kompetent und selbstbewusst einschätzen.
- Die Bewertung hängt dabei von den unterschiedlichen Filtern (z. B. Werte, Kultur, Grundüberzeugungen) und den kognitiven Verzerrungen eines Menschen ab.
- Das Erscheinungsbild setzt sich aus den physiologischen Faktoren, der Körpersprache und dem Stil eines Menschen zusammen, welche miteinander in Wechselwirkung stehen.
- Ihr Erscheinungsbild sollte passend zum Kontext und kompatibel zu Ihrem Gesprächspartner sein.
- Es gibt verschiedene Möglichkeiten, das eigene Erscheinungsbild zu kompensieren, anzupassen oder zu thematisieren, um das Herstellen von emotionaler Aufnahmebereitschaft beim Gesprächspartner zu unterstützen.

BEISPIELE: ANWENDUNG IN DER DIGITALEN KOMMUNIKATION

- Die meisten Aspekte des Erscheinungsbildes fallen weg, da sich die Kommunikationspartner nicht sehen (außer bei Video-Konferenzen). Die Einschätzung Ihres Erscheinungsbildes kann allerdings auf andere Art und Weise erfolgen, z. B.:
  - Bei einem Gespräch mittels Internet-Telefonie liegt der Fokus auf Ihrem Sprechverhalten (z. B. Dialekt).
  - Der Kommunikationspartner kann Ihr Erscheinungsbild anhand eines Fotos aus dem Internet einschätzen.
- Bei Video-Konferenzen können die Kommunikationspartner z. B. durch entsprechende Positionierung der Webcam darüber entscheiden, wie viel ihres Erscheinungsbildes sie dem anderen zeigen wollen (z. B. Hemd mit Krawatte am Oberkörper und Jogginghose an den Beinen).

VERTIEFENDE LITERATUR

Ulrike Mayer: Perfekte Kleidung fördert die Karriere. Wien, Amalthea Signum Verlag, 2011

Samy Molcho: Alles über Körpersprache: Sich selbst und andere besser verstehen. München, Wilhelm Goldman Verlag, 2001

3.3 Physiologische Filter

Die physiologischen Filter eines Menschen beziehen sich auf körperliche Ausprägungen durch Genetik und Umweltfaktoren, welche teilweise durch bewusstes oder unbewusstes Training ausgebaut und ergänzt wurden. Durch die eigenen physiologischen Möglichkeiten und Einschränkungen wird zum einen die Wahrnehmung eines Menschen geprägt. Bestimmte Informationen werden z. B. aufgrund einer angeborenen Farbenblindheit gar nicht aufgenommen oder individuell bewertet. Dementsprechend kann alleine dadurch schon eine verminderte Aufnahmebereitschaft entstehen. Zum anderen kann die Wahrnehmung und Bewertung physiologischer Faktoren bei anderen (z. B. Körpergröße, Behinderung, Geschlecht, ...) ebenfalls einen großen Einfluss auf die emotionale Aufnahmebereitschaft haben. Wichtige physiologische Filter sind im nachfolgenden Kapitel näher beschrieben.

3.3.1 Sinneskanäle

„Die Sinne sind uns Brücke vom Unfassbaren zum Fassbaren."
(August Macke)

Wer die Wahl hat ...
Alexander Nahr hatte schon bessere Laune gehabt, wenn er morgens um neun Uhr seinen Job als Verkäufer in der Herrenabteilung des renommierten Modehauses Wehl antrat. Dafür gab es auch einen guten Grund: Der gerade einmal 20-jährige Mann musste an diesem Morgen bei seinem Verkaufsleiter antreten. Er war noch nicht einmal vier Wochen bei Wehl und hatte die Umsatzvorgaben nicht erreicht. Das galt allerdings für die gesamte Abteilung, nicht nur für Alexander Nahr. Der Umsatz des gesamten Modehauses ließ zu wünschen übrig, und so schwor der neue Chef seine Mitarbeiter auf bessere Leistungen ein. Soll heißen: Verkaufen, Verkaufen und noch mal Verkaufen. Die Verkaufszahlen stimmten nicht. Natürlich lag das nicht an den Verkäufern allein, sondern eher am Gesamtkonzept der

Firma. Aber die Verkäufer sind nun einmal an vorderster Front und haben direkten Einfluss auf den Umsatz. Da Alexander Nahr zu den jüngsten Mitarbeitern zählte, machte ihm der Chef klar und deutlich, dass er auch zu den Ersten gehören würde, die von etwaigen notwendigen Kündigungen betroffen sein würden. Entsprechend mies war natürlich die Laune von Alexander Nahr, als er sich noch kurz mit seinen Kollegen besprach. Die hatten ähnliche ‚Motivationsgespräche' mit dem neuen Chef über sich ergehen lassen müssen. Um neun Uhr wurden die Türen geöffnet, und da wunderbares Frühsommer-Wetter herrschte, hofften alle auf einen erfolgreichen Tag. Viele Menschen tummelten sich einem Morgen wie diesem in der Fußgängerzone der Großstadt, wo Wehl seinen Sitz hatte.

„Die sollten ihre Werbung mal ein bisschen wörtlicher nehmen!", sagte Uwe Böckel zu seiner Frau Christina, als die beiden aus dem Kaufhaus Kerdorf kamen. „Von wegen, bei uns finden Sie alles in allen Größen zu günstigen Preisen."

„Du bist aber auch wählerisch!", meinte Frau Böckel zu ihrem Mann. Sie hatte recht, denn Uwe Böckel war wirklich in allen Lebenslagen ein ziemlich wählerischer Mensch. Kompromisse waren nicht seine Stärke. Bei ihm musste immer alles seinen Wünschen entsprechen. „Komm, lass uns doch mal zu Wehl gehen! Da bist du doch schon immer fündig geworden."

Das Ehepaar schlenderte durch die Fußgängerzone der Altstadt und genoss das schöne Wetter. Das taten viele andere Menschen auch, denn es war einiges los. Am Ende der Einkaufsmeile lag das Modehaus Wehl, ein Traditionsunternehmen der Stadt und als ‚Haus der Markenkleidung' seit vielen Jahren ein Begriff. Bei Wehl herrschte kein so dichtes Treiben wie vorhin bei Kerdorf. Unten im Foyer, in der Damenabteilung, bummelten nur ein paar Frauen durch die Drehständer und schauten sich diverse Kleidungsstücke an. Gut angezogene und teilweise sehr attraktive Verkäuferinnen versuchten ihr Bestes, um der weiblichen Kundschaft den Kauf verbal so schmackhaft wie nur möglich zu machen. Christina Böckel blieb an einem der Drehständer stehen und schaute sich ein paar Damenblusen an. Dann gingen sie zur Rolltreppe und fuhren hinauf in den zweiten Stock. Zur Herrenabteilung.

Alexander Nahr beobachtete die Böckels, als sie mit der Rolltreppe in seine Abteilung kamen. Sein noch nicht ganz so erfahrener Verkäuferblick signalisierte: gut situiertes, kauffreudiges Ehepaar. Er Mitte fünfzig, etwas pummelig, gepflegt gekleidet. Sie ebenfalls sehr gut und elegant gekleidet. „Die suchen was Außergewöhnliches und geben dafür auch Geld aus", kombinierte Alexander Nahr. Der zackige junge Mann rückte seinen dunklen Maßanzug zurecht, richtete noch einmal die Krawatte und ging in Richtung Kunden.

Die Böckels schauten sich erst die Freizeithemden an und schlenderten langsam zu den Poloshirts.

„Da, schau mal, Schatz!", sagte Frau Böckel zu ihrem Mann und zeigte auf die fünf Drehständer, wo unzählige Poloshirts hingen. Wahrhaftig, eine viel größere Auswahl als vorhin in dem Kaufhaus. Alexander Nahr beobachtete alles und schlich sich vorsichtig aus dem toten Winkel an die ‚kaufwillige' Kundschaft heran.

„Guten Morgen!", sagte er und setzte ein freundliches Lächeln auf. „Kann ich Ihnen behilflich sein?"

„Ja, mein Mann sucht ein paar bequeme Poloshirts!"

Alexander Nahr begann professionell, die Polos auf dem Drehständer zu sortieren. „Da haben wir gewiss das Richtige für Sie!" Ein kurzer Blick auf die untersetzte Figur des Kunden und Alexander Nahr wusste, nach welcher Größe er suchen sollte. Er nahm drei verschiedenfarbige Polos desselben Typs und zeigte sie Herrn Böckel. Der nahm eins davon in die Hand und fühlte mit den Fingern den Stoff.

„Oh, das ist aber ein dicker Stoff!", meinte Herr Böckel etwas skeptisch. „Der kratzt doch, oder?"

„Probieren Sie die doch einfach mal!", antwortete der Verkäufer und schickte Herrn Böckel in die Umkleidekabine. Der kam nach einigen Minuten wieder heraus und trug das blaue Shirt.

„Wuuaauuhhh ...“, meinte Alexander Nahr. „Das sieht ja toll aus!“

Er zeigte auf den großen Spiegel. Herr Böckel stellte sich davor und drehte sich erst nach links und dann nach rechts.

„Ja, es sieht wirklich schön aus, aber ich weiß nicht, der Stoff trägt sich nicht so angenehm!“ Man konnte Herrn Böckel ansehen, dass er sich in diesem Shirt alles andere als wohl fühlte. Der Verkäufer lobte das Shirt und betonte immer wieder den sportlichen, modernen Schnitt und die gelungene Farbkombination. Herr Böckel schaute sich währenddessen ständig im Spiegel an, drehte seinen Oberkörper hin und her, hob die Schulter an und ließ sie wieder fallen, schüttelte sich dann und sagte: „Nein, das passt mir irgendwie nicht! Der Stoff fühlt sich so hart und kratzig an“

„Dann versuchen wir es doch einmal mit einer anderen Marke!“, sagte der Verkäufer sehr freundlich. Doch es passte ihm gar nicht in die Strategie, denn die drei ausgesuchten Shirts gehörten zu einer teuren Luxusmarke. Aber davon gab es hier ja noch mehr und der Verkäufer fand schnell Ersatz. Er wählte eine Trendmarke aus, die von vielen Kunden gerne gekauft wurde und die auch diverse Promis ausstattet. „Dann drehe ich ihm eben diese an“, dachte sich Alexander Nahr. „Probieren Sie die mal! Diese Marke trägt der ‚Mann von heute‘“, flötete er dann auch gleich.

Fünf Minuten später kam Herr Böckel wieder aus der Kabine. Seine Frau machte erstaunte große Augen und lächelte.

„Toll!“, rief Alexander Nahr Herrn Böckel zu. „Sie sind ja ein richtiger Blickfang! Das steht Ihnen perfekter als perfekt und betont ganz besonders Ihren männlichen Teint. Was meinen Sie, gnädige Frau?“

„Du siehst ja aus wie Dieter Bohlen!“

„Ja, findest du?“ Herr Böckel schaute in den Spiegel, betrachtete sich von Kopf bis Fuß und schüttelte sich wieder wie vorhin. „Das sieht wirklich toll aus und die Farbe und diese Aufschrift gefallen mir auch, aber irgendwie ...“

„Das sieht an Ihnen wirklich sehr, sehr gut aus, mein Herr!“

„Das mag ja sein, aber es passt nicht!“, sagte Herr Böckel. Seine Stimme klang nun etwas genervt. „Das zieht hier am Bauch und der Stoff fühlt sich auch nicht so gut an.“

Alexander Nahr ärgerte sich über diesen ‚eigensinnigen‘ Kunden. Irgendwie auch verständlich, denn alle diese Shirts standen Herrn Böckel wirklich gut. Auch seine Frau war dieser Meinung. Doch Böckel selbst schien das nicht zu überzeugen. Alexander Nahr holte noch ein paar weitere Polos. Zwar andere Marken, aber stets dieselbe Schnittrichtung und denselben Typ: Modern Line, also eng anliegende und figurbetonende Stile. Immer wieder lobten er und Frau Böckel die schönen Farben und bestätigten, wie toll Herr Böckel darin doch aussah. Alexander Nahrs Kollege stand die komplette Zeit in unmittelbarer Nähe und beobachtete die ganze Prozedur. Als Herr Böckel auch nach der fünften Marke nicht zufrieden war, drückte er dem Verkäufer die Shirts in die Hand.

„Ich danke Ihnen für Ihre Mühe, aber ich glaube, wir werden hier nicht fündig!", sagte Herr Böckel höflich und wandte sich seiner Frau zu. „Komm, Spatzl, wir gehen!"

Die Böckels verließen die Abteilung und ließen einen enttäuschten Alexander Nahr mit einigen Poloshirts in der Hand zurück. Kopfschüttelnd sortierte er diese wieder ein.

„Echt blöd!", schimpfte Alexander Nahr.

„Da bist du schön selber schuld, lieber Alex!", sagte sein älterer Kollege.

„Wieso?"

„Ja, hast du denn Tomaten auf den Augen oder Sand in den Ohren? Oder steht ein Lkw auf deiner Leitung?", meinte Nahrs Kollege vorwurfsvoll. „Hast du nicht gecheckt, dass es den nicht die Bohne interessiert, wie die Shirts aussehen? Der will, dass die vor allem eines sind: bequem zu tragen und ihm nicht um den Bauch spannen! Du betonst nur, wie toll die Dinger aussehen. Das ist dem doch wurscht!"

„Und was hätte ich deiner Meinung nach tun sollen?"

„Ihm das verkaufen, was er kaufen will!"

Alexander Nahr schaute seinen erfahrenen Kollegen fragend an. Der lächelte und sagte: „Ein guter Verkäufer agiert wie ein guter Schriftsteller: Er spricht die Sinne des Kunden an!"

***

Sie werden bemerkt haben, dass sich Herr Böckel immer unwohler in seiner Haut fühlte und immer ablehnender wurde, je mehr Herr Nahr betonte, wie gut er in dem Poloshirt aussah. Wie kam es, dass dies Herrn Nahr nicht auffiel? Menschen tendieren aus ihrer Natürlichkeit heraus dazu, bei ihrem Gegenüber genau den Sinneskanal zu adressieren, den sie selbst bevorzugen; dieser kann auch als „präferierter Sinneskanal" bezeichnet werden. Dies muss aber für das Gegenüber nicht immer die beste Strategie sein. Unverständnis, Missverständnisse und das Entziehen der Aufnahmebereitschaft können die Folge sein. In der Geschichte orientierte sich der Verkäufer nur an seinem stark ausgeprägten visuellen Sinneskanal. Damit holte er Herrn Böckel allerdings nicht ab, denn diesem ging es vielmehr um das Gefühl („kinästhetischer Sinneskanal"). Folglich brach dieser den Einkauf ab, weil er nicht mehr aufnahmebereit war.

FAKTEN

Je nach Kontext wird einem Sinneskanal mehr Aufmerksamkeit geschenkt.

Jeder Mensch wird im Laufe eines Tages mit unzähligen Informationen aus der Umwelt konfrontiert. Diese Informationen werden mit den Sinneskanälen wahrgenommen und an das Gehirn weitergeleitet, wo sie entschlüsselt und miteinander verknüpft werden. Grundsätzlich sind bei jedem Menschen alle Sinneskanäle aktiv (außer jemand ist z. B. blind oder taub), je nach Kontext wird aber in der Regel einem Sinn mehr Aufmerksamkeit geschenkt. Ist jemand z. B. in einer Galerie, wird er tendenziell eher mit den Augen wahrnehmen, in einem Konzert vielleicht eher mit den Ohren. Beim Denken und Erinnern hingegen kristallisieren sich im Laufe des Lebens aber bei den meisten Menschen ein bis zwei „Lieblings-Sinneskanäle" heraus. Der eine Mensch denkt z. B. in klaren inneren Bildern, der andere spricht innerlich mit sich selbst, und wieder ein anderer nimmt ein Gefühl wahr. Schon ab einem Alter von elf oder zwölf Jahren gibt es hier bei vielen Menschen eine klare Präferenz (6).

Für die Kommunikation können folgende drei Sinneskanäle unterschieden werden: Sehen (*visueller Sinneskanal*), Hören (*auditiver Sinneskanal*) und Fühlen (*kinästhetischer Sinneskanal*). Die beiden anderen Sinne – Geruch und Geschmack – können für die Aufnahmebereitschaft natürlich auch eine Rolle spielen (z. B. „jemanden riechen können"), im Hinblick auf Gesprächsinhalte sind sie aber eher schwer zu bedienen. Abhängig vom präferierten Sinneskanal sprechen und verhalten sich Menschen unterschiedlich. Dies hat neben den sprachlichen Inhalten auch Auswirkungen auf Stimme und Körpersprache (6; 22; 72).

Nachfolgend sind die Erkennungsmerkmale von Reinformen der drei Sinneskanäle beschrieben. Beachten Sie hier bitte für die Praxis, dass bei Menschen immer alle Sinneskanäle aktiv sind. Sie werden also stets auch Erkennungsmerkmale aller Kanäle zeigen. Es gibt lediglich meist einen Sinn, den sie gewohnheitsmäßig vorrangig verwenden und über den sie differenzierter wahrnehmen. Ein weiterer kann auch noch von entscheidender Bedeutung sein, der dritte steht oftmals nicht so im Fokus.

Präferierter visueller Sinneskanal

Menschen mit präferiertem visuellem Kanal sprechen oft laut, schnell und mit viel Gestik. Die Inhalte handeln dabei häufig von Visionen oder Bildern:

„Das kenne ich vom Sehen“, „Ich kann hinter die Fassade schauen“, „Ich sehe Licht am Ende des Tunnels“, ...

Die verwendeten Wörter haben oft mit dem Auge oder Sehen zu tun, es werden also Verben wie *„sehen“, „schauen“* oder *„beobachten“* genutzt. Auch Farb- und Größenangaben sowie die Beschreibung von Formen (*„gerade“, „krumm“*, ...) und Zuständen (*„grell“, „düster“, „neblig“*, ...) kommen häufig vor.

Menschen mit präferiertem visuellem Kanal wollen in Gesprächen meist nicht so sehr ins Detail abtauchen. Zu ausschweifende Ausführungen langweilen sie und sie tun Dinge gerne „schnell“: *„Lass uns noch schnell etwas essen gehen“, „Ich gehe mal schnell rüber zu Herrn Maier“, „Ich hole Ihnen das gerne schnell aus dem Archiv“.*

Der Hang zur Schnelligkeit spiegelt sich auch in der Körpersprache wider. Menschen mit präferiertem visuellem Kanal gehen meist mit großen, energischen Schritten und drehen dabei auch Kopf und Körper sehr zügig. Auch die Augenbewegungen erfolgen mit hoher Geschwindigkeit. Wenn sich Menschen mit präferiertem visuellem Kanal langweilen, schweifen sie mit dem Blick ab und werden körperlich hibbelig.

Im Hinblick auf die Kleidung sind Menschen mit präferiertem visuellem Kanal oftmals sehr geschmackvoll und stimmig gekleidet. Vor allem bei den Frauen sind z. B. Accessoires (farblich) perfekt aufeinander abgestimmt (z. B. Schal und Handtasche).

Präferierter auditiver Kanal

Menschen mit präferiertem auditivem Kanal sprechen eher in einem leisen, monotonen Ton. Sie denken oft länger nach, bevor sie etwas aussprechen, und der Inhalt ist dann sorgfältig abgewogen. Im Gespräch drehen sie ihren Gesprächspartnern öfter ein Ohr zu und suchen weniger den direkten Augenkontakt. Dies ist ein Zeichen von Aufmerksamkeit und Wertschätzung.

In der Sprache von Menschen mit präferiertem auditivem Kanal kommen oft Inhalte vor, die mit dem Hören zu tun haben: *„Ich bin ganz Ohr"*, *„Er hüllt sich in Schweigen"*, *„Das ist wie Musik in meinen Ohren"* oder *„Jetzt ist es für mich verständlich"*.

Benutzte Wörter sind häufig: *„reden"*, *„hören"*, *„lauschen"*, *„verstehen"* oder z. B. *„laut/leise"*.

Menschen mit präferiertem auditivem Kanal sind meist rational-logisch orientiert. Im ersten Kontakt wirken sie oft intellektuell und/oder etwas reserviert. Sie lieben Listen und Erklärungen, müssen Dinge ganz genau wissen und gehen gerne ins Detail. Aussagen akzeptieren sie häufig nur, wenn sie klar belegbar sind.

Die Körpersprache und Mimik von Menschen mit präferiertem auditivem Kanal ist meist reduziert, der Gang ist ruhig und eher bedächtig.

Präferierter kinästhetischer Kanal

Menschen mit präferiertem kinästhetischem Kanal sprechen meist langsam und sanft und überlegen oft eine Weile, bevor sie etwas sagen. Sie sind eher gemütlicher, kommen nicht immer gleich auf den Punkt und verlieren sich mitunter in Details. In der Sprache finden sich viele Redewendungen und Wörter, die mit dem Gefühl zu tun haben: *„Ich habe ein gutes Bauchgefühl"*, *„Da bin ich richtig in Schwung gekommen"*, *„Ich konnte die Distanz förmlich spüren"*, ...

Als Wörter werden häufig *„fühlen"*, *„erleben"*, *„spüren"*, *„weich/hart"*, *„heiß/kalt"* oder z. B. *„leicht/schwer"*, ... verwendet.

Menschen mit präferiertem kinästhetischem Kanal müssen sich selbst und andere „spüren" können. Dazu gehört – neben dem emotionalen Spüren – auch, dass manche im Gespräch die Berührung mit sich und mit dem Gesprächspartner (z. B. an der Schulter oder dem Unterarm) suchen. Fühlt sich ein Mensch mit präferiertem kinästhetischem Kanal hingegen mit seinem Gesprächspartner nicht wohl, wird er meist keinen weiteren körperlichen Kontakt aufbauen.

Die Gangart eines Menschen mit präferiertem kinästhetischem Kanal ist langsam und bedacht, auch seine Körpersprache ist beschaulich. Bei der Kleidung ist Komfort wichtiger als Mode und Eleganz.

Was Augenbewegungen verraten

Zusätzlich zu den oben beschriebenen Erkennungsmerkmalen lässt sich in Gesprächen der gerade präferierte Sinneskanal auch an den Augenbewegungen einer Person feststellen.

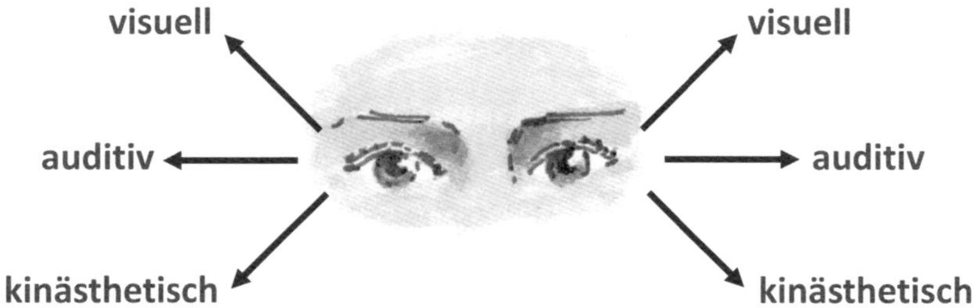

Wenn Menschen sich unterhalten oder nachdenken, neigen sie dazu, die Augen zu bewegen. Diese Bewegungen sind dabei nicht zufällig, sondern abhängig davon, wie sie gerade nachdenken bzw. ihre Erinnerungen abrufen. Bei präferiertem visuellem Kanal geschieht dies überwiegend in Form von Bildern, bei präferiertem auditivem Kanal als Töne und bei präferiertem kinästhetischem Kanal als Gefühl. Die Augen bewegen sich beim Abrufen von Erinnerungen oder beim Nachdenken jeweils dorthin, wo gerade die höchste neuronale Aktivität herrscht (6).

Werden Bilder abgerufen, wandern die Augen nach oben und es wirkt, als würden die Menschen zur Decke schauen. Dies erfolgt, da visuelle wahrgenommene Eindrücke im sogenannten visuellen Kortex im Occipitallappen (liegt im hinteren oberen Bereich des Gehirns) abgespeichert werden.

Bewegen sich die Augen in der Waagrechten nach rechts und links hin und her, findet der Zugang zu Erinnerungen oder Gedanken über Töne, Geräusche oder Stimmen, also auditiv, statt. Die höchste Aktivität ist dabei in der Hörrinde, welche sich im Temporallappen des Gehirns (hinter den Ohren lokalisiert) befindet.

Kinästheten bewegen ihre Augen nach unten in Richtung Bauchraum, wo der Magen-Darm-Trakt ein selbstständig arbeitendes Nervensystem – das sogenannte enterische Nervensystem – besitzt. Es wird umgangssprachlich auch „Bauchgehirn“ genannt.

Während eines Gesprächs wandern die Augen eines Menschen natürlich nicht immer in die gleiche Richtung, weil ja wie beschrieben immer alle Sinne aktiv sind. Trotzdem kann meist eine unterschiedliche Häufigkeit der Richtungen beobachtet werden. Diese liefert ein Indiz für den präferierten Sinneskanal einer anderen Person.

ANWENDUNG

Wie Sie vorgehen können, um den präferierten Sinneskanal Ihres Gesprächspartners beim Herstellen von emotionaler Aufnahmebereitschaft nutzen zu können, ist nachfolgend zusammengefasst:

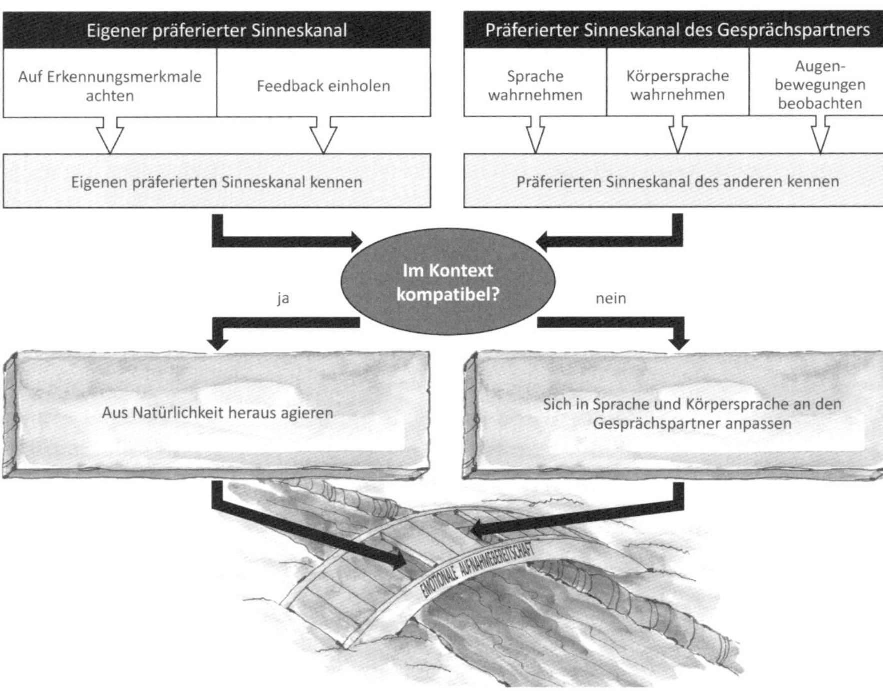

Wichtige Voraussetzung ist, dass Sie sich zunächst über Ihren eigenen präferierten Sinneskanal (im Gesprächskontext) bewusst werden und die damit einhergehenden Merkmale kennen. Nur so können Sie die Relation zu Ihrem Gesprächspartner ableiten und ggf. eine entsprechende Anpassung Ihrer Kommunikation (z. B. langsamer oder schneller sprechen) vornehmen. Zur Einschätzung Ihres präferierten Kanals können Sie die

Erkennungsmerkmale im Theorieteil erneut durchgehen und reflektieren, welche sich davon bei Ihnen zeigen. Zusätzlich können Sie sich dazu natürlich auch ein Feedback einer anderen Person einholen. Viele eigene Erkennungsmerkmale werden einem nämlich selbst nicht bewusst, andere Menschen nehmen sie aber durchaus wahr. Im zugehörigen Arbeitshandbuch finden Sie außerdem einen Fragebogen, mit welchem Sie sich selbst einschätzen können.

Um im nächsten Schritt herauszufinden, welcher Kanal bei Ihrem Gesprächspartner (gerade) präferiert ist und somit für die höchste emotionale Aufnahmebereitschaft sorgen kann, gilt es, den anderen genau zu beobachten (Körpersprache und Augenbewegungen). Zusätzlich sollten Sie darauf achten, welche Worte das Gegenüber vermehrt benutzt und auf welche Art und Weise dieses spricht (schnell, sanft, ...).

Die wichtigsten Erkennungsmerkmale der drei Sinneskanäle finden Sie hier nochmals zusammengefasst:

		Visuell	**Auditiv**	**Kinästhetisch**
SPRACHE	**Inhalt**	Bilder, Visionen	Töne, Klänge	Gefühl, Empfindungen
	Sprech-geschwin-digkeit	schnell	mittel	langsam
	Ton/Klang	laut bis schrill	monoton	sanft
KÖRPER-SPRACHE	**Körper-bewegung**	schnell, energisch	ruhig, bedächtig	langsam, beschaulich
	Gestik	stark ausgeprägt, „malen Bilder“ mit den Händen	wenig ausgeprägt	ruhig und langsam, manchmal Körperkontakt suchend
	Augen-bewegung	nach oben	in der Waagrechten	nach unten

Beispiele für typische Wörter und Redensarten finden Sie hier (adaptiert nach (6)):

	Visuell	Auditiv	Kinästhetisch
WÖRTER	Sehen, Bild, Fokus, Vorstellung, Einsicht, visualisieren, Illusion, Perspektive, scheinen, reflektieren, zeigen, klarmachen, schauen, durchblicken, beäugen, fokussieren, enthüllen, vorhersehen, Vision, illustrieren, beobachten, Aussicht, Vorschau, überwachen, offenbaren, verschwommen, dunkel	Sagen, Akzent, Rhythmus, laut, Ton, erklingen, Geräusch, taub, monoton, klingen, fragen, betonen, hörbar, verständlich, diskutieren, verkünden, anmerken, zuhören, Schall, rufen, sprachlos, mündlich, mitteilen, Stille, harmonisch, schrill, ruhig	Berührung, umgehen mit, Kontakt, drücken, fest, warm, kalt, rau, in Angriff nehmen, schieben, Druck, einfühlsam, greifbar, Spannung, anfassen, kompakt, sanft, begreifen, halten, kratzen, solide, schwer, glatt
REDEWENDUNGEN	„Ich sehe, was Sie meinen." „Wir haben die gleiche Perspektive/den gleichen Blickwinkel." „Ich habe nur eine verschwommene Vorstellung." „Er hat einen blinden Fleck." „Zeigen Sie mir, was Sie meinen." „Dies wird ein wenig Licht in die Angelegenheit bringen." „Es scheint mir ..." „Der Schatten eines Zweifels" „Einen trüben Blick haben" „Die Zukunft sieht strahlend aus."	„Auf der gleichen Wellenlänge" „In Harmonie leben" „Das klingt gut." „Ins eine Ohr rein, aus dem anderen wieder raus" „Taub sein für ..." „Da klingelt es in den Ohren." „Den richtigen Ton anschlagen" „Das ist Musik in meinen Ohren." „Wort für Wort" „Unerhört" „Unmissverständlich ausdrücken" „Eine Audienz geben" „Halten Sie Ihre Zunge im Zaum." „Laut und deutlich"	„Ich möchte stärker in Kontakt kommen." „Ich kann die Idee begreifen." „Es ging mir bis auf die Knochen." „Ein warmherziger Mensch" „Ein harter Bursche" „Dickfellig/Dünnhäutig" „An der Oberfläche kratzen" „Ich kann meine Hand dafür nicht ins Feuer legen." „Daran zerbrechen" „Halten Sie sich unter Kontrolle." „Feste Grundlage" „Hitziger Streit" „Es funktioniert reibungslos."

Kennen Sie schließlich sowohl Ihren eigenen präferierten Sinneskanal als auch den Ihres Gesprächspartners, sollten Sie überprüfen, ob diese im Kontext kompatibel sind. Sind sie das, können Sie aus Ihrer Natürlichkeit heraus agieren, andernfalls sollten Sie sich in Sprache und Körpersprache an Ihren Gesprächspartner anpassen. So adressieren Sie seinen präferierten Sinneskanal und verwenden die „Sprache", die Ihr Gesprächspartner „versteht". Dazu gehört auch, dass Sie ihm z. B. beim Lernen die Möglichkeit lassen, dies auf eine zu seinem präferierten Sinneskanal passende Weise zu tun. Nachfolgend finden Sie für jeden Sinneskanal zusammengefasst, was Sie in der Praxis genau tun können, um die emotionale Aufnahmebereitschaft Ihres Gesprächspartners zu fördern:

1. Emotionale Aufnahmebereitschaft bei präferiertem visuellem Kanal

Ein Mensch mit präferiertem visuellem Sinneskanal braucht ansprechende optische Eindrücke, um aufnahmebereit zu sein. Wählen Sie eine bildliche Sprechweise und illustrieren Sie das, was Sie sagen, durch Bilder, Geschichten oder Beispielgegenstände. Verwenden Sie dabei Wörter, die mit dem Auge oder Sehen assoziiert sind. Achten Sie während des Gesprächs darauf, dass Sie Blickkontakt halten.

Passen Sie sich außerdem an die gegebenenfalls (schnelle) Sprechgeschwindigkeit Ihres Gesprächspartners an, vermeiden Sie ausschweifende Darstellungen und kommen Sie schnell auf den Punkt.

Stellen Sie Argumente und/oder Informationen als Grafiken oder Schaubilder (z. B. ein Prospekt mit Bildern und möglichst geschmackvollem Layout) bereit. Hier gilt wirklich das bekannte Sprichwort: „Ein Bild sagt mehr als tausend Worte."

Auch das äußere Erscheinungsbild trägt bei den meisten Menschen mit präferiertem visuellem Kanal maßgeblich zur emotionalen Aufnahmebereitschaft bei. Achten Sie auf stimmige und zu Anlass und Typ passende Kleidung. Andernfalls kann es sehr schnell bereits im ersten Eindruck zur Entziehung der Aufnahmebereitschaft oder Berechtigung kommen (vgl. Kapitel „Erscheinungsbild").

In nachfolgender Tabelle sind wirkungsvolle Anpassungen der Besonderheiten Ihres eigenen präferierten Sinneskanals an den visuellen Sinneskanal dargestellt:

<table>
<tr><th colspan="2">EIGENER PRÄFERIERTER SINNESKANAL</th><th>Auditiv</th><th>Kinästhetisch</th><th>Visuell</th></tr>
<tr><td rowspan="5">VISUELL (Gesprächspartner)</td><td>Inhalt</td><td colspan="2">Mehr bildliche Sprache und Illustrationen nutzen, im Überblick bleiben</td><td rowspan="5">Meist keine Anpassung notwendig, da aus Natürlichkeit heraus passend</td></tr>
<tr><td>Sprechgeschwindigkeit</td><td colspan="2">Schneller sprechen</td></tr>
<tr><td>Ton/Klang</td><td>Lauter und weniger monoton sprechen</td><td>Härter und lauter sprechen</td></tr>
<tr><td>Körperbewegung</td><td colspan="2">Beschleunigen</td></tr>
<tr><td>Gestik</td><td>Mehr Gestik einsetzen</td><td>Beschleunigen, keine Berührungen des anderen</td></tr>
</table>

2. Emotionale Aufnahmebereitschaft bei präferiertem auditivem Kanal

Ein Mensch mit präferiertem auditivem Kanal braucht zur Herstellung von Aufnahmebereitschaft klar belegbare Fakten. Argumentieren Sie mit – am besten bis ins Detail durchdachten – Zahlen und Daten, die idealerweise auch noch wissenschaftlich untermauert sind. Nutzen Sie dabei Wörter und Redewendungen, die mit dem Ohr oder Hören zu tun haben. Nehmen Sie es nicht persönlich, wenn Ihr Gesprächspartner viele (Nach)Fragen stellt – er trifft Entscheidungen gerne wohlbegründet.

Reduzieren Sie Ihre Körpersprache im Gespräch auf ein Minimum und legen Sie den Fokus mehr auf eine präzise und wohlüberlegte Sprache. Vermeiden Sie Ablenkungen durch Hintergrundgeräusche (Radio, Fernsehen, Gespräche, surrende oder brummende Geräte, …).

Falls Sie von der Natürlichkeit her einen stark ausgeprägten visuellen Kanal haben, drosseln Sie Ihre Sprechgeschwindigkeit, machen Sie mehr Pausen und übernehmen Sie die eher monotone Sprechweise des Auditiven. Als Mensch mit präferiertem kinästhetischem Kanal sollten Sie darauf achten, dass Sie weniger aus der Emotion, sondern mehr aus der Ratio argumentieren. Vermeiden Sie es unbedingt, den Gesprächspartner mit präferiertem auditivem Kanal zu nahe zu kommen oder ihn beim Sprechen zu berühren, das mögen die Wenigsten. Wirkungsvolle Anpassungen sind nachfolgend zusammengefasst:

EIGENER PRÄFERIERTER SINNESKANAL		Visuell	Kinästhetisch	Auditiv
AUDITIV (Gesprächspartner)	Inhalt	Klare, präzise Sprache und auditive Wörter nutzen, mehr ins Detail gehen	Klare Zahlen, Daten und Fakten aufzeigen, auditive Wörter nutzen, nicht aus Emotion heraus argumentieren	Meist keine Anpassung notwendig, da aus Natürlichkeit heraus passend
	Sprechgeschwindigkeit	Langsamer sprechen	-	
	Ton/Klang	Monotoner sprechen	Härter sprechen	
	Körperbewegung	Verlangsamen	Keine Berührungen des anderen	
	Gestik	Gestik reduzieren		

3. Emotionale Aufnahmebereitschaft bei präferiertem kinästhetischem Kanal

Ein Mensch mit präferiertem kinästhetischem Sinneskanal benötigt im Gespräch ein gutes Gefühl und Interesse an seiner Person. Er möchte sich bei seinem Gegenüber sicher und geborgen fühlen, Vertrauen ist die Basis aller Dinge. Nehmen Sie sich deshalb genügend Zeit, um Ihren Gesprächspartner zu verstehen, hören Sie seinen oftmals detaillierten und blumigen Schilderungen interessiert zu und drängen Sie ihn nicht. Dies gilt besonders für die schnellen und häufig ungeduldigen Menschen mit präferiertem visuellem Kanal.

Im Gespräch mit einem Menschen mit präferiertem kinästhetischem Kanal sollten Sie seine konkreten Bedürfnisse auf eine gefühlsbetonte Art und Weise ansprechen (Inhalt, Worte und Redewendungen). Nutzen Sie dabei Geschichten, Metaphern und emotionale Beispiele. Falls möglich, lassen Sie den Gesprächspartner ein Produkt anfassen oder ausprobieren - ersatzweise ein Muster oder einen Prospekt.

Bauen Sie in Ihr Gespräch mit einem Menschen mit präferiertem kinästhetischem Kanal die eine oder andere kleine Berührung ein. Beachten Sie dabei jedoch, dass sich manche Menschen, trotz präferiertem kinästhetischem Kanal, die körperliche Berührung unterbewusst (aufgrund persönlicher Erfahrungen oder gesellschaftlicher Konventionen) abtrainiert haben und diese deshalb auch nicht wollen. Achten Sie darauf, wie viel Nähe und Körperkontakt der andere Ihnen gegenüber zeigt, und passen Sie sich entsprechend an. Weitere Möglichkeiten der Anpassung sind nachfolgend zusammengefasst:

<table>
<tr><th colspan="2">EIGENER PRÄFERIERTER SINNESKANAL</th><th>Visuell</th><th>Auditiv</th><th>Kinästhetisch</th></tr>
<tr><td rowspan="5">KINÄSTHETISCH (Gesprächspartner)</td><td>Inhalt</td><td>Wörter verwenden, die mit dem Gefühl zu tun haben, mehr ins Detail gehen</td><td>Wörter verwenden, die mit dem Gefühl zu tun haben, nicht aus Ratio argumentieren</td><td rowspan="5">Meist keine Anpassung notwendig, da aus Natürlichkeit heraus passend</td></tr>
<tr><td>Sprechgeschwindigkeit</td><td>Langsamer sprechen</td><td>-</td></tr>
<tr><td>Ton/Klang</td><td colspan="2">Sanfter sprechen</td></tr>
<tr><td>Körperbewegung</td><td>Verlangsamen</td><td>Mehr Nähe signalisieren</td></tr>
<tr><td>Gestik</td><td colspan="2">Ggf. Berührung des anderen</td></tr>
</table>

DAS WICHTIGSTE IN KÜRZE

- Informationen aus der Umwelt werden mit den Sinneskanälen wahrgenommen und an das Gehirn weitergeleitet, wo sie entschlüsselt und miteinander verknüpft werden.
- In der Kommunikation spielen vor allem
  - der visuelle
  - der auditive und
  - der kinästhetische Sinneskanal

  eine Rolle.

- Die meisten Menschen haben einen Sinneskanal, den sie gewohnheitsmäßig vorrangig verwenden und über den sie differenzierter wahrnehmen.
- Dieser präferierte Sinneskanal beeinflusst die Sprache und Körpersprache sowie das Verhalten eines Menschen.
- Bei anderen Menschen können Sie den präferierten Sinneskanal anhand von Sprachmustern, der Körpersprache und den Augenbewegungen erkennen.
- Machen Sie sich Ihren eigenen präferierten Sinneskanal (in verschiedenen Kontexten) bewusst, um die Relation zu anderen Menschen wahrzunehmen.
- Um emotionale Aufnahmebereitschaft bei jemandem herzustellen, sollten Sie sich an den präferierten Sinneskanal des Gesprächspartners anpassen.

BEISPIELE: ANWENDUNG IN DER DIGITALEN KOMMUNIKATION

- Körpersprachliche Aspekte, die durch den präferierten Sinneskanal beeinflusst werden, fallen weg (außer bei Video-Konferenzen). Bei einer rein textbasierten digitalen Kommunikation werden zusätzlich die typischen Sprachmuster (Sprechgeschwindigkeit, Ton/Klang) nicht wahrgenommen.
- Bei einer rein textbasierten digitalen Kommunikation (ohne Bilder, Grafiken, Emoticons, ...) werden sowohl der visuelle als auch der kinästhetische Kanal kaum bedient.
- Bei einem Gespräch mittels Internet-Telefonie rücken das Sprachmuster und die Wortwahl, die durch den präferierten Sinneskanal beeinflusst werden, in den Fokus.

VERTIEFENDE LITERATUR

Richard Bandler, John Grinder John: Neue Wege der Kurzzeit-Therapie: Frogs into princes. Paderborn, Junfermann Verlag, 2013

Michael Grinder: Pentimento – Grundsteine der nonverbalen Kommunikation. Köln, Synergeia-Verlag, 2007

Joseph O`Connor, John Seymour: Neurolinguistisches Programmieren: Gelungene Kommunikation und persönliche Entfaltung. Kirchzarten, VAK Verlags GmbH, 2008

3.3.2 Somatische Marker

„Dass alle unsere Erkenntnis mit der Erfahrung anfange, daran ist gar kein Zweifel.“
(Immanuel Kant)

Das dumpfe Gefühl

Die Sonne schien vom blauen Himmel und das Wetter lud an diesem Freitagnachmittag regelrecht zu Aktivitäten im Freien ein. Sabine Sollmann kam gegen 15:00 Uhr nach Hause. Die 29-jährige angehende Gymnasiallehrerin wohnte in der mittelfränkischen Kreisstadt Roth in der Nähe des fränkischen Seenlandes. Sabine war genervt, denn wie fast jeden Tag stand sie schon eine knappe Stunde im Stau. Sabine hatte eine Stellung als Mutterschaftsvertretung am Adam-Kraft-Gymnasium in Nürnberg. Nun war die Frankenmetropole zwar nur an die 20 Kilometer von Roth entfernt und über die Autobahn auch gut zu erreichen, aber das Gymnasium lag mitten in der Stadt. Und da Nürnberg nicht zu den ländlichen Kleinstädten zählt, musste die junge Lehrerin morgens auf dem Hin- und nachmittags oder abends auf dem Heimweg die viel befahrenen Ausfallstraßen benutzen. Und sie kam fast immer in den Berufsverkehr. Jeder, der Opfer der Rushhour einer Großstadt wird, kann ein Lied davon singen, wie sich zähes Stop-and-go im Auto anfühlt. Das schöne Wetter und die Vorfreude auf einen Ausflug ins Grüne mit dem Rad oder ein ausgedehnter Spaziergang um den nahegelegenen Rothsee machten den Ärger allerdings ein klein wenig wett.

Eigentlich konnte Sabine Sollmann froh sein, dass sie mit ihrer speziellen Fächerkombination zurzeit eine Anstellung an einem Gymnasium hatte. Zwar nur befristet, aber immerhin ein Gymnasium. Nach dem Studium und der Referendarzeit hatte die junge Frau sehnsüchtig auf eine feste und dauerhafte Stelle gewartet. Sabine Sollmann war noch ledig und damit örtlich nicht gebunden. Für sie stellte es auch kein Problem dar, sich geografisch zu verändern. Diese Bereitschaft musste sie mitbringen, denn ledige Lehrer werden überall eingesetzt, ohne Rücksicht auf den derzeitigen Wohnort oder die Heimat. Das alles würde Sabine gerne in Kauf nehmen, wenn sie nur endlich eine unbefristete Stelle bekommen würde, in der sie ihren Traumberuf ausüben könnte.

Sabine wohnte am Stadtrand von Roth in einer neu erbauten Wohnanlage in einer gemütlichen und modernen Zweizimmerwohnung unten im Parterre, zu der auch ein direkter Zugang zum Garten gehörte. Ihr Kater Felix begrüßte sie wie jeden Tag mit einem lauten Schnurren und schmuste um ihre Beine herum.

„Na, mein Großer, draußen ist schönes Wetter", sagte Sabine zu ihrem Stubentiger. „Komm, ich lass dich gleich mal raus in den Garten!"

Die junge Frau legte ihre Tasche auf den Sessel im Wohnzimmer und die Post, die sie gerade unten aus dem Briefkasten mitgenommen hatte, auf den Glastisch. Kater Felix hatte wohl auch mitbekommen, dass draußen herrliches Wetter war, und konnte es kaum erwarten, bis sein Frauchen ihm die Terrassentür öffnete. Sabine schaute ihm noch nach, als er auf Tour ging, und freute sich für ihn. Dann ging sie zum Tisch und schaute die Post durch. Ein Brief sorgte dafür, dass ihr Blutdruck leicht anstieg. Das war einer in grauem Umweltpapier. Von der Schulbehörde. Sabines Puls ging schneller, als sie den Brief hastig öffnete. „Nein", dachte sie sich und musste sich erst einmal setzen. Sabine las den kurzen Brief gleich zweimal und konnte es immer noch nicht recht glauben.

Noch am selben Abend traf sich Sabine mit ihren drei besten Freundinnen beim Italiener zu Pizza und Rotwein. Natürlich sollten sie diese grandiose Neuigkeit als Erste erfahren.

„Echt jetzt!", staunte Sabines Freundin Miriam, eine hübsche Blondine mit schlanker Figur. „Das klingt ja wie ein Sechser im Lotto, ein echter Volltreffer!"

„In Wendelstein!", meinte Petra, eine dunkelhaarige, ein klein wenig mollige junge Frau, die ebenfalls als Lehrerin arbeitete.

„Die haben doch letztes Jahr das neue Gymnasium gebaut!", kommentierte Sandra in ihrem unnachahmlichen sächsischen Akzent diese News. „Stimmt doch, oder?"

„Ja!", bestätigte Sabine. „Wendelstein ist ein ganz neues und modernes Gymnasium, das im September erstmals die Arbeit aufnimmt. Sie nehmen mich als feste Lehrerin und ich bekomme auch gleich von Beginn an eine eigene Klasse zur Leitung. Du hast recht, Miri, das ist wirklich wie ein Sechser im Lotto. Und nach Wendelstein sind es gerade mal knappe 20 Kilometer. Das heißt, ich muss nicht umziehen und kann meine Wohnung hier behalten."

„Komm, darauf trinken wir!", schlug Miriam vor. „Ich geb eine Runde aus!"

Sabine Sollmann freute sich an diesem Abend wie eine Schneekönigin. Es wurde eine lange Nacht, mit vielen Runden Rotwein. Sie hatte schließlich Grund zum Feiern.

Zwei Wochen später fuhr Sabine zu ihrem Antrittsbesuch nach Wendelstein und war natürlich aufgeregt. Das steigerte sich vehement, als sie an dem Ortsschild vorbeifuhr, durch die mittelgroße Marktgemeinde zum neuen Gymnasium. Ihr Herz raste noch, als sie vor der Tür des Schulleiters stand. Doch das sollte sich schnell legen. Sowohl der Schulleiter als auch das Lehrerkollegium waren überaus nett und zuvorkommend. Eigentlich alles im grünen Bereich, doch irgendetwas tief in ihr drinnen, ein ganz komisches Gefühl, das ihr aufs Gemüt drückte, blieb übrig. Jedes Mal, wenn sie wieder nach Wendelstein kam und durch den Ort fuhr, fühlte sich Sabine auf eine nicht definierbare Weise unwohl. Warum genau, konnte sich die Gymnasiallehrerin nicht erklären, und so versuchte sie, es einfach zu verdrängen. Vergeblich!

Sabines Freundinnen, von denen ja auch zwei als Lehrerin arbeiteten, konnten es kaum erwarten, die News über die neue Stelle zu erfahren. Dementsprechend groß war auch das Interesse, als sich die jungen Damen an einem Abend trafen.

„... das hat mich dann schon ein bisschen verwundert", erklärte Sabine. Ihre Freundin Petra wollte natürlich ein paar fachspezifische Dinge über das Gymnasium in Wendelstein, den Schulleiter und diverse Interna wissen. „Ein komischer Kauz ist der schon, der Schulleiter. Und als die Arroganz verliehen wurde, hat der sicher auch mehrmals ‚Hier' geschrien. Also irgendwie habe ich da ja gar kein gutes Gefühl mehr."

„Beim letzten Mal warst du doch noch Feuer und Flamme und wir hatten den Eindruck, du hebst die ganze Welt aus den Angeln", meinte Miriam. „Was ist denn so Schlimmes passiert?"

„Nichts!“, antwortete Sabine wahrheitsgemäß. Es war ja wirklich nichts passiert, und was sie über den Wendelsteiner Schulleiter gesagte hatte, stimmte auch nicht ganz. Sabine konnte sich keinen Reim darauf machen, warum plötzlich ihre innere Stimme zu ihr zu sagen schien: „Die ganze Sache mit der neuen Stelle in Wendelstein steht unter einem schlechten Stern.“ Ja, so fühlte sich das in Sabines Innenleben auch an. Aber warum? Alle Rahmenbedingungen passten wie die Faust aufs Auge.

Eine viel zitierte aber wohl nie bewiesene Weisheit besagt: Jede Frau braucht eine andere Frau, der sie vertraut und mit der sie über alles reden kann. Bei Sabine Sollmann war das Gisela Schmelzer. Ihre engste Freundin, die sie schon ein Leben lang kannte. Mit ihr war Sabine bereits in den Kindergarten und in die Schule gegangen. Eine innige Freundschaft verband die jungen Frauen, die stets füreinander da waren, wenn die eine oder andere einmal Redebedarf hatte. Wie an diesem sonnigen Nachmittag in einer Eisdiele am Rothsee.

„Ja aber das klingt doch eigentlich alles perfekt!“, meinte Gisela, nachdem Sabine ihr so ausführlich wie möglich alles über ihre neue Stelle erzählt hatte. „Wo, sagtest du, liegt das Gymnasium? In Wendelstein?“

„Ja, in Wendelstein!“, antwortete Sabine. „Das wurde am Ortsrand ganz neu gebaut und liegt direkt am Wald.“

„Wendelstein, hm …“ Gisela dachte einen Moment nach. „Richtig, Wendelstein! Das ist doch …, na klar, das ist der Ort, wo deine erste große Liebe wohnte, oder? Der Typ, der dich damals so gemein hintergangen hatte. Erinnerst du dich? Der war doch aus Wendelstein! Wie hieß der doch gleich? Jörg?“

„Ja“, dachte Sabine, „der hieß Jörg.“ Und in diesem Moment kam alles wieder hoch. In Jörg hatte sie sich damals unsterblich verliebt. Es war ein toller Mann, sah gut aus, war sportlich, hatte gute Manieren und so weiter. Damals war Jörg die Liebe ihres Lebens und die beiden hatten sich ihre gemeinsame Zukunft in den buntesten Farben ausgemalt. So hatte zumindest Sabine es gesehen. Aber nur sie hatte gemalt. Jörg ließ sie sitzen. Wegen einer anderen, einer Tochter aus gutem und vor allem reichen Hause. Sabine hatte er damals das Herz gebrochen. Und das meldete sich jetzt. Die schmerzenden Erinnerungen, die Sabine in die tiefsten Ecken ihrer Seele verdrängt hatte, kamen wieder zum Vorschein. Immer dann, wenn sie in die Ortschaft Wendelstein kam.

„Ja!“, antwortete Sabine dann auch mit eisiger Miene. „Er hieß Jörg!“

***

Die beschriebene Geschichte zeigt, dass Menschen mit Situationen, Worten, Orten usw. eine Erfahrung verknüpft haben können, die in Sabines Fall negativ bewertet ist. Kommt es zu einem späteren Zeitpunkt zu einem erneuten Kontakt mit dem entsprechenden Reiz (hier dem Ort), können auch die damit verbundenen Emotionen erneut erlebt werden. Ein sogenannter somatischer Marker wird ausgelöst. Die entstehenden Gefühle oder Körperempfindungen haben dann nicht unbedingt etwas mit der aktuellen Situation zu tun, können diese aber stark beeinflussen.

FAKTEN

Der Begriff des somatischen Markers geht auf den Neurowissenschaftler António Damásio zurück. Er stellte die Theorie auf, dass alle Erfahrungen, die ein Mensch im Laufe seines Lebens macht, in seinem emotionalen Erfahrungsgedächtnis gespeichert werden. Jede Erfahrung wird mit einer einfachen Bewertung „positiv, wieder machen“ oder „negativ, künftig vermeiden“ bewertet und gespeichert (73). Der Speicherprozess beginnt dabei schon im Mutterleib, laut Hirnforscher Gerhard Roth bereits in der 5. Embryonalwoche (74). Dieses so gefüllte Erfahrungsgedächtnis teilt sich über emotionale und physiologische Signale mit, die sogenannten somatischen Marker.

Die somatischen Marker eines Menschen sind die Signale seines Erfahrungsgedächtnisses.

Somatische Marker werden von Menschen sehr unterschiedlich wahrgenommen. Manche nehmen sie als Körperempfindung wahr („warmes Gefühl im Bauch“), manche als Emotion („ein Gefühl der Macht“). Andere Menschen nehmen ein Geschehen im Kopf wahr („etwas öffnet sich, ein helles Leuchten“), wiederum andere nehmen sie überhaupt nicht wahr (75). Je nachdem, ob es sich dabei um Marker für Erfahrungen handelt, die das Wohlbefinden eines Menschen gefördert oder gestört haben, können sich z. B. folgende positive oder negative Signale zeigen:

	Positiv	**Negativ**
KÖRPER-EMPFIN-DUNGEN	Lächeln/angehobene Mundwinkel	Kloß im Hals
	Warmes Gefühl im Bauch	Weiche Knie/zittrige Beine
	Magenhüpfen	Vermehrte Schweißproduktion
	Gelassenheit	Verkrampfte Schultern
	Entspannte Körpermuskulatur	Flauer Magen/Übelkeit

GEFÜHLE	Freude Hoffnung Neugier Erleichterung Ruhe Macht	Wut Angst Aggression Verachtung Ekel Resignation
EREIGNISSE IM KOPF	Helles Leuchten Freiheitsgefühl Aha-Erlebnis	Dunkelheit Etwas verschließt sich Nebel

Sie können sich das Wirken somatischer Marker z. B. vergegenwärtigen, wenn Sie Ihr E-Mail-Programm öffnen und auf „Empfangen" drücken. Wenn Sie sich nun die Liste mit den neu empfangenen Mails ansehen, ohne diese zu öffnen, wird sich, alleine anhand des Sendernamens und/oder Betreffs, Ihr emotionales Erfahrungsgedächtnis anhand von somatischen Markern bemerkbar machen. Jede E-Mail wird durch eine Emotion oder ein Körpergefühl in Sekundenbruchteilen „kommentiert".

Die Fähigkeit, Körperempfindungen mit Wahrnehmungen zu verknüpfen, beginnt sich wie oben beschrieben schon im Mutterleib zu entwickeln und setzt sich während der gesamten Sozialisation eines Menschen fort. Die daraus resultierenden somatischen Marker beeinflussen das Denken eines Menschen, indem sie Vorentscheidungen treffen und ihn, ohne dass es in sein Bewusstsein dringt, in eine bestimmte Richtung drängen, vor Dingen warnen, mit denen er schon einmal schlechte Erfahrungen gemacht hat, oder die Aufmerksamkeit auf etwas Wichtiges lenken. Dies wird von Menschen oftmals auch als „Intuition" wahrgenommen und bezeichnet. Somatische Marker gelten (bei Mensch und Tier) als eine Art erfahrungsbasiertes Überlebenssystem, das es einem Organismus ermöglicht, sich an veränderte Umweltbedingungen anzupassen und Hypothesen über bestmögliche Verhaltensweisen aus gespeichertem Wissen abzuleiten. Befindet sich ein Mensch in einer neuen Situation, wird automatisch das emotionale Erfahrungsgedächtnis nach ähnlichen, bereits erlebten Situationen durchsucht und es werden ggf. innerhalb von 200 Millisekunden entsprechende somatische Marker ausgesendet (76). Dadurch hat ein Mensch gewissermaßen Zugriff auf seine gesamte Lebenserfahrung.

Hier gibt es auch einen Zusammenhang zu den im gleichnamigen Kapitel beschriebenen Grundüberzeugungen. Jede Prägung, die eine Grundüberzeugung entstehen lässt, kann sich auch in einem somatischen Marker widerspiegeln. Beispiel wäre eine 19-jährige Frau, die vom Haus ihrer Eltern in ihrem Heimatdorf für das Studium in eine Großstadt zieht. So wie sie von ihren Eltern geprägt wurde, ist die Großstadt für eine alleinlebende junge Frau gefährlich. Sie müsse Angst vor Vergewaltigern und Einbrechern haben, hieß es im Dorf. Die Grundüberzeugung „Die Großstadt ist gefährlich" ist daher tief verankert. Gleichzeitig hat ihr Gehirn eine Verbindung zwischen „Großstadt" und „vermeiden" geknüpft – ein negativer somatischer Marker ist entstanden. Dieser kann sich z. B. durch verkrampfte Schultern oder zittrige Knie bei ihr bemerkbar machen, wenn sie sich in der Stadt bewegt.

Menschen, die z. B. bedingt durch einen Unfall Schäden im Stirnhirn (einer Gehirnstruktur, die u. a. als Sitz der individuellen Persönlichkeit und des Sozialverhaltens gilt) haben, verlieren die Fähigkeit, somatische Marker wahrzunehmen, meist vollständig (73). Doch auch bei vielen gesunden Menschen ist diese verkümmert. Die blitzschnelle somatische Reaktion auf eine Situation wird sehr schnell von kognitiven Prozessen überlagert. Dies geschieht vor allem dann, wenn somatische Marker konsequent beiseitegeschoben oder ignoriert werden – oftmals wird die Meinung vertreten, dass für Entscheidungen nur der kühle Intellekt eine Rolle spielen sollte.

Dabei können somatische Marker als Hilfsmittel benutzt werden, um kluge Entscheidungen zu treffen. Um einen somatischen Marker auszulösen, genügt es nämlich, sich eine Situation einfach nur vorzustellen. So hat jeder Mensch Zugang zu seiner gesamten Lebenserfahrung und kann sozusagen Probeläufe schwieriger Entscheidungen durchzuführen, indem er sie im Geiste vorwegnimmt.

Dabei sollten Sie wissen, dass z. B. jede emotionalisierende Kommunikation im Rahmen von Werbung oder Markenführung zu einem somatischen Marker führt, der bei erneutem Kontakt mit dem beworbenen Produkt oder der Marke aktiviert wird und zukünftige Entscheidungen beeinflusst (77).

Somatische Marker melden sich allerdings nicht nur, wenn es Dinge zu entscheiden gibt, sondern treten grundsätzlich bei allem auf, was Menschen tun. Im Hinblick auf die Themen Berechtigung und Aufnahmebereitschaft kommt deshalb den somatischen Markern eine große Bedeutung zu. Manchmal braucht es nur ein Wort oder eine bestimmte Geste, um einen negativen somatischen Marker beim Gegenüber auszulösen und dadurch die Aufnahmebereitschaft zu verlieren. Andererseits können gezielt auch positive somatische Marker ausgelöst werden und dadurch emotionale Aufnahmebereitschaft geschaffen werden.

ANWENDUNG

Die Vorgehensweise zum Umgang mit somatischen Markern während eines Gesprächs ist nachfolgend zusammengefasst:

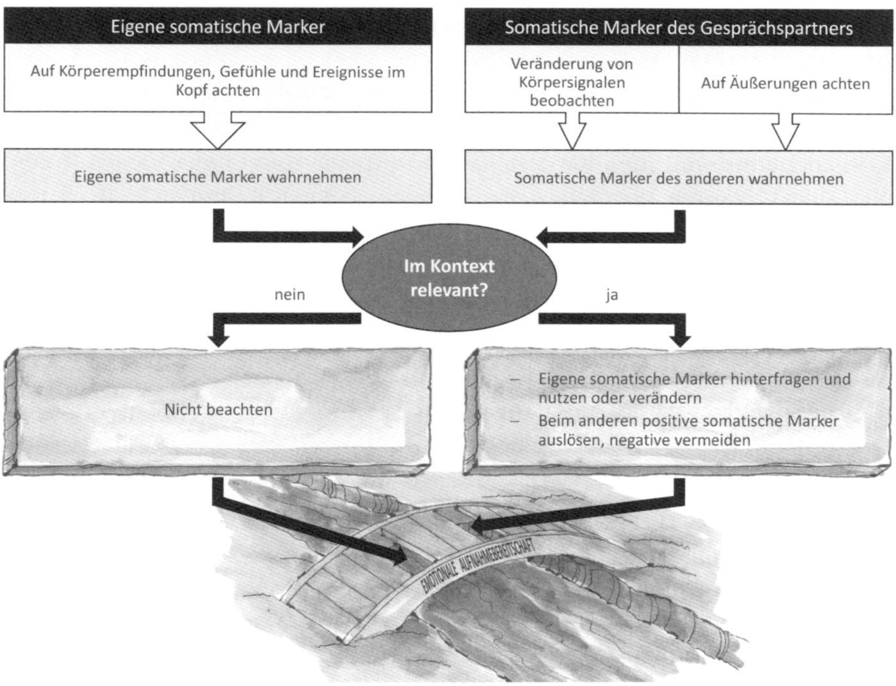

Der erste wichtige Schritt ist, die eigenen somatischen Marker wahrzunehmen. Dies gelingt nicht jedem Menschen gleich gut. Manche sind verwirrt, weil sie nicht wissen, ob sie einen somatischen Marker „denken" oder „fühlen" müssen, gerade wenn eine Situation gemischte Gefühle auslöst. In diesem Fall ist darauf zu achten, welche „Bewertung" schneller da war. Somatische Marker treten ja nach etwa 200 Millisekunden auf, der Verstand schaltet sich nach etwa 900 Millisekunden zu und „verunreinigt" den somatischen Marker. Auch sind die Bewertungen durch einen somatischen Marker oftmals nicht ganz „politisch korrekt" (Die Schwiegermutter kommt zu Besuch und die 200-Millisekunden-Reaktion ist: „Oh, nein!!!", oft setzt erst danach eine verstandesgetriebene, begütigende Reaktion ein) (78). Denken Sie in solchen Fällen daran, dass es bei somatischen Markern kein Richtig oder Falsch gibt. Es ist erst einmal nur wichtig, sie anhand von Körperempfindungen, Gefühlen oder Ereignissen im Kopf wahrzunehmen. Machen Sie sich anschließend bewusst, ob der jeweilige somatische Marker im Kontext relevant ist, und entscheiden Sie, ob Sie diesen weiter *beachten, nutzen* oder *verändern* wollen. Relevant bedeutet in diesem Zusammenhang, dass sich der somatische Marker auf Ihr Gespräch und in Konsequenz auf die emotionale Aufnahmebereitschaft Ihres Gesprächspartners auswirken kann. Die Relevanz ist in der Praxis nicht immer leicht einzuschätzen, wie nachfolgendes Beispiel verdeutlicht: Sie nehmen während eines Gesprächs einen negativen somatischen Marker wahr, weil Sie sich mit Ihrem Gesprächspartner in einem Raum befinden, in dem Sie vor ein paar Tagen von Ihrem Chef heftig kritisiert wurden. Ihnen wird vielleicht bewusst, dass dies nichts mit dem aktuellen Gespräch und Gesprächspartner zu tun hat. Trotzdem kann es aber eine unbewusste Auswirkung auf Ihr Selbstvertrauen und dementsprechend auf Ihre Fähigkeit, emotionale Aufnahmebereitschaft herzustellen, haben. Schenken Sie somatischen Markern also im Zweifelsfall Beachtung, auch wenn Sie sie vielleicht als irrelevant erachten.

Die somatischen Marker Ihres Gesprächspartners wahrzunehmen, erfordert eine hohe und gezielte Aufmerksamkeit auf ihn. Somatische Marker können sich ja wie beschrieben als Körperempfindungen, Emotionen oder Ereignisse im Kopf bemerkbar machen. Meist können Sie sie daher nur indirekt über eine Veränderung von Körpersignalen wahrnehmen. Die wahrzunehmenden Signale können dabei ähnlich sein wie bei der emotionalen Aufnahmebereitschaft generell (siehe Kapitel „Woran erkenne ich emotionale Aufnahmebereitschaft?“). Und genau das macht es auch so schwer, somatische Marker eindeutig zu identifizieren. Wenn jemand z. B. ein Lächeln, vermehrtes Schwitzen oder einen mimischen Ausdruck von Freude oder Angst zeigt, können Sie dies zwar wahrnehmen. Sie werden aber ohne nachzufragen nie wissen, ob die Reaktion aus einem somatischen Marker resultiert oder aus einem anderen Filter zur emotionalen Aufnahmebereitschaft (Werte, Grundüberzeugungen, ...). Manchmal äußert ein Mensch seine somatischen Marker aber auch: „Ich bekomme Gänsehaut“, „Ich habe einen richtigen Kloß im Hals“, „Bei mir geht innerlich gerade die Sonne auf“, ... In diesem Fall kann das Wahrnehmen leichter fallen. Sind Sie während eines Gesprächs der Meinung, dass gerade ein somatischer Marker bei Ihrem Gesprächspartner ausgelöst wurde (z. B. durch eine bestimmte Äußerung Ihrerseits), sollten Sie hinterfragen (für sich oder ggf. auch direkt beim Gesprächspartner), ob dieser für den weiteren Verlauf des Gesprächs relevant ist. Ist er das nicht, brauchen Sie ihn nicht weiter zu beachten. Hat er hingegen eine Relevanz, sollen Sie ihn *nutzen* (positiver somatischen Marker) oder wenn möglich zukünftig *vermeiden* (negativer somatischer Marker). Seien Sie sich dabei immer bewusst, dass das emotionale Erfahrungsgedächtnis, das die somatischen Marker auslöst, blitzschnell, aber detailarm und fehlerhaft arbeitet. Dadurch kann es zu kognitiven Verzerrungen kommen (vgl. Kapitel „Kognitive Verzerrungen") – bei Ihnen selbst und Ihrem Gesprächspartner.

1. Eigene somatische Marker hinterfragen, nutzen oder verändern

Somatische Marker können nicht nur genutzt werden, um kluge Entscheidungen zu treffen, wie bereits beschrieben. Sie können in jeder Lebenssituation dazu dienen, mit dem eigenen Unterbewusstsein zu kommunizieren und dadurch wichtige Impulse für das eigene Verhalten zu bekommen. Wenn Sie lernen, Ihre somatischen Marker richtig zu interpretieren, dann sind Sie künftig eindeutig im Vorteil. Sie können dann die Gründe, die für oder gegen eine weitere Handlung sprechen, mit Ihrem emotionalen Erfahrungsgedächtnis abgleichen und dementsprechend fundierter entscheiden, ob Sie Ihr Verhalten ändern wollen oder nicht. So können Sie auch gezielt an Ihrer Aufnahmebereitschaft für verschiedene Themen arbeiten.

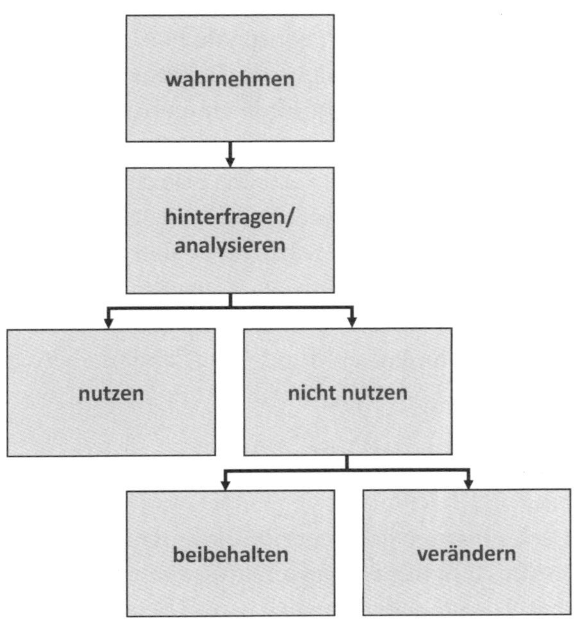

Wenn Sie bei sich also z. B. während eines Gesprächs einen somatischen Marker wahrnehmen, sollten Sie diesen zunächst hinterfragen und analysieren, woher die Reaktion kommt. Danach können Sie entscheiden, ob Sie ihn nutzen oder lieber nicht nutzen wollen. Vielleicht kennen Sie das Auftreten eines negativen somatischen Markers, wenn es um den anstehenden Zahnarztbesuch geht. Auch wenn das emotionale Erfahrungsgedächtnis oft „strikt vermeiden" empfiehlt, kann es hier sehr sinnvoll sein, auf den Verstand zu hören und den Marker zu ignorieren. Im Hinblick auf das Thema emotionale Aufnahmebereitschaft sollten Sie ebenfalls auf Ihre somatischen Marker achten und jeweils entscheiden, ob diese relevant sind. Dies beginnt bereits vor einem Gespräch, wenn Sie z. B. die Kleidung für den Termin auswählen, und endet nach einem Gespräch, wenn Sie vielleicht nochmals darüber reflektieren. Auch während eines Gesprächs sollten Sie darauf achten, wie Ihr eigenes emotionales Gedächtnis auf das Gespräch reagiert. Wenn Sie das Gefühl haben, dass Ihr Gesprächspartner positive Marker bei Ihnen auslöst, werden Sie automatisch schneller Vertrauen zu ihm aufbauen – und umgekehrt.

Wollen Sie einen somatischen Marker nicht (mehr) nutzen oder hemmt Sie dieser, können Sie diesen auch gezielt wieder verändern. Denn genauso wie Ihr Gehirn einmal eine Verbindung zwischen einer Situation und einer Körperwahrnehmung verknüpft hat, kann es diese Assoziation auch wieder verlernen (zumindest so, dass der somatische Marker nicht mehr Ihr Verhalten beeinflusst). Dies ist aufgrund der lebenslangen Fähigkeit des Gehirns, seine Struktur zu ändern (neuronale Plastizität) möglich (79). Um einen somatischen Marker zu verändern, müssen Sie eine Erfahrung, die in Ihrem Erfahrungsgedächtnis mit einer Bewertung („positiv"/„negativ") verknüpft ist, wieder davon entkoppeln. In der Beispielgeschichte vom Anfang des Kapitels könnte Sabine z. B. die Verknüpfung des Ortes Wendelstein mit ihren verletzten Gefühlen aufheben, indem sie neue, positive Erfahrungen in dem Ort macht. Der Ort würde dadurch zunehmend positiv in ihrem Erfahrungsgedächtnis verankert werden. Es könnte für sie also sinnvoll sein, in diesem Fall nicht auf den somatischen Marker zu „hören", sondern den Job anzunehmen.

2. Beim Gesprächspartner positive somatische Marker auslösen, negative vermeiden

Positive somatische Marker holen unbewusste Bedürfnisse ans Licht, steigern Motivation und Aufnahmebereitschaft und schaffen Vertrauen. Deshalb sollten Sie beim Gesprächspartner z. B. durch Ihr (Kommunikations-)

Verhalten versuchen, positive somatische Marker auslösen und negative zu vermeiden. Positive somatische Marker sind dabei vor allem am Beginn eines Gesprächs wichtig, um Vertrauen aufzubauen und dadurch eine Basis für die emotionale Aufnahmebereitschaft zu schaffen.

Meist können Sie ja kaum wissen, was im emotionalen Erfahrungsgedächtnis Ihres Gesprächspartners alles gespeichert ist. Sie können aber ein Gespräch vorbereiten und reflektieren oder recherchieren, was der andere bisher schon erlebt und vermutlich positiv oder negativ verknüpft hat. Wenn Sie z. B. einen Mann, dessen Frau vor kurzer Zeit verstorben ist, auf den bevorstehenden Valentinstag ansprechen und ihn fragen, ob er schon Blumen besorgt hat, werden Sie wahrscheinlich keinen positiven Marker auslösen. Seien Sie sich dabei bewusst, dass die Einschätzung, was einen positiven oder negativen somatischen Marker bei jemandem auslöst, natürlich manchmal auch reine Spekulation und Interpretation sein kann.

Neben Informationen zum bisherigen und aktuellen Leben Ihres Gesprächspartners hilft außerdem die Kenntnis seiner anderen Filter zur emotionalen Aufnahmebereitschaft, da damit oftmals somatische Marker assoziiert sind.

Nachfolgend finden Sie einige Beispiele, wie Ihr (Kommunikations-) Verhalten in Verbindung mit den Filtern zur emotionalen Aufnahmebereitschaft Ihres Gesprächspartners bei ihm tendenziell positive oder negative somatische Marker auslösen kann. Hier wird an einigen Stellen auf noch folgende Kapitel vorgegriffen, um Ihnen einen vollständigen Überblick zu geben. Die genauen Informationen dazu folgen in den jeweiligen Kapiteln:

Filter	**Positiver somatischer Marker**	**Negativer somatischer Marker**
METAPRO-GRAMME	Sie geben jemandem mit unabhängigem Arbeitsstil einen eigenen Verantwortungsbereich.	Sie verwenden bei jemandem mit internaler Quelle die Aussage „Jeder macht das".
WERTE	Sie schenken jemandem, dem „Vertrauen" wichtig ist, Vertrauen und zeigen dies durch Ihr Verhalten.	Sie sprechen bei jemandem mit einem hohen Wert „Sicherheit" von Risiken.

GRUNDÜBER-ZEUGUNGEN	Sie sprechen eine gemeinsame Grundüberzeugung aus und schaffen dadurch Verbundenheit.	Sie sagen oder tun etwas, das einer Grundüberzeugung des anderen gegenläufig ist.
STÄRKEN	Sie ermöglichen es dem anderen, seine Stärken einzusetzen.	Sie hindern den anderen daran, seine Stärken einsetzen zu können.
WIRKUNG	Sie fokussieren auf Ergebnisse, wenn der andere ergebnisorientiert agieren möchte.	Sie fokussieren auf die Beziehungsebene und kommen nicht schnell genug auf den Punkt, wenn der andere ergebnisorientiert agieren möchte.
KULTUR	Sie verwenden ein Symbol, das in der Kultur des anderen positiv belegt ist.	Sie verwenden beim anderen ein kulturell negativ belegtes Wort (z. B. „Führer").
UMGANGS-FORMEN	Sie begrüßen den anderen mit seinem Namen.	Sie schmatzen beim Essen, und dies entspricht nicht den gewünschten Umgangsformen des anderen.
ERSCHEI-NUNGSBILD	Sie tragen Kleidung, die für den anderen sehr ansprechend ist.	Sie tragen Kleidung, die der Situation nicht angemessen ist.
SINNESKANÄLE	Sie verwenden ansprechende Bilder, um dem anderen mit präferiertem visuellen Kanal etwas zu erklären.	Der andere hat einen präferierten kinästhetischen Kanal und Sie reden sehr schnell und ohne Pause.
RESSOURCEN-ZUSTAND	Sie geben jemandem mit schlechtem Ressourcenzustand fünf Minuten zum Durchatmen.	Sie setzen jemanden mit schlechtem Ressourcenzustand zusätzlich unter Druck.
GENETISCHE VORAUSSET-ZUNGEN	Sie erwähnen eine genetische Voraussetzung positiv (z. B. gutes Aussehen).	Sie sprechen die vom anderen als negativ wahrgenommenen genetischen Voraussetzungen an (z. B. „Sie sind aber klein").

Seien Sie sich also jeweils der unterschiedlichen Filter des anderen bewusst und gehen Sie dementsprechend individuell auf Ihren Gesprächspartner ein, um positive somatische Marker auszulösen und negative somatische Marker zu vermeiden.

Nachfolgend finden Sie noch ein paar allgemeine Ideen für das Auslösen positiver somatischer Marker, die oftmals funktionieren:

- Wenn Sie wissen, dass Ihr Gesprächspartner vor Kurzem Geburtstag hatte, geheiratet hat, befördert wurde o. Ä., gratulieren Sie ihm.
- Sprechen Sie Ihren Gesprächspartner mit Namen an, die meisten Menschen hören gerne ihren Namen.
- Nutzen Sie Referenzen, um positive Marker auszulösen.
- Rufen Sie Ihrem Gesprächspartner positive Erinnerungen wieder ins Gedächtnis.

Sollten Sie versehentlich doch einmal einen negativen somatischen Marker bei Ihrem Gegenüber ausgelöst haben, kann dies schlimmstenfalls zum Entzug seiner emotionalen Aufnahmebereitschaft führen. Um diese wiederzuerlangen, können Sie sich je nach Situation z. B. dafür entschuldigen, konkret empathisch nachfragen, was gerade im anderen passiert ist (vgl. Kapitel „Empathie“) oder Ihren Blickwinkel erklären, der zum Auslösen des negativen somatischen Markers geführt hat.

EXKURS: Somatische Marker zum Einschätzen der Aufnahmebereitschaft klassifizieren

Werden in einem Gespräch nur positive Marker ausgelöst, fällt Ihnen und Ihrem Gesprächspartner oftmals gar nicht auf, wie gut die Interaktion gerade verläuft. In Situationen oder Gesprächen, in denen es nicht so rundläuft, hingegen schon, und etwas, das negativer Affekt genannt wird, entsteht. Beispiele hierfür wären ein Chef, der vergisst zu grüßen, ein junger Kollege, der Sie duzt, obwohl Sie dies nicht wollen, oder ein Ehemann, der zum wiederholten Male den Müll nicht rausgebracht hat. Dies zeigt sich zunächst als negativer somatischer Marker und wird gegebenenfalls nach gründlicher Reflexion später auch ausgesprochen und als „Ärger“, „Enttäuschung“ etc. bezeichnet. Negative Affekte können dabei grundsätzlich zu drei Zeitpunkten entstehen (80):

- Beim Gedanken an ein anstehendes Gespräch/eine zukünftige Situation
- Während des Gesprächs/einer Situation
- Nach einem Gespräch/einer Situation

Mithilfe des sogenannten Lang-Schemas lassen sich die Signale des emotionalen Erfahrungsgedächtnisses klassifizieren (81). Das Schema, welches als Gefühlsbilanz bezeichnet wird, setzt Gefühle aus zwei Komponenten zusammen: Valenz und Intensität. Unter *Valenz* wird die Wertigkeit des Gefühls hinsichtlich der Kategorien „positiv" und „negativ" verstanden. Also: Fühlt sich ein wahrgenommener somatischer Marker positiv oder negativ an? Mit *Intensität* ist die Stärke des somatischen Markers gemeint. Also: Ist das wahrgenommene Gefühl stark oder schwach?

Somatische Marker können demnach wie folgt auf zwei Skalen angeordnet werden:

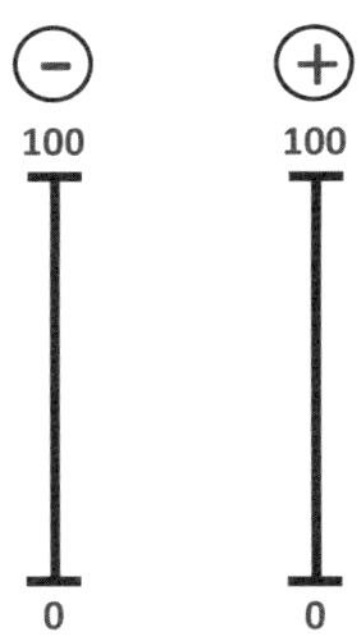

Diese Darstellung weicht stark von der weit verbreiteten Ansicht ab, dass negative Gefühle das Gegenteil von positiven Gefühlen sind und dass automatisch ein positiveres Gefühl entsteht, wenn ein Gefühl weniger negativ wird. Dies würde bedeuten, dass nur eine Skala notwendig ist.

Da positive und negative Gefühle im Gehirn aber von zwei verschiedenen Regelkreisen bearbeitet werden, ist es auch möglich, „gemischte Gefühle" zu haben (82).

Sie können eine Gefühlsbilanz nutzen – oder auch Ihren Gesprächspartner bitten, dies zu tun –, um einschätzen zu können, ob etwas vom eigenen Unbewussten als positiv oder negativ bewertet wird. In anderen Worten, um auch einschätzen zu können, wie hoch die emotionale Aufnahmebereitschaft gegenüber einer Person oder einer Idee ist. Tragen Sie dafür die Stärke Ihres positiven Gefühls zu einer Sache (Idee, Projekt, ...) oder einer Person auf der „+"-Skala und die Stärke Ihres negativen Gefühls dazu auf der „-"-Skala der Gefühlsbilanz ein. Heraus kommen dann z. B. Bilder wie die folgenden:

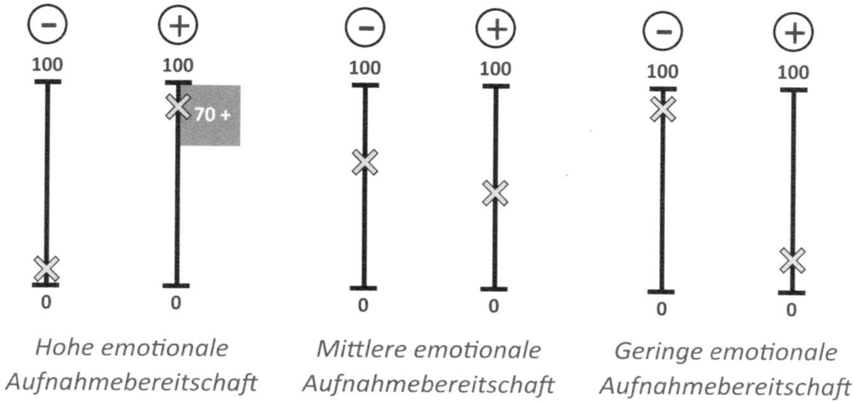

Je geringer der negative Affekt und je höher der positive Affekt, umso höher ist die Aufnahmebereitschaft (z. B. einer Sache gegenüber). Eine hohe emotionale Aufnahmebereitschaft kann bei einem Wert von 70 oder mehr auf der Positivskala und einem Wert von nahe 0 auf der Negativskala angenommen werden. Bitte beachten Sie: Die beiden Skalen stehen jeweils für sich. Die Summe des positiven und negativen Affekts muss also nicht genau 100 ergeben. Außerdem handelt es sich nicht explizit um Prozentskalen. Es geht um eine emotionale Einschätzung, ein intellektuelles Bewerten kann die Einschätzung zunichtemachen.

DAS WICHTIGSTE IN KÜRZE

- Alle Erfahrungen eines Menschen werden in seinem emotionalen Erfahrungsgedächtnis gespeichert und negativ oder positiv bewertet.
- Dieses Erfahrungsgedächtnis teilt sich über emotionale und physiologische Signale, die somatischen Marker, mit.
- Somatische Marker werden von Menschen unterschiedlich über Körperempfindungen, Emotionen oder Geschehen im Kopf wahrgenommen.
- Durch somatische Marker hat ein Mensch gewissermaßen Zugriff auf seine gesamte Lebenserfahrung, sie können deshalb als Hilfsmittel für Entscheidungen genutzt werden.

- Im Gespräch tragen somatische Marker zur emotionalen Aufnahmebereitschaft bei (positive somatische Marker) oder reduzieren diese (negative somatische Marker).
- Achten Sie darauf, im Gespräch positive somatische Marker bei Ihrem Gesprächspartner zu nutzen und negative zu vermeiden.

BEISPIELE: ANWENDUNG IN DER DIGITALEN KOMMUNIKATION

- Durch das Erscheinungsbild ausgelöste somatische Marker fallen weg (außer bei Video-Konferenzen).
- Positive somatische Marker können bei einer rein textbasierten digitalen Kommunikation z. B. durch das Versenden von Bildern oder Musik aktiviert werden.
- Ist ein eigener somatischer Marker aktiviert worden, bleibt z. B. bei schriftlicher digitaler Kommunikation vor der Reaktion darauf Zeit, darüber nachzudenken, was ihn genau ausgelöst hat.

VERTIEFENDE LITERATUR

António R. Damásio: Descartes' Irrtum: Fühlen, Denken und das menschliche Gehirn. Berlin, List Verlag, 2004

Maja Storch: Das Geheimnis kluger Entscheidungen. Von somatischen Markern, Bauchgefühl und Überzeugungskraft. München, Goldmann Verlag, 2008

Maja Storch, Wolfgang Tschacher: Embodied Communication. Kommunikation beginnt im Körper, nicht im Kopf. Hans Huber Verlag, Bern, 2014

3.3.3 Ressourcenzustand

„Wer seine Vergangenheit nicht loslassen kann,
blockiert seine Energie für die Zukunft.“
(Ludwig Drahosch)

Immer wieder mittwochs ...

„Ja, das war vor ungefähr drei Wochen!“, sagte Uwe Fröhlich zu dem unbekannten Herrn am Telefon. Es dürfte der zehnte oder elfte Kaltanruf gewesen sein, den der 26-jährige Außendienstmitarbeiter der örtlichen Bezirksdirektion einer großen Versicherung getätigt hatte. Der bis dahin unbekannte Kunde, dessen Telefonnummer Fröhlich dem Telefonverzeichnis entnommen hatte, konnte sich allerdings an keinen Brief erinnern. Verständlich, denn Uwe Fröhlich hatte ihm ja auch keinen geschickt. Vielmehr war es seine Masche: Er rief die Leute einfach an, sagte ihnen, vor einer gewissen Zeit hätte seine Versicherung sie angeschrieben und er wollte nur einmal nachfragen. Ein guter Trick, denn die meisten Leute reagierten genau so, wie es Uwe Fröhlich wollte, und damit hatte der junge Verkäufer einen Aufhänger für ein Gespräch.

Bingo! An diesem Mittwochvormittag war Uwe Fröhlich sehr erfolgreich. Knappe zwei Stunden hatte er telefoniert und ganze fünf Termine bekom-

men. Und da er eine ziemlich gute Abschlussquote hatte, durfte er auf mindestens einen unterschriebenen Antrag spekulieren. Dementsprechend gut war auch Fröhlichs Laune. Der junge Mann schaute auf seine noble Armbanduhr. Gleich halb eins. Noch genügend Zeit, um Mittagspause zu machen. Um 14 Uhr stand ja das allwöchentliche Meeting auf dem Programm.

„Gehst du mit zum Burgeressen, Uwe?“, fragte Fröhlichs Kollege Harald Elendt, der gerade an seinem Büro vorbeikam und kurz anhielt.

„Burger? Klar, da bin ich dabei!“, antwortete Fröhlich, schaltete seinen Computer aus, griff nach seiner Jacke und ging mit seinem Kollegen zum Aufzug.

„Und, wie läuft es bei dir?“, wollte Harald Elendt wissen.

„Bin zufrieden! Heute Vormittag hab ich fünf Termine bekommen!“

„Mann, wie machst du das bloß?“

„Harte Arbeit, mein Freund! Nur harte Arbeit! Telefonieren, telefonieren und nochmal telefonieren!“

„Na, da wird dich der Thalmeier aber wieder loben“, meinte Elendt, als die beiden in den Aufzug stiegen.

Einmal pro Woche fand in der Bezirksdirektion ein Meeting statt. Dabei wurden die Tagesordnungspunkte der Dringlichkeit und Priorität entsprechend abgehandelt. Natürlich ging es auch um die Abschlüsse, Umsätze und Termine, die neu anstanden. Uwe Fröhlich ging mit einem guten Gefühl in das Meeting. Schließlich hatte er die meisten neuen Termine vereinbart. Am Kopf des langen, ovalen Glastischs saß Frank Thalmeier. Der 42-jährige schlanke und immer gut und elegant gekleidete Mann leitete die Bezirksdirektion und gehörte auch dem Verkaufsdirektorium der Versicherung an. Er galt als heimlicher Star unter den Direktoren und wurde sogar als mögliches Vorstandsmitglied gehandelt. Für die jungen Verkäufer der Bezirksdirektion war Thalmeier eine Art Vorbild. Von ihm hatte sich Uwe Fröhlich auch die Kaltakquise am Telefon abgeschaut. Entsprechend groß war seine Vorfreude, wenn er gleich von seinen Terminen berichten würde.

„Dann sollten wir auch noch abklären, was wir in zwei Wochen auf der Investmentmesse in Nürnberg an unserem Stand machen“, sagte einer der Angestellten, der den Messestand zu organisieren hatte.

„Ach nee!“, antwortete Thalmeier genervt und schüttelte den Kopf. „Das hat nun wirklich noch Zeit, Berger!“

„Ich dachte, je früher wir das festlegen, desto …“

„Jetzt nicht!“, antwortete der Bezirksdirektor barsch, und sein scharfer, ziemlich finsterer Blick sprach Bände. Der Angestellte schwieg. Das war wohl doch nicht der richtige Augenblick gewesen. „Sommer, wie lief es letzte Woche bei der Zyan GmbH? Haben Sie die Unterschriften?“

„Nein! Wir sind …“

„Was soll das heißen?", fiel Thalmeier dem Bezirksleiter Sommer, einem etwas älteren und erfahrenen Versicherungsmann, ins Wort. Der wunderte sich anscheinend über diese strenge Frage und den grimmigen Gesichtsausdruck seines Chefs. Herr Sommer blickte hilfesuchend in die Runde der Kollegen.

„Na ja, die haben noch ein Angebot von der Süddeutschen Versicherungskammer eingeholt und …"

„Soll das heißen, dass wir diesen Auftrag auch wieder verlieren?", fragte Thalmeier und schaute Herrn Sommer so streng an, dass dieser unwillkürlich an das Sprichwort ‚Wenn Blicke töten könnten' erinnert wurde. „Geben Sie sich gefälligst mehr Mühe, Sommer. Ich kann doch nicht alles selber machen. Mannomann!"

So ging es eine ganze Weile weiter. Frank Thalmeier reagierte auf nahezu alle Anliegen seiner Leute barsch, ungehalten und auf Deutsch gesagt: pampig! Alles andere als eine positive Aura für ein Meeting. Die anwesenden Verkäufer und Innendienst-Angestellten spürten das und ihnen konnte man ansehen, dass sie sich zunehmend unwohler fühlten. Dabei war das sonst überhaupt nicht die Art des Vorzeige-Bezirksdirektors. Seine Mitarbeiter kannten ihn als stets vorbildlichen, freundlichen, in der Sache zwar strengen, aber im Umgang mit den Angestellten zuvorkommenden Chef. Er konnte gut motivieren und meist hatte er auch einen witzigen Spruch auf den Lippen. Ganz anders an diesem Mittwoch. Frank Thalmeier war sichtlich genervt und reagierte sofort gereizt, wenn einer mit irgendeinem Thema kam, das ihm nicht passte. Es war auch nicht das erste Mal. Fast bei jedem Meeting in den letzten Wochen war Frank Thalmeier schlecht drauf. Das musste auch die junge Sekretärin erfahren. Sie kam während des Meetings herein und teilte ihrem Chef mit, dass jemand vom Vorstand am Telefon sei. Anders als sonst kommentierte der Bezirksleiter das nur mit den Worten „Sagen Sie ihm gefälligst, dass ich nicht zu sprechen bin und zurückrufe. Und stören Sie nicht wieder unser Meeting, verstanden?"

Uwe Fröhlich war der Letzte in der Reihe. „… zwei Kranken-Vollversicherungen habe ich so gut wie in trockenen Tüchern. Die werden morgen und übermorgen unterschrieben. Und für nächste Woche konnte ich heute fünf neue Termine machen."

„Bestandskunden?", fragte Thalmeier.

„Nein! Neue, die ich vorhin aus dem Telefonbuch rausgesucht habe!"

Uwe Fröhlich schaute seinen Chef erwartungsvoll an. Doch der würdigte ihn keines Blickes, sondern notierte sich nur etwas in seinen Unterlagen.

„Gut! Ist sonst noch was?" Thalmeier blickte ohne die Miene zu verziehen in die Runde. Keiner meldete sich. Da packte der Bezirksdirektor wortlos seine Sachen zusammen und ging. Uwe Fröhlich wunderte sich. Kein Lob, keine Anerkennung, gar nichts!

„Mann ey, der hatte ja wieder eine Laune!“, meinte Uwe Fröhlich, als er anschließend in der Küche stand und sich einen Kaffee aus dem Vollautomaten holte, zu seinem Kollegen Harald Elendt.

„Das kannst du laut sagen! Ist schon komisch, Uwe, Thalmeier ist sonst doch immer so gut drauf. Und jedes Mal, wenn wir jetzt Meeting haben, hat der eine Laune, als ob ihn seine Frau drei Wochen lang nicht mehr rangelassen hätte.“

„Ja, das ist echt komisch!“, meinte Uwe Fröhlich und dachte eine Zeit lang nach. Dann sagte er: „Moment mal ...“ und schaute seinen Kollegen fragend an. „Wann waren unsere Meetings in den letzten Wochen, wo der Thalmeier immer so schlecht drauf war?“

Harald Elendt dachte einen Moment nach. „Äh ..., das war immer ein Mittwoch!“

„Die letzten Mittwoche war der Thalmeier also immer schlecht drauf.“

„Da ist ja bei dem auch immer Mutti-Alarm!“, sagte Dieter Wolfrum. Uwe Fröhlich und Harald Elendt fuhren herum, als der 19-jährige Auszubildende in die Kaffeeküche kam, und schauten ihn mit großen, fragenden Augen an.

„Was ist da?“, wollte Harald Elendt wissen.

„Na mittwochs geht der Thalmeier abends immer mit seiner Frau essen und dann kommt seine Mutter, um auf die Kinder aufzupassen.“

„Nee, oder ...“, kommentierte Uwe Fröhlich mit einem unverständlichen Kopfschütteln.

„Jaaa! Aber das ist nicht alles ...“, fuhr der Azubi genüsslich fort und erzählte den beiden Kollegen, dass Oma Thalmeier stets größten Wert darauf legte, dass ihr Sohn mit Frau und Kindern nachmittags um Punkt halb fünf mit ihr Kaffee trank. Jetzt ging den beiden ein Licht auf: Deswegen hatte ihr Chef die letzten Meetings auch pünktlich um 16:00 beendet. Aber das war noch nicht die ganze Geschichte. Der Azubi berichtete, dass Herr Thalmeier sich jedes Mal einen Vortrag von seiner Mutter anhören durfte, was er falsch und was sie viel besser gemacht hatte.

„Ach, und woher weißt du das alles, hm?“, wunderte sich Uwe Fröhlich.

Der Azubi erklärte, dass er vor einiger Zeit Herrn Thalmeier an einem Donnerstag zur Sitzung in die Zentrale gefahren hatte, weil dieser sich am Fuß verletzt hatte. Und während der langen Autofahrt hatte Thalmeier dem Azubi sein ganzes Leid geklagt. Bingo, das war also der Grund für Thalmeiers schlechte Laune.

„Dann verlegen wir unsere Meetings einfach ab nächster Woche auf Dienstagnachmittag. Dann ist der Thalmeier mit Sicherheit besser drauf!“, meinte Uwe Fröhlich scherzend.

***

In der Geschichte konnten Sie miterleben, wie es ein sonst gegenüber seinen Mitarbeitern zuvorkommender und aufmerksamer Chef in einem Meeting nicht mehr schaffte, emotional aufnahmebereit zu sein. Er war in diesem Moment nicht in der Lage, auf seine inneren Ressourcen (wie z. B. seine Fähigkeit, freundlich und zuvorkommend mit den Mitarbeitern umzugehen) zurückzugreifen und befand sich in einem sogenannten „ressoucenarmen Zustand". Herr Thalmeier ließ sich durch seine Mutter sozusagen Energie entziehen, was sich u. a. durch körperliche Schlappheit bemerkbar machte. Seinen Mitarbeitern gegenüber verhielt er sich dadurch desinteressiert und gereizt. Er hatte eine mangelnde emotionale Aufnahmebereitschaft, obwohl diese sehr gute Ergebnisse lieferten.

FAKTEN

Der Ressourcenzustand eines Menschen wird dadurch bestimmt, wie gut oder schlecht er in einer Situation auf seine eigenen inneren Ressourcen zugreifen kann. Innere Ressourcen sind dabei alles, woraus ein Mensch aus sich selbst heraus Energie schöpfen kann und was nützliche neuronale Netze in seinem Gehirn aktiviert (6; 78). Dies können persönliche Eigenschaften, Stärken, Fähigkeiten, positive Erfahrungen oder Erinnerungen sein. Menschen brauchen diese Ressourcen, um sich wohlzufühlen, motiviert zu sein, erfolgreich mit anderen Menschen kommunizieren zu können und eben auch, um aufnahmebereit zu sein. Kann ein Mensch auf seine Ressourcen zugreifen, befindet er sich in einem sogenannten *ressourcenreichen Zustand*, ist der Zugang zu seinen Ressourcen jedoch blockiert, ist er in einem *ressourcenarmen Zustand*.

> *Der Ressourcenzustand eines Menschen beeinflusst, wie gut oder schlecht er auf seine Ressourcen, wie Stärken, Erinnerungen oder positive Erfahrungen, zugreifen kann.*

Erinnern Sie sich, wann Sie das letzte Mal in einem ressourcenreichen Zustand waren? Dies ist ein schöpferischer Energiezustand, in dem alles wie von selbst läuft. Sie sind höchst motiviert und Ihre Energie kommt voll zur Geltung. Andererseits kennen Sie sicher auch einen ressourcenarmen Zustand, bei dem Sie sich auf einer gegenteiligen Energieebene befinden: Kein klarer Gedanke ist mehr zu fassen, nichts geht vorwärts, alles ist blockiert.

Einflüsse auf den Ressourcenzustand

Der Ressourcenzustand eines Menschen wird sowohl durch seinen physiologischen Zustand (z. B. müde, fit, im Unterzucker, ...) als auch durch seine emotionale Stimmung (z. B. aufgekratzt, enthusiastisch, depressiv, ...) beeinflusst. Letztere wurde ausführlich im Kapitel „Emotionaler Zustand“ beschrieben, dieses Kapitel bezieht sich demnach eher auf die physiologischen Einflüsse auf den Ressourcenzustand. Denn die Psyche eines Menschen ist immer in den Körper eingebettet. Der Körper ist nicht nur „Spiegel der Seele“, sondern auch umgekehrt ist der Geist Spiegel des Körpers. In der Kognitionswissenschaft wird dies als „Embodiment“ bezeichnet (vgl. Kapitel „Embodiment-Technik“).

Embodiment zeigt sich bei Emotionen, da diese immer durch folgende drei Ebenen gekennzeichnet sind (80), wobei es keine Rolle spielt, ob eine Emotion von außen (durch andere Personen oder die Umwelt) oder von innen (z. B. durch Gedanken) ausgelöst wurde:

- das subjektiv erlebte Gefühl
- der Ausdruck (z. B. bei Angst das Gesicht verziehen)
- durch Einfluss von Botenstoffen (z. B. Adrenalin) entstehende körperliche Reaktion (z. B. Zittern)

Zwischen diesen drei Ebenen einer Emotion, den Gedanken, dem Verhalten und dem Ressourcenzustand eines Menschen, gibt es folgende Wechselwirkungen:

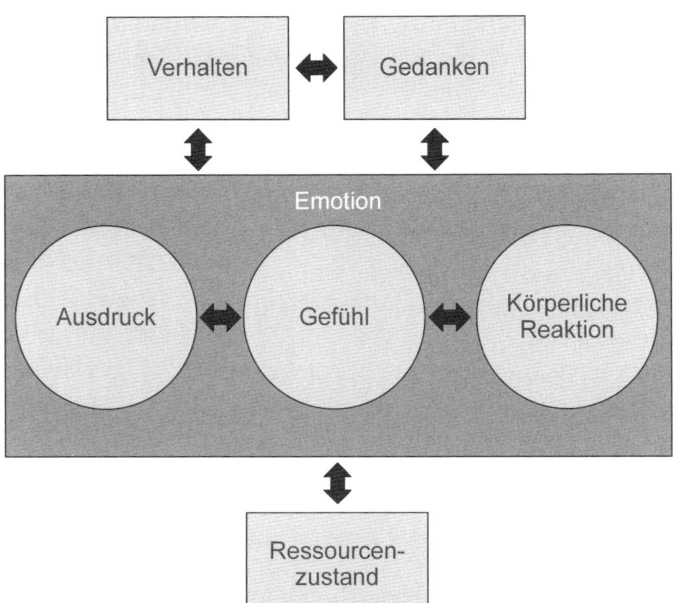

Ressourcenreicher Zustand

Empfindet ein Mensch eine Emotion (ausgelöst z. B. durch seine Gedanken), verursacht dies – neben dem subjektiv erlebten Gefühl und dem Ausdruck – die Ausschüttung verschiedener Botenstoffe (körperliche Reaktion). Wie viel dabei von welchen Hormonen und anderen Botenstoffen ausgeschüttet wird, kann dabei genetisch (z. B. Testosteron beim Mann und Östrogen bei der Frau) oder durch eine Krankheit (z. B. Stoffwechselstörung) beeinflusst sein. Auch veränderbare Faktoren wie der Fitnessgrad, die Ernährung oder Stress haben eine Auswirkung darauf. Auf jeden Fall wird durch die Botenstoffe ein bestimmter (physiologischer) Ressourcenzustand verursacht, der wiederum das erlebte Gefühl, den Ausdruck und die körperliche Reaktion selbst beeinflussen kann. Dies kann in der Konsequenz schließlich wieder eine Auswirkung auf das Verhalten und die Gedanken eines Menschen haben. Nehmen Sie als Beispiel an, dass ein Mensch Sport treibt (Verhalten), was bei ihm zur Ausschüttung von Botenstoffen (körperliche Reaktion), zu Entspannung (erlebtes Gefühl) und einer entspannten Körperhaltung (Ausdruck) führt. Dies verhilft ihm automatisch zu einem ressourcenreichen Zustand. Bedingt durch den ressourcenreichen Zustand hat er z. B. Zugang zu seinen Fähigkeiten und Stärken, was wiederum seine Emotion sowie in Konsequenz sein Verhalten und seine Gedanken beeinflussen kann. In einem ressourcenreichen Zustand fällt es Menschen in der Regel leichter, aufnahmebereit zu sein.

Ressourcenarmer Zustand

Der Kreislauf kann aber auch im negativen Sinne durchschritten werden. Wer kennt nicht den Zustand, wenn der eigene Körper in den Unterzucker kommt. Sie haben vielleicht aufgrund wichtiger Meetings das Mittagessen ausfallen lassen (Verhalten) und Ihr Blutzuckerspiegel sinkt. Es kann sein, dass Sie plötzlich eine Heißhungerattacke überfällt, die von Zittern und Schwäche begleitet werden kann (körperliche Reaktion). Vielleicht sind Sie in einem solchen Zustand nicht mehr Herr Ihrer Sinne (ressourcenarmer Zustand) und reagieren gereizt und aggressiv (Verhalten/Emotion). Die eigene emotionale Aufnahmebereitschaft sinkt und das Erscheinungsbild kann negativ beeinflusst werden (z. B. unentspannter Gesichtsausdruck), was auch zu einer geringeren Aufnahmebereitschaft des Gesprächspartners führen kann.

Nachfolgend finden Sie einige allgegenwärtige Beispiele, die indirekt die Aufnahmebereitschaft von Menschen herabsetzen können (adaptiert nach (83; 84)):

Schlafmangel: Die Folgen von kurzfristigem Schlafmangel haben sicher die meisten von Ihnen schon gespürt. Sie fühlen sich am nächsten Tag lustlos, schlapp und verfügen über sehr viel weniger Leistungsbereitschaft. Unter Umständen kommen noch Symptome wie Frieren, Zittern, Übelkeit und Kopfschmerzen dazu. Dies kann natürlich Auswirkungen auf die Aufnahmebereitschaft haben.

Unterzucker: Eine akute Unterzuckerung kann nicht nur bei Diabetes mellitus auftreten. Die Folge ist Heißhunger, der von Symptomen wie Zittern oder Schweißausbrüchen begleitet werden kann. Aufnahmebereit zu sein, ist in diesem Zustand oftmals nicht möglich.

Körperliche Fitness: Durch Sport werden vom Gehirn Botenstoffe ausgeschüttet, die dafür sorgen, dass die Stimmung steigt. Eine mangelnde körperliche Fitness kann hingegen z. B. zu einer sinkenden Leistungsfähigkeit, Rückenschmerzen und verminderter Konzentrationsfähigkeit führen. Aufnahmebereit zu sein fällt dadurch schwerer.

Eisenmangel: Neben anderen körperlichen Symptomen können Müdigkeit und mangelnde Konzentrationsfähigkeit die Folge dieses Mangels sein. Die Aufnahmebereitschaft sinkt in der Regel.

Schilddrüsenerkrankungen: Die im Blut zirkulierenden Schilddrüsenhormone regulieren zahlreiche Körperfunktionen. Ist ihre Konzentration dauerhaft zu hoch, kommt es zu Nervosität und Zittern; ist sie zu niedrig, setzen Müdigkeit und Kraftlosigkeit ein. Beides ist nicht förderlich für die emotionale Aufnahmebereitschaft.

Tagesrhythmus: Wenn die Augen die Information an das Gehirn weiterleiten, dass es draußen dunkel ist, startet die Produktion des Schlafhormons Melatonin und der Körper wird müde. Dies ist bei jedem Menschen mehr oder weniger stark ausgeprägt, kann jedoch einen Einfluss auf die Aufnahmebereitschaft am Abend haben.

Stress: Wenn Menschen mit Anforderungen konfrontiert sind, die ihre Möglichkeiten der Bewältigung übersteigen, wird im Gehirn eine sogenannte „neuroendokrine Stressreaktion" in Gang gesetzt. Dazu zählt die Aktivierung des synaptischen Nervensystems und die vermehrte Ausschüttung des Stresshormons Adrenalin. Nervöse Unruhe und Angst können dadurch entstehen. Die Aufnahmebereitschaft kann folglich kontextabhängig beeinträchtigt sein.

Weitere Beispiele sind Krankheit, Schwangerschaft, zu hohe Koffeindosis, mangelnde sexuelle Befriedigung, Schmerzen, Hunger ...

Auswirkungen des Ressourcenzustands

In welchem Ressourcenzustand sich ein Mensch gerade befindet, ist tages- und kontextabhängig. Wie sich dabei ein ressourcenreicher oder -armer Zustand bei einem Menschen auswirkt, ist so individuell wie der Mensch selbst. Um das Thema „Ressourcenzustand" für die Praxis anwendbar zu machen, möchten wir deshalb gerne – in Anlehnung an das Modell von Jens Corssen – drei einfache Unterscheidungen einführen: den *K-Modus*, den *A-Modus* und den *L-Modus* (85):

Der **K-Modus** ist ein Ressourcenzustand, in dem Adrenalin den Körper durchströmt, das Herz rast und Menschen auf Konfrontation ausgerichtet sind. Der K-Modus steht für „Konflikt", „Kompromisslosigkeit" und „Kampf". Er zeichnet sich durch Ohnmacht, Wut oder Aggression aus und ist absoluter Feind der Aufnahmebereitschaft.

Der **A-Modus** steht für „Abwendung" und „Ablehnung". Ist dieser Zustand moderat ausgeprägt, sind Menschen ganz bei sich und nehmen die Umwelt nicht wahr. Ist er stark ausgeprägt, möchten Menschen keinen Kontakt zu anderen, weil sie ihnen keine Berechtigung geben oder in Ruhe gelassen werden wollen. Sie begegnen anderen dann mit Abneigung, Skepsis und Misstrauen, was ebenfalls einen negativen Einfluss auf die Aufnahmebereitschaft haben kann.

Der **L-Modus** ist ein Zustand, der positive Gefühle auslöst. L steht hier für „Liebe", „Lust" und „Loslassen". Loslassen von Rechthaberei, aber auch Loslassen von überzogenen Erwartungen an andere Menschen. In diesem Zustand tun sich Menschen leichter, anderen die Berechtigung zu geben, und sind tendenziell aufnahmebereiter.

K-Modus

A-Modus

L-Modus

Um die Modi noch besser zur verstehen, versetzen Sie sich bitte in folgendes Beispiel:

Sie verlassen das Büro um 18 Uhr, treten auf die Straße und fühlen sich ausgelaugt vom Tag. Ihr Chef hat Sie gerade noch vor versammelter Mannschaft niedergemacht, weil Sie – in bester Absicht – ein Kundengespräch geführt haben, ohne es mit ihm vorher abgesprochen zu haben. Ihnen fällt ein, dass Sie noch Lebensmittel einkaufen wollten. Sie steigen also in Ihr Auto und machen sich auf den Weg zum Supermarkt. In der Stadt ist gerade die Hölle los und Sie betätigen mehrfach die Hupe, weil Ihnen im dichten Berufsverkehr irgendwelche Trottel die Vorfahrt nehmen oder sich irgendwie anders verkehrswidrig verhalten. Es sind anscheinend nur inkompetente Autofahrer unterwegs. Sie befinden sich im A-Modus, dem Zustand, in dem Sie Ihren Mitmenschen mit Ablehnung gegenübertreten. Im Supermarkt wird es nicht besser, Sie suchen sich auf schnellstem Wege Ihre Sachen zusammen, nur um sich dann an der Kasse in einer langen Schlage wiederzufinden. Auch das noch! Zu allem Überfluss befindet sich vor Ihnen eine ältere Dame, die beim Bezahlen schier ewig braucht, um ihr Geld aus dem Portemonnaie zu holen und abzuzählen. Sie fragen sich, warum es unbedingt notwendig ist, dass Rentner am Abend einkaufen, sie hätten doch auch den ganzen Tag Zeit. Das machen sie doch absichtlich! Spätestens jetzt sind Sie im K-Modus angelangt und auf Krawall gebürstet.

Wenn Sie sich das gleiche Beispiel im L-Modus vorstellen, könnte es folgendermaßen aussehen: Sie verlassen das Büro um 18 Uhr, bemerken die Sonnenstrahlen und fühlen sich sogleich wohl. Sie verschwenden keinen Gedanken mehr an Ihren Chef, sondern schwelgen vielleicht in Gedanken an Ihren neuen Partner, den Sie erst vor einigen Wochen kennengelernt haben. Sie sind verliebt und es geht Ihnen einfach gut. Sie steigen in Ihr Auto, sind wohlwollend allen anderen Verkehrsteilnehmern gegenüber und kommen so trotz Berufsverkehr entspannt beim Supermarkt an. Als Sie nach Ihrem Einkauf an der Kasse stehen, nehmen Sie die Schlange gar nicht wahr oder stellen sich einfach ohne darüber nachzudenken an. Der alten Dame vor Ihnen helfen Sie vielleicht sogar beim Geldabzählen. Weit und breit sind nur angenehme und nette Menschen, von Trotteln keine Spur.

Je nachdem, in welchem Modus Sie sich befinden, werden Sie unterschiedliche Dinge wahrnehmen.

ANWENDUNG

Wie andere Filter auch, können sowohl Ihr eigener Ressourcenzustand als auch der Ihres Gesprächspartners über den Erfolg eines Gesprächs und die Aufnahmebereitschaft des Gesprächspartners entscheiden. Wie Sie mit dem Thema Ressourcenzustand umgehen können, ist nachfolgend dargestellt:

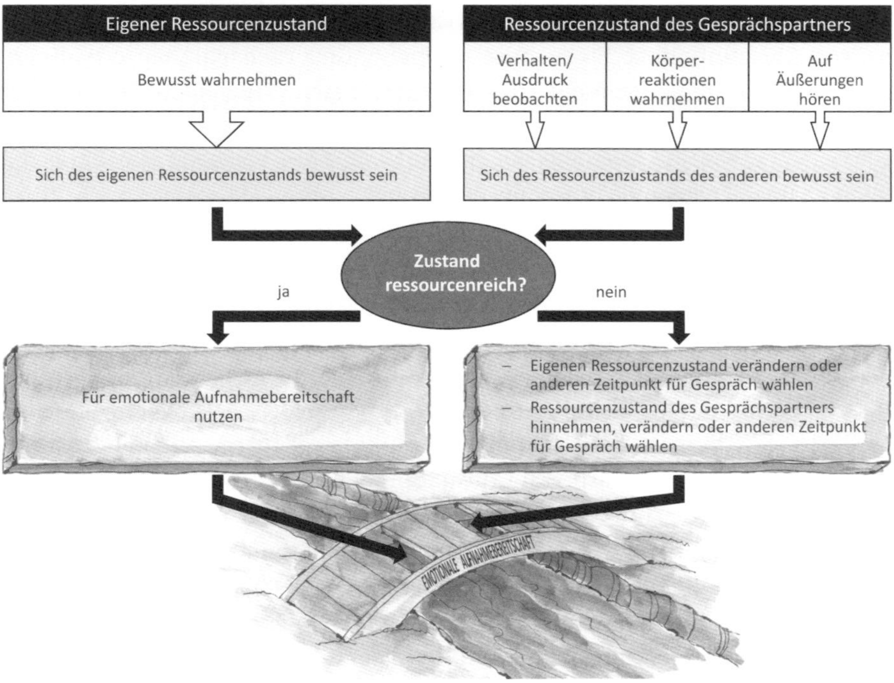

In der Regel achten Menschen im Tagesverlauf nicht bewusst darauf, in welchem Zustand sie sich gerade befinden. Auch das Wechseln von einem Zustand in den anderen bleibt oft unbemerkt. Fragen Sie sich also (z. B. vor einem Gespräch) bewusst, wie es Ihnen gerade jetzt in diesem Moment geht. So haben Sie die Möglichkeit, für einen Augenblick Abstand zu nehmen und Ihren Ressourcenzustand bewusst wahrzunehmen. Je nachdem, in welchem Zustand Sie sich befinden, werden nämlich andere neuronale Netze im Gehirn aktiviert, die nützlich für eine Situation sein können, oder eben nicht.

Ist Ihr momentaner Zustand ressourcenreich, können Sie höchstwahrscheinlich auf sämtliche eigenen Stärken, Fähigkeiten und positiven Erfahrungen zurückgreifen. Diese können Sie dann gezielt für das Herstellen von emotionaler Aufnahmebereitschaft bei Ihrem Gesprächspartner einsetzen.

Vielleicht merken Sie aber auch, dass Sie sich in einem nicht optimalen, ressourcenarmen Zustand befinden (z. B. gestresst sind). In diesem Fall sollten Sie einen anderen Zeitpunkt für das Gespräch wählen oder Ihren Ressourcenzustand gezielt verändern. Details dazu finden Sie im Absatz „Ressourcenzustand verändern" weiter unten. Gelingt Ihnen dies nicht, sollten Sie zumindest Ihren Zustand beim Gesprächspartner erwähnen. Nutzen Sie diesen aber nicht als Ausrede, um sich z. B. aus der Verantwortung zu ziehen.

Neben Ihrem eigenen Ressourcenzustand sollten Sie sich auch über den Ihres Gesprächspartners bewusst werden. Dafür können Sie seinen Ausdruck (z. B. Mimik, Körperhaltung) und sein Verhalten (z. B. hört aufmerksam zu, dreht sich weg, ...) beobachten, seine Körperreaktionen (z. B. Zittern, Schwitzen) wahrnehmen, aber auch auf konkrete Äußerungen (z. B. „Ich bin so müde ...", „Ich könnte gerade Bäume ausreißen ...") hören.

Nehmen Sie beim Gesprächspartner einen ressourcenreichen Zustand wahr, können Sie diesen für die Aufnahmebereitschaft nutzen. Stellen Sie hingegen einen ressourcenarmen Zustand fest, sollten Sie entscheiden, ob Sie diesen hinnehmen, den Gesprächspartner dabei unterstützen wollen, in einen besseren Ressourcenzustand zu kommen, oder einen anderen Zeitpunkt für das Gespräch wählen. Vielleicht haben Sie ja die Ebene des WANN in Ihrer Kommunikation nicht glücklich gewählt (vgl. Kapitel „Kommunikative Kompetenz"). Kaum ein Mann ist z. B. aufnahmebereit, wenn ihn die Frau nach einem langen und harten Arbeitstag schon direkt an der Tür abpasst, um ihn z. B. darum zu bitten, die Waschmaschine zu reparieren.

Die Einschätzung des Ressourcenzustands können Sie, wie im Theorieteil beschrieben, auch anhand der Unterscheidungen A-, K- und L-Modus vornehmen. Ist Ihr Gesprächspartner im A- oder K-Modus, sollten Sie entscheiden, ob es in Ihrer Macht steht, ihn in den L-Modus zu führen, oder ob es besser ist, das Gespräch zu vertagen.

1. Ressourcenzustand des Gesprächspartners hinnehmen

Sollten Sie feststellen, dass sich Ihr Gesprächspartner in einem ressourcenarmen Zustand befindet, sollten Sie immer überlegen, ob Sie das Gespräch verschieben können. Streben Sie dafür einen Zeitpunkt an, zu dem sich

Ihr Gesprächspartner aller Voraussicht nach in einem besseren Zustand befinden wird.

Ist eine Verschiebung nicht möglich (z. B. bei einer zeitkritischen Entscheidung) und auch eine Veränderung des Ressourcenzustands nicht einfach durchführbar bzw. gescheitert, gibt es die Möglichkeit, den Ressourcenzustand Ihres Gesprächspartners – mit dem daraus resultierenden (Kommunikations-)Verhalten – einfach hinzunehmen. In diesem Fall sollten Sie die Aussagen Ihres Gesprächspartners nicht auf die Goldwaage legen und darauf achten, dass Sie selbst die Aufnahmebereitschaft nicht entziehen.

2. Ressourcenzustand verändern

Nachfolgend sind einige Ideen und Techniken zusammengestellt, mit welchen Sie sich selbst in einen ressourcenreichen Zustand versetzen und den Ressourcenzustand Ihres Gesprächspartners positiv beeinflussen können. Einige davon kennen Sie bereits aus dem Kapitel „Emotionaler Zustand".

ANWENDUNG BEI	IDEEN, WERKZEUGE UND TECHNIKEN
Gesprächspartner	Empathisches Aufnehmen
Sich selbst	Embodiment-Technik
	Ankertechnik
	Selbstführung
Gesprächspartner und sich selbst	„Symptombehandlung"
	Sinnfokussierung
	Musterunterbrechung
	Assoziation/Dissoziation

Empathisches Aufnehmen: Spiegeln Sie den anderen und gleichen Sie sich empathisch in Körpersprache, Mimik, Stimme und Sprache an den Gesprächspartner an, um sich in ihn hineinzuversetzen. Nehmen Sie wahr, wie es ihm geht, und stellen Sie entwickelnde Fragen, um ihn zu verstehen. Jemand lässt sich nur führen, wenn er sich verstanden fühlt. (siehe Kapitel „Empathie")

Embodiment-Technik: Nehmen Sie Ihre Körperhaltung und Mimik wahr. Verändern Sie diese dann ganz bewusst (z. B. aufrechte Körperhaltung, entspannte Schultern, Lächeln, entspannte Augenbrauen). Ihr emotionaler Zustand und somit auch Ihr Ressourcenzustand ändern sich dadurch ganz automatisch (siehe „Embodiment-Technik" im Kapitel „Innere Haltung").

Ankertechnik: Nutzen Sie einen positiven Anker, um sich in einen ressourcenreichen Zustand zu versetzen (siehe „Ankertechnik“ im Kapitel „Innere Haltung“).

Selbstführung: Mit Selbstführung ist an dieser Stelle gemeint, die eigenen Gedanken und das eigene Verhalten entsprechend zu steuern, um in einen ressourcenreichen Zustand zu kommen. Um dies zu erreichen, können Sie z. B. Folgendes tun:

- Etwas unternehmen und/oder erleben, das Ihren Werten entspricht.
- „Aufhören mit Jammern“: Verwenden Sie 21 Tage bewusst keine Klagesätze wie „Warum passiert das genau mir?“, „Das war ja klar“, „So ein Pech“, … Sie können gerne wütend oder traurig sein, aber nicht jammern. Betrachten Sie die Situation als Aufgabe, die Ihnen ein Coach stellt (86).
- Sich selbst annehmen (vgl. Kapitel „Vertrauen und Selbstvertrauen“): Sind Sie sich selbst gegenüber negativ eingestellt, projizieren Sie dies auf andere und bekämpfen es dort. Dies führt direkt in den K- oder A-Modus.

Weitere Ideen zur Selbstführung finden Sie z. B. im Buch „Promovieren heißt scheitern – Ein Konzept zur Selbstführung und Selbstverantwortung“ von Gunnar Seide und Atilla Vuran.

„Symptombehandlung“: Bei der „Symptombehandlung“ geht es darum, direkt und mit einfachen pragmatischen Mitteln etwas gegen den ressourcenarmen Zustand zu unternehmen. In der nachfolgenden Tabelle finden Sie einige simple Beispiele dafür:

	IDEEN FÜR SICH SELBST	IDEEN FÜR GESPRÄCHSPARTNER
Müdigkeit	„Power Nap“ machen Kurz an die frische Luft gehen Kaffee trinken	Mit ihm kurz an frische Luft gehen Kaffee anbieten
Hunger	Etwas essen oder trinken	Etwas zu essen oder zu trinken anbieten
Stress	Entspannungstechnik anwenden Kurze Pause machen	Kurze Pause anbieten
…		

Sinnfokussierung: „Wer ein starkes WARUM hat, erträgt jedes WIE." Führen Sie sich und Ihrem Gesprächspartner den Sinn des Gesprächs vor Augen. Alleine dadurch kann sich der Ressourcenzustand verändern (siehe „Sinnfokussierung" im Kapitel „Innere Haltung").

Musterunterbrechung: Machen Sie etwas komplett anders als bisher und dadurch bewusst „neu". Stellen Sie Ihrem Gesprächspartner Fragen, die von seinem negativen Ressourcenzustand ablenken, oder senden Sie unerwartete Signale, die Ihren Gesprächspartner auf Sie fokussieren (siehe „Musterunterbrechung" im Kapitel „Innere Haltung").

Assoziation/Dissoziation: Nehmen Sie sich einen Moment Zeit, um an ein schönes Erlebnis zu denken. Eine Situation, in denen es Ihnen wirklich richtig gut ging. Denken Sie sich wieder richtig in das Erlebnis ein (assoziativer Zustand; was haben Sie gesehen, gehört, gefühlt, gerochen, geschmeckt?). Lassen Sie es für einige Minuten so intensiv wie möglich wirken, kommen Sie dann in die Wirklichkeit zurück. Dadurch versetzen Sie sich automatisch in einen ressourcenreicheren Zustand. Alternativ können Sie die Technik des „inneren Kinos" so abwandeln, dass Sie sich auf der Leinwand ein symbolisches „Ressourcenpaket" hineinreichen, um Ihren Ressourcenzustand zu verbessern (siehe „Dissoziationstechnik" im Kapitel „Innere Haltung").

DAS WICHTIGSTE IN KÜRZE

- Der Ressourcenzustand eines Menschen bestimmt, wie gut oder schlecht er in einer Situation auf seine eigenen inneren Ressourcen (z. B. Fähigkeiten, Erfahrungen) zugreifen kann.
- Dieser ist kontext- und tagesabhängig und wird sowohl durch seinen physiologischen Zustand (z. B. müde, fit, im Unterzucker, ...) als auch durch seine emotionale Stimmung (z. B. aufgekratzt, enthusiastisch, depressiv, ...) beeinflusst.
- Emotionen sind immer durch folgende drei Ebenen gekennzeichnet: erlebtes Gefühl, Ausdruck (z. B. Mimik) und körperliche Reaktion (z. B. Ausschüttung von Botenstoffen).

- Bezüglich des Ressourcenzustands können drei einfache Unterscheidungen getroffen werden: A-, K- und L-Modus.
- Um Aufnahmebereitschaft bei Ihrem Gesprächspartner herzustellen, sollten Sie sowohl ihn als auch sich selbst in einen ressourcenreichen Zustand bringen. Dafür gibt es verschiedenste Methoden und Techniken.

BEISPIELE: ANWENDUNG IN DER DIGITALEN KOMMUNIKATION

- Da nonverbale Signale fehlen (außer bei Video-Konferenzen), kann der Ressourcenzustand des Kommunikationspartners nicht so leicht eingeschätzt werden.
- Der Ressourcenzustand kann durch die digitale Kommunikation negativ beeinflusst werden (schlechte Haltung beim Sitzen, technische Probleme, ...).
- Gerade bei schriftlicher digitaler Kommunikation besteht dafür die Chance, mit dem Antworten zu warten, bis ein ressourcenvoller Zustand vorhanden ist.

VERTIEFENDE LITERATUR

Gerald Hüther: Wie aus Stress Gefühle werden. Betrachtungen eines Hirnforschers. Göttingen, Vandenhoeck & Ruprecht Verlag, 2012

Maja Storch, Wolfgang Tschacher: Embodied Communication. Kommunikation beginnt im Körper, nicht im Kopf. Bern, Hans Huber Verlag, 2014

Jens Corssen, Christiane Tramitz: Ich und die anderen: Als Selbst-Entwicklung zu gelingenden Beziehungen. München, Knaur HC Verlag, 2014

3.3.4 Genetische Voraussetzungen

„Gene sind kein Schicksal."
(Jörg Blech)

Zu schön, um gut zu sein

Wie jeden Morgen herrschte um kurz vor acht dichtes Gedränge im Foyer des Business Tower. Viele gut gekleidete Menschen hatten es eilig, um in eines der unzähligen Büros zu kommen. Zu ihnen gehörte auch Jenny Kohlund. Die 31-jährige Architektin kam in einem regelrechten Stechschritt den langen Gang entlang, der von der Tiefgarage zu den beiden Aufzügen führte. Heute hatte es Jenny besonders eilig, denn um halb neun war bereits das Meeting mit den beiden Chefs der Bauträgerfirma angesetzt. Die Absätze ihrer Pumps erzeugten ein schnelles, rhythmisches Klopfen auf dem glänzenden Marmorboden. Die meisten der Herren der Schöpfung, an denen Jenny vorbeeilte, drehten sich nach der Blondine in dem dunkelblauen Kostüm um. Kein Wunder, denn Jenny war nicht nur eine hervorragende Architektin, sondern auch eine bildschöne Frau. Jenny hätte durchaus auch als Model arbeiten können, wenn sie nicht so klein gewesen wäre. Eine Körpergröße von 1,55 m reichte für den Laufsteg natürlich nicht aus. Außerdem war ja die Architektur ihre große Liebe und da konnte sie sich schnell einen Namen machen. Bereits mit 24 hatte sie ihr Studium mit Auszeichnung abgeschlossen. Danach folgten einige Anstellungen, die mehr oder weniger als Praktikum dienten. Bis sie dann vor zwei Jahren die Stelle bei Hübchen & Partner angeboten bekommen hatte. Schnell arbeitete sich Jenny ein und erledigte ihre ersten Projekte nicht nur zufriedenstellend, sondern mit Bravour. Und so ging es in diesem renommierten Architekturbüro schnell aufwärts.

Oben angekommen, fragte Jenny sofort ihre Assistentin: „Kathy, hast du mir die geänderten Pläne zusammengestellt?"

„Klar, die sind alle auf der CD auf deinem Schreibtisch!", antwortete die Assistentin Kathy Schönbauer.

„Danke!"

„Äh, noch was, Jenny!" Die Architektin drehte sich in der Tür noch mal um und schaute die Assistentin fragend an. „Du sollst vor dem Meeting kurz bei Dr. Hübchen vorbeischauen!"

„Okay!", antwortete Jenny und ging auf direktem Weg zum Büro ihres Chefs. Der saß gerade an seinem Schreibtisch und telefonierte. Mit einer Handbewegung bedeutete er Jenny, dass sie einen Augenblick warten sollte. Dann unterbrach er sein Gespräch kurz und bat sie, für ihn um 11:30 Uhr einen Termin auf einer Baustelle wahrzunehmen. Die Instruktion dafür hatte Dr. Hübchen ihr bereits per Voice-Mail geschickt. Außerdem meinte der Chef, dass er zu dem gleich bevorstehenden Meeting ein bisschen später kommen würde und sie ihn entschuldigen solle.

„Guten Morgen!", sagte Jenny freundlich, als sie ins Besprechungszimmer kam. An dem runden Glastisch saßen zwei Herren. Der eine schon etwas betagt, der andere etwa Mitte vierzig, aber dafür extrem übergewichtig mit roten Flecken im Gesicht. Es handelte sich um Volkmar und Andreas Roßnagel, ihres Zeichens Eigentümer einer mittelständischen Bauträgerfirma, die sich auf luxuriöse Kapitalanlageprojekte spezialisiert hatte. Jenny ging zuerst zum Senior und reichte ihm die Hand. „Mein Name ist Jenny Kohlund! Herr Dr. Hübchen lässt sich entschuldigen. Er hat noch ein wichtiges Telefonat und kommt in ein paar Minuten."

Volkmar Roßnagel, der Senior, musterte Jenny von oben bis unten und lächelte. „Dann machen Sie uns doch gleich einmal einen schönen heißen Kaffee!"

„Ich nehme immer den Milchkaffee mit vier Stücken Zucker!", meldete sich der dicke Sohn zu Wort. Im Besprechungsraum war es warm und er hatte dicke Schweißperlen auf der Stirn.

Kein „Guten Tag" und keine andere Begrüßung von den beiden Männern. In Jenny kam sofort dieses unangenehme Gefühl hoch, eine Mischung aus Ärger und Enttäuschung. Sie seufzte innerlich. „Schon wieder", dachte sie sich und schaute den alten, ziemlich arrogant rüberkommenden Roßnagel stumm an.

Jenny Kohlund kochte vor Wut, wusste aber in diesem Moment nicht, wie sie auf diese Erniedrigung reagieren sollte. Schlagfertigkeit war noch nie ihre Stärke gewesen. Der dicke Junior grinste sie an. Nicht weniger arrogant als sein Vater. Zum Glück ließ Dr. Hübchen doch nicht so lange auf sich warten und kam im rettenden Moment zur Tür herein. Er begrüßte erst Volkmar Roßnagel mit dessen Vornamen und anschließend seinen Sohn. Dann erkundigte er sich, ob die Herren Roßnagel etwas trinken wollten. Worauf der Alte anmerkte, dass er das bereits dem „Kindchen" gesagt habe, dieses aber offensichtlich ein paar Verständnisprobleme hatte.

„Lieber Volkmar, mein Freund, Frau Kohlund ist nicht für die Getränke zuständig!", erklärte Dr. Hübchen und stellte die Situation klar. Sie sei vielmehr die zuständige Architektin, die den Umbau eines alten Hotels plante, das die Roßnagels an institutionelle Anleger verkaufen wollten.

Der Termin mit den Roßnagels dauerte eine knappe Stunde. Und Jenny hatte erhebliche Berechtigungsprobleme. Ihr Chef verhielt sich – wie immer in solchen Situationen, sofern er dabei war und Einfluss nehmen konnte – ehrenhaft und stellte sich vor seine Angestellte. Aber das war nicht das erste Mal und würde auch nicht das letzte Mal gewesen sein. Als gutaussehende Frau hatte es Jenny in diesem Beruf nicht leicht. Erschwerend kam hinzu, dass man ihr die knapp 30 Lebensjahre überhaupt nicht ansah. Jenny Kohlund schätzten die meisten Leute bestenfalls auf Anfang bis Mitte 20. Sie wusste das und gab sich Mühe, damit bestmöglich umzugehen. Doch die Tatsache, dass man sie deswegen fachlich nicht ernst nahm, ging an ihre Substanz.

Jenny hatte verständlicherweise nicht gerade die beste Laune, als sie zu dem 11:30-Termin fuhr. Es handelte sich um eine Großbaustelle der Stadt, bei der Hübchen & Partner für die Planung verantwortlich war. Und ein mulmiges Gefühl spürte die junge Frau in der Magengegend auch. Auf großen Baustellen geht es traditionell etwas ruppig zu. Das ist nicht unbedingt etwas für zarte Gemüter. Hier war Jenny mit dem Bauleiter, jemandem vom städtischen Planungsausschuss und einer Handwerkerfirma sowie deren Zulieferer verabredet. Zwischen Tür und Angel hatte sie auf dem Weg die Voice-Mail ihres Chefs angehört, um zu wissen, worum es hier denn eigentlich ging. Die Herren waren bereits in einem der oberen Stockwerke und so musste Jenny durch die Baustelle, auf der die normale Betriebsamkeit herrschte. Die zweideutigen Blicke der Bauarbeiter durchdrangen die junge Frau und bereiteten ihr größtes Unbehagen.

„Was ist denn das für eine?", hörte Jenny einen der Bauarbeiter sprechen.

„Die kommt bestimmt direkt aus der Schule", antwortete ein anderer und die Horde unrasierter, verschwitzter und verdreckter Männer grölte.

„Sie hat nur ihren Schulranzen vergessen", fügte ein anderer hinzu. „Vielleicht ist er ja zu schwer für sie."

Wieder lachte die Meute Männer. Jennys Schritt wurde immer schneller. Sie kochte innerlich und musste sich echt beherrschen, dass ihr nicht die Tränen kamen.

Das Gespräch mit dem Bauleiter, dem Planungsmenschen und dem Handwerker verlief gleich von Beginn an in einer Atmosphäre, die alles andere als fruchtbar war. Es ging um eine spezielle Form der Kabel, die in dem Gebäude verlegt werden sollte. Der Bauleiter hatte mit dem Zulieferer und dem Handwerksbetrieb eine Kabelvariante bestellt, die weitaus mehr Kosten verursachte als vom Architekturbüro geplant.

„Es tut mir leid, meine Herren, aber ich sehe da keinen triftigen Grund, diese hohen Kosten zu rechtfertigen", sagte Jenny Kohlund. „Nach meiner Kenntnis ist das geplante Kabelmodell völlig ausreichend!"

„Wollen Sie damit andeuten, dass ich es nicht draufhabe, für so ein Gebäude die richtigen Kabel auszusuchen?", konterte der Bauleiter Wolfgang Mentschel, ein etwas älterer, untersetzter Mann barsch.

„Ich will gar nichts andeuten, Herr Mentschel! Ich sage Ihnen nur …"

„Jetzt hören Sie mir mal zu, junge Frau", fiel der Bauleiter Jenny ins Wort. „Ich bin seit 25 Jahren Bauleiter und gewohnt, Entscheidungen so zu treffen, wie es die Situation erfordert. Und in diesem Fall bin ich mir mit den Herren hier einig, dass die andere Variante die weitaus bessere ist."

„Bedauere, aber wir tragen hier auch die Verantwortung für den Kostenrahmen, Herr Mentschel", versuchte Jenny ihre Position zu verteidigen. „Wir haben uns im Vorfeld genau erkundigt und sind zu dem Entschluss gekommen …"

„Sie fahren jetzt am besten wieder nach Hause und machen erst einmal ihre Hausaufgaben, junge Frau!", konterte der Bauleiter und fiel Jenny erneut ins Wort. „Ich verstehe ja, dass sich so ein Neuling profilieren will. Aber Sie sollten sich erst einmal mit einem richtigen Architekten besprechen und sich von diesem Rat einholen. Und dann werden wir ja sehen, wer am Ende recht behält."

Jenny Kohlund schäumte vor Wut. Dieser Bauleiter hatte sie vor all den anderen regelrecht lächerlich gemacht und sie als inkompetent hingestellt. Dabei war das doch mit ihrem Chef abgesprochen und Dr. Hübchen hatte ausdrückliche Order erteilt, das ursprüngliche Kabel zu verwenden. Aber

Jenny wusste auch, dass man sie nicht ernst nahm. Wieder einmal! „So kann das nicht weitergehen“, dachte sie sich, als sie zurück ins Büro fuhr. Immer wieder dasselbe. Immer wieder kam sie an einen Punkt, an dem sie ganz einfach an ihrem Äußeren und an ihrer Wirkung auf die anderen Gesprächspartner scheiterte. Am Nachmittag hatte sie dann ein längeres Gespräch mit ihrem Chef und klagte Dr. Hübchen ihr ganzes, seit vielen Monaten aufgestautes Leid.

„Ich glaube, ich bin für den Beruf des Architekten einfach nicht geschaffen“, seufzte Jenny mit gesenktem Kopf, nachdem sie Dr. Hübchen die vielen Vorkommnisse der letzten Monate geschildert hatte. Der Vorfall auf der Großbaustelle mit dem Kabel war der berühmte Tropfen, der das Fass zum Überlaufen gebracht hatte.

Dr. Hübchen schaute seine verzweifelte Mitarbeiterin, die die ganze Zeit mit gesenktem Kopf dasaß, an. Dann meinte er: „Jenny, Sie sind eine hervorragende Architektin. Sie gehören zu den Besten am ganzen Markt. Ich lasse es nicht zu, dass Sie jetzt wegen solcher Kleinigkeiten das Handtuch werfen. Wissen Sie was, wir werden ab sofort unseren Kunden im Vorfeld entsprechende Dossiers zukommen lassen, die Ihre Reputation unangreifbar herausstellen. Es kann nicht sein, dass die Leute Sie wie eine Assistentin behandeln. Ich werde mein Möglichstes tun, dass man Sie als die Star-Architektin ansieht, die Sie sind. Vertrauen Sie mir!“

***

Wie die Geschichte verdeutlicht, können genetische Voraussetzungen – in diesem Fall das Alter sowie der Körperbau – unabhängig von der tatsächlichen Sachkompetenz einen bedeutenden Einfluss auf die Berechtigung einer Person haben und die Aufnahmebereitschaft ihr gegenüber herabsetzen – oder auch steigern.

FAKTEN

Genetische Voraussetzungen sind körperliche Merkmale wie die Haut- und Haarfarbe, aber auch z. B Talente, die von den Eltern mittels Vererbung an die Kinder weitergegeben wurden.

Zentrale Frage, die sich dabei meist stellt, ist: Sind wir Sklaven unserer Gene oder doch eher ein Produkt unserer Erziehung und Umwelt? Darüber ist sich die Wissenschaft derzeit noch nicht ganz einig (87). Unsere Intention ist es sicher nicht, diese Frage hier zu klären. Wir möchten aber Aspekte aufführen, die zumindest einen genetischen (erblich bedingten) Anteil haben. Manche in diesem Kapitel behandelten Aspekte mögen durchaus auch Einflüsse durch die Umwelt, Lebensweise oder Lerngeschichte eines Menschen erfahren.

Bezüglich einer Krankheit kann ein Mensch z. B. eine vererbte Prädisposition (Neigung, die Krankheit zu bekommen) aufweisen, die Krankheit selbst entsteht aber erst im Laufe des Lebens, bedingt durch Umweltfaktoren (z. B. Infektionen im Kindesalter, Ernährung, Erziehung, Erlebnisse).

Für das Herstellen von emotionaler Aufnahmebereitschaft macht es teilweise keinen Unterschied, ob ein Aspekt genetisch oder erworben ist. Trägt jemand z. B. eine Brille, ist die Wirkung auf den Gesprächspartner immer die gleiche – egal, ob er die Sehschwäche nun seit Geburt hat oder erst im Alter entwickelt hat. Sie können die Inhalte dieses Kapitels also auch auf Merkmale anwenden, die Sie erst im Laufe Ihres Lebens erwerben oder entwickeln (z. B. erworbene Seh- oder Hörschwäche, Behinderung durch Unfall, ...).

Es gibt direkt und indirekt wahrnehmbare genetische Voraussetzungen, die einen Einfluss auf die emotionale Aufnahmebereitschaft haben können.

Bei den genetischen Voraussetzungen kann dabei unterschieden werden, ob sie direkt oder nur indirekt wahrnehmbar sind. Die Körpergröße oder die Haare zählen z. B. zu den direkt wahrnehmbaren Attributen, da sie von jedem sofort erblickt werden können. Geht es jedoch z. B. um die Farbenblindheit von jemanden, ist dies oftmals nicht auf den ersten Blick ersichtlich, kann aber bei Beobachtung oder genauerer Kenntnis einer Person bemerkt werden. Manche Aspekte, wie z. B. das Alter oder eine angeborene Sehschwäche, können sowohl indirekt als auch direkt wahrnehmbar sein – abhängig davon, wie derjenige damit umgeht (Brille vs. Kontaktlinsen).

Beispiele für genetische Voraussetzungen, die einen Einfluss auf die Berechtigung und Aufnahmebereitschaft einer Person haben können, sind in nachfolgender Tabelle dargestellt:

<table>
<tr><th>Direkt wahrnehmbar</th><th>Indirekt wahrnehmbar</th></tr>
<tr><td>Geschlecht</td><td>Neuronal schnell/langsam</td></tr>
<tr><td>Körpergröße</td><td>Präferierter Sinneskanal</td></tr>
<tr><td>Körperbau/Figur</td><td>Farbenblindheit</td></tr>
<tr><td>Gesichtsform</td><td>Autismus</td></tr>
<tr><td>Hautfarbe/Albinismus</td><td>Savant-Syndrom (Inselbegabung)</td></tr>
<tr><td>Haare (Farbe, Struktur, Glatze)</td><td>Talente</td></tr>
<tr><td>Stottern</td><td>Legasthenie</td></tr>
<tr><td colspan="2">Alter</td></tr>
<tr><td colspan="2">Angeborene Seh- oder Hörschwäche (Brille, Kontaktlinsen, Hörgerät, ...)</td></tr>
<tr><td colspan="2">Angeborene Krankheiten (Down-Syndrom, Tourette-Syndrom, ...)</td></tr>
<tr><td colspan="2">Angeborene Behinderungen (Rollstuhl, Prothesen, Blindheit, Taubheit, ...)</td></tr>
<tr><td colspan="2">Psychische Störungen (Zwänge, ADHS, ...)</td></tr>
</table>

Je nachdem, wie Menschen einen bestimmten Aspekt bewerten, können die einzelnen genetischen Voraussetzungen einen positiven oder negativen Einfluss auf Berechtigung und Aufnahmebereitschaft haben. Die Bewertung hängt dabei von den persönlichen Wahrnehmungsfiltern eines Menschen ab. Sind „Gesundheit" und „Sport" z. B. wichtige Werte für einen Menschen, wird er einen schlanken oder muskulösen Körperbau bei seinem Gesprächspartner eher positiv bewerten, und dieser Aspekt hilft beim Herstellen von Aufnahmebereitschaft. Ist für einen Menschen hingegen z. B. „Gemütlichkeit" wichtig und hat dieser womöglich noch die Grundüberzeugung „dicke Muskeln, kleines Hirn", kann ein muskulöser Körper eher hinderlich sein. Die Kultur kann ebenfalls eine Rolle spielen. So wird beispielsweise in manchen Kulturen ein schlanker Körperbau negativ und als Zeichen für Armut und Krankheit betrachtet, in anderen (westlichen) Kulturen hingegen zeigen Studien, dass Schlankheit eher förderlich ist (88; 89).

Zusätzlich spielt ebenfalls der Kontext maßgeblich eine Rolle, ob sich eine genetische Voraussetzung positiv oder negativ auf die Berechtigung und Aufnahmebereitschaft auswirkt. Geht es z. B. um das Ausarbeiten einer Werbekampagne für die heutige Jugend, in der Zeitgeist und Innovation im Vordergrund stehen, kann es sein, dass ein Alter über 50 eher hinderlich ist. Wird hingegen jemand mit Erfahrung gesucht, der das Top-Management eines Unternehmens beraten soll, ist ein höheres Alter höchstwahrscheinlich von Vorteil.

Ein weiteres Beispiel dafür ist die Brille. Hat sie vielleicht in der Kindheit zu einer Reduktion der Aufnahmebereitschaft geführt, welche sich durch Hänseleien gezeigt hat, kann sie in Kombination mit dem entsprechenden Alter eine intelligente oder gar weise Wirkung erzielen. Die Berechtigung und Aufnahmebereitschaft wird dann positiv beeinflusst.

Männer mit Glatze werden als größer, stärker, dominanter und als bessere Führungspersönlichkeiten angesehen, als Männer mit längeren oder dünner werdenden Haaren (90). Sie erscheinen zugleich aber auch weniger sympathisch und weniger attraktiv. Außerdem werden sie tendenziell deutlich älter geschätzt, als sie sind (91). Je nachdem, in welchem Kontext Sie also mit Ihrer Glatze auf einen Gesprächspartner treffen, kann dies ein Vor- oder ein Nachteil in Sachen emotionale Aufnahmebereitschaft sein.

Direkt wahrnehmbare genetische Voraussetzungen

Vor allem auf die direkt wahrnehmbaren genetischen Voraussetzungen wirkt der im Kapitel „Kognitive Verzerrungen" beschriebene Halo-Effekt. Dadurch kann es dazu kommen, dass einzelne Attribute einer Person (z. B. Größe, Aussehen, Alter, Behinderung, ...) einen positiven oder negativen Eindruck erzeugen, der die Wahrnehmung der Person „überstrahlt" und so den Gesamteindruck unverhältnismäßig beeinflusst. Die Aufnahmebereitschaft bezüglich einer Person kann also schon durch eine einzelne genetische Voraussetzung sowohl positiv als auch negativ massiv beeinflusst sein. Nachfolgend sind als Beispiele dafür die Ergebnisse einiger Studien aufgeführt:

Wird ein Vergleich zwischen den Eigenschaften der Vorstandsvorsitzenden der „Fortune Global 500" (die 500 umsatzstärksten Unternehmen der Welt) und denen der bisherigen US-Präsidenten gezogen, gibt es zunächst nur eine Parallele: Sie waren und sind alle beruflich äußerst erfolgreich. Es gibt aber noch einen weiteren Zusammenhang: 90 % der CEOs und 88 % der US-Präsidenten waren überdurchschnittlich groß. Laut diversen Studien ist auch das Einkommen abhängig von der Größe: Männer mit einem überdurchschnittlichen Nettolohn je Stunde sind in der Regel signifikant größer als Männer mit einem unterdurchschnittlichen Nettolohn je Stunde. Hintergrund ist die unbewusste Assoziation der Körpergröße mit anderen Attributen: Große Menschen werden für selbstbewusst, kräftig und durchsetzungsstark gehalten, außerdem wird ihnen mehr Führungsqualität zugesprochen. Dafür sind steinzeitliche Denkmuster verantwortlich – damals war Größe gleichbedeutend mit Stärke (92; 93).

Bei Frauen hingegen ist in westlichen Kulturen der entscheidende Faktor nicht die Körpergröße, sondern das Gewicht. Schlanke Frauen verdienen z. B. deutlich mehr als dicke. Am höchsten war ihr Gehalt bei einem Body-Mass-Index (BMI) von 21,5. Bei Werten darüber sinkt das Gehalt immer weiter (94).

Als Beispiel kann auch der Klassiker „Blondinen sind blöd" aufgeführt werden. Dass diese Grundüberzeugung (vgl. Kapitel „Grundüberzeugungen") unbewusst immer noch verbreitet ist, zeigt eine Studie der Universität von New South Wales (95): Es konnte ein signifikanter Zusammenhang zwischen der Haarfarbe und dem Einkommen von Frauen festgestellt werden. Blondinen verdienen deutlich weniger als Frauen mit irgendeiner anderen Haarfarbe. Gleichzeitig konnten keinerlei Relationen zwischen Haarfarbe und echten Kompetenzen, Erfolgen oder Einstellungen festgestellt werden. Heißt: Blondinen sind weder besser oder schlechter als andere im Job, sie haben nur hellere Haare.

Dies sind natürlich nur ein paar exemplarisch herausgepickte genetische Faktoren. Auch lässt sich beruflicher Erfolg und Gehalt natürlich nicht als alleiniger Gradmesser für das erfolgreiche Herstellen von Aufnahmebereitschaft anführen. Es gibt allerdings noch keine wissenschaftlichen Studien darüber, welche Faktoren genau für und gegen Aufnahmebereitschaft sprechen. Andersherum betrachtet, ist das Herstellen von Aufnahmebereitschaft aber auf jeden Fall ein wichtiger Faktor, der unter anderem zum Erreichen von beruflichem Erfolg und einem hohen Gehalt beitragen kann.

Einige genetische Faktoren werden in der Physiognomie zu Naturellen zusammengefasst und sind nachfolgend kurz beschrieben (96). Beachten Sie hierbei bitte, dass keineswegs von der Physiognomie eines Menschen immer die Charaktereigenschaften oder Bedürfnisse abgeleitet werden können. Jeder Mensch ist individuell. Nutzen Sie die Naturelle also eher als Anhaltspunkte und gleichen Sie diese mit anderen Informationspunkten ab, die Sie über Ihren Gesprächspartner gesammelt haben.

Die Naturelle

Während der embryonalen Entwicklung bilden sich zunächst drei Keimblätter (Endo-, Meso- und Ektoderm), aus denen sich anschließend verschiedene Strukturen, Gewebe und Organe entwickeln. Aus dem Endoderm formen sich u. a. der Verdauungstrakt sowie die Entgiftungsorgane. Das Ektoderm trägt die Informationen zur Entwicklung der Wahrnehmung. Es bilden sich daraus u. a. die Haut, Sinnesorgane sowie das Nervensystem.

Aus dem Mesoderm entwickelt sich schwerpunktmäßig das Bewegungssystem mit seinen Muskeln, Sehnen und Bändern.

Von diesen drei Keimblättern wird während der embryonalen Entwicklung meist eines präferiert und dadurch bei einem Menschen eine typische Körper- und Gesichtsform gebildet. So viele unterschiedliche Körper- und Gesichtsformen es auch geben mag, sie können also auf drei Grundtypen reduziert werden. Die Anlage für die Ausprägung wird bereits in der embryonalen Entwicklung festgelegt und später durch Prägung (z. B. in Form von Umwelteinflüssen) beeinflusst. Von den drei Ausprägungen werden in der Physiognomie sogenannte Naturelle abgeleitet, die neben Körperbau und Gesichtsform auch die grundlegenden Bedürfnisse eines Menschen widerspiegeln. Jeder Mensch trägt grundsätzlich alle Anteile in sich und es gibt auch viele Mischformen. Zum besseren Verständnis sind die Naturelle nachfolgend aber separat dargestellt.

Dominantes Keimblatt	**Naturell**
Endoderm	Ernährungs-Naturell
Mesoderm	Bewegungs-Naturell
Ektoderm	Empfindungs-Naturell

Das *Ernährungs-Naturell* kennzeichnet sich meist durch eine runde, massige Gestalt mit eher stämmigen Extremitäten sowie einem runden Kopf mit fülliger Wangenpartie. Es braucht Ruhe, Behaglichkeit sowie eine beschauliche, praktische Lebensweise. Menschen diesen Naturells bringen viel Geduld und Annahmefähigkeit mit. Dafür ist ihre Tatkraft und Risikobereitschaft nicht so stark ausgeprägt. Sie sind auch eher schwer zu beeinflussen und halten gerne an Traditionen fest. Bevorzugte Gesprächsthemen sind eher praktische Themen mit realem Lebensbezug, wie Wirtschaft, Ökonomie oder Gesellschaft.

Das *Bewegungs-Naturell* hat in der Regel eine große, kräftige Gestalt, eine starke Muskulatur sowie einen eher kastenförmigen Kopf. Es bringt viel Dynamik mit und zeichnet sich durch Tatkraft und einen starken Willen aus. Effektivität in der Leistung steht für Menschen dieses Naturells im Vordergrund. Es geht ihnen mehr darum, mit Kraft und Energie Ideen zum Durchbruch zu bringen, statt theoretisch darüber nachzudenken. Sie scheuen dabei auch nicht ein gewisses Risiko oder (körperliche) Strapazen. Sie haben strenge Grundsätze und gleichzeitig eine ausgeprägte Freiheitsliebe. Ruhe und Feingefühl stehen nicht so stark im Vordergrund.

Das *Empfindungs-Naturell* zeichnet sich eher durch eine kleine, zarte Gestalt und einen dazu verhältnismäßig großen Kopf aus. Es verfügt über eine ausgeprägte Wahrnehmungsfähigkeit sowie tiefes Einfühlungsvermögen. Dadurch findet es schnell Zugang zu anderen Menschen, kann gleichzeitig aber auch durch Informationsflut überfordert werden. Menschen dieses Naturells sind schnell für Neues zu begeistern und entwickeln innovative Ideen, welche dann von anderen umgesetzt werden (müssen). Tat- und Überzeugungskraft sind bei ihnen in der Regel nicht so stark ausgeprägt.

Einzelne Aspekte zu den Naturellen sind in nachfolgender Tabelle nochmals zusammengefasst:

	Ernährungs-Naturell	**Bewegungs-Naturell**	**Empfindungs-Naturell**
GESICHTS-FORM		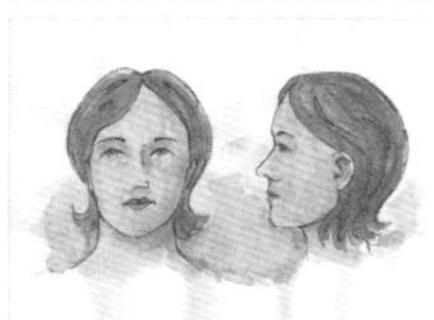	
KÖRPERBAU	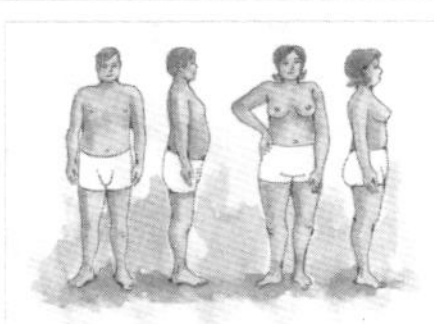	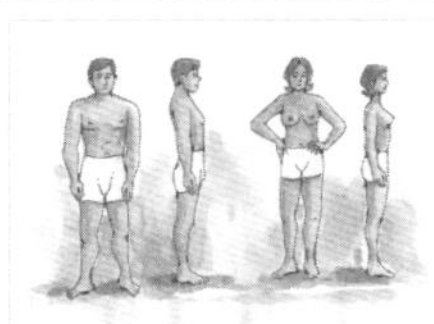	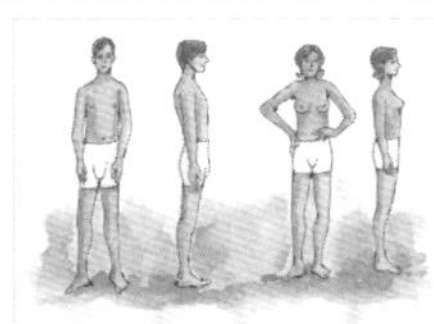
KEIMBLATT	Endoderm	Mesoderm	Ektoderm
TYPISCHES AUSSEHEN	Runde, massige Gestalt	Große, kräftige Gestalt	Kleine, zarte Gestalt
	Kurze, stämmige Extremitäten	Lange Extremitäten, starke Muskulatur	Kleine, feine Gliedmaßen
	Runder, apfelförmiger Kopf	Kastenförmiger Kopf	Proportional großer Kopf
	Voller Mund, breite Unterstirn füllige Wangenpartie	Betonte Unterstirn, kräftige Kiefer, große Nase	Hohe Stirn, große Augen, feines Kinn
	Weiche Haut	Straffe, feste Haut	Zarte Haut
AUSSTRAHLUNG	Ruhe	Tat, Spannung	Denken, Vibration

Indirekt wahrnehmbare genetische Voraussetzungen

Anders als bei den direkt wahrnehmbaren genetischen Voraussetzungen kann es sein, dass sich in einer Gesprächssituation jeder Gesprächspartner nur seiner eigenen indirekt wahrnehmbaren genetischen Voraussetzungen bewusst ist (und nicht einmal das ist sicher). Trotzdem können diese Aspekte einen Einfluss auf den anderen und dessen Aufnahmebereitschaft haben.

Zu den indirekt wahrnehmbaren genetischen Voraussetzungen zählt z. B. die neuronale Geschwindigkeit eines Menschen. Jeder Mensch hat ein angeborenes Tempo, mit dem seine Neuronen feuern, d. h. wie schnell eine Reizweiterleitung in seinem Nervensystem erfolgt. Es lassen sich hier tendenziell neuronal schnelle und neuronal langsame Menschen unterscheiden. Dies wird vor allem deutlich, wenn jemand etwas Neues lernt (eine neue Sprache, ein Musikinstrument, einen Tanz, ...). Neuronal schnelle Menschen tun sich manchmal anfangs so leicht, dass sie von ihrer Umgebung als besonders begabt wahrgenommen werden. Neuronal Langsame brauchen hingegen beim Lernen etwas länger, neigen dafür aber dazu, Dingen genauer auf den Grund zu gehen (97; 98). Passt die neuronale Geschwindigkeit zweier Gesprächspartner zueinander, nehmen diese das oftmals überhaupt nicht bewusst wahr. Treffen jedoch zwei Menschen mit unterschiedlicher neuronaler Schnelligkeit aufeinander, kann sich dies negativ auf die Aufnahmebereitschaft auswirken. Neuronal Schnelle entziehen den neuronal Langsamen oftmals die Aufnahmebereitschaft, weil es ihnen zu langsam geht oder weil sie die Langsamkeit mit mangelnder Intelligenz gleichsetzen. Neuronal Langsame wiederum entziehen manchmal den neuronal Schnellen die Aufnahmebereitschaft, weil sie sich von ihnen abgehängt fühlen.

Haben Sie selbst eine Hörschwäche, kann dies dem Gesprächspartner das Gefühl vermitteln, Sie hören ihm nicht zu. Dies kann er z. B. als mangelnde Wertschätzung empfinden und ein negativer Einfluss auf seine Aufnahmebereitschaft entsteht. Ist es hingegen Ihr Gesprächspartner, der eine Hörschwäche hat, kann daraus sein Bedürfnis entstehen, dass Sie laut sprechen. Tun Sie dies dann nicht, kann seine Aufnahmebereitschaft leiden, weil er nicht alles versteht.

Ihre eigenen indirekt wahrnehmbaren genetischen Voraussetzungen wie Behinderungen, Krankheiten oder besondere angeborene Begabungen können zu ungewohnten Verhaltensmustern oder auch körpersprachlichen Mustern führen, die bei Ihrem Gesprächspartner Irritationen verursachen und dadurch seine Aufnahmebereitschaft herabsetzen können. Durch einen Tic kann es z. B. zu unwillkürlichen, plötzlich auftretenden und immer gleichartig ausgeführten Bewegungen oder Lautäußerungen kommen. Ein Zwang oder auch Autismus kann bestimmte Verhaltensweisen hervorbringen, die für den anderen nicht immer Sinn machen und seine Aufnahmebereitschaft beeinflussen können. Andersherum kann Ihr Gesprächspartner durch seine angeborene Behinderung, Krankheit oder psychische Störung besondere Bedürfnisse haben, die es beim Herstellen von Aufnahmebereitschaft zu beachten gilt. Manche Menschen im Rollstuhl finden es unangenehm, wenn sich jemand stehend mit ihnen unterhält, ein Achromat (leidet an Farbenblindheit) kann vielleicht eine Farbkodierung nicht wahrnehmen, und ein Mensch mit Waschzwang entzieht Ihnen ggf. schon dadurch die Aufnahmebereitschaft, weil Sie ihn mit Händeschütteln begrüßen, um nur einige Beispiele zu nennen. Schaffen Sie es, die aus den genetischen Voraussetzungen resultierenden Bedürfnisse zu erkennen, kann Ihnen dies beim Herstellen von Aufnahmebereitschaft helfen. Erkennen Sie diese hingegen nicht oder sind Sie nicht in der Lage, diese (aufgrund eigener genetischer Voraussetzungen oder Fähigkeiten) zu bedienen, kann die Aufnahmebereitschaft des Gesprächspartners leiden.

Neben diesen – vergleichsweise eher seltenen – indirekt wahrnehmbaren genetischen Voraussetzungen sind die individuellen angeborenen Talente eines Menschen allgegenwärtig und haben ebenfalls Einfluss auf die emotionale Aufnahmebereitschaft. Der Umgang mit Talenten wurde bereits ausführlich im Kapitel „Stärken“ beschrieben.

Zu guter Letzt kann auch noch der (zumindest teilweise angeborene) präferierte Sinneskanal einen Einfluss auf die Bedürfnisse und Aufnahmebereitschaft Ihres Gesprächspartners haben. Details dazu wurden im Kapitel „Sinneskanäle“ beschrieben.

Grundsätzlich gilt, dass bezüglich der emotionalen Aufnahmebereitschaft genetische Voraussetzungen oftmals nicht absolut, sondern in Relation zu anderen Personen wirken. So kann es z. B. sein, dass im beruflichen Umfeld die geringe Körpergröße eines Mannes nicht dafür förderlich ist, bei seinen wesentlich größeren Mitarbeitern die Berechtigung bekommen. Trainiert der gleiche Mann privat eine Herren-Fußballmannschaft, die vielleicht eher aus kleineren Männern besteht, spielt die Größe hingegen überhaupt keine Rolle.

ANWENDUNG

Genetische Voraussetzungen sind meist schwierig bis gar nicht zu verändern. Trotzdem gibt es auch hier einige Ansatzpunkte, um wirkungsvoller Aufnahmebereitschaft herstellen zu können. Eine mögliche Vorgehensweise hierfür ist nachfolgend dargestellt:

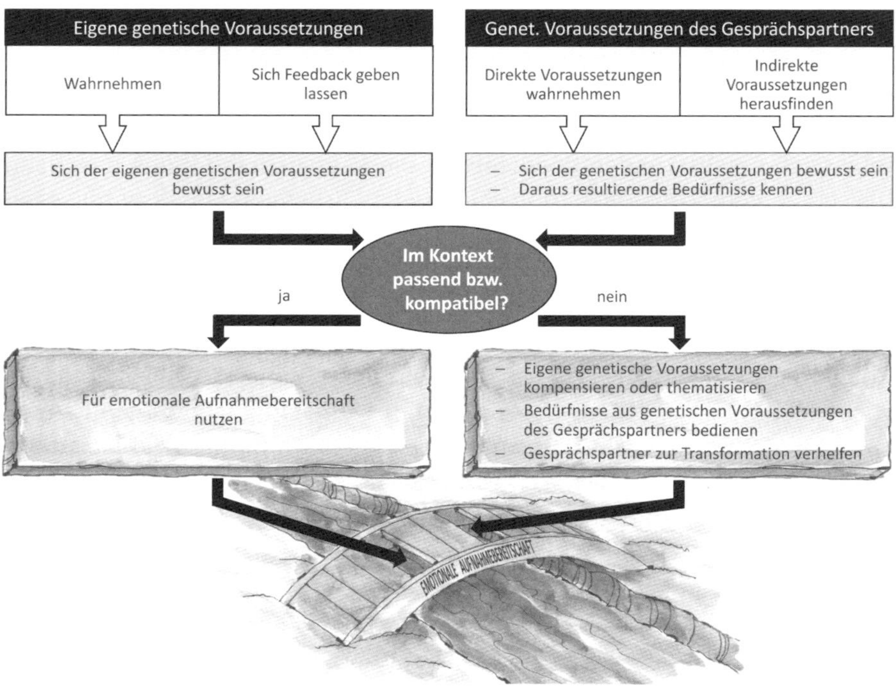

Im ersten Schritt sollten Sie sich Ihrer eigenen genetischen Voraussetzungen bewusst werden. Nehmen Sie sich dafür genau wahr und werden Sie sich bewusst, wie verschiedene Aspekte auf andere Menschen in unterschiedlichen Kontexten wirken können. Welche Ihrer genetischen Voraussetzungen sind eher hilfreich, welche eher kontraproduktiv beim Herstellen von Aufnahmebereitschaft (in verschiedenen Kontexten)? Lassen Sie sich dazu ggf. auch Feedback von anderen Personen geben, um sich noch besser einschätzen zu können. Werden Sie sich in einer konkreten Gesprächssituation bewusst, wie Ihre genetischen Voraussetzungen in genau diesem Kontext auf Ihren Gesprächspartner wirken.

Um Ihre angeborenen Talente zu entdecken, können Sie beobachten, mit welchem Verhalten und welchen Gefühlen Sie auf bestimmte Situationen reagieren, welche Sie erleben. Oder Sie reflektieren, was Sie von Kindesbeinen an schneller und besser als andere konnten. Im zugehörigen Arbeitshandbuch finden Sie außerdem einen Fragebogen als Hilfsmittel, um sich Ihrer Talente bewusst zu werden.

Achten Sie auch auf die (direkt und indirekt wahrnehmbaren!) genetischen Voraussetzungen Ihres Gesprächspartners und finden Sie gleichzeitig heraus, wie diese vom Gesprächspartner selbst wahrgenommen werden – grundsätzlich und in Relation zu Ihnen. Machen Sie sich auch seine daraus resultierenden Bedürfnisse und Erwartungen klar. Wie sollten Sie kommunizieren und sich verhalten, um diese zu bedienen?

Zusammenfassend können Sie folgende Fragen stellen:

- Wie bewertet der Gesprächspartner Ihre genetischen Voraussetzungen mit seinen Wahrnehmungsfiltern im jeweiligen Kontext (was empfindet er als positiv, was als negativ, was ist für ihn irrelevant)?
- Wie nimmt der Gesprächspartner seine eigenen genetischen Voraussetzungen (in Relation zu Ihren) wahr?
- Welche Bedürfnisse ergeben sich aus den genetischen Voraussetzungen des Gesprächspartners im jeweiligen Kontext?

Ihre eigenen genetischen Voraussetzungen, die im Kontext passend und kompatibel zum Gesprächspartner sind, können Sie für das Schaffen von emotionaler Aufnahmebereitschaft *nutzen*. Fragen Sie sich hierfür, wie Sie diese in den Vordergrund stellen und/oder betonen können (z. B. markante Brille oder Kleidung, die positive Aspekte hervorhebt). Genetische Voraussetzungen, die im Kontext nicht wirkungsvoll oder inkompatibel zum Gesprächspartner sind, sollten Sie *kompensieren* und, falls dies nicht möglich ist oder Sie dies nicht wollen, zumindest im Gespräch *thematisieren*.

Natürlich ist es nicht immer leicht einzuschätzen, was Ihr Gesprächspartner als positiv oder negativ bewertet. Manchmal kann es sein, dass Sie aufgrund einer Ihrer genetischen Voraussetzungen keine Aufnahmebereitschaft bei Ihrem Gesprächspartner bekommen, Sie aber vielleicht nie erfahren, warum. Beispiel hierfür wäre, wenn Ihr Gesprächspartner die limitierende Grundüberzeugung „Menschen mit blauen Augen kann man nicht vertrauen", z. B. bedingt durch Erfahrungen aus der Vergangenheit, hat. Haben Sie nun blaue Augen, kann es sein, dass das Vertrauen des Gesprächspartners in Sie dadurch reduziert ist und in der Konsequenz keine Aufnahmebereitschaft entsteht.

Andererseits gibt es genetische Voraussetzungen und daraus entstehende Verhaltensweisen, bei denen Sie mit etwas Reflexion gut einschätzen können, wie diese auf den Gesprächspartner wirken könnten. Wenn Sie z. B. Ihre Brille nur zum Lesen brauchen und mit Ihrem Gesprächspartner einige Unterlagen durchgehen, kann es bedingt durch den Sitz Ihrer Brille auf der Nasenspitze sein, dass Sie ihn immer wieder über den Brillenrand hinweg anschauen. Hatte Ihr Gesprächspartner früher einen strengen Lehrer, von dem er Ihnen erzählt hat und der ihn immer vorwurfsvoll oder gar strafend über den Brillenrand hinweg angesehen hat, kann Ihr Verhalten bei ihm einen negativen somatischen Marker auslösen. Die Aufnahmebereitschaft des Gesprächspartners kann dadurch automatisch sinken.

Neben der Möglichkeit, *bestimmte eigene genetische Voraussetzungen zu kompensieren oder zu thematisieren*, gibt es zusätzlich noch die Chance, *Ihrem Gesprächspartner zur Transformation zu verhelfen*, d. h. ihn dabei zu unterstützen, geistige Verknüpfungen (z. B. Größe und Kompetenz) aufzulösen. Die Vorgehensweise hierfür ist weiter unten beschrieben. Zunächst sind nachfolgend einige Möglichkeiten zum Kompensieren und Ideen zum Thematisieren eigener genetischer Voraussetzungen beschrieben.

1. Eigene genetische Voraussetzungen kompensieren

Sie können eigene genetische Voraussetzungen mit

- Ihrem Stil
- Ihrer Kompetenz (Fachkompetenz/Fähigkeit, emotionale Aufnahmebereitschaft herzustellen, ...)
- Hilfsmitteln

kompensieren.

Mit Stil kompensieren: Beim Kompensieren mit Ihrem Stil geht es meist um das Kaschieren einer genetischen Voraussetzung, sodass diese nicht mehr (so) negativ heraussticht und womöglich einen negativen Halo-Effekt beim Gesprächspartner auslöst. Beispiele dafür wären das Tragen hoher Schuhe, um größer zu wirken (Vorsicht: kann zusätzlich einen gegenteiligen Effekt haben, wenn die Absatzhöhe zu groß wird und sich dies negativ auf die wahrgenommene Kompetenz auswirkt) oder Kleidung, die älter und reifer wirken lässt, um junges Alter zu kaschieren. Details hierzu finden Sie im Kapitel „Erscheinungsbild".

Mit Kompetenz kompensieren: Mit Ihrer Kompetenz kompensieren bedeutet, Ihre vom Gesprächspartner im Kontext als negativ empfundenen genetischen Voraussetzungen in den Hintergrund zu rücken, indem Sie mit Ihrer Kompetenz überzeugen. Dies kann, abhängig von den Werten Ihres Gesprächspartners, z. B. eine fundierte Fachkompetenz, können aber auch ausgeprägte soziale Fähigkeiten sein.

Um Kompetenz aufzubauen, können Sie Ihre angeborenen Talente nutzen und diese zu Stärken ausbauen. Eine grundlegende Vorgehensweise hierfür ist im Kapitel „Stärken" beschrieben.

Am Beispiel der neuronalen Schnelligkeit könnte dies z. B. wie folgt aussehen: Ob Sie neuronal schnell oder langsam sind, ist angeboren und kann tatsächlich nicht verändert werden. Es gibt aber neben diesem Aspekt noch zwei andere Faktoren, die zur wahrgenommenen Intelligenz beitragen. Und diese Faktoren kann jeder Mensch selbst steuern – ein Leben lang (98).

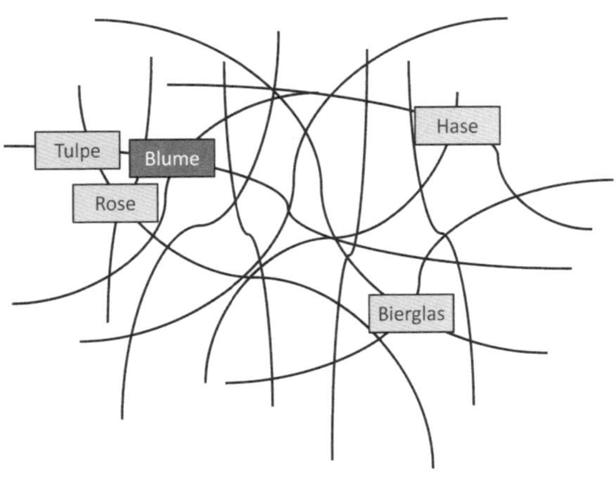

Der erste Faktor kann, einfach gesprochen, unter „Gelerntes/Erfahrungen und Wissen" zusammengefasst werden. Je mehr Sie wissen, desto schneller können Sie Neues lernen. Als Metapher können Sie hierfür folgendes „Wissens-Netz"-Denkmodell der Management-Trainerin Vera F. Birkenbihl nutzen: Unser Wissen ist wie ein Netz strukturiert, in dem gewisse Punkte durch Fäden miteinander verbunden sind (97).

Der Begriff „Blume" wird sich in diesem Netz bei den meisten Menschen vermutlich in der Nähe der Rose oder Tulpe befinden. Sind Sie Bierbrauer, ruht die Blume aber womöglich im Bierglas, bei einem Jäger am Hintern eines Feldhasen. Womit einzelne Begriffe verbunden sind, hängt davon ab, in welchem Zusammenhang Sie sie häufig in Ihrem Leben nutzen. Grundsätzlich ist es auf jeden Fall leichter, neue Details in vorhandene Fäden „einzuhäkeln", als außerhalb des Netzes neue Fäden zu bilden. Je mehr also jemand weiß, desto mehr neue Infos können irgendwo andocken und desto mehr Assoziationen ergeben sich. Dies nivelliert den Unterschied zwischen neuronal Schnellen und Langsamen. Möchten Sie also neuronal schneller wirken, lohnt es sich zu lernen.

Der zweite kompensierende Faktor kann „reflexive Intelligenz" genannt werden. Diesen können Sie nutzen, indem Sie über Ihre Methoden, Strategien, Techniken, wie Sie denken, lernen, Probleme lösen oder auch Aufnahmebereitschaft herstellen, nachdenken. Indem Sie die Methode ändern, ändern Sie Ihre Ergebnisse und können ggf. mehr oder besser leisten (98). Für Kleinkinder ist dieser Faktor selbstverständlich. Sie beobachten und ahmen das Verhalten von Menschen (z. B. der Eltern) nach, um eine Aufgabe möglichst wirkungsvoll zu erledigen. Dasselbe gilt für Firmen: Nicht umsonst werden neue Methoden oder Technologien patentrechtlich geschützt oder unter Verschluss gehalten, weil sie andernfalls von der Konkurrenz nachgeahmt werden würden.

Interessanterweise haben viele Erwachsene verlernt, über Imitation zu lernen. Vielleicht halten sie sich auch bei manchen Tätigkeiten für unbegabt oder dumm. Würden sie jedoch die Methode wechseln, könnte sich dies dramatisch ändern. Welche Methoden verwenden Sie derzeit zur Herstellung von Aufnahmebereitschaft? Was könnte Sie wirkungsvoller machen?

„Mit Ihrer Kompetenz kompensieren" kann auch bedeuten, mit der eigenen kommunikativen Kompetenz die dahinterliegenden Bedürfnisse herauszufinden und diese anderweitig zu bedienen. Angenommen, Sie sind ein junger Arzt und es kommt zu Ihnen ein Patient, der die Grundüberzeugungen „Ein Junger kann nie so viel Erfahrung haben wie ein Alter" und „Viel Erfahrung bedeutet immer viel Kompetenz" hat. Er setzt dadurch also „Alter" mit „Erfahrung" und „Erfahrung" mit „Kompetenz" gleich. Nimmt dieser Ihr junges Alter wahr, kann es sein, dass er Ihnen keine Berechtigung gibt, dadurch seine Aufnahmebereitschaft sinkt und er lieber von einem anderen – älteren und erfahreneren – Arzt behandelt werden würde. Oftmals teilen dies Menschen natürlich nicht offen mit, Sie könnten es aber in diesem Kontext auch an Nachfragen im Sinne von „Wie lange machen Sie das denn jetzt schon?" oder „Wie oft haben Sie denn diese Art von Behandlung schon durchgeführt?" feststellen. Mit Ihrer kommunikativen Kompetenz, also

z. B. durch das empathische Stellen von zielgerichteten Fragen, können Sie herausfinden, welche Bedürfnisse hinter seiner geforderten „Kompetenz" stecken. In diesem Fall könnte dies vielleicht die „bestmögliche medizinische Versorgung" sein. Wissen Sie dies, können Sie ihm vermitteln, dass Sie vielleicht etwas jünger sind als andere Ärzte und vielleicht auch ein paar Jahre weniger Berufserfahrung haben, dass Sie aber im Gegensatz zu Ihren älteren Kollegen die neuesten Techniken einsetzen und somit die bestmögliche medizinische Versorgung sicherstellen.

Mit Hilfsmitteln kompensieren: Mit Hilfsmitteln kompensieren schließt nützliche Gegenstände, aber auch bestimmte Verhaltensweisen ein.

Beispiel für einen nützlichen Gegenstand wäre die Verwendung eines Podests bei geringer Körpergröße, wenn Sie eine Rede halten. Ein Beispiel für eine kompensierende Verhaltensweise wäre „hinsetzen", wie in nachfolgendem Beispiel deutlich wird:

Ihr Gesprächspartner ist sehr klein – vor allem im Vergleich zu Ihnen – und leidet oftmals darunter. Kommunizieren Sie im Stehen mit ihm, fühlt er sich ggf. durch das Hochschauen zu Ihnen schwach und minderwertig. Seine Aufnahmebereitschaft kann dadurch reduziert sein. Setzen Sie sich hingegen, wird ihm der Unterschied vielleicht überhaupt nicht so bewusst, und die Aufnahmebereitschaft wird dadurch nicht eingeschränkt.

2. Eigene genetische Voraussetzungen thematisieren

Falls Ihre im Kontext als „Schwächen" von Ihrem Gesprächspartner wahrgenommenen genetischen Voraussetzungen nicht oder nur wenig kompensiert werden können, kann es hilfreich sein, diese anzusprechen. Beispiele dafür sind:

Angenommen, Sie sind wesentlich jünger als Ihr Gesprächspartner und merken, dass sich dies negativ auf seine emotionale Aufnahmebereitschaft auswirkt, könnten Sie z. B. Folgendes sagen und fragen: „Bevor wir anfangen, würde ich gerne etwas ansprechen. Bei meinen letzten Gesprächen, die ich (im gleichen Kontext) mit anderen Personen geführt habe, hatte ich es vergessen und dadurch haben mir diese nicht zugehört. Ich bin ja etwas jünger als Sie, wie geht es Ihnen damit?" Eine Alternative wäre: „Der eine oder andere steckt mich aufgrund meines jungen Alters erst mal in eine Schublade. Wie ist es bei Ihnen? Wie kann ich dafür sorgen, dass Sie diese Schublade offen lassen?"

Sie sollten auf jeden Fall das ansprechen, was Ihr Gesprächspartner (wahrscheinlich) im Kopf hat. Dadurch fühlt sich der andere verstanden und merkt, dass Sie sich Ihrer eigenen Wirkung bewusst sind. Dies zeugt von Kompetenz.

Anschließend müssen Sie natürlich inhaltlich überzeugen, sonst funktioniert es nicht.

3. Bedürfnisse und Erwartungen aus genetischen Voraussetzungen des Gesprächspartners bedienen

Wie im Faktenteil beschrieben, können sich aus den genetischen Voraussetzungen eines Menschen entsprechende Bedürfnisse und Erwartungen ableiten. Beachten Sie hierbei bitte, dass Sie keineswegs nur von den genetischen Voraussetzungen Ihres Gesprächspartners auf seine Bedürfnisse oder womöglich auch seine Charaktereigenschaften schließen können. Nutzen Sie die genetischen Voraussetzungen Ihres Gesprächspartners also eher als Anhaltspunkt und gleichen Sie diese mit anderen Informationen ab, die Sie über Ihren Gesprächspartner gesammelt haben. Dies können Bedürfnisse sein, die in Kombination mit z. B. der Kultur, den Werten, den Grundüberzeugungen, ... des Gesprächspartners entstehen.

Mit Bedürfnissen sind dabei sowohl ganz „praktische" Gesichtspunkte gemeint (ein untersetzter Mensch sollte bequem auf dem Stuhl Platz haben, ein kleiner Mensch sollte mühelos seine Arbeitsunterlagen im Hochschrank erreichen können, ein Mensch im Rollstuhl sollte barrierefrei zum Gespräch kommen können), als auch Besonderheiten, die z. B. aus der neuronalen Schnelligkeit, dem präferiertem Sinneskanal oder den individuellen Talenten eines Menschen entstehen. Hat Ihr Gesprächspartner z. B. in einem Kontext wesentlich mehr Talent als Sie, fallen ihm dadurch manche Dinge sehr leicht und er empfindet vieles als normal. Dementsprechend hoch können die Erwartungen an Sie sein. Wenn Sie diese nicht erfüllen können, kann seine emotionale Aufnahmebereitschaft leiden.

Zentrale Frage ist also: Was können Sie am Kontext (z. B. Umgebungsbedingungen), Ihrer Kommunikation und/oder Ihrem Verhalten anpassen, um den Bedürfnissen und Erwartungen des Gesprächspartners gerecht zu werden und ihn dadurch aufnahmebereiter zu machen? Hierfür sind nachfolgend zwei Beispiele aufgeführt:

- Ihr Gesprächspartner hat einen präferierten kinästhetischen Sinneskanal und lernt dadurch Dinge am effektivsten, wenn er etwas selbst ausprobieren kann (z. B. eine neue Software). Geben Sie ihm dazu die Möglichkeit, wird dies seine emotionale Aufnahmebereitschaft wahrscheinlich steigern. Bestehen Sie hingegen darauf, es ihm vorzuführen, und missachten dadurch sein Bedürfnis, wird er die Aufnahmebereitschaft eher entziehen.
- Ihr Gesprächspartner hat ein hohes analytisches Talent und dadurch das Bedürfnis, Dingen auf den Grund zu gehen. Geben Sie ihm die Chance, sich ein genaues Bild zu machen, wird dies tendenziell seine Aufnahmebereitschaft fördern, gehen Sie hingegen auf Rückfragen nicht ein, könnte es sein, dass er diese entzieht.

Auch das Naturell Ihres Gesprächspartners kann etwas über seine Bedürfnisse aussagen. Nachfolgend finden Sie hierzu einige Ideen:

- Ein Gesprächspartner mit Bewegungsnaturell hat tendenziell eher Mühe, lange ruhig dazusitzen, er braucht Bewegung – auch geistige Bewegung. Geben Sie ihm also wenn möglich eine Herausforderung und kommen Sie schnell auf den Punkt. Geben Sie ihm, wenn der Kontext passt, zwischendurch die Möglichkeit, sich körperlich zu bewegen.
- Für einen Gesprächspartner mit Ernährungsnaturell kann das Ambiente eines Gesprächs tendenziell eine Rolle spielen. Überlegen Sie sich, ob Sie das Gespräch z. B. mit gutem Essen oder etwas anderem, das der Gesprächspartner als Genuss empfindet (z. B. ein Glas Wein, eine Zigarre, ...), verbinden können.
- Einem Gesprächspartner mit Empfindungsnaturell ist es tendenziell wichtig, sich verstanden zu fühlen. Das hohe Einfühlungsvermögen, das er mitbringt, erwartet er meist auch von Ihnen. Fragen Sie sich also, was Sie tun können, damit sich der andere im Gespräch wohlfühlt. Geben Sie ihm genug Zeit, um z. B. Argumente auf sich wirken zu lassen, und drängen Sie ihn nicht zu schnell zur Tat.

4. Dem Gesprächspartner zur Transformation verhelfen

„Zur Transformation verhelfen" bedeutet, den Gesprächspartner so zu entwickeln, dass er gewisse genetische Voraussetzungen Ihrerseits nicht mehr als negativ für die Berechtigung und Aufnahmebereitschaft wahrnimmt. Ziel sollte sein, in der Wahrnehmung Ihres Gesprächspartners zwei Attribute Ihrer Person voneinander zu entkoppeln (z. B. neuronale Langsamkeit von mangelnder Intelligenz oder Alter von Erfahrung). Sie können hierfür Ihren Gesprächspartner dabei unterstützen, seine Vorannahmen und ggf. vorherrschenden negativen Prägungen, welche mit Ihren genetischen Voraussetzungen assoziiert sind, zu hinterfragen und aufzulösen. Helfen Sie ihm, die Effekte zu erkennen, die ihn in seiner Wahrnehmung limitieren. Einfach gesprochen: Machen Sie Menschen schlauer, damit sie erkennen, wie limitiert sie waren.

> *„Machen Sie Menschen schlauer, damit sie erkennen, wie limitiert sie waren."*
> *(Atilla Vuran)*

DAS WICHTIGSTE IN KÜRZE

- ☐ Genetische Voraussetzungen sind körperliche Merkmale wie Haut- und Haarfarbe, aber auch z. B. Talente, die von den Eltern mittels Vererbung an die Kinder weitergegeben wurden.
- ☐ Genetische Voraussetzungen können sowohl direkt (z. B. Körpergröße) als auch indirekt wahrnehmbar (z. B. Farbenblindheit) sein.
- ☐ Sowohl die eigenen genetischen Voraussetzungen als auch die des Gesprächspartners können einen Einfluss auf seine emotionale Aufnahmebereitschaft haben.
- ☐ Einige genetische Voraussetzungen werden in der Physiognomie zu Naturellen zusammengefasst, die neben Körperbau und Gesichtsform auch die grundlegenden Bedürfnisse eines Menschen widerspiegeln.
- ☐ Genetische Voraussetzungen wirken oftmals nicht absolut, sondern in Relation zum Gesprächspartner.
- ☐ Um emotionale Aufnahmebereitschaft bei Ihrem Gesprächspartner herzustellen, sollten Sie Ihre auf ihn positiv wirkenden genetischen Voraussetzungen nutzen, negativ wirkende wenn möglich kompensieren, ansonsten zumindest thematisieren.

BEISPIELE: ANWENDUNG IN DER DIGITALEN KOMMUNIKATION

- Viele direkt wahrnehmbare genetische Voraussetzungen, wie z. B. Größe, Körperbau, ..., verlieren ihren Einfluss auf die emotionale Aufnahmebereitschaft des Kommunikationspartners, da sich die Kommunikationspartner nicht sehen (außer bei Video-Konferenzen).
- Kommunikationspartner können aber genetische Voraussetzungen, wie Geschlecht, Haarfarbe oder Alter, anhand eines Fotos oder mithilfe von Informationen aus dem Internet schon vor einem Gespräch einschätzen.
- Bei einer schriftlichen digitalen Kommunikation können sich manche genetischen Voraussetzungen, wie z. B. Legasthenie oder Farbenblindheit, als Nachteil erweisen.
- Andere genetische Voraussetzungen, die in einer Face-to-Face-Kommunikation hinderlich sein können, wie z. B. Stottern, fallen hier hingegen nicht auf.

VERTIEFENDE LITERATUR

Wilma Castrian: Lehrbuch der Psycho-Physiognomik: Antlitzdiagnostik für die Praxis. Stuttgart, MVS Medizinverlage, 2004

Vera F. Birkenbihl: Lernen lassen! Mit 17 konkreten Methoden, Tricks und Lernspielen. München, mvg Verlag, 2014

David Perkins: Outsmarting IQ: The Emerging Science of Learnable Intelligence. New York, Free Press, 1995

Marcus Buckingham: Entdecken Sie Ihre Stärken jetzt! Das Gallup-Prinzip für individuelle Entwicklung und erfolgreiche Führung. Frankfurt, Campus Verlag, 2011

4. Zusammenfassung

Sie haben bei der Lektüre dieses Buches viele Effekte, Prinzipien und Faktoren kennengelernt und fragen sich vielleicht nun, wie Sie diese Fülle an Information in der Praxis anwenden sollen. Um die Inhalte für den Alltag nutzbar zu machen, haben wir sie nachfolgend zusammengefasst. Im ersten Abschnitt der Zusammenfassung geht es darum, wie Sie die Inhalte des Buches anwenden können, um sich selbst besser einschätzen zu können. Dieser Abschnitt soll als eine Art genereller **Selbst-Check** dienen: Welche Wahrnehmungsfilter sind bei Ihnen in verschiedenen Kontexten aktiv und wie können sich diese auf das Thema emotionale Aufnahmebereitschaft auswirken?

Im zweiten Abschnitt der Zusammenfassung haben wir die Inhalte in vier Schritten als eine **Art Leitfaden zum Herstellen von emotionaler Aufnahmebereitschaft bei jemand anderem** zusammengefasst: Wie können Sie ein konkretes Gespräch wirkungsvoll vorbereiten, führen und reflektieren?

4.1 Anwendung zur Selbsteinschätzung: genereller Selbst-Check

Beim generellen Selbst-Check geht es darum, sich selbst zu erkennen. Dazu zählt, sich der eigenen (kommunikativen) Fähigkeiten sowie der eigenen Wirkung auf andere Menschen bewusst zu werden. Zusätzlich sollte der generelle Selbst-Check dazu führen, die eigenen (einschränkenden) Wahrnehmungsfilter zu kennen. Stellen Sie sich hierfür als Metapher einen Frosch vor. Ein Frosch sieht zwar die meisten Dinge in seiner Umgebung, nimmt aber durch seine Wahrnehmungsfilter als bedeutungsvoll nur Dinge wahr, welche eine bestimmte Form und Struktur haben und sich bewegen (potenzielle Nahrung, z. B. Fliegen). Dies ist einerseits sehr effizient, da er Irrelevantes ausblendet. Da er jedoch durch die Einschränkung seiner Wahrnehmungsfilter nur sich bewegende Dinge als Nahrung identifiziert, würde er in einer Schachtel mit toten Fliegen verhungern (6).

Im übertragenen Sinne ist es genauso auch bei jedem Menschen: Seine Wahrnehmungsfilter steuern effizient, wann er aufnahmebereit ist. Gleichzeitig können die Filter einen Menschen aber auch daran hindern, aufnahmebereit zu sein und die Möglichkeiten um ihn herum wahrzunehmen. Zusätzlich können die Wahrnehmungsfilter zu einer bestimmten Wirkung auf andere Personen führen und deren Aufnahmebereitschaft positiv oder negativ beeinflussen.

Reflektieren Sie also, welche (kommunikativen) Fähigkeiten Sie bereits haben, und werden Sie sich bewusst, welche Wahrnehmungsfilter bei Ihnen auf welche Art und Weise aktiv sind. Welche Filter sind sinnvoll und effizient, und wie beeinflussen diese Ihre Fähigkeiten und Ihre Wirkung auf andere Menschen? Hinterfragen Sie auch, welche Wahrnehmungsfilter Sie vielleicht einschränken oder welche Sie ggf. auch dabei behindern, Ihre Fähigkeiten einzusetzen und emotionale Aufnahmebereitschaft bei jemand anderem herzustellen. Wie wollen Sie mit diesen „limitierenden Filtern" umgehen?

Der generelle Selbst-Check dient also, in der Brückenmetapher gesprochen, dazu, sich bewusst zu werden, welche eigenen Bretter Ihnen beim Bau einer Brücke zur emotionalen Aufnahmebereitschaft eines anderen Menschen grundsätzlich zur Verfügung stehen. Dies kann je nach Kontext natürlich variieren. Nutzen Sie die weiter unten kompakt zusammengestellte Tabelle also am besten zunächst für einen spezifischen Kontext, der für Sie besonders relevant ist oder in dem Sie vielleicht nur schwer emotionale Aufnahmebereitschaft herstellen können (z. B. in der Beziehung, beim Mitarbeiter, bei der Kindererziehung, ...). Beantworten Sie sich die Reflexionsfragen zunächst bezogen auf diesen Kontext. Nach und nach können Sie den generellen Selbst-Check dann auch für andere Kontexte durchführen und erhalten schließlich ein umfassendes Bild über sich selbst. Sie finden dabei auch heraus, welche Aspekte in den meisten

Kontexten zum Tragen kommen – also fast kontextunabhängig sind – und welche Aspekte stark schwanken.

Wenn Sie bei einem Punkt mehr in die Tiefe gehen wollen, können Sie zusätzlich die Reflexionsfragen im zugehörigen Arbeitshandbuch nutzen. Um schnell nochmals auf die jeweilige Theorie zugreifen zu können, finden Sie die Kapitelnummern in der linken Spalte der Tabelle aufgeführt.

Die Tabelle mag auf den ersten Blick überschaubar wirken. Auch sind Ihnen einige der Punkte wahrscheinlich schon bewusst oder Sie können Sie sich vielleicht ganz schnell erarbeiten. Bei anderen kann es aber auch etwas länger dauern. Zusätzlich werden Sie, wenn Sie mit wachen Augen und offenen Ohren durchs Leben gehen, jeden Tag neue Facetten an sich kennenlernen, die Ihre Selbsterkenntnis nach und nach vervollständigen. Der generelle Selbst-Check ist also eine Lebensaufgabe. Wann fangen Sie damit an?

SELBST-CHECK – generell	
Selbstvertrauen ➔ Kapitel 2.2.1	Wie viel Selbstvertrauen bringe ich in diesem Kontext mit? Was tue ich, um mein Selbstvertrauen zu steigern?
Vertrauen ➔ Kapitel 2.2.1	Wie vertrauenswürdig bin ich auf den Ebenen „Integrität", „Absicht", „Fähigkeiten" und „Ergebnisse"? Was tue ich, um meine Vertrauenswürdigkeit auf diesen vier Ebenen zu steigern?
Innere Haltung ➔ Kapitel 2.2.1	Welche Strategien habe ich, um meine innere Haltung zu „wählen"? Welche Strategien kann ich mir noch aneignen?
Hier und Jetzt ➔ Kapitel 2.2.1	Welche Strategien habe ich, meine Aufmerksamkeit ganz auf das Hier und Jetzt zu richten? Welche Strategien kann ich mir noch aneignen?
Empathie ➔ Kapitel 2.2.2	Wie empathisch bin ich? Was kann ich tun, um noch empathischer zu werden?
Kommunikative Kompetenz ➔ Kapitel 2.2.3	Welche kommunikative Kompetenz habe ich? Was kann ich tun, um diese noch zu verbessern?
Kognitive Verzerrungen ➔ Kapitel 2.2.4	Welche kognitiven Verzerrungen nehme ich bei mir wahr? Wie kann ich mir meine kognitiven Verzerrungen noch besser bewusst machen?

Wahrnehmungsfilter ➔ Kapitel 2.2.5	Welche Verzerrungen, Tilgungen und Generalisierungen werden durch meine Wahrnehmungsfilter verursacht? Wie kann ich mir diese noch besser bewusst machen?
Kontext ➔ Kapitel 2.2.6	Welchen Einfluss hat der Kontext?
Individuelle Filter ➔ Kapitel 3.1.1 ➔ Kapitel 3.1.2 ➔ Kapitel 3.1.3 ➔ Kapitel 3.1.4	Was sind meine Top-Werte in diesem Kontext? Welche starken Metaprogramm-Ausprägungen habe ich in diesem Kontext? Welche positiven und limitierenden Grundüberzeugungen habe ich in diesem Kontext? Welche Stärken und Schwächen habe ich in diesem Kontext?
Soziale Filter ➔ Kapitel 3.2.1 ➔ Kapitel 3.2.2 ➔ Kapitel 3.2.3 ➔ Kapitel 3.2.4	Wie aktiv ist bei mir der Hundeanteil, wie aktiv der Katzenanteil in diesem Kontext? Wie prägt mich meine Kultur in diesem Kontext? Welche Umgangsformen pflege ich in diesem Kontext? Wie wirkt mein Erscheinungsbild in diesem Kontext?
Physiologische Filter ➔ Kapitel 3.3.1 ➔ Kapitel 3.3.2 ➔ Kapitel 3.3.3 ➔ Kapitel 3.3.4	Was ist mein präferierter Sinneskanal in diesem Kontext? Welche somatischen Marker wirken bei mir in diesem Kontext? Was beeinflusst meinen Ressourcenzustand in diesem Kontext? Welche meiner genetischen Voraussetzungen wirken auf andere positiv, welche negativ in diesem Kontext?

Ergebnis des generellen Selbst-Checks sollte sein, dass Sie wissen, welche eigenen „Bretter" Ihnen generell zur Verfügung stehen, um eine Brücke der emotionalen Aufnahmebereitschaft zu bauen.

4.2 Anwendung in konkreter Gesprächssituation

Um ein konkretes Gespräch wirkungsvoll vorbereiten, führen und reflektieren zu können, finden Sie nachfolgend in vier Schritten einen Leitfaden zum Herstellen von emotionaler Aufnahmebereitschaft Ihres Gesprächspartners. Die vier Schritte sind wie folgt:

1. Selbst-Check zur Bestandsaufnahme
2. Gesprächsvorbereitung
3. Gesprächsführung, unterteilt in drei Phasen
4. Reflexion

Schritt 1: Selbst-Check zur Bestandsaufnahme

Der Selbst-Check zur Bestandsaufnahme ist – anders als der vorher beschriebene generelle Selbst-Check – eine Art Standortbestimmung, wie sie auch ein Navigationssystem durchführt, bevor Sie das Ziel eingeben. Dabei sollen Sie sich klar darüber werden, in welchem Zustand Sie sich speziell an diesem Tag, in diesem Kontext und genau bei diesem bevorstehenden Gespräch befinden. Metaphorisch gesprochen: Welche eigenen Bretter stehen Ihnen genau heute, in diesem Kontext, zur Verfügung, um eine Brücke der emotionalen Aufnahmebereitschaft zum Gesprächspartner zu bauen?

Dafür sind in nachfolgender Tabelle einige Reflexionsfragen zusammengestellt.

SELBST-CHECK – zur Bestandsaufnahme	
Selbstvertrauen	Wie viel Selbstvertrauen bringe ich mit ins Gespräch?
Innere Haltung	Mit welcher inneren Haltung gehe ich ins Gespräch?
Hier und Jetzt	Wie aufmerksam bin ich gerade?
Empathie	Kann ich meine empathischen Fähigkeiten gerade nutzen, oder sind diese durch Stress eingeschränkt?
Kontext	Wie ist der Kontext? Welche Kontextfaktoren spielen eine Rolle?
Individuelle Filter	Welche Werte sind mir im Gespräch wichtig? Welche starken Metaprogramm-Ausprägungen habe ich in diesem Kontext? Welche meiner positiven und limitierenden Grundüberzeugungen sind in diesem Kontext relevant? Welche Stärken und Schwächen habe ich in diesem Kontext?
Soziale Filter	Ist in diesem Kontext gerade mein Hunde- oder mein Katzenanteil aktiv? Welche meiner kulturellen Prägungen beeinflussen das Gespräch? Welche Umgangsformen pflege ich in diesem Kontext? Wie wirkt mein Erscheinungsbild im Gesprächskontext?
Physiologische Filter	Was ist mein präferierter Sinneskanal in diesem Kontext? Welche somatischen Marker könnten im Gespräch ausgelöst werden? Wie ist mein aktueller Ressourcenzustand? Wie wirken meine genetischen Voraussetzungen im Gesprächskontext?

Ergebnis des Selbst-Checks zur Bestandsaufnahme sollte sein, dass Sie wissen, welche eigenen „Bretter“ Ihnen genau hier und jetzt in diesem Kontext zur Verfügung stehen, um eine Brücke der emotionalen Aufnahmebereitschaft zu bauen.

Diesen Selbst-Check sollten Sie nicht nur vor dem Gespräch, sondern auch in jeder Phase des Gesprächs immer mal wieder durchführen, um sich Ihres eigenen Zustands bewusst zu werden und ggf. daran arbeiten zu können. Die Vorgehensweise hierfür ist in Phase 3, der Gesprächsführung, näher beschrieben.

Schritt 2: Gesprächsvorbereitung

Die Gesprächsvorbereitung soll Ihnen dabei helfen, möglichst vieles im Vorfeld eines Gesprächs zu reflektieren und sich eine Art kommunikative Strategie für das Bedienen der Wahrnehmungsfilter des anderen zurechtzulegen. In der Brückenmetapher ausgedrückt geht es bei der Gesprächs vorbereitung darum, sich bewusst zu werden, welche Bretter Ihr Gesprächspartner mitbringt und wie Sie diese beim Erstellen der Brücke an genau diesem Ort (Kontext!) nutzen können.

Je mehr Sie im Vorfeld bereits durchdacht haben, desto weniger müssen Sie sich damit während eines Gesprächs (parallel zum Inhalt!) beschäftigen. Hier gibt es einen Unterschied, ob Sie den Gesprächspartner und dementsprechend seine Wahrnehmungsfilter bereits kennen oder nicht.

Bei einem *bekannten Gesprächspartner* haben Sie vielleicht schon Erfahrung beim Herstellen von Aufnahmebereitschaft und wissen, welche Wahrnehmungsfilter des anderen dabei besonders relevant sind. Seien Sie sich dabei aber immer bewusst, dass die meisten Wahrnehmungsfilter situations- und kontextabhängig sind. Sie sollten also Ihre Einschätzung aus der Gesprächsvorbereitung unbedingt nochmals im Gespräch überprüfen! Um die Komplexität zu reduzieren, fragen Sie sich bei jeder der Reflexionsfragen, in welchen Punkten Sie mit dem Gesprächspartner übereinstimmen und welche Aspekte Sie dementsprechend aus Ihrer Natürlichkeit heraus bedienen können. Auf diese brauchen Sie dann im Gespräch keinen so großen Fokus zu legen.

Bei einem *unbekannten Gesprächspartner* geht es bei der Gesprächsvorbereitung mehr darum, sich Informationen bezüglich seiner (wichtigsten) Wahrnehmungsfilter einzuholen. Dafür können Sie sich entweder von jemandem eine Einschätzung geben lassen, der Ihren Gesprächspartner kennt, oder sonstige Informationen nutzen, die Sie über ihn haben. Beispiele dafür sind:

- Welchen Beruf übt mein Gesprächspartner aus und was könnte dies über ihn aussagen? (So könnte einem Entwicklungs-Ingenieur – bedingt durch seine Tätigkeit – der Wert „Innovation" wichtig sein und er könnte tendenziell die Metaprogramme „Kognitiv" und „Unterschiedlichkeit" ausgeprägt haben.)
- Welche Hobbys oder sonstigen Interessen hat er? (Einem Menschen, der privat exzessiv Leistungssport betreibt, könnte die Grundüberzeugung „Der zweite Sieger ist der erste Verlierer" haben und ihm könnte der Wert „Wettbewerb" wichtig sein.)
- Welches Erscheinungsbild hat mein Gesprächspartner (z. B. auf einem Foto, im Internet) und welche ggf. dadurch bedingten Bedürfnisse kann ich daraus ableiten? (Wirkt jemand wesentlich älter als Sie, könnte es z. B. von Vorteil sein, die eigene Kleidung entsprechend zu wählen, sodass Sie auch erfahrener und reifer wirken.)

Hüten Sie sich hier aber vor zu starrem Schubladendenken. Jemand kann in die Vorstellung passen, die Sie sich von ihm machen, muss es aber nicht. Überprüfen Sie Ihre Einschätzung aus der Gesprächsvorbereitung unbedingt nochmals im Gespräch!

Werden Sie sich bei einem unbekannten Gesprächspartner außerdem bewusst, welche grundsätzlichen Möglichkeiten Sie in diesem Kontext haben, sich auf ihn einzustellen. D. h., welche Chancen und Risiken für das Gelingen der Kommunikation ergeben sich durch den Kontext selbst (siehe Kapitel „Kontext")?

Auch die nachfolgende Tabelle mit Reflexionsfragen für die Gesprächsvorbereitung ist in zwei Spalten („bekannter Gesprächspartner" und „unbekannter Gesprächspartner") gegliedert.

GESPRÄCHSVORBEREITUNG		
	Bei bereits bekanntem Gesprächspartner	**Bei unbekanntem Gesprächspartner**
Vertrauen	– Wie gefüllt ist mein Vertrauenskonto beim anderen? – Wie stark vertraut mir der andere auf den Ebenen „Integrität“, „Absicht“, „Fähigkeiten“ und „Ergebnisse“?	– Welche grundsätzlichen Möglichkeiten habe ich in diesem Kontext, um Vertrauen aufzubauen?
Kognitive Verzerrungen	– Welche kognitiven Verzerrungen habe ich in der Vergangenheit beim anderen schon wahrgenommen?	– Welche kognitiven Verzerrungen könnten aufgrund meiner Persönlichkeit entstehen?
Individuelle Filter	– Welche Top-Werte hat der andere? – Welche starken Metaprogramm-Ausprägungen des anderen kenne ich? – Welche Grundüberzeugungen des anderen kenne ich? – Welche Erwartungen an mich können sich aus den Stärken und Schwächen des anderen ergeben?	– Woher bekomme ich Informationen über die individuellen, sozialen und physiologischen Filter des anderen? – Was kann ich ggf. aus Informationen ableiten, die ich habe?
Soziale Filter	– Hat der andere im Vergleich zu mir einen dominanten Hunde- oder Katzenanteil? – Welche kulturellen Aspekte sollte ich beachten? – Welche Umgangsformen sind dem anderen wichtig? – Welche Erwartungen hat der andere an mein Erscheinungsbild?	

Physiologische Filter	– Was ist der präferierte Sinneskanal des anderen? – Welche somatischen Marker des anderen kenne ich schon? – In welchem Ressourcenzustand könnte der andere sein? – Welche Bedürfnisse ergeben sich aus den genetischen Voraussetzungen des anderen?	
Kommunikative Kompetenz	– Welches WAS, WIE und WANN braucht der andere – abhängig von seinen individuellen, sozialen und physiologischen Filtern? – Habe ich die Berechtigung des anderen?	– Welche grundsätzlichen Möglichkeiten habe ich in diesem Kontext, das WAS, WIE und WANN an den anderen anzupassen? – Welche Möglichkeiten habe ich grundsätzlich in diesem Kontext, die Berechtigung des anderen zu gewinnen?

Ergebnis der Gesprächsvorbereitung bei einem bekannten Gesprächspartner sollte sein, dass Sie wissen, welche „Bretter“ er vermutlich mit ins Gespräch bringt und wie Sie diese an diesem Ort (= in diesem Kontext) nutzen können, um eine Brücke der emotionalen Aufnahmebereitschaft zu ihm zu bauen.

Ergebnis der Gesprächsvorbereitung bei einem unbekannten Gesprächspartner sollte sein, sich Informationen einzuholen, von denen Sie ggf. ableiten können, welche „Bretter“ er mit in das Gespräch bringen könnte. Zusätzlich sollten Sie sich darüber im Klaren sein, welche Möglichkeiten es für Sie grundsätzlich gibt, um an diesem Ort (= in diesem Kontext) eine Brücke der emotionalen Aufnahmebereitschaft zu bauen.

Woran Sie die einzelnen Wahrnehmungsfilter des Gesprächspartners erkennen, ist detailliert in den einzelnen Unterkapiteln des Kapitels 3 beschrieben.

Schritt 3: Gesprächsführung

Die Gesprächsführung untergliedert sich in drei Phasen, die sowohl nacheinander als auch überschneidend ablaufen können:

- **Phase 1: Überprüfen, welche Bretter vorhanden sind und welche benötigt werden, um eine stabile Brücke zu bauen**
  Herausfinden, was der andere braucht, um emotional aufnahmebereit zu sein / Überprüfen, ob die Einschätzung aus der Gesprächsvorbereitung richtig war
- **Phase 2: Brücke bauen**
  Emotionale Aufnahmebereitschaft und Berechtigung beim anderen herstellen
- **Phase 3: Den anderen über die Brücke führen**
  Den anderen von etwas überzeugen, motivieren, führen, zum Handeln anregen, Verständnis schaffen, Zusammenarbeit ermöglichen, ...

Trotz möglicher Überschneidungen werden die drei Phasen zum besseren Verständnis nachfolgend separat erläutert.

Phase 1 „Bestand an Brettern überprüfen“: In der Phase 1 sollten Sie herausfinden, welche Bretter Ihr Gesprächspartner tatsächlich mit ins Gespräch gebracht hat, wie Sie diese beim Brückenbau nutzen können und welche eigenen Bretter Sie – angepasst an den Gesprächspartner – wählen sollten, um eine stabile Brücke der emotionalen Aufnahmebereitschaft zu bauen. Auch gilt es herauszufinden, ob Sie an dem Ort, an dem die Brücke erstellt werden soll (im aktuellen Kontext), überhaupt geeignete Bretter zur Verfügung haben. Um herauszufinden, was der andere braucht, sollten Sie offen sein, bewusst wahrnehmen, aktiv zuhören und entwickelnde Fragen stellen (siehe Kapitel „Empathie“). Auf diese Art und Weise stellen Sie einen vertrauensvollen Kontakt mit wechselseitiger empathischer Aufmerksamkeit zwischen sich und Ihrem Gesprächspartner her. Gleichzeitig erhalten Sie so wichtige Informationen, die Sie für das Bauen der Brücke zur emotionalen Aufnahmebereitschaft des anderen brauchen.

Die Vorgehensweise unterscheidet sich an dem einen oder anderen Punkt, abhängig davon, ob Sie Ihren Gesprächspartner bereits kennen oder nicht: Führen Sie ein Gespräch mit einem bekannten Gesprächspartner, haben Sie durch Ihre Gesprächsvorbereitung bereits eine fundierte Kenntnis, welche Bretter beim Bauen einer Brücke zu ihm essenziell sind bzw. welche zu einem Einsturz der Brücke führen können. So können Sie sich also mehr darauf konzentrieren, zu überprüfen, ob Ihre Gesprächsvorbereitung zutrifft oder ob Sie flexibel handeln müssen, weil beim Gesprächspartner in dieser konkreten Situation andere Wahrnehmungsfilter im Vordergrund stehen oder zum Tragen kommen, als Sie ursprünglich angenommen hatten. Bei einem unbekannten Gesprächspartner sollten Sie diese erste Phase nutzen, um überhaupt herauszufinden, was der andere braucht, um aufnahmebereit zu werden und Ihnen die Berechtigung zu geben.

Sie können sich dafür folgende Fragen stellen:

GESPRÄCHSFÜHRUNG – Phase 1		
	Bei bereits bekanntem Gesprächspartner	**Bei unbekanntem Gesprächspartner**
Vertrauen	– Wie verändert sich das Vertrauensverhältnis während des Gesprächs?	
Innere Haltung	– Wie nehme ich die innere Haltung des anderen wahr?	
Anwesenheit	– Wie aufmerksam wirkt der andere auf mich?	
Empathie	– Welche Beobachtungen, Gefühle, Bedürfnisse und Bitten nehme ich beim anderen wahr?	
Kommunikative Kompetenz	– Habe ich das WAS, WIE und WANN richtig gewählt oder sollte ich etwas verändern? – Habe ich die Berechtigung des anderen?	– Welches WAS, WIE und WANN braucht der andere? – Wie gewinne ich die Berechtigung des anderen?
Kognitive Verzerrungen	– Welche kognitiven Verzerrungen nehme ich beim anderen wahr?	
Wahrnehmungsfilter	– Welche Verzerrungen, Tilgungen und Generalisierungen nehme ich beim anderen wahr?	
Kontext	– Welche Besonderheiten ergeben sich aus dem Kontext?	
Individuelle Filter	– Welche seiner (mir bekannten) Werte sind dem anderen gerade wichtig? – Welche starken Metaprogramm-Ausprägungen des anderen nehme ich gerade wahr?	– Welche Top-Werte hat der andere im Kontext? – Welche starken Metaprogramm-Ausprägungen hat der andere im Kontext? – Welche Grundüberzeugungen des anderen nehme ich wahr?

	– Welche Grundüberzeugungen des anderen wirken gerade? – Welche Erwartungen hat der andere aufgrund seiner Stärken und Schwächen gerade an mich?	– Welche Stärken und Schwächen hat der andere im aktuellen Kontext? Welche Erwartungen ergeben sich dadurch an mich?
Soziale Filter	– Ist beim anderen gerade sein Hunde- oder Katzenanteil aktiv? – Welche kulturellen Aspekte sollte ich im Kontext beachten? – Welche Umgangsformen sind dem anderen gerade wichtig? – Wie reagiert der andere auf mein aktuelles Erscheinungsbild?	– Hat der andere im Vergleich zu mir im Kontext einen dominanten Hunde- oder Katzenanteil? – Welche kulturellen Unterschiede nehme ich wahr? – Welche Umgangsformen pflegt der andere? Wie kann ich mich anpassen? – Wie reagiert der andere auf mein Erscheinungsbild?
Physiologische Filter	– Welcher Sinneskanal des anderen ist gerade besonders aktiv? – Welche (mir bekannten) somatischen Marker nehme ich beim anderen wahr? – Wie nehme ich den Ressourcenzustand des anderen wahr? – Wie gehe ich mit meinen genetischen Voraussetzungen im Kontext um?	– Was ist der präferierte Sinneskanal des anderen in diesem Kontext? – Welche somatischen Marker nehme ich beim anderen wahr? – Wie nehme ich den Ressourcenzustand des anderen wahr? – Welche meiner genetischen Voraussetzungen könnten auf den anderen positiv, welche negativ wirken? Wie gehe ich damit um?

Ergebnis der Phase 1 der Gesprächsführung sollte sein, dass Sie wissen, welche „Bretter" für den Bau der Brücke zur emotionalen Aufnahmebereitschaft vonseiten des anderen zur Verfügung stehen und welche Ihrer eigenen Bretter tatsächlich benötigt werden, um in Summe eine stabile Brücke zu bauen.

Phase 2 „Brücke aktiv bauen": Im nächsten Schritt geht es dann darum, die emotionale Aufnahmebereitschaft beim anderen herzustellen, also die

Brücke aus den vorhandenen Brettern zu bauen. Je nach Gesprächspartner nehmen die einzelnen Bretter dabei einen unterschiedlich hohen Stellenwert im Hinblick auf die Stabilität der Brücke ein. So gibt es Bretter, ohne die die Brücke einstürzen würde, und Bretter, die lediglich kleinere Lücken auffüllen und auf die sogar verzichtet werden könnte. Durch die richtige Auswahl und nachfolgend korrekte Anordnung der Bretter wird die Brücke stabil und ein bequemes und schnelles Überschreiten ist möglich. Setzen Sie sich hier aber bitte nicht unter Druck. Es kann auch möglich sein, den anderen über eine Brücke zu führen, die nicht optimal errichtet ist, es dauert in der Regel nur länger, sie zu überschreiten. Eine Brücke stürzt auch nicht unbedingt gleich ein, nur weil Sie ein Brett falsch platziert haben.

Um den Bau der Brücke in der Praxis einfacher zu machen, ist der Kernpunkt, herauszufinden, welche für den anderen passenden Bretter Sie sowieso unbewusst aufgrund Ihrer eigenen Persönlichkeit legen und welche Bretter Sie zusätzlich bewusst – und vielleicht sogar entgegen Ihren „normalen" Gewohnheiten – auswählen sollten. Meist können Sie bei Wahrnehmungsfiltern, die mit Ihrem Gesprächspartner übereinstimmen, aus Ihrer Natürlichkeit heraus handeln. Bei fehlender Übereinstimmung sollten Sie flexibel agieren, also das eigene Verhalten so anpassen, dass die Brücke nicht einstürzt. Natürlich immer nur, wenn Sie dies auch wollen; es besteht immer auch die Möglichkeit, das eigene Verhalten unverändert zu lassen. Dann wird jedoch das Gespräch je nach Partner mal erfolgreich, mal weniger erfolgreich sein – die errichtete Brücke wird also mal mehr, mal weniger stabil sein.

Wie Sie sich bezüglich verschiedener Wahrnehmungsfilter genau an den Gesprächspartner anpassen und Ihr Verhalten verändern können, ist detailliert in den jeweiligen Unterkapiteln des Kapitels 3 erklärt.

Wie bereits im Laufe des Buches beschrieben, kann aber auch eine bestehende stabile Brücke altern, Bretter können morsch werden und Teile der Brücke können einstürzen. Eine bestehende Aufnahmebereitschaft kann also verloren gehen. In diesem Fall sollten Sie in die Phase 1 der Gesprächsführung zurückspringen und herausfinden, welche Bretter Sie austauschen sollten.

Ergebnis der Phase 2 der Gesprächsführung sollte sein, dass eine stabile und sichere Brücke der Aufnahmebereitschaft zum anderen steht.

Phase 3 „Den Gesprächspartner über die Brücke führen": In dieser Phase geht es darum, den anderen metaphorisch über die Brücke zu führen. Dies kann bedeuten, dass Sie den anderen z. B. von etwas überzeugen, ihn motivieren, führen, zum Handeln anregen, Verständnis für etwas schaffen, die Zusammenarbeit ermöglichen, ... In der Theorie ist vollkommen logisch, dass jemand erst über eine Brücke geführt werden kann, wenn diese auch errichtet und stabil ist. In der Praxis wird das Errichten der Brücke (Phase 2 der Gesprächsführung) jedoch leider manchmal übersprungen. Mühsam und meist erfolglos wird dann versucht, den anderen über Brückenfragmente oder eine morsche Brücke auf die andere Seite zu zerren. Oder ihn schlimmstenfalls sogar durch den Fluss zu schleifen. Ist die Brücke der emotionalen Aufnahmebereitschaft hingegen stabil errichtet, ist die Überquerung sehr einfach.

Ergebnis der Phase 3 der Gesprächsführung sollte sein, dass der andere über die Brücke geht oder geführt werden kann, also von etwas überzeugt und durchdrungen ist, motiviert ist, Verständnis hat, ...

Wie schon beschrieben, sollten Sie in jeder Phase eines Gesprächs immer mal wieder einen Selbst-Check zur Bestandsaufnahme durchführen, um sich Ihres eigenen Zustands bewusst zu werden und ggf. daran arbeiten zu können. Sie können sich dafür z. B. folgende Fragen stellen:

SELBST-CHECK – während der Gesprächsführung	
Selbstvertrauen	– Wie hat sich mein Selbstvertrauen während des Gesprächs verändert?
Innere Haltung	– Wie beeinflusst das Gespräch meine innere Haltung? – Was kann ich tun, um eine positive innere Haltung zu bekommen/behalten?
Anwesenheit	– Wie aufmerksam bin ich gerade? – Was kann ich tun, um ganz im Hier und Jetzt zu bleiben bzw. mich da hinzuführen?
Empathie	– Wie viele (entwickelnde) Fragen stelle ich?
Kognitive Verzerrungen und Wahrnehmungsfilter	– Welche kognitiven Verzerrungen wirken bei mir gerade? – Wo und wie tilge, verzerre oder generalisiere ich gerade?

Bei allen Phasen der Gesprächsführung ist zunächst die größte Herausforderung, sich nicht nur auf den Inhalt des Gesprächs zu konzentrieren, sondern gleichzeitig „zwischen den Zeilen zu lesen", um die emotionale Aufnahmebereitschaft des anderen herstellen, wahrnehmen und aufrechterhalten zu können. Dies kann mühsam sein, solange Sie die Stufe der „Unbewussten Kompetenz" noch nicht erreicht haben (siehe Exkurs „Kompetenzstufen" im Kapitel „Wie das Buch aufgebaut ist und wie Sie damit arbeiten können"). Nehmen Sie sich für ein bevorstehendes Gespräch also bitte nicht gleich vor, allen Inhalten gerecht werden zu wollen. Starten Sie besser zunächst einmal mit einzelnen Aspekten (z. B. mehr entwickelnde Fragen stellen oder auf die Werte des anderen achten) und nehmen Sie weitere Inhalte hinzu, sobald Sie sich darin sicher fühlen.

Schritt 4: Reflexion

Um Ihre Fähigkeit, emotionale Aufnahmebereitschaft herstellen zu können, (weiter) zu trainieren, bietet es sich an, geführte Gespräche zu reflektieren. Dies können Sie z. B. anhand der Fragen in nachfolgender Tabelle tun:

REFLEXION	
(Selbst-) Vertrauen	– Wie viel Selbstvertrauen hatte ich im Gespräch? – Wie kann ich mein Selbstvertrauen in diesem Kontext weiter steigern? – Wie vertrauenswürdig habe ich mich auf den vier Ebenen „Integrität", „Absicht", „Fähigkeiten" und „Ergebnisse" verhalten? – Wie kann ich meine Vertrauenswürdigkeit weiter steigern?
Innere Haltung	– Wie war meine innere Haltung während des Gesprächs? – Was hat diese positiv oder negativ beeinflusst? – Was kann mir zukünftig dabei helfen, meine innere Haltung zu „wählen"?
Anwesenheit	– Wie aufmerksam war ich im Gespräch? – Was hat mich davon abgehalten, mich voll und ganz auf das Gespräch zu konzentrieren? – Wie kann ich zukünftig mit solchen Einflüssen umgehen?
Empathie	– Wie viel habe ich gesagt, wie viele (entwickelnde) Fragen habe ich gestellt? – Wie wirkungsvoll habe ich die Beobachtungen, Gefühle, Bedürfnisse und Bitten meines Gesprächspartners wahrgenommen? – Was kann ich verändern, um noch empathischer zu wirken?
Kommunikative Kompetenz	– Habe ich das WAS, WIE und WANN richtig gewählt? – Was sollte ich zukünftig verändern? – Wie oder durch was habe ich die Berechtigung des anderen bekommen? – Was hat ggf. dazu geführt, dass ich sie nicht bekommen habe?
Kognitive Verzerrungen	– Welche kognitiven Verzerrungen habe ich bei mir und beim anderen wahrgenommen? – Wie bin ich damit umgegangen bzw. wie kann ich zukünftig mit diesen umgehen?
Wahrnehmungsfilter	– Welche Verzerrungen, Tilgungen und Generalisierungen habe ich bei mir und beim anderen wahrgenommen? – Wie bin ich damit umgegangen bzw. wie kann ich zukünftig mit diesen umgehen?
Individuelle Filter	– Wie wirkungsvoll habe ich die wichtigen Werte meines Gesprächspartners bedient? – Wie habe ich die starken Metaprogramm-Ausprägungen meines Gesprächspartners angesprochen? – Wie habe ich positiven Grundüberzeugungen meines Gesprächspartners genutzt und die negativen „umschifft"? – Wie habe ich die Erwartungen aus den Stärken und Schwächen meines Gesprächspartners bedient?

Soziale Filter	– Wie wirkungsvoll habe ich mich an den Hunde- oder Katzenanteil meines Gesprächspartners angepasst? – Welche kulturellen Aspekte habe ich beachtet? – Wie passend waren meine Umgangsformen? – Welche Auswirkungen hatte mein Erscheinungsbild?
Physiologische Filter	– Wie habe ich den präferierten Sinneskanal meines Gesprächspartners bedient? – Wie habe ich positive somatische Marker bei meinem Gesprächspartner ausgelöst und negative vermieden? – Wie habe ich den Ressourcenzustand meines Gesprächspartners positiv beeinflusst? – Welche Auswirkungen hatten meine genetischen Voraussetzungen?

Es kann sein, dass Sie bei der Reflexion eines Gespräches Gewohnheiten (Muster, bei denen Sie in der Stufe der unbewussten Kompetenz sind) bei sich feststellen, die sich negativ auf das Herstellen von Aufnahmebereitschaft auswirken. Ihre persönlichen Wahrnehmungsfilter sorgen hier vielleicht dafür, dass Sie gewohnheitsmäßig einige wichtige Informationen verpassen oder fehlinterpretieren. In diesen Punkten sollten Sie nochmals von der Stufe der unbewussten Kompetenz zurück zur Stufe der bewussten Inkompetenz gehen. Dabei geht es darum, eine Gewohnheit wieder in einzelne Teil-Muster zu zerlegen und sie dadurch zu verlernen, um sie anschließend wieder in einer Art und Weise zusammenzusetzen, sodass sie wirkungsvoller beim Herstellen von Aufnahmebereitschaft ist. Wie dies in der Praxis funktionieren kann, wird anhand folgendem Beispiel klarer:

Angenommen, Sie spielen einigermaßen gut Tennis, wollen Ihren Aufschlag verbessern und nehmen sich dafür Stunden bei einem Trainer. Dieser wird Sie wahrscheinlich erst einmal beim Aufschlag beobachten und dann beginnen, Dinge zu verändern (z. B. Ballwurf, Körperhaltung, Schlägerführung, ...). Anders ausgedrückt wird er etwas, das für Sie ein komplettes Muster (eine Gewohnheit) war – nämlich der Aufschlag –, in einzelne Teil-Muster zerlegen und Sie dadurch dabei unterstützen, dieses Muster zunächst wieder zu verlernen. Anschließend haben Sie dann die Möglichkeit, die Teil-Muster (Ballwurf, Körperhaltung, ...) einzeln zu verändern und sie anschließend zu einer neuen, besseren Gewohnheit – hier zu einem besseren Aufschlag – zusammenzufügen.

5. Emotionale Aufnahmebereitschaft in der digitalen Kommunikation

„Im Internet finden Sie nur, was Sie suchen.
Das aber verengt den Blickwinkel doch sehr."
(Frank A. Meyer)

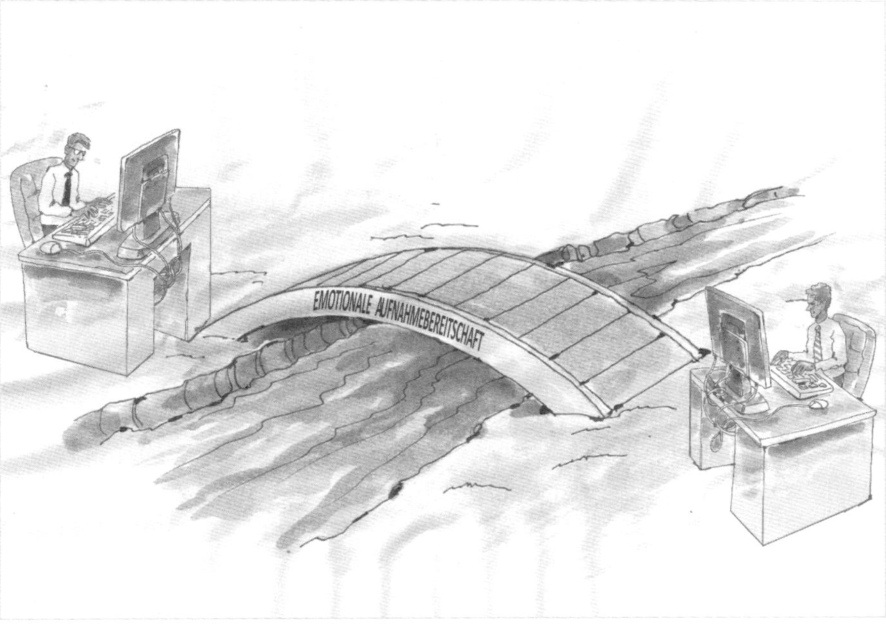

Während wir dieses Buch schrieben, saßen wir mehrfach mit einem Informatiker und einem Internetexperten, beide Mitte 20, zusammen, um über die zugehörige Homepage zu sprechen. Wir waren beeindruckt, über wie viel Wissen (z. B. auch zu Themen dieses Buches, wie Werte und Grundüberzeugungen) diese neben ihrem Fachwissen verfügen und wie schnell sie Dinge umsetzen können. Als wir im Verlauf des Gesprächs die Frage stellten, ob sie in einer Beziehung seien, kam die übereinstimmende Antwort: „Nein, da gab`s immer Ärger. Mit Frauen kann man einfach nicht reden." Diese Aussage fanden wir interessant und hakten nach: „Was in der Kommunikation hat denn dazu geführt, dass es Ärger gab? Was war euren Ex-Partnerinnen wichtig? Was würdet ihr heute in der Kommunikation anders machen?" Da schauten sich die beiden an, einer lachte dabei und sagte zum anderen: „Google doch mal nach!"

Ob die beiden da mit Google weiterkommen, wollen wir nicht bewerten. Interessant an der Geschichte, die exemplarisch für viele unserer Erlebnisse und Begegnungen mit Menschen unter 30 stehen kann, ist, dass junge Leute heutzutage oftmals sehr gebildet sind, was Inhalt, Rhetorik und Aussprache betrifft. Außerdem verfügen sie nachweislich über einen größeren Wortschatz als die Generation zuvor (99). Die wachsende Digitalisierung führt zudem dazu, dass immer mehr Wissen zum Thema Kommunikation schnell greifbar zur Verfügung steht. Dies sollte doch eine gute Voraussetzung für eine erfolgreiche Kommunikation sein. Trotzdem haben auch junge Menschen oft Mühe, miteinander zu kommunizieren. Woran liegt das?

„Die Herausforderung des 21. Jahrhunderts besteht nicht darin, Informationen zu bekommen, sondern das Bewusstsein zu haben, die relevanten herauszufiltern."
(Nina Harbers)

Eine Erklärung hierfür ist, dass viel Wissen und eine hohe rhetorische Kompetenz alleine nicht für eine wirkungsvolle Kommunikation sorgen. Beide tragen eher dazu bei, dass Menschen oftmals im Inhalt verhaftet sind, der selbstverständlich auch, aber nicht ausschließlich, wichtig ist. Sie legen dadurch in der Regel wenig Fokus auf die Themen emotionale Aufnahmebereitschaft und Berechtigung. Zusätzlich führen die vielen, schnell zugänglichen Informationen dazu, dass unser Gehirn noch stärken filtern muss, um diese überhaupt verarbeiten zu können. Ähnlich wie bei der Frosch-Metapher aus dem Kapitel „Zusammenfassung" kann dies dazu führen, dass Wesentliches fälschlicherweise ausgeblendet wird. Die Herausforderung des 21. Jahrhunderts besteht also nicht darin, Informationen zu bekommen, sondern das Bewusstsein zu haben, die relevanten herauszufiltern.

Um im Hinblick auf den Menschen und menschliche Kommunikation Wesentliches zu erkennen, ist Empathie nötig. Doch um diese entwickeln zu können, braucht es einen direkten Kontakt zum Menschen, und der nimmt im dem Maße ab, in dem die digitalen Medien zunehmen. Empathie ist, wie das Laufen oder Sprechen, etwas, über das Menschen in der Regel wenig nachdenken. Niemand lernt aber das Laufen, wenn er keine Möglichkeit hat, seine Beine zu gebrauchen. Auch lernt niemand das Sprechen, wenn nicht mit ihm gesprochen wird. Ähnlich ist es mit der Empathie: Man entwickelt nur dann empathische Fähigkeiten, wenn man die Möglichkeit hat zu lernen, was Mimik, Gestik oder Sprachmelodie über einen Menschen aussagen können. Nur so gewinnt man die Fähigkeit, sich in jemand anderen hineinversetzen und die Welt mit seinen Augen betrachten zu können (100). Beim Lesen einer E-Mail, dem Verfassen von Kurznachrichten oder dem Chatten im Internet steht diese Möglichkeit nicht zur Verfügung.

> *„Fachwissen und gute rhetorische Fähigkeiten alleine reichen nicht immer, um emotionale Aufnahmebereitschaft herzustellen."*
> *(Atilla Vuran)*

Wir wollen in diesem Buch sicherlich nicht die Digitalisierung als solche infrage stellen und verteufeln oder womöglich sogar den digitalen Medien einen sinnvollen Nutzen absprechen – auch wir genießen tagtäglich viele digitale Annehmlichkeiten. Es geht uns vielmehr darum, das Bewusstsein dafür zu schaffen, dass ein Kontakt über digitale Medien nie so intensiv sein kann wie der persönliche von Mensch zu Mensch. Die Digitalisierung bringt zwar viele Vorteile, gleichzeitig kann sie aber auch dazu führen, dass soziale Kompetenzen wie die Fähigkeit, emotionale Aufnahmebereitschaft herzustellen, degenerieren oder erst gar nicht erlernt werden. Facebook kann beispielsweise für einen Menschen sehr sinnvoll sein, um soziale Kontakte aufrechtzuerhalten, empathische Fähigkeiten kann er damit aber sicher weniger lernen.

Wir möchten Sie in diesem Kapitel ermutigen, bewusst an Ihrer Fähigkeit, empathisch emotionale Aufnahmebereitschaft bei jemand anderem herzustellen, zu arbeiten. Gerade dann, wenn Sie überwiegend digitale Medien nutzen und somit immer weniger Gelegenheit haben, diese Fähigkeit zu trainieren. Gleichzeitig möchten wir aufzeigen, welche veränderten Kommunikationsbedingungen durch die Nutzung digitaler Medien entstehen und wie Ihnen emotionale Aufnahmebereitschaft dabei helfen kann, erfolgreich digital zu kommunizieren.

FAKTEN

Schon vor einigen Jahren verbrachten junge Menschen in Deutschland gut sieben Stunden vor Bildschirmen (TV, Computer, Video, Spielkonsole, ...). Die Verbreitung des Smartphones hat dieses Ausmaß der Nutzung digitaler Informationstechnik noch weiter vergrößert.. Es konnte zusätzlich nachgewiesen werden, dass Heranwachsende umso weniger Empathie für andere

Menschen, z. B. für Eltern oder Freunde, entwickeln, je mehr Zeit sie täglich vor einem Bildschirm, also mit digitalen Medien, verbringen (100; 101).

Neben der Empathie rücken auch andere soziale Fähigkeiten in den Hintergrund. Wer fragt denn z. B. heute noch nach dem Weg? Oder wer bittet einen Freund um Hilfe bei der Lösung eines kleinen Problems (z. B. Wie schließe ich die Waschmaschine an?)? Viel bequemer und effizienter ist es meist, sich innerhalb von Sekunden eine Antwort aus dem Netz zu holen. Die Fähigkeit, sich mit anderen Menschen auseinanderzusetzen, geht also zunehmend verloren.

Diverse Studien zeigen, dass ein Großteil der Menschen mittlerweile lieber Nachrichten verschickt als zu telefonieren, geschweige denn in den direkten persönlichen Austausch zu gehen. Es gibt sogar Meinungen, die besagen, dass z. B. das Telefon nach und nach verschwinden wird (102). Es leidet nämlich an einem „Konstruktionsfehler" – es hat keine Statusanzeige. Oftmals wird dadurch zu Beginn eines Telefonats gefragt: „Störe ich gerade?", und das, obwohl man durch das Anrufen selbst ja genau genommen schon gestört hat. Die individuelle Freiheit rückt mehr in den Vordergrund: Immer weniger Menschen möchten das randvolle Leben des anderen mit ungeplanten Störungen belasten oder nehmen dies zumindest als Vorwand, um nicht in die direkte Auseinandersetzung mit ihm gehen zu müssen.

Digitale Kommunikationsformen

Die digitale Informationstechnik ist in unserer Gesellschaft allgegenwärtig und prägt unser Leben. Digitale Techniken haben sich längst im privaten und geschäftlichen Alltag etabliert. Nicht umsonst wird die Digitalisierung auch als die schnellste Revolution aller Zeiten bezeichnet. Sie verändert den Menschen, den Markt, die Umwelt und die Gesellschaft. Menschen kommunizieren weniger von Angesicht zu Angesicht miteinander, sondern setzen sich über ein Medium vermittelt miteinander in Beziehung. Computervermittelte Kommunikation erfolgte anfangs auf rein schriftlicher Basis, dank der stetig zunehmend verfügbaren Bandbreiten ist mittlerweile auch die Übertragung von Ton oder Bewegtbildern (Podcast, Videos, ...) alltäglich. Es gibt folglich eine Vielzahl unterschiedlicher digitaler Kommunikationsformen. Die folgende Tabelle zeigt eine Auswahl an Möglichkeiten (adaptiert nach (103)):

Kommunikationstyp	Möglichkeiten
Individualkommunikation (1:1)	E-Mail Internettelefonie Instant Messaging Chats
Gruppenkommunikation (n:n)	Mailinglisten Newsgroups BBS (Bulletin Boards) Internetspiele Peer-to-Peer-Netzwerke (Tauschbörsen) Chats
Massenkommunikation (1:n)	Websites Blogs Podcasts Wikis

Synchrone und asynchrone Kommunikation

Wie bei analogen Kommunikationsmitteln lassen sich bei der digitalen Kommunikation **synchrone und asynchrone Kommunikationsformen** abgrenzen.

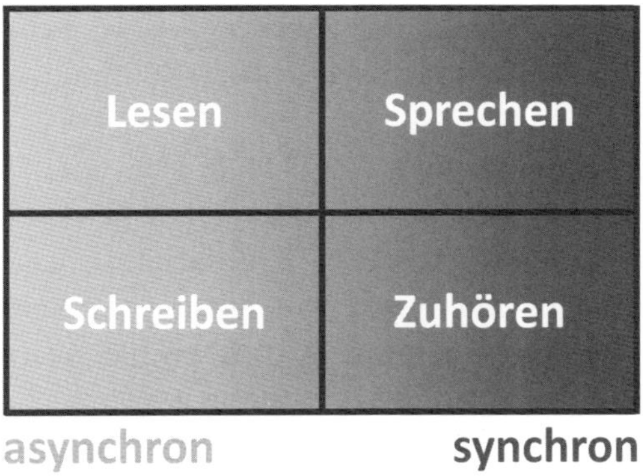

Eine *synchrone Kommunikation* ist jede Kommunikation, bei der die Informationsübertragung keine längerfristige Speicherung erfährt, also z. B. Sprechen und Zuhören bei einer Kommunikation von Angesicht zu Angesicht.

Bei digitalen Medien wird eine Kommunikation als synchron bezeichnet, wenn die Kommunikationsgeschwindigkeit annähernd wie bei einer Face-to-Face-Kommunikation erfolgt. Beispiele dafür wären (Internet-) Telefonie, Video-Konferenzen oder Chats.

Asynchrone Kommunikation bedeutet hingegen, dass eine Information zu einem anderen Zeitpunkt vom Sender erstellt wird, als sie vom Empfänger erhalten wird. Es liegt also Zeit zwischen Senden und Empfangen. Die Kommunikation wird von den Kommunikationspartnern nicht mehr als zeitgleich empfunden und es gibt keinen permanenten Kommunikationsfluss. Ein analoges Beispiel wäre ein Brief, digitale Beispiele sind E-Mails, SMS, Mailinglisten, Newsgroups, Newsletter, Websites oder Blogs.

Asynchron und synchron sind dabei Endpunkte eines Kontinuums, auf dem sich verschiedene Kommunikationsmittel auftragen lassen, wie nachfolgend dargestellt ist (erweitert nach (103)):

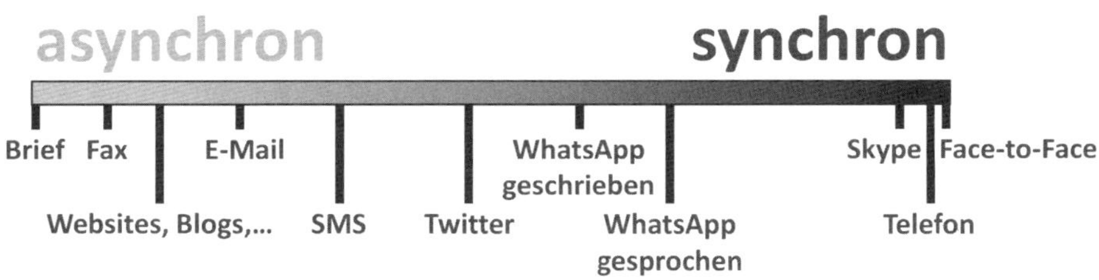

Eindeutige analoge Endpunkte der Skala bilden das Schreiben und Lesen von Briefen (asynchron) und die Face-to-Face-Kommunikation (synchron).

Digitale Kommunikationsformen wie E-Mail, SMS oder Instant-Messaging (z. B. WhatsApp) siedeln sich dazwischen an. Eine genaue Einteilung ist hier allerdings schwierig, da die Übergänge fließend sind: Ausgetauschte gesprochene WhatsApp-Nachrichten sind synchroner als geschriebene WhatsApp-Nachrichten, da sie erst gelesen und beantwortet werden müssen. Auch die Geschwindigkeit der Internet-Verbindung hat einen Einfluss darauf, wie synchron eine Kommunikation abläuft. Zusätzlich spielt das Nutzungsverhalten der an der Kommunikation beteiligten Personen eine Rolle: E-Mails kommen zwar meist innerhalb weniger Sekunden an, können im Posteingang aber auch eine Weile liegen bleiben. Ein Blog mit aktuellen Informationen kann sehr zeitnah gelesen werden oder eben erst nach einem Jahr.

Vor- und Nachteile synchroner und asynchroner Kommunikation
Vorteil einer synchronen Kommunikation ist, dass es keine zeitlichen Verzögerungen gibt und die gesendeten Informationen dadurch sehr aktuell sind. Nachteil ist hingegen, dass die Kommunikationspartner zeitgleich verfügbar sein müssen. Und genau dies ist ein Vorteil der asynchronen Kommunikation: Beide Kommunikationspartner können entscheiden, wann sie antworten, also auch, wann sie emotional aufnahmebereit dafür sind. So können z. B. emotionale Refraktärzeiten[3] vermieden werden. Außerdem können sich die Kommunikationspartner mehr Zeit zum Nachdenken und Vorbereiten einer Antwort nehmen. Nachteil ist hingegen, dass sich die Kommunikationspartner weniger mit den eigenen Emotionen auseinandersetzen und unangenehme Inhalte zurückstellen können. Außerdem verlernen sie zusätzlich, mit den Emotionen des anderen umzugehen.

Um die Vorteile beider Kommunikationsformen zu verbinden, gibt es in der digitalen Kommunikation das Bestreben, die Kommunikation z. B. durch eine möglichst hohe Interaktivität „mittig" zwischen voller Asynchronität und Synchronität zu gestalten. Dies erklärt z. B. auch den Erfolg von WhatsApp oder WeChat. Letzteres ist in China mittlerweile wichtigstes Kommunikationsmedium – sowohl privat als auch beruflich.

Besonderheiten der digitalen Kommunikation

Neben den Vor- und Nachteilen, bedingt durch die mehr oder weniger hohe Synchronität, gibt es bei der digitalen Kommunikation noch einige weitere Besonderheiten und Unterschiede im Vergleich zu einer Kommunikation von Angesicht zu Angesicht, welche im Folgenden näher beschrieben werden:

- Die Kommunikationspartner sind nicht körperlich anwesend.
- Die Kommunikation erfolgt oft schriftlich.
- Mehr Informationen werden in kürzeren Zeiträumen verarbeitet.
- Die Kommunikation erfolgt häufiger unter bislang Fremden oder bleibt anonym.

3 Auch wenn Emotionen (z. B. Angst) im Vergleich zu Stimmungen von nur kurzer Dauer sind, haben sie eine gewisse Refraktärzeit. Das heißt, sie wirken nach dem Reiz, der sie ausgelöst hat, noch eine Weile nach und es dauert, bis der Mensch wieder offen für eine andere Emotion ist. Während dieser Zeit wirkt die Emotion eines Menschen als eine Art zusätzlicher Wahrnehmungsfilter, er nimmt also alles, was während dieser Zeit passiert, durch diese Emotion hindurch wahr (17).

Kommunikationspartner sind nicht körperlich anwesend: Bei einer digitalen Kommunikation ist keine örtliche körperliche Ko-Anwesenheit der Kommunikationspartner gegeben. Die Kommunikation wird dadurch ärmer an sozialen Hinweisreizen, die eine körperliche Anwesenheit sonst automatisch schafft. Die Intensität und Emotionalität der Kommunikation wird folglich, im Vergleich zu einer Face-to-Face-Kommunikation, reduziert. Zusätzlich fehlt – je nach verwendetem Medium – der auditive (hören), visuelle (sehen), olfaktorische (riechen) oder taktile (berühren) Wahrnehmungskanal, wichtige Signale des Kommunikationspartners, wie z. B. Mimik, Gestik oder Tonlage, können also nicht wahrgenommen werden. Nachfolgende Tabelle fasst die fehlenden Signale verschiedener digitaler Kommunikationsmedien zusammen:

Medium	Fehlende Signale
(Internet-)Telefonie	visuelle, olfaktorische, taktile
Video-Konferenz (z. B. Skype)	olfaktorische, taktile
E-Mail, SMS, Chat, ...	visuelle, auditive, olfaktorische, taktile

Der Informationsverlust aufgrund der fehlenden Kanäle führt dazu, dass manche Wahrnehmungsfilter nicht mehr zum Tragen kommen, andere hingegen in den Vordergrund rücken. Kommunizieren Sie beispielsweise über (Internet-)Telefonie, nehmen weder Sie noch Ihr Kommunikationspartner das Erscheinungsbild oder genetische Voraussetzungen wie Körpergröße oder Alter des anderen wahr. Das Stimmmuster (vgl. Kapitel „Wirkung") sowie die z. B. durch den präferierten Sinneskanal bedingte Sprechgeschwindigkeit werden hingegen verstärkt gehört. Dadurch kann sich die Wahrnehmung des Kommunikationspartners sowohl positiv als auch negativ verändern.

Die Kanalreduktion kann zusätzlich dazu führen, dass Sie die Emotionen und Bedürfnisse Ihres Kommunikationspartners nicht mehr so gut wahrnehmen können, weil Ihnen schlichtweg einige Informationen dafür fehlen. Ist jemand z. B. sehr bedrückt und zeigt dies körpersprachlich, indem er gebückt sitzt, bekommen Sie dies vielleicht nicht mit. Auch könnte es Ihnen entgehen, dass jemand zusammenzuckt, weil Sie bei ihm gerade einen negativen somatischen Marker ausgelöst haben (Ausnahme: Video-Konferenz).

Dadurch, dass die Kommunikationspartner nicht körperlich anwesend sind, spielt deren Aufenthaltsort keine Rolle. Die Möglichkeiten der Ablenkung können dadurch größer und in der Konsequenz die Aufmerksamkeit vermindert sein. Sie oder Ihr Kommunikationspartner können sich z. B. parallel zu einem Telefonat mit etwas anderem beschäftigen, ohne dass es der andere sieht. Trotzdem hat es eine negative Auswirkung auf die Aufmerksamkeit und die Anwesenheit im Hier und Jetzt.

Die fehlende gegenseitige Sichtbarkeit (Ausnahme: Video-Konferenz) kann sich allerdings auch positiv auswirken. So gibt es beispielsweise Menschen, die gerade am Telefon fokussierter sind, weil sie nicht auf die Körpersprache des anderen achten (müssen). Auch kann z. B. der eigene Ressourcenzustand kompensiert werden. Wenn Sie müde sind, können Sie während des Gesprächs herumlaufen und so Ihren Kreislauf ankurbeln. Zusätzlich können bestimmte eigene Bedürfnisse besser bedient werden. Jemand z. B. mit präferiertem kinästhetischen Kanal kann zum Nachdenken für längere Zeit die Augen schließen, ohne die Umgangsformen des anderen zu verletzen.

Bei Video-Konferenzen können Sie durch entsprechende Positionierung der Kamera selbst entscheiden, was Sie zeigen wollen. So gibt es z. B. die Möglichkeit, am Oberkörper ein Anzug-Jackett und an den Beinen eine Jogginghose zu tragen, um es bequemer zu haben. Dies kann zu Ihrer eigenen Aufnahmebereitschaft beitragen.

Kommunikation erfolgt oft schriftlich: Über viele digitale Medien erfolgt die Kommunikation schriftlich. Dies führt dazu, dass kommunikationsentscheidende Aspekte wie Mimik, Gestik oder Stimmlage entfallen (wie bereits unter „Kommunikationspartner sind nicht körperlich anwesend" beschrieben). Die Kommunikation kann dadurch weniger intensiv und unpersönlich werden. Der spontane, nonverbale und emotionale Charakter der Kommunikation geht verloren. Es kann zu einer Ent-Sinnlichung, Ent-Kontextualisierung (gewohnte Orientierungsmöglichkeiten werden entzogen), Ent-Emotionalisierung und Ent-Menschlichung kommen (104).

Auf jeden Fall kann es schwieriger sein, die Emotion des Kommunikationspartners wahrzunehmen, da wichtige Informationen über die Befindlichkeit, die momentane Situation oder das Auszudrückende wegfallen. Sie können z. B. keine Tonlage oder Blicke ermitteln, die Rückschlüsse auf die Gefühlslage des Kommunikationspartners zulassen.

Oft wird so auch die Bedeutung des Gesagten nicht klar. Sarkastische oder ironische Nachrichten können eventuell nur mithilfe von Kompensationsstrategien (weiter unten beschrieben, z. B. Emoticons) als solche identifiziert werden. Es kann auch sein, dass Sie überhaupt nicht mitbekommen, wie Ihr Kommunikationspartner etwas interpretiert.

Dadurch, dass auditive und visuelle Aspekte der Kommunikationspartner bei einer schriftlichen Kommunikation wegfallen, verändert sich die Relevanz von verschiedenen Wahrnehmungsfiltern. Dies kann positiv sein, weil z. B. jemand, der einen präferierten kinästhetischen Sinneskanal hat und es als unangenehm empfindet, wenn jemand zu schnell spricht, einen geschriebenen Text in der eigenen Geschwindigkeit lesen kann. Auch wenn jemand aufgrund seines Erscheinungsbildes oftmals Mühe hat, emotionale Aufnahmebereitschaft herzustellen, steht ihm dies hier nicht im Weg. Das Erscheinungsbild wird ja bei einer schriftlichen Kommunikation nicht übertragen. So sind auch andere Aspekte, wie das Alter oder das Geschlecht, oftmals irrelevant, was sich sowohl vorteilig als auch nachteilig auswirken kann.

Eine schriftliche Kommunikation ist im Vergleich zu einer Face-to-Face-Kommunikation im Nachgang leichter nachvollziehbar, da sie beliebig oft gelesen werden kann. Dies kann sehr wertvoll sein, um beispielsweise Missverständnisse nachvollziehen zu können, bringt oft aber auch mit sich, dass die Kommunikationspartner während einer Kommunikation nicht mehr so konzentriert sind und Texte lediglich „überfliegen". Verpasstes kann ja schließlich bei Bedarf einfach nachgelesen werden. Gleichzeitig wird die Einschätzung, wie aufmerksam und aufnahmebereit Ihr Gesprächspartner ist oder ob er Ihnen die Berechtigung gibt, relativ schwer.

Ein weiterer wichtiger Unterschied zu einer mündlichen Kommunikation ist, dass das Verfassen eines Textes weniger soziale Überwindung kostet, als ein Gespräch zu führen. Auch können beide Kommunikationspartner selbst entscheiden, wann sie antworten, also wann sie aufnahmebereit dafür sind. Bei Bedarf können sie sich auch Zeit zum Reflektieren nehmen, um die Antwort vorzubereiten. Dem steht lediglich der oftmals vorherrschende Erreichbarkeitsdruck entgegen.

In der Regel ist es bei einer schriftlichen Kommunikation leichter für die Kommunikationspartner, eine mangelnde eigene emotionale Aufnahmebereitschaft auszuleben. Sie brauchen dem anderen beispielsweise nicht ins Gesicht zu sagen, wenn sie etwas nicht interessiert, sondern reagieren vielleicht einfach nicht auf eine E-Mail. Bei einer schriftlichen Kommunikation ist ja nicht immer transparent, ob der Kommunikationspartner die Nachricht erhalten hat.

Beim Verfassen eines Textes sind andere Fähigkeiten gefordert als bei einer Kommunikation von Angesicht zu Angesicht. Dies kann sowohl als Vor- als auch als Nachteil empfunden werden. Manche Menschen sind begabter im Sprechen, andere begabter im Schreiben – für einen Legastheniker ist es vielleicht angenehmer zu sprechen, ein Mensch, der stottert, schreibt ggf. lieber.

Mehr Informationen werden in kürzeren Zeiträumen verarbeitet: Die digitale Kommunikation führt zu einer schnelleren Zustellung von Botschaften. Einen Freund in den USA können Sie z. B. heutzutage innerhalb von Sekunden per E-Mail erreichen und nicht wie früher erst nach ein paar Tagen mit einem Brief. Gleichzeitig kommt es aber auch zu einer Zunahme der zu verarbeitenden Informationen. Dies kann auf die mittlerweile sehr schnelle Übertragbarkeit auch großer Datenmengen und auf die steigende Eigenproduktion von Texten, bedingt durch die vermehrte Nutzung digitaler Kommunikation, zurückgeführt werden.

Um die Fülle an Informationen überhaupt verarbeiten zu können, werden Texte schneller gelesen und geschrieben und deren oberflächliche Betrachtung nimmt zu. Die Tiefe der Kommunikation kann sich folglich reduzieren und Missverständnisse können sich häufen. Wie in der Einleitung dieses Kapitels beschrieben, kann es auch sein, dass durch das vermehrte Filtern Wesentliches fälschlicherweise ausgeblendet wird.

Dadurch, dass Informationen sehr schnell übertragen werden können, entsteht oftmals auch die Erwartung, dass der Kommunikationspartner schnell reagiert. Antworten Sie nicht innerhalb kurzer Zeit auf eine SMS Ihres Kommunikationspartners, könnte dieser das als mangelnde emotionale Aufnahmebereitschaft interpretieren. Die Schnelligkeit oder Häufigkeit einer Reaktion könnte zudem als Determinante für die Beziehungsqualität herangezogen werden. Der Druck, permanent erreichbar zu sein, steigt also.

Die Kommunikation erfolgt häufiger unter bislang Fremden oder bleibt anonym: Ursprünglich dienten digitale Kommunikationsformen wie Chat und E-Mail zunächst dem anonymen Kennenlernen. Mittlerweile ergänzen sie die direkte Begegnung bekannter Personen. Trotzdem gibt es viele andere digitale Kommunikationsmittel (z. B. Foren), welche einen kommunikativen Austausch zwischen Fremden ermöglichen. Die Kommunikationspartner bleiben hier vorwiegend anonym und haben dadurch einen viel größeren Abstand zueinander. Soziale Hemmungen, Hürden und Kontrollen werden abgebaut, was sowohl verstärkte Offenheit, Ehrlichkeit und Freundlichkeit, als auch im Konfliktfall verstärkte Feindlichkeit und antisoziales Verhalten zur Folge haben kann (103).

Im Hinblick auf das Thema emotionale Aufnahmebereitschaft ergeben sich im Vergleich zu einer Kommunikation zwischen bekannten Personen u. a. folgende Unterschiede:

- Die Kommunikationspartner haben keine vorgefertigte negative Meinung durch Gespräche im Vorfeld, was ein Vorteil beim Herstellen von Aufnahmebereitschaft sein kann. (Bitte beachten: Eine vorgefertigte Meinung kann auch durch die Recherche im Internet oder ein Foto entstehen.)
- Auch können sie sich aufgrund der Anonymität relativ leicht für jemand anderen ausgeben, also z. B. ihr Alter oder Geschlecht „verändern", sodass sie leichter emotionale Aufnahmebereitschaft herstellen können. (Wir wollen damit nicht sagen, dass Sie dies tun sollen, sondern lediglich die Unterschiede zu einer Face-to-Face-Kommunikation aufzeigen!).
- Andererseits kann eine Kommunikation nicht so gut vorbereitet werden, weil der andere und seine Wahrnehmungsfilter nicht bekannt sind.

Zusammenfassend werden durch diese beschriebenen Besonderheiten an die digitale Kommunikation der Zukunft vor allem drei Forderungen gestellt: *Geschwindigkeit*, *Intensität* und *Transparenz*. Wie diese Forderungen erfüllt und durch welche Kompensationsstrategien die Nachteile digitaler Kommunikation ausgeglichen werden können, wird nachfolgend beschrieben.

Geschwindigkeit: Durch die Digitalisierung wurde die Kommunikation zunächst einmal asynchroner und damit langsamer. Mit der Möglichkeit der Echtzeitkommunikation, wie bei Chats oder Instant Messaging, erhielt die digitale Textkommunikation aber eine zeitaktuelle Dimension. Das Verfassen und Lesen von Texten sowie die Reaktion darauf findet dadurch nicht mehr zeitversetzt statt bzw. die Antwortzeiten verkürzen sich. Zusätzlich gibt es eine „Vermündlichung" der Schriftkommunikation. Die Nutzung von „Akronymen", die teilweise Abkürzungen für ganze Sätze darstellen, ist z. B. gängig.

Das bereits beschriebene „Überfliegen", also die oberflächliche Betrachtung von Texten, ist eine Kompensationsstrategie, um digitale Kommunikation noch schneller zu machen. Dies ist möglich, da die Nutzer wissen, dass sie im Bedarfsfall jederzeit die Möglichkeit haben, die Informationen erneut abzurufen.

Eine weitere Kompensationsstrategie ist die Nutzung von Instant Messaging. Für eine schnelle digitale Kommunikation sind Standard-E-Mails nämlich normalerweise viel zu lang und mit zu vielen Details (Betreff, Signatur, Begrüßung, einleitende Worte, Grußwort am Schluss) versehen. Eine Nachricht über z. B. WhatsApp ist hingegen oftmals extrem kurz – oder sogar nur ein Emoticon. Trotzdem reicht sie anscheinend 700 Millionen Menschen, um auszudrücken, was sie sagen wollen. Um noch mehr Geschwindigkeit in der Kommunikation zu erreichen, gibt es hier zudem die Möglichkeit, eine Nachricht aufzusprechen und diese dann dem Kommunikationspartner zu senden. Das soll nicht heißen, dass in der Zukunft alles über WhatsApp oder andere Messenger und Chats laufen wird. Grundsätzlich wird aber, zukünftig noch mehr als heute, Kommunikation nur als erfolgreich angesehen werden, wenn sie schnell und effizient abläuft.

Intensität: Wie bereits beschrieben, können bei einer digitalen Kommunikation nonverbale, emotionale und soziale Hinweisreize, die normalerweise Teil der menschlichen Sprachvermittlung sind, nicht im gleichen Maß übertragen werden wie bei einem Gespräch von Angesicht zu Angesicht. Daher ist es oftmals schwierig, über eine digitale Kommunikation so etwas wie eine intensive soziale Bindung zu etablieren. Studien zeigen, dass die Bereitschaft zur Kooperation am höchsten ist, wenn von Angesicht zu Angesicht gesprochen wird, und nimmt über ein Video (z. B. eine Video-Konferenz mit Skype), ein Telefonat bis hin zu einem geschriebenen Text (z. B. Artikel, E-Mail oder WhatsApp-Nachricht) ab (105).

In der digitalen Kommunikation muss die Intensität also anders geschaffen werden. Daher wurde eine Art Kompensationssprache entwickelt, die aus verschiedenen Elementen besteht. Zu diesen gehören „Emoticons" bzw. „Smileys", die nonverbale Gesten ersetzen sollen, „Soundwörter" (*argh* drückt z. B. Ärger aus) und „Aktionswörter" (*zwinker*). Natürlich können diese Ausdrucksformen niemals die Vielfältigkeit menschlicher Mimik und Gestik ersetzen, zumindest werden diese Gefühlsdarstellungen aber, im

Gegensatz zu manchen natürlichen Gefühlsäußerungen, immer willkürlich und vergleichsweise bewusster und reflektierter eingesetzt. Dies impliziert wiederum ein gewisses mediales Bewusstsein des Nutzers für sein Handeln und seine Selbstdarstellung.

In der schriftlichen digitalen Kommunikation ist das Senden von Fotos, Bildern und Videos eine Kompensationsstrategie, um die Emotionalität zu steigern. Dies erklärt auch, warum Apps wie Snapchat so erfolgreich sind – die Nachrichten bestehen aus Fotos und Videos.

In der Marketing-Kommunikation wird eine höhere Intensität z. B. auch durch Individualisierung und Personalisierung erreicht. Coca-Cola verzichtete z. B. im Rahmen seiner „Trink ´ne Coke mit …"-Kampagne auf sein Logo, um Flaschen mit einem Namensaufdruck zu personalisieren, erreichte damit eine Umsatzsteigerung und wurde dafür sogar mit dem GWA Effi, dem „Oskar" der Werbebranche, ausgezeichnet.

Transparenz: Durch das bereits bei der Intensität aufgeführte häufige Fehlen von non- und paraverbalen Signalen können bei einer digitalen Kommunikation vermehrt Missverständnisse entstehen. Um diese zu vermeiden, ist Transparenz nötig. Als Strategie für eine höhere Transparenz werden dabei die verschiedenen Elemente der bereits beschriebenen Kompensationssprache eingesetzt. Ein zwinkernder „Emoticon" kann z. B. anzeigen, dass etwas nicht so ernst oder auch ironisch gemeint wurde. Voraussetzung dafür ist allerdings, dass beide Kommunikationspartner die Bedeutung des Elements kennen oder auf dieselbe Art und Weise interpretieren. Hierfür ist es wichtig, reflektiert und achtsam zu kommunizieren.

Eine weitere Einschränkung der Transparenz bei einigen digitalen Medien, wie z. B. E-Mail, ist, dass schwer nachvollzogen werden kann, ob der Kommunikationspartner aktuell verfügbar oder ob eine Information beim ihm angekommen ist. Und selbst wenn aufgrund einer Empfangsbestätigung ersichtlich ist, dass eine Nachricht angekommen ist, bleibt unklar, ob diese auch wirklich gelesen wurde. Um dies zu kompensieren, wird z. B. im Instant Messaging transparent gemacht, ob der Kommunikationspartner gerade online ist (wenn dieser die Funktion nicht ausschaltet). WhatsApp zeigt beispielsweise zusätzlich auch mit zwei sich verfärbenden Häkchen an, ob eine Nachricht erhalten und gelesen wurde. Hier muss allerdings hinzugefügt werden, dass eine technische Erreichbarkeit keinesfalls mit einer sozialen Erreichbarkeit gleichgesetzt werden darf.

ANWENDUNG

Wie die eben beschriebenen Beispiele zeigen, gibt es bereits gute Ansätze für Kompensationsstrategien zum Ausgleich der Nachteile digitaler Kommunikation. Das bewusste Herstellen von emotionaler Aufnahmebereitschaft kann zusätzlich dazu beitragen, die geforderte Geschwindigkeit, Intensität und Transparenz digitaler Kommunikation zu steigern. Wenn beide beteiligten Kommunikationspartner aufnahmebereit sind, funktioniert Kommunikation wesentlich schneller. In der Brückenmetapher gesprochen bedeutet dies, dass Sie über eine stabile Brücke gehen können, anstatt durch den Fluss zu schwimmen.

Emotionale Aufnahmebereitschaft steigert außerdem die Intensität einer Kommunikation. Die Kommunikationspartner werden individuell angesprochen und ein vertrauensvoller Kontakt mit wechselseitiger empathischer Aufmerksamkeit entsteht. Die Intensität kann dadurch hoch gehalten werden, selbst wenn die Kommunikation digital und asynchron abläuft.

Gleichzeitig kann die emotionale Aufnahmebereitschaft zur Transparenz in der Kommunikation beitragen. Je aufnahmebereiter die Kommunikationspartner sind, desto bereiter sind sie, sich gegenüber dem anderen zu öffnen.

Um das Herstellen emotionaler Aufnahmebereitschaft gewinnbringend in der digitalen Kommunikation einzusetzen, gilt es, eine Herausforderung zu überwinden: Wie wir bereits beschrieben haben, schränken die digitalen Medien die Möglichkeit ein, emotionale Aufnahmebereitschaft herzustellen, da oft nonverbale und paraverbale Signale in der Kommunikation wegfallen bzw. fehlen. Diese Signale des Kommunikationspartners können also nicht genutzt werden, um z. B. seinen Grad an Aufnahmebereitschaft einzuschätzen. Auch die eigene Körpersprache kann nicht unterstützend verwendet werden, um emotionale Aufnahmebereitschaft herzustellen. Gerade deshalb ist es aber bei der Nutzung von digitalen Medien wichtig, dass der Kommunikationspartner aufnahmebereit ist. So können die Vorteile (z. B. keine gleichzeitige Verfügbarkeit der Kommunikationspartner nötig) voll ausgeschöpft und Nachteile (z. B. geringere Intensität der Kommunikation) kompensiert werden.

Für die Praxis heißt das, dass Sie zwar keine körpersprachlichen Signale wahrnehmen und für das Herstellen von emotionaler Aufnahmebereitschaft nutzen können, Sie dafür aber mehr Zeit haben, um zu reagieren.

In einem Gespräch von Angesicht zu Angesicht antworten Sie in der Regel direkt auf die Aussagen Ihres Gesprächspartners, beim Verfassen z. B. einer E-Mail können Sie sich hingegen die Zeit nehmen, Ihre Formulierungen zu durchdenken und auf die jeweiligen Wahrnehmungsfilter Ihres Kommunikationspartners abzustimmen. Gerade wenn das Herstellen von emotionaler Aufnahmebereitschaft noch nicht zu Ihrer unbewussten Kompetenz gehört, kann dies sehr hilfreich sein.

Beispiele dafür, welche Besonderheiten es konkret bezüglich der einzelnen Wahrnehmungsfilter beim Herstellen von emotionaler Aufnahmebereitschaft über digitale Medien zu beachten gilt, sind jeweils im Kästchen „Anwendung in der digitalen Kommunikation“ am Ende der Unterkapitel des Kapitels 3 dargestellt.

DAS WICHTIGSTE IN KÜRZE

- Ein hohes Wissen und rhetorische Kompetenz alleine sorgen nicht für wirkungsvolle Kommunikation, es ist zusätzlich ein hohes Maß an Empathie nötig.
- Empathie kann nur entwickelt werden, wenn die Möglichkeit gegeben ist, zu lernen, was Mimik, Gestik oder Sprachmelodie über einen Menschen aussagen können.
- Durch die Zunahme an digitalen Medien nimmt jedoch der direkte Kontakt zum Menschen ab.
- Es gibt synchrone und asynchrone Kommunikationsformen, welche unterschiedliche Vor- und Nachteile mit sich bringen.
- Im Vergleich zu einer Kommunikation von Angesicht zu Angesicht ergeben sich bei der Nutzung digitaler Medien weitere Vor- und Nachteile für die Kommunikation.
- Um die Nachteile digitaler Kommunikation auszugleichen und um Geschwindigkeit, Intensität und Transparenz zu schaffen, gibt es verschiedene Kompensationsstrategien.
- Diese Strategien können durch das Herstellen von emotionaler Aufnahmebereitschaft wirkungsvoll ergänzt werden.

- ☐ Beispiele für Besonderheiten, die es in der digitalen Kommunikation bezüglich einzelner Wahrnehmungsfilter zu beachten gilt, sind jeweils im Kästchen „Anwendung in der digitalen Kommunikation" am Ende der jeweiligen Unterkapitel des Kapitels 3 dargestellt.

VERTIEFENDE LITERATUR

Egbert Deekeling, Dirk Barghop: Kommunikation in der digitalen Transformation. Wiesbaden, Springer Gabler Verlag, 2017

Klaus Beck: Computervermittelte Kommunikation im Internet. München, Oldenbourg Verlag, 2006

Nicola Döring: Sozialpsychologie des Internet. Die Bedeutung des Internet für Kommunikationsprozesse, Identitäten, soziale Beziehungen und Gruppen. Göttingen, Hogrefe Verlag, 2003

6. Schlusswort

Empfinden Sie nach der Lektüre dieses Buches das Thema emotionale Aufnahmebereitschaft als hoch komplex? Das wundert uns nicht, uns geht es auch immer mal wieder so! Indem Sie sich jedoch damit beschäftigen, wird es immer einfacher und intuitiver. Ähnlich wie beim Erlernen einer Fremdsprache. Ist man am Anfang womöglich noch erschlagen von den vielen Vokabeln und Grammatikregeln, entwickelt sich nach und nach ein „Gefühl" dafür.

Ist Ihnen bewusst geworden, warum Kommunizieren scheitern bedeutet oder zumindest bedeuten kann? Für uns ist Scheitern nichts Negatives. Wenn Sie das Scheitern nutzen, um Ihre Kommunikation zu reflektieren und anschließend daran etwas zu verändern, können Sie sich genau daraus weiterentwickeln.

Dieses Buch haben wir geschrieben, um Sie bei dieser Weiterentwicklung zu unterstützen. Wir sind davon durchdrungen, dass die Fähigkeit, emotionale Aufnahmebereitschaft herstellen zu können, in der Zukunft zur Grundbildung eines jeden Menschen gehören wird. Wenn Sie da skeptisch sind, vergleichen Sie doch z. B. einmal den Profi-Fußball von früher und heute. Zu Zeiten von Karl-Heiz Rummenigge und Co. war es undenkbar, dass Fußballer Kraft- oder Mentaltraining machen, heute ist dies hingegen völlig normal und kann über Erfolg oder Misserfolg entscheiden. Und genau so wird es unserer Meinung nach zukünftig auch mit dem Thema „emotionale Aufnahmebereitschaft" sein. Heute wird oftmals noch wenig Fokus darauf gelegt. Dabei kann die emotionale Aufnahmebereitschaft Erfolg oder Misserfolg u. a. in zwischenmenschlichen Beziehungen, in der Erziehung, in der Mitarbeiterführung oder im Verkauf ausmachen. Dabei spielt es überhaupt keine Rolle, welcher Generation Sie oder Ihr Gesprächspartner angehören. Sicher mag es Änderungen in der Werte- und Bedürfnishierarchie von früheren Generationen zur Generation Y, deren Zugehörige auch als Millennials bezeichnet werden, gegeben haben. Und natürlich kann dies an der einen oder anderen Stelle auch Einfluss auf die Kommunikation und das Verhalten haben. Unabhängig davon unterscheiden sich Menschen grundsätzlich in ihrer Persönlichkeit, ihren Bedürfnissen und ihren Fähigkeiten. Diese Unterschiede sind sehr individuell und lassen sich nicht allein durch die Zugehörigkeit zu einer bestimmten „Generation“ erklären. Mit dem gezielten Herstellen von emotionaler Aufnahmebereitschaft tragen Sie dieser Individualität auf jeden Fall Rechnung.

Die Fähigkeit, emotionale Aufnahmebereitschaft bei sich und bei anderen herstellen zu können, bestimmt unserer Meinung nach, wie erfolgreich und erfüllt ein Mensch sein Leben führt. Die eigene emotionale Aufnahmebereitschaft kann Sie dabei unterstützen, wirkungsvoll Entscheidungen zu treffen, zu lernen, andere Menschen zu verstehen, sowie Ängste, Stress und Krisen zu bewältigen. Indem Sie emotionale Aufnahmebereitschaft bei anderen Menschen herstellen, können Sie diese erfolgreich überzeugen, zum Handeln anregen, motivieren und führen. Sie schaffen Verständnis, ermöglichen Zusammenarbeit und können Auseinandersetzungen klären.

Ganz nach dem Motto „Früh übt sich, wer ein Meister werden will“ kann man deshalb nicht früh genug damit beginnen, sich mit dem Thema „emotionale Aufnahmebereitschaft“ zu beschäftigen. Unserer Ansicht nach sollte ein Fokus auf das Thema „Emotionale Aufnahmebereitschaft“ bereits in der Schule gelegt werden. So weiß man von Anfang an, worauf es ankommt und woran man in der Kommunikation scheitert, wenn man scheitert. Auch bleibt im späteren Leben oftmals nur wenig Zeit, um die Inhalte zu trainieren. Damit wollen wir aber keinesfalls sagen, dass es sich ab einem gewissen Alter nicht mehr lohnt, sich damit auseinanderzusetzen. Mit zunehmendem Alter haben Sie nämlich den Vorteil, dass Sie auf viele Erfahrungen zurückgreifen und anhand dieser nachvollziehen können, warum Sie bisher erfolgreich kommuniziert haben und manchmal in der Kommunikation gescheitert sind.

Das Buch soll hierfür Ihre Emotion wecken und Ihnen die hinter der emotionalen Aufnahmebereitschaft liegenden Faktoren, Effekte und Prinzipien strukturiert aufzeigen. Was das Buch aber nicht soll und auch nicht kann, ist Ihnen zu sagen, WAS Sie genau lernen sollen. Auch kann es nicht die Art und Weise, WIE Sie am besten lernen, bestimmen, oder gar das Lernen selbst für Sie meistern.

Entscheiden Sie also, wie Sie das Buch am besten für sich stärkenorientiert nutzen können! Sicher ist es Ihnen bewusst, dass es wenig zielführend ist, in allen Inhalten so viel Wissen und Fähigkeiten wie möglich aufzubauen, und zu hoffen, sich in allen Bereichen verbessern zu können. Mit ausreichender Praxis ist vieles, aber nicht alles erlernbar. Fokussieren Sie besser auf Themen, mit denen Sie sich auf Anhieb identifizieren können und wo Sie vielleicht auch ein gewisses Talent mitbringen.

Bestimmt haben Sie auch schon einmal einen Vorsatz bereits nach kurzer Zeit wieder aufgegeben, weil Sie zu viel auf einmal wollten. Die anfängliche Motivation endet dann schnell in Frust. Beginnen Sie also mit kleinen, machbaren Schritten (nehmen Sie sich z. B. vor, mehr entwickelnde Fragen zu stellen), auch wenn Sie denken, dass dies alleine nicht viel bringen kann. Anfangs geht es nur um die Einführung einer Regelmäßigkeit.

Um eine wirkungsvolle emotionale Aufnahmebereitschaft bei sich selbst und bei anderen herzustellen, reicht die einmalige Lektüre dieses Buches nicht aus, es erfordert eine kontinuierliche Beschäftigung mit den Inhalten. Sie werden feststellen, dass es sehr schnell möglich ist, einzelne Aspekte erfolgreich anzuwenden. Um das komplette Thema zu durchdringen, braucht es jedoch eine gewisse Zeit. „Seien Sie ehrgeizig genug, um geduldig zu sein." (Michael Grinder) (22)

„Seien Sie ehrgeizig genug, um geduldig zu sein."
(Michael Grinder)

Laut dem Gehirnforscher Manfred Spitzer dauert es jeweils Tausende von Stunden an Training, bis eine Fähigkeit nicht weiter verbessert werden kann (106). Dies kann vor allem spannend für Sie als Leser sein, wenn Sie sich bereits vor der Lektüre dieses Buches intensiv mit dem Thema Kommunikation auseinandergesetzt haben. Spitzer konnte z. B. analog zeigen, dass ein wirklich guter Musiker bis zu seinem 20. Lebensjahr bereits mehr als 10.000 Stunden mit seinem Instrument zugebracht und dabei kontinuierlich wirkungsvolles Feedback erhalten hat. Genauso konnte bei Fließbandarbeitern nachgewiesen werden, dass eine optimale Leistung erst nach 1 bis 2 Millionen Handgriffen erreicht wird. Auch wir selbst sind nach wie vor dabei zu lernen und zu erforschen, was alles zur emotionalen Aufnahmebereitschaft beiträgt und welche Mechanismen wirken. Gerne gehen wir dazu mit Ihnen in den Austausch.

Wenn Sie mehr über die emotionale Aufnahmebereitschaft in der Praxis erfahren möchten, nutzen Sie das zugehörige Arbeitshandbuch „Kommunizieren heißt scheitern". Sollten Sie weitere Unterstützung oder Begleitung wünschen, schauen Sie auf unsere Homepage *www.kommunizieren-heisst-scheitern.de* und kontaktieren Sie uns.

Bei der Beschäftigung mit den Inhalten werden Sie feststellen, dass Sie in manchen Aspekten sehr erfolgreich aus Ihrer Natürlichkeit heraus agieren und Sie hier nicht zwingend etwas verändern müssen, um erfolgreich zu kommunizieren. Und genau dadurch reduziert sich auch die Komplexität des Themas. So wie es mehrere Möglichkeiten gibt, eine Brücke über einen Fluss zu bauen, gibt es meist auch mehrere Möglichkeiten, die emotionale Aufnahmebereitschaft bei jemandem herzustellen.

Dazu zählt auch, dass es ganz spezielle und individuelle Methoden gibt, emotionale Aufnahmebereitschaft zu erreichen. Ob es nun ein Robbie Williams ist, der zu Beginn des Konzerts seinen nackten Hintern zeigt und dadurch die emotionale Aufnahmebereitschaft von Tausenden von Menschen bekommt, oder ein Dieter Bohlen, der mit seinen Sprüchen, die teilweise stark unter die Gürtellinie gehen, seit jeher polarisiert. Wir wollen diese Strategien nicht als Ideal zum Herstellen von Aufnahmebereitschaft herausstellen, sondern lediglich als Beispiele aufführen. Wie wirkungsvoll etwas ist, wird immer abhängig von Ihrer Persönlichkeit, vom Kontext und von Ihrem Gegenüber sein. Wir möchten Sie einladen, beim Herstellen von emotionaler Aufnahmebereitschaft Ihren eigenen Weg zu finden. Sie werden immer mehr Spaß dabei bekommen und natürlich werden dabei auch Fehler passieren! Oftmals stürzt die Brücke der emotionalen Aufnahmebereitschaft aber nicht gleich beim ersten Fehler ein und Sie können daraus lernen und bekommen vielleicht eine zweite Chance. Scheitern Sie sich also Ihren eigenen Weg in Richtung emotionale Aufnahmebereitschaft!

Ihr Atilla Vuran und Ihre Nina Harbers

„Scheitern Sie sich Ihren eigenen Weg in Richtung emotionale Aufnahmebereitschaft."
(Nina Harbers)

7. Glossar

Die folgenden Begriffe werden in diesem Glossar so erklärt, wie wir sie in unserem Buch verwenden. In einem anderen Zusammenhang können sie auch abweichend definiert werden.

A-Modus	Ein Ressourcenzustand, in dem Menschen keinen Kontakt zu anderen Menschen haben möchten; „A" steht dabei für „Abwendung" und „Ablehnung".
affektives Signal	Ein Signal, anhand dessen die fehlende bzw. vorhandene emotionale Aufnahmebereitschaft eines Menschen wahrgenommen werden kann und das durch eine Emotion ausgedrückt wird (z. B. Verachtung, die sich im Gesicht des Gegenübers zeigt).
Anker	Etwas (z. B. ein Symbol, ein Wort, eine Geste, bestimmte Musik o. Ä.), das eine ressourcenreiche innere Grundhaltung (z. B. Entspannung, Ausdauer, Konzentration) aus vergangenen Ereignissen auf die aktuelle Situation überträgt.
Anwesenheit im Hier und Jetzt	Der Zustand, in dem jemand mit den Gedanken nur dort ist, wo er sich auch körperlich befindet; steht sowohl für Aufmerksamkeit als auch für geistige Klarheit.
assoziiert sein	Eine Situation im Hier und Jetzt, mit allen Wahrnehmungen und Emotionen erleben.
asynchrone Kommunikation	Eine Kommunikation, bei der eine Information vom Sender zu einem anderen Zeitpunkt erstellt wird, als sie vom Empfänger erhalten wird.
auditiv	Das Hören betreffend.
Aufnahmebereitschaft	siehe „emotionale Aufnahmebereitschaft"
Aufmerksamkeit	Automatische oder bewusst gelenkte Zuweisung von (beschränkten) Bewusstseinsressourcen auf etwas (z. B. auf die Umwelt, das eigene Verhalten, Gedanken, Gefühle, ...).

Basisemotion	Eine biologische Emotion, die dadurch gekennzeichnet ist, dass sie im Ausdruck bei allen Menschen (kulturübergreifend) gleich ist, z. B. Freude oder Angst.
Beeinflussung	Jemanden offen, nachvollziehbar, transparent und auf Ehrlichkeit basierend von etwas überzeugen.
Berechtigung	Die Erlaubnis, jemandem etwas zu sagen; die Anerkennung jemandes Kompetenz auf einem spezifischen Gebiet. („Kompetenz" kann hier u. a. die Fachkompetenz im Thema, der (hierarchische) Status, der Ruf oder die grundsätzlichen Fähigkeiten und Erfahrungen sein).
bewusste Inkompetenz	Sich bewusst darüber sein, dass man etwas nicht weiß oder kann.
bewusste Kompetenz	Etwas wissen oder können, wenn man sich bewusst darauf konzentriert.
digitale Kommunikation	Über digitale Medien (z. B. Internet) vermittelte Kommunikation.
dissoziiert sein	Eine Situation von einem außenliegenden Standpunkt (Beobachterperspektive) wahrnehmen, um mehr Distanz dazu zu bekommen.
Embodiment	Einbettung der Psyche eines Menschen in den Körper; Wechselwirkung zwischen Psyche und Körper.
Emotion	Kurze Reaktion auf etwas, die von innen nach außen geht; Bewertung dessen, was gefühlt wird (z. B. Angst). Eine Emotion ist durch folgende drei Ebenen gekennzeichnet: subjektiv erlebtes Gefühl, körpersprachlicher/mimischer Ausdruck, körperliche Reaktion durch Botenstoffe.
emotionale Aufnahmebereitschaft	Der Zustand, wenn jemand einer Idee, einem Inhalt oder einem Argument nicht nur rational zustimmt, sondern auch emotional so davon durchdrungen ist, dass er Gehörtes/Neues aufnimmt, annimmt und ggf. nachhaltig etwas umsetzt oder verändert.
emotionale Intelligenz	Die Fähigkeit, eigene und fremde Gefühle richtig wahrzunehmen, zu verstehen und zu beeinflussen.

emotionaler Zustand	Die aktuellen Emotionen und Stimmungen eines Menschen (z. B. in einer Gesprächssituation).
Emotionsmanagement	Die Fähigkeit, mit den eigenen Gefühlen wirkungsvoll umgehen zu können; Teil der emotionalen Intelligenz.
Empathie	Die Fähigkeit und Bereitschaft, Empfindungen, Gedanken, Emotionen, Motive und Persönlichkeitsmerkmale einer anderen Person zu erkennen und zu verstehen; Teil der emotionalen Intelligenz.
entwickelnde Fragen	Offene Fragen, die dazu führen, dass eine Idee oder eine Erkenntnis im Kopf des Gesprächspartners entsteht und er sich dadurch weiterentwickelt.
Etikette	Geschriebene oder ungeschriebene Regeln für den sozialen Umgang.
Erscheinungsbild	Zusammenfassung für die physiologischen Faktoren, die Körpersprache und den Stil eines Menschen.
Fähigkeit	Das Können auf einem bestimmten Gebiet (aufgabenübergreifend).
Fertigkeit	Die Fähigkeit zu einer bestimmten Aufgabe, die sich durch Übung herausbildet.
Filter	siehe „Wahrnehmungsfilter"
Generalisierung	Durch Wahrnehmungsfilter verursachte Verallgemeinerung: Aufgrund weniger Erfahrungen wird eine allgemeingültige Regel aufgestellt oder aufgrund von Teilaspekten auf eine Gesamtheit geschlossen.
genetische Voraussetzungen	(Körperliche) Merkmale (z. B. Haut- und Haarfarbe, Talente, ...), die von den Eltern mittels Vererbung an die Kinder weitergegeben werden.
Gestik	Gesamtheit der Gesten, insbesondere Bewegungen der Arme, der Hände und des Kopfes; Teil der Körpersprache.

Gewaltfreie Kommunikation	Ein Handlungskonzept nach Marshall B. Rosenberg, das vier Elemente (Beobachtungen, Gefühle, Bedürfnisse, Bitten) enthält und dazu führen soll, sich selbst in der Kommunikation ehrlich auszudrücken und dem Gegenüber empathisch zuzuhören.
Grundüberzeugungen	Persönliche Lebensregeln eines Menschen, die meist nicht logisch herleitbar sind, sondern aus Interpretationen und Verallgemeinerungen früherer Erfahrungen sowie aus individuellen Theorien resultieren.
Hebammenhaltung	In einem Gespräch durch entwickelnde Fragen aus dem Gesprächspartner „das herausholen, was da ist", und nicht „etwas hineinpressen" (z. B. eine Meinung, einen Ratschlag, ...).
individuelle Filter	Aufgrund der persönlichen Erfahrungen und Lernprozesse entstandene Wahrnehmungsfilter eines Menschen.
innere Haltung	U. a. durch Gedanken und Gefühle entstandene innere Einstellung eines Menschen, die sein Handeln und seine Wirkung auf andere Menschen bestimmt.
Integrität	Das Handeln im Einklang mit den eigenen Werten und Überzeugungen.
kinästhetisch	Das Fühlen betreffend.
Körpersprache	Der Teil der Kommunikation, der sich in Form von Mimik, Gestik, Körperhaltung sowie anderen bewussten und unbewussten Äußerungen des menschlichen Körpers ausdrückt.
kognitives Signal	Ein Signal, anhand dessen die (fehlende) emotionale Aufnahmebereitschaft eines Menschen wahrgenommen werden kann, und das durch Annahmen oder Überzeugungen ausgedrückt wird (z. B. Gegenargumente des Gegenübers).
kognitive Verzerrungen	Unwillkürliche, systematische fehlerhafte Abweichungen von der Rationalität beim Wahrnehmen, Erinnern, Denken und Urteilen.
K-Modus	Ein Ressourcenzustand, in dem Menschen auf Konfrontation ausgerichtet sind; „K" steht dabei für „Konflikt", „Kompromisslosigkeit" und „Kampf".

Kommunikation	Die Verständigung zwischen Menschen mithilfe von Sprache oder Zeichen (verbal, nonverbal und paraverbal).
kommunikative Kompetenz	Das bewusste Abstimmen der Aspekte WAS, WIE, WANN und BERECHTIGUNG auf den Gesprächspartner in der Kommunikation; Teil der emotionalen Intelligenz.
Kompetenzstufen	Stadien beim Erlernen von etwas (unbewusste Inkompetenz, bewusste Inkompetenz, bewusste Kompetenz, unbewusste Kompetenz).
konatives Signal	Ein Signal, anhand dessen die (fehlende) emotionale Aufnahmebereitschaft eines Menschen wahrgenommen werden kann, und das durch ein Verhalten ausgedrückt wird (z. B. das Gegenüber beschäftigt sich während eines Gesprächs mit etwas anderem).
Kultur	Die „kollektive Programmierung des Geistes", die die Mitglieder einer Gruppe oder Kategorie von Menschen von einer anderen unterscheidet; diese zeigt sich durch gemeinsame Werte, Grundüberzeugungen, Rituale, Helden und Symbole.
Kontext	Der Rahmen und Zusammenhang, in dem z. B. ein Gespräch stattfindet.
Konzentration	Die willentliche Fokussierung der Aufmerksamkeit auf etwas (nach innen, nach außen, auf einen Punkt).
L-Modus	Ein Ressourcenzustand, der in Menschen positive Gefühle auslöst; „L" steht dabei für „Liebe", „Lust" und „Loslassen".
Manipulation	Jemanden dazu bringen, etwas zu tun, das seinen eigenen Interessen zuwiderlaufen kann, ohne dass derjenige es selbst merkt und ohne dass er dessen Sinn versteht.
Metaprogramme	Übergeordnete Programme, welche typische Muster im Denken, Handeln und Sprechen eines Menschen bestimmen; sie beeinflussen, wie ein Mensch motiviert wird, Informationen versteht, am wirkungsvollsten arbeitet, prüft und Entscheidungen trifft.

Mikroexpression	Ein sehr kurzer (40-500 ms), emotional ausgelöster Gesichtsausdruck.
Mimik	Sichtbare Bewegungen der Gesichtsoberfläche; Teil der Körpersprache.
nonverbal	Die Körpersprache betreffend (z. B. Mimik, Gestik, Augenkontakt, Erröten, ...).
Muster	Weitgehend unbewusste und stark automatisierte Abläufe des menschlichen Gehirns.
Musterunterbrechung	Die bewusste Unterbrechung eines Denkprozesses, eines Gefühlszustandes oder der Wahrnehmung vergangener und zukünftiger Ereignisse.
paraverbal	Die Stimmeigenschaften und das Sprechverhalten betreffend (z. B. Stimmlage, Tonfall, Sprechtempo, ...).
physiologische Filter	Durch körperliche Wahrnehmungsbeschränkungen geprägte Wahrnehmungsfilter eines Menschen.
Refraktärzeit	Der Zeitraum nach dem Auslösen einer Emotion (z. B. Angst), in dem ein Mensch für keine andere Emotion (z. B. Interesse) offen ist; wirkt als eine Art zusätzlicher Wahrnehmungsfilter.
Ressourcenzustand	Wie gut oder schlecht ein Mensch in einer Situation auf seine eigenen inneren Ressourcen (z. B. auf persönliche Eigenschaften, Stärken, Fähigkeiten, positive Erfahrungen oder Erinnerungen) zugreifen kann.
Selbstverantwortung	Die Verantwortung, die ein Mensch für das eigene Denken und Handeln übernimmt.
Selbstvertrauen	Die erworbene, kontextabhängige und dadurch schwankende Überzeugung, etwas zu können.
Selbstwert	Der selbst gefühlte Wert, den sich ein Mensch gibt, bzw. das Bewusstsein des eigenen Wertes.
Sinn	Etwas, das einem Menschen Bedeutung gibt; das „WOFÜR“.
Sinneskanal	Physiologischer Wahrnehmungskanal für Informationen aus der Umwelt über Sinnesorgane (z. B. visuell mit Auge, auditiv mit Ohr, ...).

somatischer Marker	Signale des Erfahrungsgedächtnisses eines Menschen, die er durch Körperempfindungen, Emotionen oder Geschehen im Kopf wahrnimmt.
soziale Filter	Durch Sprache und Kultur geprägte Wahrnehmungsfilter eines Menschen.
Stimmung	Über mehrere Stunden oder Tage hinweg andauernder emotionaler Zustand (z. B. besorgt sein).
Stärke	Das Vorhandensein einer besonderen Fähigkeit oder Begabung auf einem bestimmten Gebiet, durch die jemand eine außergewöhnliche, hohe Leistung erbringt; Stärke = Talent + Wissen + Fähigkeiten + Fertigkeiten.
synchrone Kommunikation	Kommunikation, bei der die Informationsübertragung keine längerfristige Speicherung erfährt, z. B. ein Gespräch von Angesicht zu Angesicht.
Talent	Eine bestimmte große Fähigkeit für etwas, die jemand nicht durch Lernen oder Ausbildung erworben hat.
Tilgung	Durch Wahrnehmungsfilter verursachtes, unbewusstes Weglassen von als irrelevant eingestuften Teilinformationen.
Umfokussierung	Die Aufmerksamkeit eines Menschen auf etwas anderes lenken.
Umgangsformen	Das Verhalten eines Menschen im Zusammenhang mit anderen Menschen in sozialen Situationen; kann von der Etikette abweichen.
unbewusste Inkompetenz	Etwas nicht wissen oder können, ohne jedoch zu wissen, dass man es nicht weiß oder kann.
unbewusste Kompetenz	Etwas wissen oder können, ohne bewusst darüber nachdenken zu müssen. Einzelaspekte haben sich zu Mustern (siehe „Muster") und Gewohnheiten zusammengefügt.
verbal	Den Inhalt und das gesprochene Wort betreffend.
Vertrauen	Die subjektive Überzeugung von der Richtigkeit, Wahrheit bzw. Redlichkeit von Personen, Handlungen, Einsichten und Aussagen von anderen Menschen oder sich selbst (siehe auch „Selbstvertrauen").

Vertrauensbaum	Metapher für die persönliche Vertrauenswürdigkeit eines Menschen. Der Baum besteht aus den Ebenen „Integrität", „Absicht", „Fähigkeiten" und „Ergebnisse"; er wächst auf einem Feld aus Selbstvertrauen und Selbstverantwortung.
Vertrauenskonto	Metapher für das Vertrauen zwischen zwei Menschen. Der Kontostand zeigt an, wie viel Vertrauen in den anderen gerade vorhanden ist.
5 Versuchungen	Bestimmte Wertekonflikte: Ergebnisse – Status; Verantwortung – Beliebtheit; Klarheit – Sicherheit; Auseinandersetzung – Harmonie; Vertrauen – Unverwundbarkeit.
Verzerrung	Durch Wahrnehmungsfilter verursachte falsche Annahmen: Aufgrund persönlicher Prägung wird bestimmten Aspekten eine stärkere Bedeutung gegeben als anderen.
visuell	Das Sehen betreffend.
Wahrnehmungsfilter	Durch Prägung entstandene Filter eines Menschen, durch die nur Teile der realen Welt wahrgenommen und einströmende Informationen unbewusst selektiert werden.
Wert	Etwas, das einem Menschen wichtig ist, das ihm Bedeutung und Motivation gibt und wie und wodurch er sich führen lässt; oft unbewusst und sehr subjektiv, aber mit vermeintlich objektiver Gültigkeit.
Wertekonflikt	Ein Konflikt, der aus dem Aufeinandertreffen zweier miteinander in Konkurrenz stehender Werte entsteht.
Wirkung(santeil)	Metaphorisch als „Hund" und „Katze" bezeichneter Anteil eines Menschen, der mehr auf die Beziehung zu anderen Menschen (Hund) oder mehr auf Ergebnisse (Katze) fokussiert.
Wissen	Kenntnisse eines Menschen, die aufgrund von Tatsachen und Lektionen entstanden sind.

8. Stichwortverzeichnis

9. Literaturverzeichnis

1. Friedrich Glasl: Konfliktmanagement: Ein Handbuch für Führungskräfte, Beraterinnen und Berater. Stuttgart, Freies Geistesleben Verlag, 2017
2. Michael I. Posner, Marcus E. Raichle: Images of Mind. San Francisco, W H Freeman & Co, 1994
3. Georg Feuser, Joachim Kutscher: Entwicklung und Lernen. Stuttgart, Kohlhammer Verlag, 2013
4. Robert B. Cialdini: Die Psychologie des Überzeugens. Bern, Verlag Hans Huber, 2014
5. Matthias Pöhm: Vergessen Sie alles über Rhetorik: Mitreißend reden - ein sprachliches Feuerwerk in Bildern. Heidelberg, mvg Verlag, 2006
6. Joseph O`Connor, John Seymour: Neurolinguistisches Programmieren: Gelungene Kommunikation und persönliche Entfaltung. Kirchzarten, VAK Verlags GmbH, 2008
7. Duden. Deutsches Universalwörterbuch: Das umfassende Bedeutungswörterbuch der deutschen Gegenwartssprache. Mannheim, Bibliographisches Institut, 2011
8. Volker Kitz, Manuel Tusch: Warum uns das Denken nicht in den Kopf will: Noch mehr nützliche Erkenntnisse der Alltagspsychologie. München, Wilhelm Heyne Verlag, 2014
9. Stephen M. R. Covey: Schnelligkeit durch Vertrauen: Die unterschätzte ökonomische Macht. Offenbach, GABAL Verlag, 2010
10. Friedemann Schulz von Thun: Miteinander reden 1: Störungen und Klärungen. Reinbek bei Hamburg, Rowohlt Taschenbuch Verlag, 1998
11. Paul Watzlawick, Janet H. Beavin, Don D. Jackson: Menschliche Kommunikation: Formen, Störungen, Paradoxien. Bern, Verlag Hans Huber, 2003
12. Wolfgang Rost: Emotionen: Elixiere des Lebens. Heidelberg, Springer Verlag, 2001
13. Klaus Jonas, Wolfgang Stroebe, Miles Hewstone: Sozialpsychologie. Berlin, Heidelberg, Springer Verlag, 2014
14. Heidrun Kämper, Ludwig Eichinger: Sprache - Kognition - Kultur: Sprache zwischen mentaler Struktur und kultureller Prägung. Berlin, De Gruyter Verlag, 2008
15. Beate Henn-Memmesheimer: Sprechen über Emotionen und Gefühle: neurobiologisch und alltagssprachlich - Das Beispiel Angst, in: Janja Polajnar: Emotionen in Sprache und Kultur. Ljubljana, Znanstvena zalozba filozofske fakultete, 2012
16. Joseph Wolpe: Stichwort Angst: Pathologische Angstreaktionen, in Wilhelm Arnold und andere: Lexikon der Psychologie. Augsburg, Bechtermünz Verlag, 1998
17. Paul Ekman: Gefühle lesen - Wie Sie Emotionen erkennen und richtig interpretieren. Heidelberg, Spektrum Verlag, 2010
18. Wolfgang Tschacher, Maja Storch: Die Bedeutung von Embodiment für Psychologie und Psychotherapie. Psychotherapie in Psychiatrie, Psychotherapeutischer Medizin und Klinischer Psychologie, 17 (2), 2012

19. Fritz Strack, Leonard L. Martin, Sabine Stepper: Inhibiting and Facilitating Conditions of the Human Smile: A Nonobtrusive Test of the Facial Feedback Hypothesis. Journal of Personality and Social Psychology. 54, 1988
20. Robert Dilts und andere: Strukturen subjektiver Erfahrung: Ihre Erforschung und Veränderung durch NLP. Paderborn, Junfermann Verlag, 2003
21. Gunther Schmidt: Einführung in die hypnosystemische Therapie und Beratung. Heidelberg, Carl Auer Verlag, 2014
22. Michael Grinder: Pentimento - Grundbausteine der nonverbalen Kommunikation. Köln, Synergeia-Verlag, 2007
23. Bljuma Wulfowna Seigarnik: Das Behalten erledigter und unerledigter Handlungen. Psychologische Forschung, 9, 1927
24. Manfred Spitzer: Musik im Kopf. Stuttgart, Schattauer Verlag, 2002
25. Claus O Scharmer: Theorie U. Von der Zukunft her führen: Presencing als soziale Technik. Heidelberg, Carl Auer Verlag, 2009
26. Joachim Bauer: Warum ich fühle, was Du fühlst: Intuitive Kommunikation und das Geheimnis der Spiegelneurone. Hamburg, Hoffmann und Campe Verlag, 2016
27. Daniel Kahneman: Schnelles Denken, langsames Denken. München, Siedler Verlag, 2012
28. John Beshears, Francesca Gino: Leaders as Decision Architects. Harvard Business Review, 5, 2015
29. Joachim Hoffmann, Johannes Engelkamp: Lern- und Gedächtnispsychologie. Berlin/ Heidelberg, Springer Verlag, 2013
30. Joseph P. Forgas, Dieter Frey: Soziale Interaktion und Kommunikation - Eine Einführung in die Sozialpsychologie. Weinheim, Beltz Verlagsgruppe, 1999
31. Lee Ross: The Intuitive Psychologist and his Shortcomings: Distortions in the Attribution Process, in Leonard Berkowitz: Advances in Experimental Social Psychology. New York, Academic Press, 1977
32. Siegfried Preiser: Personwahnehmung und Beurteilung. Darmstadt, Wissenschaftliche Buchgesellschaft, 1979
33. Robert B. Cialdini: Einfluß. Wie und warum sich Menschen überzeugen lassen. Landsberg/Lech, MVG Verlag, 1995
34. Stanley Milgram: Behavioral Study of Obedience. The Journal of Abnormal and Social Psychology, 67 (4), 1963
35. Robert Rosenthal, Lenore Jacobson: Pygmalion in the Classroom. The Urban Review, 3 (1), 1968
36. Solomon E. Asch: Effects of Group Pressure upon the Modification and Distortion of Judgements, in H. Guetzkow: Groups, Leadership and Men. Pittsburgh, Carnegie Press, 1951
37. George A. Miller: The Magical Number Seven, Plus or Minus Two: Some Limits on Our Capacity for Processing Information. The psychological review, 63, 1956
38. Silvan S. Tomkins: Affect Theory in Klaus R. Scherer, Paul Ekman: Approaches to Emotion. Hillsdale, Erlbaum Verlag, 1984
39. Carroll E. Izard: Human Emotions. New York, Plenum Press, 1977
40. Robert B. Dilts und andere: NLP II - die neue Generation: Strukturen subjektiver Erfahrung - die Erforschung geht weiter. Paderborn, Junfermann Verlag, 2013

41. Robert B. Dilts: Die Magie der Sprache: Angewandtes NLP. Paderborn, Junfermann Verlag, 2008
42. Shelle R. Charvet: Wort Sei Dank - Von der Anwendung und Wirkung effektiver Sprachmuster. Paderborn, Junfermann Verlag, 2012
43. Carl G. Jung: Gesammelte Werke: Band 6 - Psychologische Typen. Mannheim, Walter Verlag (Patmos Verlagsgruppe), 1995
44. Gerhard Roth, Nicole Strüber: Wie das Gehirn die Seele macht. Stuttgart, Klett-Cotta Verlag, 2017
45. Tad James, Wyatt Woodsmall: Time Line: NLP-Konzepte. Paderborn, Junfermann Verlag, 2006
46. Patrick M. Lencioni: Die 5 Dysfunktionen eines Teams. Weinheim, Wiley-VCH Verlag, 2014
47. Patrick M. Lencioni: Die 5 Versuchungen eines CEO. Weinheim, Wiley-VCH Verlag, 2015
48. Pamela Preisendörfer: Glaubenssätze & Überzeugungen: Von mentaler Selbstsabotage zu innerer Stärke und Ausstrahlung. Oberstdorf, Windpferd Verlag, 2013
49. Evelyn Wenzel: Tschüss Glaubenssätze & wiederkehrende Probleme: Erkenne deinen Weg. Löse deine Knoten. Nutze deine Talente. Bielefeld, tao.de GmbH, 2013
50. Robert B. Dilts und andere: Identität, Glaubenssysteme und Gesundheit: Höhere Ebenen der NLP-Veränderungsarbeit. Paderborn, Junfermann Verlag, 2015
51. Robert B. Dilts: Die Veränderung von Glaubenssystemen: NLP Glaubensarbeit. Paderborn, Junfermann Verlag, 1994
52. Paola Molinari: Lebe statt zu funktionieren - so nutzen Sie die Kraft der Intuition. München, Gräfe und Unzer Verlag, 2010
53. Klaus Grawe: Neuropsychotherapie. Göttingen, Hogrefe Verlag, 2004
54. Milton H. Erickson und andere: Hypnotherapie. Aufbau, Beispiele, Forschungen. Stuttgart, Klett-Cotta Verlag, 2004
55. Christian Sterr: Mentaltraining im Sport: Bessere Leistung bei Training und Wettkampf. Hamburg, spomedis Verlag, 2016
56. Marcus Buckingham: Entdecken Sie Ihre Stärken jetzt! Das Gallup-Prinzip für individuelle Entwicklung und erfolgreiche Führung. Frankfurt, Campus Verlag, 2011
57. Daniel Coyle: Die Talent-Lüge: Warum wir (fast) alles erreichen können. Bergisch Gladbach, Lübbe Verlag, 2009
58. Malcolm Gladwell: Überflieger: Warum manche Menschen erfolgreich sind - und andere nicht. Frankfurt, Campus Verlag, 2009
59. Markus Antonius Wirtz: Dorsch - Lexikon der Psychologie. Bern, Hans Huber Verlag, 2013
60. Michael Grinder: Führung durch Charisma: Eine Analogie von Hunden und Katzen. Köln, Synergeia-Verlag, 2006
61. Cecil G. Helman: Culture, Health and Illness. London, Hodder Arnold Verlag, 2007
62. Geert Hofstede, Gert J. Hofstede: Lokales Denken, globales Handeln: Interkulturelle Zusammenarbeit und globales Management. München, dtv Verlag, 2011
63. Edwin Hoffman: Interkulturelle Gesprächsführung: Theorie und Praxis des TOPOI-Modells. Wiesbaden, Springer Verlag, 2015

64. Geert Hofstede und andere: Cultures and Organizations - Software of the mind: Intercultural Cooperation and its Importance for Survival. New York, McGraw-Hill Verlag, 2010
65. Maud Beetz: Der Knigge für das Bankgeschäft: Mit sozialer Kompetenz Imagewerte verbessern und Geschäftserfolge steigern. Wiesbaden, Gabler Verlag, 2009
66. Anke Quittschau, Christina Tabernig: Business-Knigge: Die 100 wichtigsten Benimmregeln. Freiburg, Haufe-Lexware, 2015
67. Silke Schneider-Flaig: Der neue große Knigge. Richtige Umgangsformen privat und im Beruf. München, Compact Verlag, 2016
68. Harald Weinrich: Lügt man im Deutschen, wenn man höflich ist? Mannheim, Bibliographisches Institut, 1986
69. Hubert Treiber, Rüdiger Lautmann: Takt, in Werner Fuchs-Heinritz und andere: Lexikon zur Soziologie. Wiesbaden, Verlag für Sozialwissenschaften, 2007
70. Ulrike Mayer: Perfekte Kleidung fördert die Karriere. Wien, Amalthea Signum Verlag, 2011
71. Graciette Justo: Kleidung als Mittel nonverbaler Kommunikation und Selbstdarstellung. Hamburg, Diplomica Verlag, 2015
72. Richard Bandler, John Grinder: Neue Wege der Kurzzeit-Therapie: Frogs into princes. Paderborn, Junfermann Verlag, 2013
73. Antonio Damasio: Descartes' Irrtum. Fühlen, Denken und das menschliche Gehirn. München, List Verlag, 2004
74. Gerhard Roth: Persönlichkeit, Entscheidung und Verhalten: Warum es so schwierig ist, sich und andere zu ändern. Stuttgart, Klett-Cotta Verlag, 2007
75. Maja Storch: Das Geheimnis kluger Entscheidungen. Von somatischen Markern, Bauchgefühl und Überzeugungskraft. München, Goldmann Verlag, 2008
76. Melissa J. Ferguson, Shanette C. Porter: Goals and (Implicit) Attitudes: A Social-Cognitive Perspective, in Gordon B. Moskowitz, Heidi Grant: The Psychology of Goals. New York, Guilford, 2009
77. Martin Lindstrom: Buy-ology: Warum wir kaufen, was wir kaufen. Frankfurt a. Main, Campus Verlag, 2009
78. Frank Krause, Maja Storch: Ressourcen aktivieren mit dem Unbewussten: Manual für die Arbeit mit der ZRM-Bildkartei. Bern, Hans Huber Verlag, 2012
79. Maja Stoch: Gute Entscheidungen treffen: Die Pizza-Probe. Gehirn und Geist. 1, 2014
80. Maja Storch, Wolfgang Tschacher: Embodied Communication: Kommunikation beginnt im Körper, nicht im Kopf. Bern, Verlag Hans Huber, 2014
81. Peter J. Lang und andere: Motivated Attention: Affect, Activation and Action, in Peter J. Lang und andere: Attention and Orienting: Sensory and Motivational Processes. Hillsdale, Erlbaum Verlag, 1997
82. Lutz Jäncke: Neurobiologie der Motivation und Volition, in Veronika Brandstätter und Jürgen H. Otto: Handbuch der allgemeinen Psychologie - Motivation und Emotion. Göttingen, Hogrefe Verlag, 2009
83. Johannes Huber, Elisa Gregor: Die Kraft der Hormone. München, Droemer/Knaur Verlag, 2005
84. Michael Angrick: Endorphine: Pharmazie in unserer Zeit. 12 (5), 1983
85. Jens Corssen, Christiane Tramitz: Ich und die anderen: Als Selbst-Entwickler zu gelingenden Beziehungen. München, Knaur HC Verlag, 2014

86. Jens Corssen: Der Selbst-Entwickler: Das Corssen Seminar. Wiesbaden, marix Verlag, 2004
87. Peter Spork: Der zweite Code: EPIGENETIK oder Wie wir unser Erbgut steuern können. Berlin, Rowolt Verlag, 2009
88. Alan Feingold, Ronald Mazzella: Gender Differences in Body-Image are Increasing. Psychological Science, 9, 1998
89. Viren Swami und andere: The Attractive Female Body Weight and Female Body Dissatisfaction in 26 Countries Across 10 World Regions: Results of the International Body Project. Personality and Social Psychology Bulletin, 36 (3), 2010
90. Albert E. Mannes: Shorn Scalps and Perceptions of Male Dominance. Social Psychological and Personality Science, 2012
91. Thomas F. Cash: The Psychological Consequences of Androgenetic Alopecia: A Review of the Research Literature. British Journal of Dermatology. 141 (398), 1999
92. Timothy A. Judge, Daniel M. Cable: The Effect of Physical Height on Workplace Success and Income: Preliminary Test of a Theoretical Model. Journal of Applied Psychology, 89 (3), 2004
93. Nicola Persico und andere: The Effect of Adolescent Experience on Labor, Market Outcomes: The Case of Height. Journal of Political Economy, 112 (5), 2004
94. Marco Caliendo, Markus Gehrsitz: Obesity and the Labor Market: A Fresh Look at the Weight Penalty. IZA Discussion Paper, 7947, 2014
95. Evgenia Kogan Dechter: Physical Appearance and Earnings: Hair Color Matters. Labour Economics, 32, 2015
96. Wilma Castrian: Lehrbuch der Psycho-Physiognomik: Antlitzdiagnostik für die Praxis. Stuttgart, MVS Medizinverlage, 2004
97. Vera F. Birkenbihl: Lernen lassen! Mit 17 konkreten Methoden, Tricks und Lernspielen. München, mvg Verlag, 2014
98. David Perkins: Outsmarting IQ: The Emerging Science of Learnable Intelligence. New York, Free Press, 1995
99. Wolfgang Steinig und andere: Schreiben von Kindern im diachronen Vergleich: Texte von Viertklässlern aus den Jahren 1972 und 2002. Münster, Waxmann Verlag, 2009
100. Manfred Spitzer: Cyberkrank!: Wie das digitalisierte Leben unsere Gesundheit ruiniert. München, Droemer HC, 2015
101. Rosalina Richards und andere: Adolescent Screen Time and Attachment to Parents and Peers. Archives of Pediatrics and Adolescent Medicine Journal. 164 (3), 2010
102. Clive Thompson: The Death of the Phone Call. Wired Magazin. 2010
103. Nicola Döring: Sozialpsychologie des Internet. Die Bedeutung des Internet für Kommunikationsprozesse, Identitiäten, soziale Beziehungen und Gruppen. Göttingen, Hogrefe Verlag, 2003
104. Barbara Mettler-von Meiborn: Kommunikation in der Mediengesellschaft. Tendenzen - Gefährungen - Orientierungen. Berlin, Edition Sigma Verlag, 1994
105. Cristina Bicchieri: Computer-mediated Communication and Cooperation in Social Dilemmas: An Experimental Analysis. Politics, Philosophy and Economics, 6 (2), 2007
106. Manfred Spitzer: Musik im Kopf. Stuttgart, Schattauer Verlag, 200

PROMOVIEREN HEISST SCHEITERN

DAMIT SIE AM SCHEITERN NICHT SCHEITERN

Ein Konzept zur Selbstführung und Selbstverantwortung

www.promovieren-heisst-scheitern.de

Viele Promovierende hadern im Laufe ihrer Promotion mit der Sinnhaftigkeit ihres Vorhabens oder möchten aus ihrem Promotionsvorhaben mehr herausholen. Die Lösung liegt oft in der Selbstführung und Selbstverantwortung, und genau hier hakt dieses Buch ein: Es liefert vielfältige Ideen und Anleitungen, um die Selbstführungskompetenz zu stärken. WOFÜR wollen Sie WIE promovieren? Das ist die Leitfrage dieses Buches, das sich an Doktoranden, Lehrende, Weiterbildungszentren von Universitäten und an jeden richtet, der sich für Selbstführung interessiert. Führen Sie sich selbstverantwortlich auf hohem Niveau. In Ihrer Promotionszeit und auch später als Führungskraft in Ihrem Fachgebiet.

Atilla Vuran ist Autor, Gründer und Inhaber der PONTEA AG. In den vergangenen Jahren hat er in vielen Hochschulinstituten Doktoranden während der Promotion begleitet. Mit diesem Buch möchte er den Promovierenden ein Hilfsmittel zur Verfügung stellen, damit sie die Herausforderung während der Promotionszeit leichter bewältigen können.

Prof. Dr.-Ing. habil. Dipl.-Wirt. Ing. Gunnar H. Seide ist Professor für Polymer Engineering an der Maastricht University in den Niederlanden und forscht und lehrt dort zum Thema biobasierter Materialien. Zuvor promovierte und habilitierte er an der RWTH Aachen und baute während dieser Zeit eine Forschungsgruppe mit mehr als 30 Promovierenden auf, die er als Privatdozent betreute.

Mit einem Vorwort von Prof. Ferdi Schüth, Vizepräsident der Max-Planck-Gesellschaft

PROMOVIEREN HEISST SCHEITERN
Damit Sie am Scheitern nicht scheitern
Ein Konzept zur Selbstführung und Selbstverantwortung
Hardcover, 242 Seiten
ISBN 978-3-7664-9942-4

Notizen

www.kommunizieren-heisst-scheitern.de